Frank Stocker

DIE DEUTSCHE MARK

Wie aus einer Währung ein Mythos wurde

Bibliografische Information der Deutschen Nationalbibliothek:
Die Deutsche Nationalbibliothek verzeichnet diese Publikation in der Deutschen Nationalbibliografie. Detaillierte bibliografische Daten sind im Internet über http://dnb.d-nb.de abrufbar.

Für Fragen und Anregungen:
info@finanzbuchverlag.de

1. Auflage 2023

Türkenstraße 89
80799 München
Tel.: 089 651285-0
Fax: 089 652096

Lektorat: Daniel Bussenius
Korrektorat: Anja Hilgarth
Umschlaggestaltung: Marc-Torben Fischer
Fotos auf dem Umschlag: Shutterstock.com/aLittleSilhouetto
Satz: Daniel Förster
Druck: GGP Media GmbH, Pößneck
Printed in Germany

ISBN Print 978-3-95972-617-7
ISBN E-Book (PDF) 978-3-98609-162-0
ISBN E-Book (EPUB, Mobi) 978-3-98609-164-4

Weitere Informationen zum Verlag finden Sie unter

www.finanzbuchverlag.de

Beachten Sie auch unsere weiteren Verlage unter www.m-vg.de.

Inhalt

Vorwort

Der grüne Zwanziger, der braune Fünfziger, der blaue Hunderter – Millionen Deutsche erinnern sich noch gut an die Banknoten aus D-Mark-Zeiten, und sie erinnern sich gerne. Das war das Geld, mit dem sie groß geworden sind, mit dem sie einen gewissen Wohlstand erreichten, mit dem sie international respektiert wurden. Denn die D-Mark wurde auch im Ausland gern genommen, wurde sogar international zur zweitwichtigsten Währung neben dem Dollar.* Sie war weltweit berühmt für ihre Stabilität, war das Symbol des deutschen Wiederaufstiegs nach dem Zweiten Weltkrieg. Auf die D-Mark konnten die Deutschen stolz sein.

Doch das Wissen um ihre Geschichte verblasst. Kaum jemand erinnert sich noch, dass die D-Mark eine Schöpfung der Alliierten war und Ludwig Erhard, der vermeintliche Vater der D-Mark, daran herzlich wenig Anteil hatte. Wenige wissen, dass die Deutsche Bundesbank ihre starke Stellung nur gegen starke Widerstände, insbesondere vom ersten Kanzler der Bundesrepublik, Konrad Adenauer, erreichte. Kaum jemand kennt noch jenen 5-Mark-Schein, der in den 1950er-Jahren in Verdacht geriet, Unzucht zu verbreiten, und noch weniger sind sich bewusst, dass die Bundesbank sogar zeitweise das machte, was den Notenbanken heute viele vorwerfen: Geld drucken. Diese Details machen die Geschichte der D-Mark aber nur noch schillernder und spannender.

---

* Wenn im Folgenden der Begriff »Dollar« verwendet wird, ist stets der US-Dollar gemeint.

Die D-Mark war das Geld der Deutschen. Und schon der Ökonom Joseph Schumpeter schrieb, dass sich im Geldwesen eines Volkes alles spiegele, was »dieses Volk will, tut, erleidet, *ist*«. Nichts sage »so deutlich, aus welchem Holz ein Volk geschnitzt ist, wie das, was es währungspolitisch tut«.[1] Das gilt für die D-Mark in ganz besonderem Maße. Sie repräsentiert die Nachkriegsgeschichte der Deutschen geradezu idealtypisch.

Die D-Mark hat die Deutschen geprägt, und die Deutschen haben die D-Mark geprägt – im doppelten Sinne. Sie haben die Münzen und die Banknoten hergestellt, aber auch den Charakter dieser Währung – wenn es so etwas gibt – geformt: stark, erfolgreich, dominant. All das, was Deutschland nach dem Zweiten Weltkrieg militärisch und politisch nicht mehr sein konnte und sein wollte.

Vor allem aber war die D-Mark ein großes Glück. Denn sie trug wesentlich dazu bei, dass die Deutschen nach zwei Weltkriegen und zweimaliger Zerstörung ihres Geldes, nach Weltwirtschaftskrise und NS-Diktatur, nach Hunger und Elend der Nachkriegszeit Jahrzehnte wirtschaftlichen Aufschwungs und politischer Stabilität genießen konnten.

Die D-Mark gibt es nicht mehr. Doch der Mythos, der sich um sie rankt, lebt fort in der Erinnerung an die grünen Zwanziger, braunen Fünfziger und blauen Hunderter. Manches verklärt sich in der Rückschau, aber vieles bestätigt sich auch. Vor allem aber bietet der Blick zurück eine spannende Reise durch die Geschichte der erfolgreichsten Währung, die die Deutschen je hatten.

KAPITEL 1

Die Stunde Null, die keine war
Mai 1945

Es war weit nach Mitternacht, 2:29 Uhr am Morgen des 7. Mai 1945, als die ersten Vertreter der Alliierten den Raum betraten. An den hellblauen Wänden hingen Landkarten, die die Lage an den Fronten des Zweiten Weltkriegs dokumentierten. Graphiken zeigten die Fortschritte bei den Luftschlägen gegen Deutschland. Eine Art »Thermometer« auf einem Hakenkreuz veranschaulichte den Anstieg der Zahl der deutschen Kriegsgefangenen. Die Szene spielte sich in einer alten Mittelschule in der Rue Jolicœur im nordfranzösischen Reims ab. Hier residierte das Oberste Hauptquartier der Alliierten Expeditionsstreitkräfte und hier sollte der Schlusspunkt unter den grauenhaftesten Krieg der Geschichte gesetzt werden. Hier sollten die Vertreter der deutschen Wehrmacht ihre bedingungslose Kapitulation erklären.

Um 2:34 Uhr gesellte sich auch General Walter Bedell Smith, Stabschef des Alliierten Oberkommandeurs Dwight D. Eisenhower, zu den bereits versammelten Militärs, unterhielt sich ein wenig mit ihnen, bevor fünf Minuten später schließlich der deutsche Generaloberst Alfred Jodl, dessen Adjutant Wilhelm Oxenius sowie Generaladmiral Hans-Georg von Friedeburg hereingeführt wurden. Sie begaben sich zu einem rund sechs Meter langen Tisch in der Mitte des Raums, Jodl und Oxenius in der grauen Uniform des Heeres, Friedeburg im Blau der Marine. Sie machten eine leichte Verbeugung in Richtung der Vertreter der Alliierten, dann setzten sie sich auf helle Stühle aus billigem Holz. Vor jedem stand ein Namensschild, in der Mitte des Tisches befand sich ein großes Mikrophon, das alle Äußerungen aufnehmen sollte. Einige Aschenbecher standen herum, aber rauchen wollte niemand.

Die Stimme von General Smith durchbrach die Stille. Vor ihnen lägen die Dokumente zur bedingungslosen Kapitulation. »Sind Sie bereit zur Unterzeichnung?«, fragte er. Jodl nickte, nahm einen braunen Füller mit goldener Kappe und unterschrieb um 2:41 Uhr. Für die Alliierten setzten daraufhin US-General Smith und der sowjetische General Iwan Susloparow ihren Namen unter das Dokument sowie als Zeuge François Sevez, Generalmajor der französischen Armee.

Der Korrespondent der *New York Times* schilderte die folgenden Momente:

> »Dann stand Jodl mit seinen arroganten, vor Anstrengung glasigen Augen steif und stramm, und das grelle Licht ließ die abgenutzten Stellen seiner grauen Uniform sichtbar werden. ›Ich möchte ein Wort sagen‹, sprach er zu General Smith auf Englisch. Dann redete er auf Deutsch weiter:
>
> ›General! Mit dieser Unterschrift haben sich das deutsche Volk und die Wehrmacht auf Gnade und Ungnade dem Sieger ausgeliefert. Beide haben in diesen über fünf Jahren Krieg mehr erduldet und mehr geleistet als vielleicht je ein Volk auf der Erde. Ich kann jetzt in dieser Stunde nur die Bitte aussprechen, dass ihm die Sieger gnädig sein mögen.‹
>
> General Smith, dessen Gesicht von Müdigkeit gezeichnet war, sah ihn an. Er gab keine Antwort.«[2]

Auf sowjetischen Wunsch wurde die Ratifikation zwei Tage später wiederholt. Am 9. Mai um 0:16 Uhr unterzeichneten Generalfeldmarschall Wilhelm Keitel für das deutsche Heer, Generaladmiral Hans-Georg von Friedeburg für die Kriegsmarine und Generaloberst Hans-Jürgen Stumpff für die Luftwaffe am Sitz des Oberkommandierenden der Roten Armee in Deutschland, Marschall Georgi Konstantinowitsch Schukow, in Berlin-Karlshorst erneut die Kapitulation, rückwirkend zum 8. Mai, 23:01 Uhr mitteleuropäischer Zeit beziehungsweise 00:01 Uhr des 9. Mai nach geltender deutscher Sommerzeit.

Damit schwiegen die Waffen.

Der Zweite Weltkrieg, der mehr Menschenleben gekostet hatte als je ein Krieg zuvor, war zumindest in Europa beendet, das mörderischste Regime, das die Welt je gesehen hatte, war erledigt, die schlimmsten Verbrechen aller Zeiten fanden ein Ende. Deutschland lag am Boden, war besiegt, stand vor dem Nichts. Die Städte waren zertrümmert, die Industrie zerbombt, die Infrastruktur zerstört. Politisch, moralisch, kulturell und wirtschaftlich erfuhr das Land seine »Stunde Null«.

Zumindest sahen das damals viele so. Die Metapher gelangte in den allgemeinen Sprachgebrauch, wurde in zeitgenössischen Berichten gerne zitiert. Sie traf das Empfinden der Zeitgenossen auf das Genaueste, wie der Historiker Heinrich August Winkler feststellte: »Nie war die Zukunft in Deutschland so wenig vorhersehbar, nie das Chaos so allgegenwärtig wie im Frühjahr 1945.«[3]

Der Schrecken der nationalsozialistischen Gewaltherrschaft war vorüber, die Verfolgung und Ermordung Andersdenkender, von Juden und anderen Minderheiten war beendet, das Gemetzel des Krieges vorbei. Beseitigt war auch das politische System, das Kommando hatten die Alliierten übernommen, die Nazi-Schergen waren auf der Flucht, festgenommen oder untergetaucht.

Und doch gab es diese »Stunde Null« nicht, wie Winkler betont und wie Bundespräsident Richard von Weizsäcker das in seiner berühmten Rede anlässlich des 40. Jahrestags der Kapitulation im

Jahr 1985 dargelegt hatte. Es war nicht auf einmal alles Alte verschwunden, es gab kein leeres Feld, auf dem neu aufgebaut wurde. 65 Millionen Deutsche waren am 8. Mai keine anderen Menschen als am 7. Mai 1945. Ihre Ansichten, ihre Einstellungen, ihre Gedanken veränderten sich nicht über Nacht.

Unverändert war insbesondere auch das wirtschaftliche System. Landwirtschaft, Industrie und Dienstleister arbeiteten weiter wie gehabt. Bauern molken ihre Kühe, bestellten ihre Felder, ernteten die ersten Früchte. Züge fuhren, wo die Gleise noch vorhanden waren, Fabriken arbeiteten, wo sie nicht zerstört waren, Geschäfte verkauften das wenige, das sie hatten, und sie erhielten dafür die gleichen Reichsmark-Banknoten wie all die Jahre davor. Eine wirtschaftliche Stunde Null gab es nicht.

Auch die wirtschaftlichen Grundlagen waren weit weniger zerstört als oft vermutet. Die Bilder von totaler Vernichtung aus Berlin, Dresden, Hamburg oder Frankfurt am Main, die jeder kennt, dürfen nicht auf das ganze Land übertragen werden. Zwar waren von 18,8 Millionen Wohnungen 4,8 Millionen zerstört oder beschädigt,[4] 14 Millionen waren aber unversehrt. In den Dörfern, wo ein Drittel der Menschen lebte,[5] war die Infrastruktur in Takt, Ähnliches galt für die meisten Kleinstädte. Selbst in den Großstädten gab es durchaus Viertel, die wenig zerstört waren. Aber vor allem war die deutsche Industrie weniger von den alliierten Bombardements beeinträchtigt worden als gedacht.

Dies hatte eine Gruppe amerikanischer Ökonomen schon 1945 festgestellt. Sie waren von der US-Luftwaffe beauftragt worden zu ergründen, wie wirksam die Bombardements im Hinblick auf die Zerstörung der deutschen Kriegswirtschaft waren. Ihr Abschlussbericht zeigte, dass es nur in geringem Maße gelungen war, die Produktion zu beeinträchtigen.[6] Der Zusammenbruch der Kriegswirtschaft geschah vielmehr erst, als die Transportwege zerstört wurden.

Die Produktionsanlagen waren folglich zu einem beträchtlichen Teil noch vorhanden. Das zeigen auch Berechnungen des Wirtschaftshistorikers Werner Abelshauser. Demnach war das Brutto-Anlagevermögen der deutschen Industrie im Mai 1945 sogar 20 Prozent größer als 1936. »Westdeutschland war noch immer eines der am höchsten entwickelten Länder der Welt und nicht so stark zerstört, wie viele noch heute glauben«, stellte er fest.[7]

Deutschland lebte. 65 Millionen Deutsche lebten. Die deutsche Wirtschaft lebte. Menschen kauften und verkauften Dinge, es wurde gehandelt, es wurde produziert. Und all das fand in jenem wirtschaftlichen und geldpolitischen Rahmen statt, den die Nationalsozialisten seit 1933 geschaffen hatten. Auch hieran änderte der 8. Mai 1945 nichts. Denn dieser Rahmen wurde von der Militärverwaltung der Alliierten unverändert übernommen.

Die deutsche Währung war nach wie vor die Reichsmark, die seit Herbst 1924 von der Reichsbank herausgegeben wurde. Die Notenbank war damals durch das Bankgesetz vom 30. August 1924 neu organisiert worden,[8] was als Schlusspunkt der Phase der Hyperinflation betrachtet werden kann.[9] Das Bankgesetz hatte insbesondere die Unabhängigkeit der Notenbank garantiert, und ein Generalrat war eingesetzt worden, um ihre Arbeit zu überwachen.

Dieses stabile Fundament der deutschen Währung untergruben die Nationalsozialisten direkt, nachdem ihnen die Macht übergeben worden war. Das Gesetz zur Änderung des Bankgesetzes vom 27. Oktober 1933 schaffte den Generalrat und damit die unabhängige Aufsicht über die Notenbankpolitik ab.[10] Im Februar 1937 wurde das Reichsbankdirektorium sogar direkt dem »Führer und Reichskanzler« unterstellt.[11]

Parallel dazu begann die Notenbank wieder, die Staatsausgaben zu finanzieren, wie schon während der Hyperinflation zehn Jahre zuvor, diesmal jedoch zunächst in verschleierter Form. Das geschah über sogenannte Mefo-Wechsel. Hinter dem Kürzel verbarg sich die Metallurgische Forschungsgesellschaft m.b.H. (Mefo), ein Scheinunternehmen, das im Juli 1933 gegründet worden war und keinerlei eigene Aufgaben hatte, schon gar nicht irgendwelche Forschungen durchführte. Es diente lediglich dazu, die besagten Wechsel herauszugeben. De facto war damit eine ungedeckte Parallelwährung entstanden, auf einem klandestinen, völlig intransparenten Weg.

Gleichzeitig besorgte sich der NS-Staat über einen zweiten verdeckten Weg das nötige Geld, um Beschäftigungsprogramme und Aufrüstung zu finanzieren. Ab 1935 verkaufte das Reich seine Staatsanleihen, also die staatlichen Schuldscheine, nicht mehr an private Investoren, sondern direkt an Banken, Sparkassen und Versicherer. Diese setzten dazu ihre Kundengelder ein.

Aufgrund dieser von außen kaum erkennbaren, verschleierten Form der staatlichen Verschuldung und des verdeckten Ratterns der Notenpresse sprechen die Historiker auch von der »geräuschlosen Kriegsfinanzierung« durch die Nationalsozialisten. Die wenigsten Deutschen bemerkten, wie hier die Stabilität ihrer Währung ausgehöhlt wurde. Die Konstruktion der diversen Instrumente ermöglichte es zudem, dass vieles nicht in den Bilanzen ausgewiesen werden musste.

Einer, dem die Gefahren dieser Staatsfinanzierung durchaus bewusst waren, war Reichsbankpräsident Hjalmar Schacht. Am 7. Januar 1939 warnten er und seine Direktoriumskollegen in einem Brief an Hitler, dass die Staatsfinanzen vor dem Zusammenbruch stünden und dies die Zerrüttung der Notenbank und der Währung zur Folge hätte. Sie forderten daher eine Rückkehr zu einem ausgeglichenen Haushalt und die Zusage, dass geldpolitische Entscheidungen wieder ausschließlich von der Reichsbank getätigt würden, dass sie also ihre Unabhängigkeit zurückerlange.[12]

Doch damit hatten Schacht und seine Kollegen ihre Stellung und ihren Einfluss maßlos überschätzt. Hitlers Reaktion auf das

Schreiben war einfach und brutal: Er entließ Schacht und das gesamte Direktorium und machte Reichswirtschaftsminister Walther Funk zum neuen Reichsbankpräsidenten. Dieser hatte keinerlei Probleme mit der Staatsfinanzierung durch die Notenpresse.

Im Juni 1939 wurde schließlich ein neues Gesetz über die Deutsche Reichsbank erlassen, das schon im Vorwort erklärte, Zweck der Notenbank sei, der »Verwirklichung der durch die nationalsozialistische Staatsführung gesetzten Ziele im Rahmen des ihr anvertrauten Aufgabenbereichs« zu dienen. Paragraph 1 lautete von nun an: »Die Deutsche Reichsbank ist dem Führer und Reichskanzler unmittelbar unterstellt«, und Paragraph 16 besagte, dass die Deutsche Reichsbank dem Reich Betriebskredite gewähren durfte, »deren Höhe der Führer und Reichskanzler bestimmt«.[13] Die Notenbank war damit endgültig ein Instrument des Regimes geworden, das ohne jede Beschränkung zur Staatsfinanzierung eingesetzt werden konnte.

Die Folge war, dass die Geldmenge zwischen Mitte 1939 und Kriegsende von 10 auf 73 Milliarden Reichsmark stieg, also auf mehr als das Siebenfache kletterte.[14] Eigentlich hätte dies zu steigenden Preisen führen müssen, zu Inflation, so wie zu Beginn der 1920er-Jahre. Doch dem beugten die Nationalsozialisten durch gesetzlich verordnete Preisobergrenzen[15] und rigide Kontrollen sowie durch einen allgemeinen Lohnstopp vor.[16]

Mit Kriegsbeginn am 1. September 1939 verlor das Geld dann sogar weitgehend seine Bedeutung als Tauschmittel, denn nun wurde die Wirtschaft komplett umgestellt. Basis dafür war die »Verordnung über die Wirtschaftsverwaltung« vom 27. August 1939.[17] Damit wurden auf allen Ebenen der Verwaltung Wirtschafts- und Ernährungsämter geschaffen, die die Versorgung der Bevölkerung organisieren sollten. Die »Verordnung über die öffentliche Bewirtschaftung von landwirtschaftlichen Erzeugnissen«[18] unterstellte die landwirtschaftlichen Produzenten sowie Klein- und Großbauern diesen Ämtern. Sie mussten nun alle ihre Erzeugnisse abliefern und durften nicht mehr selbst darüber verfügen. Die Ämter wiederum rationierten und verteilten die Produkte. Dazu wurde mit einer dritten Verordnung ein System von Bezugsscheinen eingeführt.[19] Schon ab 28. August 1939 galten diese für Fleisch, Fett, Zucker, Marmelade, aber auch für Seife, Kohlen, Textilien und Schuhe. Mit der Zeit kamen fast alle Produkte des täglichen Lebens hinzu. Die Menschen konnten nun nicht mehr kaufen, was sie wollten, sondern nur noch das, was ihnen zugeteilt wurde.

Die Zuteilungsmengen waren zu Beginn noch großzügig bemessen. Doch je länger der Krieg dauerte, desto kleiner wurden die Rationen. Die Löhne und Gehälter blieben währenddessen gleich oder stiegen sogar leicht, die Menschen konnten sich von dem Geld jedoch immer weniger kaufen. Als Folge davon erhöhten sich die Ersparnisse der Bevölkerung. Allein bei den Sparkassen stieg beispielsweise zwischen 1939 und 1943 der Einzahlungsüberschuss auf über 40 Milliarden Reichsmark,[20] und dieses Geld schöpfte wiederum der Staat über die geräuschlose Kriegsfinanzierung ab. Die Geldinstitute finanzierten also mit den Kundeneinlagen die Schulden des Staates und damit den Krieg. Zusätzliche Mittel besorgte sich der Staat über die Auspressung der besetzten Länder.

Bei Kriegsende beliefen sich die Staatsschulden auf etwa 380 Milliarden Reichsmark, die umlaufende Geldmenge im weiteren Sinne (Bargeld, Sicht-, Termin- und Spareinlagen) erreichte rund 300 Milliarden Reichsmark. Der Wert aller produzierten Güter betrug jedoch nur einen Bruchteil davon – aufgrund fehlender Statistiken ab 1939 ist dieser Wert nicht genau zu ermitteln, selbst im letzten Friedensjahr 1938 hatte das Bruttosozialprodukt jedoch nur bei knapp 100 Milliarden Reichsmark gelegen. 1945 dürfte es maximal die Hälfte davon erreicht haben.[21] Das lässt darauf schließen, dass die Geldmenge in Deutschland nach der Kapitulation die jährliche Wirtschaftsleistung um das Sechsfache übertraf.

Ein Teil davon wurde zwar in den Tagen und Wochen nach Kriegsende aus dem Verkehr gezogen, als die sowjetische Besatzungsmacht im Osten die Guthaben blockierte. Doch gleichzeitig gaben die Alliierten in den ersten Monaten der Besatzung auf Reichsmark lautendes Besatzungsgeld aus, das die Geldmenge wiederum vergrößerte.

Wie hoch die Geldmenge in der zweiten Hälfte des Jahres 1945 genau war, lässt sich nicht feststellen. Sie war jedoch, so viel ist sicher, in den Jahren bis 1945 rasant gestiegen, das Warenangebot aber gleichzeitig drastisch geschrumpft. Am Ende des Krieges verfügte Deutschland folglich zwar noch über eine erstaunlich starke wirtschaftliche Substanz, mit größeren Produktionskapazitäten, als man denken würde. Zudem waren die Arbeiter gut ausgebildet, der technologische Stand hoch. Doch gleichzeitig war die Währung völlig zerrüttet. Nicht durch eine offene Inflation, wie dies Anfang der 1920er-Jahre geschehen war. Vielmehr war ihr innerer Wert ausgehöhlt. Es bestand ein riesiger Geldüberhang, der in einem freien Markt zu einer Hyperinflation führen musste.

Doch diesen freien Markt gab es eben nicht, das Wirtschaftsleben basierte auf einem zentral organisierten Kommandosystem, mit dem der Mangel verwaltet wurde und in dem Erzeugnisse nur über Lebensmittelkarten zu erwerben waren. Dies verhinderte, dass es zu einer Inflation im offiziellen Handel kam – diese fand nur auf dem Schwarzmarkt statt, wo aber stets nur ein kleiner Teil des Warenangebots gehandelt wurde.

Sowohl die Reichsmark als auch die Kommandowirtschaft blieben nach der Kapitulation erhalten. Die amtliche Güterbewirtschaftung wurde von den alliierten Besatzern fortgesetzt, die Ernährungsämter fuhren mit ihrer Arbeit einfach fort wie bisher. Der Lohnstopp blieb bestehen, und auch die amtlich festgesetzten Preise wurden nicht angetastet. Das war in jenen Tagen die einzig mögliche Entscheidung. Denn Millionen Deutsche waren auf der

Flucht oder waren ausgebombt. Sie hatten alles verloren, standen mittellos da. Andere dagegen verfügten nach wie vor über Haus und Hof oder sogar ein regelmäßiges Einkommen. Letztere hätten bei einem Ende der Zwangsbewirtschaftung und einer Freigabe der Preise recht problemlos das wenige, das es zu kaufen gab, erstehen können, während die anderen dem Hunger ausgeliefert gewesen wären. Die einzige Möglichkeit, einen darwinistischen Kampf ums Überleben zu verhindern, war daher, das wenige, das zur Verfügung stand, möglichst gerecht zu verteilen.

Doch dieses System führte dazu, dass alle gleich arm waren, und verhinderte, dass die deutsche Wirtschaft wieder in Gang kommen konnte, um Armut und Hunger zu beseitigen. Das wurde schon bald zum größten Problem.

KAPITEL 2

Hunger, Schwarzmarkt und Zigarettenwährung
Winter 1946/1947

Der Sommer 1945 schien eine Zeit des Aufbruchs zu sein, auch und gerade in wirtschaftlicher Hinsicht. Die Versorgung mit Lebensmitteln besserte sich zunächst einmal deutlich, wie der Regierungspräsident von Hildesheim, Wilhelm Backhaus, in einem Bericht über jene Zeit schrieb:

> »An allen Orten regten sich die Kräfte des Aufbaues. Überraschend schnell begannen viele Industrien mit der Friedensproduktion. In den Geschäften gab es Dinge, die man jahrelang vermißt hatte. Der Verkehr belebte sich, die Eisenbahn fuhr unbeschränkt nach allen Orten. Befreit von der drückenden Todesfurcht und von dem lähmenden politischen Druck begannen die Menschen, sich des Daseins zu freuen. [...]
>
> Im Sommer haben viele von uns besser gegessen als in den zurückliegenden Jahren. Bei der Aufteilung der Läger war manches unter die Leute gekommen, was den mageren amtlichen Speisezettel angenehm verbesserte. Die Erzeuger und Verteiler haben zudem einige Wochen lang nicht mehr daran geglaubt, daß die Abgabe- und Markenwirtschaft bestehen bleiben würde.«[22]

Aber das kleine Glück währte nur einen Sommer, wie auch Backhaus beschrieb:

> »Mit unverantwortlichem Leichtsinn sind viele Erzeugnisse weggegeben und verzehrt worden, die man hätte für den Winter sammeln müssen. Jetzt fehlen die Zugaben und auch die Vorräte. Man muß sich wieder auf die vorgeschriebene Ration einstellen. [...]«[23]

Doch die Rationen waren nun kleiner als je zuvor. Denn zum einen hatte das Nazi-Regime während des Krieges lange Zeit die besetzten Gebiete ausgebeutet und darüber die Versorgung der Bevölkerung in Deutschland verbessert. Dies endete schon im Laufe des Jahres 1944. Nun wurden aber auch noch die deutschen Gebiete östlich von Oder und Neiße der Sowjetunion beziehungsweise Polen zugeschlagen, rund 113.000 Quadratkilometer. Das entsprach knapp einem Viertel der Fläche Deutschlands, und weite Teile davon waren landwirtschaftlich geprägt.

Im Durchschnitt der letzten Friedensjahre hatte dieses Gebiet 13,5 Millionen von insgesamt 56 Millionen Tonnen an landwirtschaftlichen Erzeugnissen, die Deutschland produzierte, geliefert – zum Vergleich in einheitliche Nährwerte, sogenannte Stärkewerte, umgerechnet. Ein Drittel dieser Produktion war als Überschuss in das übrige Deutschland gegangen. Darunter waren 2,75 Millionen Tonnen Getreide und fast 8 Millionen Tonnen Kartoffeln. Diese Kartoffelmenge hätte 1947 genügt, um die Versorgung der deutschen Bevölkerung mit dem Grundnahrungsmittel um zwei Drittel zu erhöhen.[24]

Stattdessen sanken die Rationen nun auf ein Niveau, das zu viel zum Sterben und zu wenig zum Überleben war. Berechnet wurden die Zuteilungen, seit die Alliierten die Kontrolle übernommen hatten, in Kalorien, und so betrug die Ration für den

Normalverbraucher im August 1946 in der britischen Zone gerade mal 1270 Kalorien, in der amerikanischen 1240 und in der französischen sogar nur 1163. Im Winter davor waren die Rationen in der französischen Zone zeitweise sogar unter 1000 Kalorien gefallen.[25]

Doch die zu geringe Produktion war nur die eine Hälfte des Problems. Zugleich waren die Ernährungsämter ihrer Aufgabe mit der Zeit immer weniger gewachsen. Die Reichsbankleitstelle Hamburg sprach in ihrem Bericht vom Dezember 1947 schließlich von einer »allgemeinen Auflösung des gegenwärtigen Systems der Scheinbewirtschaftung«.[26] Die Zuteilung der Lebensmittel wurde dadurch immer schwieriger, die Rationen konnten meist nicht mehr voll ausgegeben werden, sodass die wahren Zuteilungsmengen oft nur 800 bis 1000 Kalorien erreichten.[27]

Besonders dramatisch wurde die Lage im Winter 1946/1947, der als »Hungerwinter« in die Geschichte einging. Es war nicht nur einer der kältesten Winter des vergangenen Jahrhunderts, die tiefen Temperaturen führten auch dazu, dass vielerorts die Lebensmittelversorgung völlig zusammenbrach. Mehrere Hunderttausend Menschen sollen damals in Deutschland an den Folgen gestorben sein. Die wenigsten davon sind allerdings verhungert, die meisten wurden vielmehr von Krankheiten wie Typhus oder Tuberkulose dahingerafft, die sie sich aufgrund ihrer schwachen Verfassung zugezogen hatten, und diese lag in der Nahrungsmittelknappheit begründet.

In jener Zeit hielt der Kölner Erzbischof Joseph Kardinal Frings seine berühmt gewordene Silvesterpredigt, in der er sagte:

> »Wir leben in Zeiten, da in der Not auch der Einzelne das wird nehmen dürfen, was er zur Erhaltung seines Lebens und seiner Gesundheit notwendig hat, wenn er es auf andere Weise, durch seine Arbeit oder durch Bitten, nicht erlangen kann.«[28]

Das verstanden viele als kirchlichen Segen für Mundraub, also für das Stehlen von Lebensmitteln oder Heizstoffen, die für den Eigenbedarf und für das eigene Überleben benötigt wurden. Allerdings schränkte Frings seine Aussage einige Tage später ein, indem er sagte, es müsse sich »um höchste Not handeln, das heißt um unmittelbare Gefahr des Todes, schwerer Gesundheitsschädigung oder des Verlusts der Freiheit«.[29] Das fand jedoch weit weniger Beachtung. Vielmehr wurde das Stehlen von Lebensmitteln nunmehr zum Volkssport und im Volksmund als »fringsen« bezeichnet, benannt nach dem Erzbischof.

Auch im Frühjahr wurde die Lage nur langsam besser. So listete der Münchener Oberbürgermeister im März 1947 in einem Schreiben an den bayerischen Ernährungsminister auf, dass in der 99. Zuteilungsperiode vom 3. bis 30. März pro Kopf statt der zugesagten 10.500 Gramm Brot, 800 Gramm Fleisch und 1000 Gramm Nährmittel gerade einmal 600 Gramm Fleisch, 600 Gramm Nährmittel und »mit Hängen und Würgen schließlich zu guter Letzt wenigstens noch 8000 Gramm Brot zur Verteilung« gekommen waren.[30] Das entsprach pro Tag 21 Gramm Fleisch, 21 Gramm Nährmittel und 285 Gramm Brot. Und es wurde nicht besser, im Gegenteil, im Frühsommer sank die Brotration auf 214 Gramm pro Tag.

Es herrschte Hunger, und die Menschen nahmen überall im Land jede Strapaze auf sich, um Nahrung zu besorgen, wie ein Bericht in der *Leipziger Volkszeitung* vom August 1947 beispielhaft zeigt:

> »Der kleine Wolfgang von gegenüber bringt die Nachricht: heute wird oberhalb Wachau in der Landstraße nach Güldengossa das große Weizenfeld eingefahren ... Da heißt es laufen bei 38 Grad in der Sonne. Den Rucksack um, eine Flasche mit Kaffee drin, die alten Tennisschuhe an den Füßen, das Kopftuch weit ins Gesicht gezogen, so saust man los. Die Sonne liegt wie eine glühende Platte auf dem Schädel, aber man beeilt sich immer mehr

und beobachtet mißtrauisch einige Frauen, die in der gleichen Richtung mit verdächtiger Unauffälligkeit vorwärtsstreben ... Wir rennen das letzte Stück und drängen uns zwischen die Wartenden, die den Zuwachs mit mißgünstigen Blicken beobachten und die winzigen Lücken vollends abdichten. Die Ablenkung durch das sich darauf erhebende giftige Gezeter benutzend, stehen wir plötzlich in der vorderen Reihe – und in diesem Augenblick wird das Feld freigegeben. Wie eine Woge spült die Menge nach vorn, die Rücken krümmen sich in einem Augenblick bei allen zur Erde, die Hände greifen, das Stroh fliegt weg, die kostbaren Ähren verschwinden in Schürzen, Taschen und Beuteln... Man erhebt sich nicht aus der gebückten Stellung beim Laufen, die Hitze drückt einen noch mehr zu Boden, und die Füße schmerzen. In zwanzig Minuten ist das Feld leer. Bestimmt ist keine einzige Ähre mehr darauf. Gruppen stehen noch und besprechen die Aussichten bei anderen Feldern. Man ist erschöpft. Groß ist die Ausbeute nicht, dazu waren es zuviel Menschen, aber auch für das wenige ist man dankbar ... Wird ein Feld eingefahren, lesen oft erst die Angehörigen des Bauern, oder die bei ihm beschäftigten Frauen, oder die ortseingesessenen Ährenleserinnen gefallen sich in Gehässigkeiten gegenüber den Großstädtern, die der weite Weg bei der Hitze auch nicht gerade umgänglicher gemacht hat.

Wenn man Glück hat, dann kann man fünf Pfund Korn von einem mal Ährenlesen heimbringen. Fünf Pfund Korn! Das wird im Winter die Kleinen daheim eine ganze Reihe von Tagen sattmachen können, wenn es nichts anderes gibt. Und man läuft wieder und wieder, läuft vergeblich und mit Erfolg, bei Hitze und Wind – um ein Stück Brot und ein wenig Suppe für die Kinder. Frauen aller sozialen Schichten sind draußen, fahren und laufen stundenweit, unterernährt und übermüdet, eine Tagesarbeit noch vor sich, wenn sie am späten Nachmittag erschöpft heimkommen. Und ist auch die noch getan, während die Kinder längst schlafen, dann legen sie den schmerzenden Kopf auf die Hände, denken an den Mann, der vielleicht noch in Gefangenschaft ist, sorgen sich um die Ernährung ihrer Lieben im kommenden Winter und können sich nur das eine zum Trost sagen: sie haben getan, was sie konnten!«[31]

Besonders schwer hatten es in jenen Monaten die Millionen aus dem Osten vertriebenen Deutschen, die mit nichts als dem, was sie tragen konnten, im Westen angekommen waren, so wie die Familie von Margot K., die 1933 in Schneidemühl/Posen-Westpreußen (heute Pila, Polen) geboren wurde:

»Im Mai 1946 musste auch meine Familie unsere alte Heimat verlassen. Mitnehmen durften wir nur das, was wir tragen konnten; Wertsachen wurden bei Durchsuchungen auch noch abgenommen. Ein Sammeltransport in Güterwaggons brachte uns über die deutsch-polnische Grenze. Nach mehreren Zwischenstopps landeten wir schließlich in einem großen Barackenlager in Kiel. Dort lebten wir mit circa 40 Personen in einem Raum, wir schliefen auf Verwundetentragen. Hier fanden wir auch meinen Vater in einem Lazarett wieder.

Der Pfarrer unseres Heimatortes, der auch unter uns war, meldete sich dann beim Bistum in Osnabrück. Er erhielt eine Pfarrstelle im Münsterland – und holte seine Schäfchen aus der alten Heimat nach. So landeten wir im Juni 1946 schließlich in Lienen, einem Ort zwischen Münster und Osnabrück. Dort kamen wir bei einem Kötter unter, also einem Kleinbauern mit einer kleinen Kate und wenig Landbesitz. Wir lebten in der sogenannten Upkammer, das waren zwei Räume über dem Keller, die etwas höher lagen. Als wir ankamen, waren diese Zimmer komplett leer, nur eine Glühbirne hing von der Decke. Hier wohnten wir nun die nächsten Jahre zu fünft, meine Eltern, meine Großmutter, meine Schwester und ich. In unserer alten Heimat waren wir nicht arm, gehörten zur Mittelschicht. Doch hier begannen wir nun neu, in tiefster Armut. Aber wir waren froh, noch am Leben zu sein.

Der Kötter, bei dem wir lebten, besaß zwei Kühe und ein Schwein. Von ihm bekamen wir regelmäßig Milch und Kartoffeln. Mein Vater verdiente ein bisschen Geld als Hilfsarbeiter, meine Großmutter konnte spinnen und bot ihre Dienste den Bauern an, die ihr dafür Lebensmittel gaben. Meine Mutter nähte für die Familie eines Schreiners, und so kamen wir nach und nach zu einigen Möbelstücken. Wir Kinder sammelten Waldbeeren oder auch Bucheckern, um daraus Öl pressen zu lassen. Ansonsten lebten wir vor allem von dem, was es auf Lebensmittelkarten gab. Ab und zu kamen auch Care-Pakete von den Amerikanern an.

Dann war da noch Heinz, ein Bauernsohn aus der Nachbarschaft, der uns ab und zu ein paar Eier gab und notfalls ein Stück Butter in der Hosentasche brachte. Dafür ging ich ab und zu mit ihm spazieren.«[32]

Etwas besser hatten es jene, die noch etwas besaßen, das sie auf dem Schwarzmarkt anbieten konnten. Dadurch konnten sie ihre Versorgung zumindest im Westen ein wenig aufbessern. Zwar war der Schwarzmarkthandel überall in Deutschland illegal, in den westlichen Zonen wurde er jedoch weit weniger stark verfolgt als in der sowjetischen Zone und fand daher überall statt.

Die Preise auf dem Schwarzmarkt waren allerdings bis zu hundertmal höher als die offiziellen Preise. Dies galt vor allem für besonders begehrte Güter wie Butter oder Fett.[33] Dennoch beteiligten sich Befragungen in der britischen Zone zufolge 1947 rund 40 Prozent der Städter am Schwarzmarkt.[34]

Dazu gehörte auch Familie B. aus Berlin, deren Lage im September 1947 die Soziologin Hilde Thurnwald schilderte:[35]

> »Familie B. besteht aus dem Ehepaar, einer Tochter von 16 Jahren, einem Sohn von 15 und einem Sohn von 5 Jahren. Der Vater ist gelernter Arbeiter in einer Fabrik. Wochenverdienst: brutto 57,80 RM, netto 51,60 RM; im Monat netto 231,20 RM, monatliche Lehrvergütung des Sohnes 30 RM, der Tochter 32 RM, zusammen 293,20 RM.«

Dann listet sie die monatlichen Ausgaben auf:

• »Miete	33,66 RM
• Gas	9,80 RM
• Licht	4,90 RM
• Ration. Lebensmittel, Karte II (Vater)	14,79 RM
• Ration. Lebensmittel, Karte III (Mutter)	11,34 RM
• Ration. Lebensmittel, Karte II (erwachsener Sohn)	14,79 RM
• Ration. Lebensmittel, Karte III (erwachsene Tochter)	11,34 RM
• Ration. Lebensmittel, Karte IV (Kind)	13,76 RM
• Kleine Sonderzuteilung	2 RM
• Obst laut Karte (Kind)	7,38 RM
• Kartoffeln, 60 kg, laut Karte	7,20 RM
• Gemüse laut Karte	5,30 RM
• Schuhreparaturen	19,20 RM
• Waschmittel	4,50 RM
• Beiträge, Zeitungen	7,20 RM
• Taschengeld für 2 erwachsene Kinder	20 RM
• Fahrgeld, Haarschneiden, Kino	18 RM
• Rauchwaren	9,60 RM
Summe	214,76 RM

Zusätzliche Ausgaben auf dem Schwarzen Markt

• 2 Pfund Mehl, Puddingpulver	49 RM
• 4 Brote je 1500 g	160 RM
• Waschmittel	10,50 RM
• Petroleum für den Winter	36 RM
• Kohle für den Winter, bisher 2 Zentner	120 RM
Summe	375,50 RM

Die Familie hat nach dieser Aufstellung im Monat September insgesamt verausgabt	590,26 RM
Durch das Gehalt des Ehemannes und die Vergütungen der Kinder konnten gedeckt werden	293,20 RM
Es blieben aus anderen Einnahmequellen zu decken	297,06 RM

Im Sommer 1947 verkaufte das Ehepaar ein Dutzend silberne Bestecks für 1500 RM. Hiervon wird monatlich zugesetzt. Frau B. holt jeden Monat dreimal Gemüse und Kartoffeln von ihren Eltern aus der britischen Zone. Die Reisekosten werden mit 16 RM veranschlagt. Für die Lebensmittel gibt sie den Eltern durchschnittlich 25 bis 30 RM. Sie verkauft an Bekannte Gemüse zu mäßigen Schwarzmarktpreisen, um mindestens die Unkosten zu decken.«

Wertgrundlage waren auf dem Schwarzmarkt zunehmend nicht mehr Reichsmark, sondern Zigaretten. Diese Entwicklung hatte bereits während des Krieges in den von Deutschen besetzten Gebieten begonnen. Mit Zigaretten als Hilfswährung wurde oft der Warenaustausch der deutschen Soldaten mit der lokalen Bevölkerung abgewickelt. Schon in den letzten Wochen und Monaten des Krieges, als das Vertrauen in die Reichsmark allmählich schwand, breitete sich diese Praxis auch in Deutschland selbst aus. In der Nachkriegszeit schließlich wurde die Zigarette zur allgemein gebräuchlichen Währung. Wie dieser Schwarzmarkt funktionierte, beschrieb *Der Spiegel* im Januar 1947 in einem Artikel:

»Eine Razziawelle ging wieder einmal durch Frankfurt am Main. Die Schieber im Hauptbahnhof und die Schwarzhändler der in der Nähe liegenden Kneipen hatten es wirklich nicht leicht: zweimal am Tage wurden sie auf Lastkraftwagen verladen und in das Polizeipräsidium gebracht. Dort wartete eine ausgezeichnete Kartei auf sie und mancher der Verladenen entpuppte sich als ein alter Bekannter. Auf Grund der Kartei konnte man feststellen, daß die Schwarzhändlerei sich schon stark differenziert hat und ganz bestimmte ›Berufe‹ entstanden sind.

Unzählig ist das Heer der ›kleinen Schieber‹. Sie kaufen bei den Zentralen in kleinen Mengen etwa 100 englische oder amerikanische Zigaretten, das Stück zu 5 Mark. Auf Bahnhöfen und in Bunkern werden die Zigaretten dann für 6 oder 7 Mark abgesetzt. Aber das Handwerk blüht nur kurze Zeit. Ihre Freunde von der Kripo haben sie bald am Kragen, getreu nach der Devise: die Kleinen hängt man und die Großen läßt man laufen.

Da sind die ›Schlepper‹ schon geriebener. Sie haben grundsätzlich keine heiße Ware bei sich und lächeln nur verschmitzt, wenn ihnen – zum wievielten Male? – bei einer Razzia die Blechmarke unter die Nase gehalten wird und ihre Taschen durchsucht werden. Die Schlepper sind die Agenten und Adressenvermittler des Schwarzen Marktes. Sie lotsen die ›Kunden‹ in die Privatwohnungen der Schieber en gros. Für abgeschlossene Geschäfte gibt es dann Prozente.

Die Schieber en gros: Neben Ihrem Namensschild an der Wohnungstür steht Versicherungsagent oder ähnliches. Natürlich haben sie Telephon und erstklassige Verbindungen. ›Einen halben Zentner Zucker? Moment bitte‹. Ein kurzes Telephongespräch, in dem von allem möglichen die Rede ist, nur nicht von Zucker. ›Heute abend nach Beginn der Dunkelheit, Kostenpunkt fünfzehn Scheine‹. (Falls es tatsächlich einige Leser nicht wissen: ein Schein gleich 100 Reichsmark.)

Aber wehe, wenn der Schieber en gros den ›Spritzern‹ in die Hände fällt. Dann wird er ausgezogen, er muß ›Haare lassen‹. Spritzen, das ist die neueste und einträglichste Erwerbsmethode auf dem Schwarzen Markt. Und das geht so: Zwei oder drei gutgekleidete Männer geben sich als Großeinkäufer aus. Sie kaufen alles und zu jedem Preis. Etwa: ›Wir brauchen dringend einige Mille englische Zigaretten, wir gehen morgen in die russische Zone.‹

Der Schwarzhändler wittert ein großes Geschäft und beißt an. Während einer der Spitzbuben großartig einen Haufen Scheine vorzählt, prüft ein anderer die Ware und packt sie in seinen Koffer. Und jetzt kommt der Clou: ganze zwanzig Mark und die Faust werden dem Schieber unter die Nase gehalten. ›Stimmt's? Was, es stimmt nicht? Du weißt doch, daß du jetzt hochgehen kannst, du alter Gauner! Da drüben steht die Polente. Stimmt's jetzt?‹

Die Rechnung geht todsicher auf. Auch der hartgesottenste Schieber verliert die Nerven, bei der Aussicht, ein Jahr ›Urlaub‹ antreten zu müssen. So haben im Handumdrehen diese Piraten des Schwarzen Marktes Tausende verdient.«[36]

Nicht nur die Verbraucher hatten Probleme, ihren Lebensbedarf zu decken, nicht nur sie mussten auf Schwarzmarkt und Tauschhandel zurückgreifen. Ebenso erging es den Unternehmen. Denn für diese hatte die Reichsmark die Geldfunktion ebenfalls verloren. Zudem waren auch viele Grundstoffe oder andere Güter, die sie benötigten, rationiert. Die industrielle Produktion beruhte auf sogenannten Bezugsberechtigungsscheinen für Rohstoffe, Halb- und

Fertigfabrikate und der Überwachung des Systems durch amtliche Stellen. Auch dieses System war spätestens nach dem Krieg so schwach, dass sich kein Unternehmen mehr darauf stützen wollte. Güter einzuführen, war gleichzeitig unmöglich, da die Reichsmark nicht konvertibel war und im Ausland nirgends akzeptiert wurde.

Wenn ein Unternehmen überhaupt noch produzieren wollte, musste es auf den sogenannten Kompensationshandel zurückgreifen, also Ware gegen Ware tauschen, an der offiziellen Güterbewirtschaftung vorbei. Das war nicht nur äußerst aufwendig – schließlich musste erst einmal der richtige Tauschpartner gefunden werden, mitunter mussten sogar umfangreiche Tauschketten gebildet werden –, es war zudem verboten, schon seit 1942 unter den Nationalsozialisten, und der Alliierte Kontrollrat bestätigte dieses Verbot im März 1947 ausdrücklich. Dennoch war das in weitem Umfang geübte Praxis. Schätzungen gehen davon aus, dass bis zu 50 Prozent des Handels der Unternehmen untereinander in den ersten Nachkriegsjahren in Form des Kompensationshandels erfolgten.[37]

Ein Schlaglicht auf diese Praxis warf ein aufsehenerregender Prozess.[38] Es war der Gründonnerstag des Jahres 1947, der 5. April, als in Kassel Erich Reimann verhaftet wurde. Er war ein geachteter Bürger der Stadt, hatte zudem offenbar eine tadellose politische Vergangenheit, weshalb die amerikanische Militärverwaltung ihn zum Chef der Spinnfaser AG ernannt hatte. Doch nun saß er hinter Schloss und Riegel. Von »Großschiebungen« war die Rede, von »Warenhortung« und »Kompensation«. Einige Tage später wurde Reimann aufgrund einer Haftbeschwerde wieder entlassen, am 9. Juli jedoch erneut verhaftet, wegen Verdunklungsgefahr.

Am 25. August wurde er schließlich im Tanzsaal des Gasthauses Wilhelmshöher Hof vorgeführt – das Kasseler Gerichtsgebäude war im Krieg zerstört worden. Der ursprüngliche Anklagepunkt, der zu seiner Verhaftung geführt hatte, war ein Kompensationsgeschäft.

Die Spinnfaser AG hatte sich demnach 500 Liter Benzin beschafft, im Tausch gegen Stoffe. Diese waren dann auf dem Schwarzmarkt wieder aufgetaucht, und von dort hatten die Behörden deren Ursprung bis zu der Kasseler Firma zurückverfolgt. Außerdem, so die Anklage, seien 112 Meter Stoff gegen 85 Glühbirnen getauscht worden, die zur Aufrechterhaltung der Produktion notwendig waren.

Der Prozess wurde nun zu einer »umfassenden Untersuchung der gegenwärtigen Art der Verwaltung im deutschen Geschäfts- und Wirtschaftsleben«, wie es ein Beobachter der amerikanischen Militärregierung beschrieb.[39] 40 Zeugen wurden gehört, Wirtschaftsvertreter, Beamte, Vertreter der Wirtschaftsverwaltung aller Ebenen. Die Verteidiger versuchten von Beginn an, das System der Kompensationsgeschäfte als allgemein üblich darzustellen. Gestützt wurde diese Sicht auch vom prominentesten Sachverständigen, der gehört wurde, dem ehemaligen hessischen Wirtschaftsminister Rudolf Müller. »Die Planwirtschaft ist, das ist wohl hier niemandem ein Geheimnis, auf weiter Strecke zusammengebrochen«, sagte er am achten Verhandlungstag am 2. September. »Die Folgen dieses Zusammenbruchs reichen von der erlaubten Selbsthilfe der Wirtschaft bis zu der von dem Herrn Vorsitzenden erwähnten Kriminalität, dem Schwarzen Markt.«[40]

Das Gericht gelangte so zunehmend zu der Überzeugung, dass die Angeklagten zwar gegen die Buchstaben des Gesetzes verstoßen hatten, dass sie aber dennoch nicht zu verurteilen waren. In der Urteilsbegründung sagte der Vorsitzende Richter schließlich: »In diesem Prozess liegt der extreme Fall vor, daß um des Rechtes willen das Gesetz hinter der Idee der Gerechtigkeit zurücktreten muß.«[41] Er verurteilte Reimann zu 20.000 Reichsmark Geldstrafe, andere Angeklagte erhielten kurze Gefängnisstrafen oder kleinere Geldstrafen auferlegt. Alles in allem war das Urteil milde, und es tadelte eher die Bedingungen, unter denen die Unternehmen arbeiten mussten und in denen sie gefangen waren.

Besonders pikant wurde die Lage dadurch, dass sich zeitweise auch staatliche Stellen an den Kompensationsgeschäften beteiligten. Von einem Beispiel berichtete im Frühjahr 1947 *Der Spiegel.*

»Der Bulgare Dr. Gosbodin Russek ist ein smarter Bursche. Trotzdem verurteilte ihn das englische Militärgericht in Hannover vor einigen Tagen zu zehntausend RM. Geldstrafe wegen versuchter Zigarettenschiebung. Dr. Russek kann den zweifelhaften Ruhm für sich in Anspruch nehmen, das erste staatliche Kungelgeschäft abgeschlossen zu haben. Allerdings mit dem Verlust von den erwähnten 10.000 RM. und der polizeilichen Beschlagnahme von 300.000 (in Worten: dreihunderttausend) Zigaretten.

Vor kurzem rollte durch die Straßen Hamburgs ein Lastkraftwagen mit den in Norddeutschland selten zu sehenden polizeilichen Kennzeichen der französischen Zone. Unter der Wagenplane türmten sich Kisten um Kisten. In der Brieftasche des gut gekleideten Herrn, der vorn neben dem Fahrer saß, steckte wohlverwahrt eine amtliche Bescheinigung des badischen Wirtschaftsministeriums.

In Hamburg gibt es Fabriken, die einige in anderen Gegenden Deutschlands sehr gefragte Dinge herstellen – Autoreifen zum Beispiel. Diese Reifen waren es auch, die den benzineselreitenden badischen Boten nach der Wasserkante lockten. Der Lastwagen hielt vor einem Fabriktor. Der Fahrer langweilte sich eine Stunde, und dann wurden einige Kisten abgeladen. Der geschäftstüchtige Gosbodin machte sich darauf mit der schriftlichen Zusage einer großen Lieferung von Autoreifen und restlichen 190.000 Zigaretten wieder auf den Weg.

In Hannover wiederholte sich die Szene in einer bekannten Gummifabrik. Der badische Abgesandte zeigte bei der Geschäftsleitung größte Zuvorkommenheit und eine Anzahl gestempelter Papiere und bot während der Verhandlung – bei der es wieder um

Autoreifen ging – freizügig von seinen mitgebrachten Zigaretten an.

Die Geschäftsleitung war interessiert, verwünschte die Fabrikkontrolle der Militärregierung, die jeden Warenausgang überwacht, und fragte vorsichtshalber an, ob man dürfe. Man durfte nicht. Der badische Sonderbeauftragte wurde mitsamt seinen Zigaretten eingelocht, getrennt natürlich.

Im Laufe der Verhandlung stellte sich heraus, daß das hohe Ministerium in Baden die amtliche Art der Reifenbeschaffung satt hatte, nachdem es an den verschiedenen Hürden des ›normalen‹ Beschaffungsweges gescheitert war. Es griff zur Selbsthilfe, um an diese Mangelware heranzukommen, und tat damit nichts anderes, als diejenigen Praktiken nun auch in den Bereich staatlicher Kommunalpolitik zu übernehmen, die bereits seit langem im Handel üblich sind.

Dieser erste verschämte Versuch einer hohen Behörde, sich aktiv am allgemeinen Kungelspiel zu beteiligen, endete mit einem Fiasko, und Gosbodin zieht unverrichteter Dinge heim gen Baden.

Die beschlagnahmten 189.600 Zigaretten (einige hundert gingen als Spesen drauf) liegen noch auf dem Polizeipräsidium in Hannover. Über ihre Verwendung ist noch nichts bekannt. Anfragen sind zwecklos.«[42]

Doch nicht nur die Engpässe bei der Beschaffung von Rohstoffen lähmten die industrielle Produktion. Hinzu kam, dass es schwierig war, Mitarbeiter zu finden, wenn diese zu den offiziellen Löhnen bezahlt wurden. Denn der Lohn eines Hamburger Facharbeiters betrug im Frühjahr 1948 beispielsweise 10 Reichsmark pro Tag. Auf dem Schwarzmarkt kostete jedoch ein Ei 8 Reichsmark und ein Kilo Roggenbrot 9,50 Reichsmark.[43]

Viele Firmen gingen daher dazu über, einen Teil des Lohnes in Form von Erzeugnissen aus der eigenen Produktion auszuzahlen oder in Form von Gütern, die über Kompensationsgeschäfte eingekauft worden waren. Manche Arbeiter, die begehrte Produkte wie beispielsweise Zement erhielten, konnten damit erhebliche Gewinne auf dem Schwarzmarkt erzielen, während andere Berufe leer ausgingen.

Jene Arbeitnehmer, die einen Teil ihres Lohns in Naturalien erhielten, waren aber wiederum einen Gutteil ihrer Zeit damit beschäftigt, diese in Produkte des täglichen Bedarfs zu tauschen – und zwar oft während ihrer eigentlichen Arbeitszeit. Diese lag zwar offiziell bei 48 Stunden pro Woche, tatsächlich wurde jedoch meist nur 40 Stunden oder weniger gearbeitet.[44] Die übrige Zeit verwendeten die Arbeitnehmer, um ihren Tauschgeschäften nachzugehen, unter stillschweigender Billigung durch den Arbeitgeber.

Die drei ersten Nachkriegsjahre waren folglich einerseits von allgemeiner Not und Hunger geprägt, andererseits von einem extrem dysfunktionalen Wirtschaftssystem. Da die Reichsmark ihre Geldfunktion weitgehend eingebüßt hatte, war an ihre Stelle der Tauschhandel getreten, bei dem die Zigarette als Ersatzwährung fungierte. Der Tausch von Waren war jedoch organisatorisch aufwendig und kostete sowohl Verbraucher als auch Unternehmen enorm viel Zeit. Zudem schwebte über diesem Handel stets das Damoklesschwert der Illegalität. All dies hemmte die Produktivität und erhöhte für die Firmen die Kosten. Sie konnten auf dieser Basis kaum sinnvoll kalkulieren, Investitionen waren ein Vabanquespiel und wurden selten getätigt. Deutschlands Wirtschaft konnte daher kein dynamisches Wachstum erzielen, und so stieg die Produktion in Deutschland in dieser Zeit kaum, obwohl die industrielle Basis, wie gezeigt, durchaus nicht so schlecht war.

Den amtlichen Zahlen zufolge erreichte die Produktion in den drei von den westlichen Alliierten verwalteten Zonen Deutschlands im zweiten Quartal 1948 gerade einmal die Hälfte des Standes von 1936. In Dänemark, Finnland, Jugoslawien und Norwegen lag sie dagegen schon 1947 wieder über dem Niveau von 1937, in Belgien, Italien, den Niederlanden und Frankreich war sie immerhin wieder bis auf 90 Prozent gestiegen.[45] Ähnlich sind die Verhältnisse, wenn man einzelne Länder nach der Wirtschaftsleistung pro Kopf vergleicht.

Wirtschaftsleistung pro Kopf in Dollar (Wert des Jahres 2015)[46]							
	Deutschland	Frankreich	Großbritannien	Italien	Niederlande	Belgien	USA
1937	7.468	7.152	9.911	4.879	8.660	7.908	11.295
1945	7.195	4.101	11.247	2.831	4.281	6.907	16.478
1946	3.534	6.145	10.751	3.805	7.104	7.291	14.822
1947	3.883	6.596	10.527	4.498	8.046	7.651	14.312
1948	4.517	7.002	10.753	4.814	8.751	8.008	14.734

Neben den genannten Hemmnissen wirkte in Deutschland aber ein weiterer Faktor: die allgemeine Erwartung einer Währungsreform. Spätestens seit 1946 machten Gerüchte die Runde, dass die Reichsmark bald durch eine neue Währung abgelöst würde. Viele Unternehmen hielten daher Ware zurück oder produzierten nur halbfertige Produkte. So lagerten in den Maschinenfabriken der amerikanischen und der britischen Zone Mitte 1947 nach Schätzungen des Verwaltungsamtes für Wirtschaft rund 65.000 Tonnen Maschinenteile, die zu 50 Prozent fertiggestellt waren. Diese hätten nach Aussagen des Amtes mit 10.000 Tonnen an Stahl fertiggestellt werden können – was jedoch nicht geschah.[47] Die Unternehmen warteten lieber darauf, dass sie ihre Produkte in einem befreiten Markt mit einer neuen Währung zu besseren Bedingungen absetzen konnten. Sie glaubten, dass dieser Tag X nicht mehr allzu fern läge. Und für diese Annahme hatten sie gute Gründe. Denn über eine Währungsreform wurde bereits seit Längerem intensiv diskutiert.

KAPITEL 3

Auf dem Weg in den Kalten Krieg Frühjahr 1947

»Er sieht aus wie ein römischer Kaiser und handelt auch so«, soll ein britischer Offizier einmal über Lucius D. Clay gesagt haben.[48] Und auch John McCloy, später Hoher Kommissar der USA in Deutschland, blieb gedanklich im alten Rom, als er Clays Aufgabe als Militärgouverneur der amerikanischen Besatzungszone in Deutschland beschrieb. Diese sei ziemlich berauschend gewesen. »Es war wohl das, was dem Amt eines römischen Prokonsuls am nächsten kam. Man konnte sich an seinen Sekretär wenden und sagen: ›Mach ein Gesetz.‹«[49]

Eigentlich hatte Lucius DuBignon Clay aber gar nichts Römisches an sich, außer natürlich dem Vornamen. Er wurde 1898 in Marietta im Bundesstaat Georgia als jüngstes Kind eines Rechtsanwalts geboren. Dieser war kurz zuvor in den US-Senat gewählt worden. Politik spielte in der Familie daher stets eine große Rolle, insbesondere der Amerikanische Bürgerkrieg von 1861 bis 1865, der in Georgia schwere Verwüstungen angerichtet hatte, war Thema. Als Lucius elf Jahre alt war, starb sein Vater. Er ging daher auf die Militärakademie von West Point – alle anderen Formen der höheren Bildung konnte sich die Familie nicht leisten. 1918 legte er sein Examen ab, zu seiner Enttäuschung wurde er anschließend aber nicht im Feld, sondern als Militäringenieur eingesetzt. Er beaufsichtigte diverse Projekte, wie den Bau von Dämmen und Flughäfen, insbesondere zur Zeit des New Deals in den 1930er-Jahren, als Präsident Franklin D. Roosevelt das Land durch landesweite Infrastrukturinvestitionen aus der tiefen Wirtschaftskrise holte.

Clay zeichnete sich durch ein großes Organisationstalent aus und galt fortan als eine Art Universalwaffe, wenn es darum ging, Ordnung ins Chaos zu bringen. Ein Biograph schrieb Clay fast übermenschliche Züge zu:

> »Sein Scharfsinn, seine Klugheit, seine brillante Art, schwierige Fragen offen anzugehen, seine außergewöhnliche Fähigkeit, komplexe Zusammenhänge zu erklären, sein enormes Fakten- und Zahlengedächtnis – das alles beeindruckte Kongressausschüsse ebenso stark wie seine Verhandlungspartner, seine politischen Gegner und die Journalisten. Kaum jemand blieb von seiner Intelligenz und seinem Charme unbeeindruckt.«[50]

Während des Zweiten Weltkriegs war Clay zunächst für den Bau von Militärflughäfen, anschließend für die Ausstattung und Versorgung der Truppen verantwortlich, was er erneut mit Bravour meisterte. »Er könnte General Motors führen, oder aber General Eisenhowers Armee«, soll der spätere Außenminister James Byrnes zu Präsident Roosevelt gesagt haben.

Nach dem D-Day, der Invasion der Alliierten an der französischen Atlantikküste am 6. Juni 1944, holte Eisenhower Clay tatsächlich zu sich, damit er den Nachschub organisierte. Schließlich wurde er nach der Kapitulation Deutschlands Stellvertreter von Joseph T. McNarney, dem Militärgouverneur für die amerikanische Besatzungszone. McNarney zeigte wenig Interesse an der Aufgabe, das besetzte Gebiet zu verwalten, sodass Clay von Anfang an die Geschicke im Wesentlichen führte, ab März 1947 auch offiziell als Nachfolger McNarneys.

Wie diese Verwaltung konkret aussehen und was aus dem besetzten Deutschland werden sollte, war in den ersten Monaten nach der Kapitulation noch völlig unklar.

Im August 1944 hatte US-Finanzminister Henry Morgenthau einen Plan vorgelegt, der die Demilitarisierung Deutschlands und dessen Zerschlagung in drei Staaten sowie die weitgehende Zerstörung der Industrie vorsah.[51] Dieser Plan stieß zwar auf breite Ablehnung, im Juli 1945 verließ Morgenthau auch das Kabinett, dennoch schien diese Grundhaltung noch in der Direktive vom 10. Mai 1945 durch, die dem amerikanischen Oberbefehlshaber in Deutschland vorgab, welchen Ansatz er zu verfolgen habe: »Sie unternehmen keine Schritte, um die deutsche Finanzstruktur zu erhalten, zu stärken oder in eigene Verantwortung zu übernehmen, außer insoweit als es für die Zwecke dieser Direktive notwendig ist.«[52]

Clay drängte jedoch von Anfang an darauf, diese restriktiven Vorgaben zu lockern und Deutschland stattdessen zu unterstützen, wieder auf eigenen Beinen zu stehen. Eine Rolle dürfte dabei auch seine persönliche Erfahrung gespielt haben. Denn die Zeit nach dem Amerikanischen Bürgerkrieg, die in seiner Kindheit so präsent gewesen war, wurde von der Frage geprägt, wie mit den Besiegten umgegangen werden sollte, ob der siegreiche Norden Milde walten oder ein strenges Kontrollregime errichten und die Südstaaten rücksichtlos ausbeuten sollte. Letzteres hielt Clay nie für angemessen, weder nach dem Sezessionskrieg noch nach dem Zweiten Weltkrieg. Sein Ziel war daher von Anfang an der wirtschaftliche Wiederaufbau Deutschlands.

Clay war somit ein echter Glücksfall für Deutschland, zumindest für den Westteil. Er beendete schon nach einem Jahr die Demontagen für Reparationszwecke und setzte früh die ersten Landesregierungen ein. Er führte mit harter Hand, aber bestens organisiert und stets mit dem Ziel vor Augen, das Elend zu verringern, der Bevölkerung wieder ein menschenwürdiges Leben zu geben und den Aufstieg aus der Asche zu ermöglichen.

Lucius D. Clay wurde zu einem der Gründungsväter der Bundesrepublik Deutschland. Und der D-Mark. Denn Clay erkannte auch früh, dass für den Wiederaufbau eine Währungsreform unabdingbar war. Auf sein Drängen hin brachten die Amerikaner schon im November 1945 das Thema einer Währungsreform erstmals im Alliierten Kontrollrat auf – dieser war die oberste Besatzungsbehörde für Deutschland, bestehend aus den Militärgouverneuren der vier Besatzungszonen. Die Idee scheiterte jedoch vor allem am Widerstand der Briten, die der Meinung waren, dass zunächst einmal ausgeglichene Haushalte in den jeweiligen Besatzungszonen erreicht werden müssten, bevor über ein solches Projekt überhaupt diskutiert werden könnte.[53]

Doch die US-Seite wollte es dabei nicht bewenden lassen. Im Januar 1946 schickte die Washingtoner Regierung eine Expertengruppe unter Leitung der beiden deutschstämmigen Ökonomen Gerhard Colm und Ray Goldsmith nach Deutschland. Dort befragten sie zusammen mit Joseph Dodge, einem US-Bankier und Vertrauten von Clay, deutsche Fachleute dazu, wie das Währungsproblem gelöst werden könnte. Auf dieser Basis entwickelten sie einen Plan. Anfang April 1946 legten sie ihren ersten Entwurf vor, am 20. Mai überreichten sie Clay die endgültige Fassung des sogenannten Colm-Dodge-Goldsmith-Plans (CDG-Plan).[54] In diesem Plan wurde zunächst die Notwendigkeit einer Währungsreform begründet:

> »Ein sich verbreitender Tauschhandel und eine wachsende Unwilligkeit, für Reichsmark zu arbeiten und zu verkaufen, bringt die Gefahr einer weiteren Einschränkung der legalen Versorgung und einer Desintegration des Arbeitspotenzials mit sich. Nicht ein plötzlicher Zusammenbruch, sondern eine schleichende Läh-

> mung des Wirtschaftskörpers ist heute die eigentliche Gefahr. Die Geld- und Finanzreform ist nicht nur – und auch nicht hauptsächlich – erforderlich, um den Zusammenbruch der Preiskontrolle zu verhindern, sondern zum Schutz der Produktion und zur Vermeidung eines wirtschaftlichen Chaos.«[55]

Aufgrund dieser Lage müsse die Reform »definitiv« sein und der Geldüberhang müsse radikal beseitigt werden. Daher schlugen die Autoren des Plans vor, alle Reichsmark-Guthaben im Verhältnis 10 zu 1 auf die neue Währungseinheit umzutauschen, die Besitzer von Geldvermögen müssten also einen Währungsschnitt von 90 Prozent hinnehmen. Löhne, Mieten und Steuern sollten dagegen weiter in der gleichen Höhe wie bisher entrichtet werden.

Gleichzeitig sah der Plan einen Lastenausgleich vor. Denn natürlich wären von einem solchen Währungsschnitt nur die Besitzer von Sparguthaben betroffen gewesen, die Sachwertbesitzer wären dagegen außen vor geblieben. Daher sollte alles erhalten gebliebene Sachvermögen mit einer fünfzigprozentigen Zwangshypothek belegt werden, sprich, wer ein Haus im Wert von 100.000 Reichsmark hatte, sollte über die kommenden Jahre eine Hypothek über 50.000 Reichsmark abtragen. Die Einnahmen aus Zinsen und Tilgung sollten in einen Fonds fließen, der wiederum Zertifikate an die vom Währungsschnitt Betroffenen ausgeben sollte, gestaffelt nach der Höhe ihrer Verluste und ihrer Bedürftigkeit. Schließlich sollte dem Fonds auch eine Kapitalabgabe auf das verbliebene Nettovermögen zufließen.[56] Diese beiden Maßnahmen waren direkt miteinander gekoppelt und bedingten sich gegenseitig, wie es in dem Plan hieß:

> »Denn jede Lösung, die dem Gerechtigkeitsgefühl eines großen Teiles der deutschen Bevölkerung entgegensteht, wird ernste Schwierigkeiten für die junge demokratische Regierung zur

> Folge haben, wie etwa die unglückliche Lösung der Inflationsprobleme in den Jahren 1919–1923 die Existenz der Weimarer Regierung aufs Spiel setzte.«[57]

Die Autoren spielten damit auf die Erfahrungen der Inflation zu Beginn der Weimarer Republik an, die weite Teile der Mittelschicht enteignet hatte, während die Oberschicht, die häufig ihr Geld in Immobilien, Aktien oder Unternehmen investiert hatte, relativ glimpflich durch die Zeit kam. Diese Erfahrung der Deklassierung gilt als ein Grund – neben vielen anderen –, weshalb diese Schichten später empfänglich für die Propaganda der Nationalsozialisten wurden.

Allerdings geriet ebendieser Lastenausgleich auf amerikanischer Seite in die Kritik. Einige fürchteten, dass sich die Alliierten damit zu viel Verantwortung aufhalsen würden und ein Scheitern des ganzen Projekts ihnen angelastet werden würde. Andere wiederum glaubten, ein solch radikales Programm der Vermögensumverteilung könnte auch in den USA Begehrlichkeiten wecken. Der Plan geriet unter Sozialismusverdacht.[58]

Das »State-War-Navy Coordinating Committee« (SWNCC), das für die Politik in den besetzten Gebieten zuständig war, lehnte daher jene Teile des Plans, die den umfassenden Lastenausgleich betrafen, in einer Entschließung vom 2. August 1946 ab. Clay war darüber erbost und setzte in Washington alle Hebel in Bewegung, um diese Entscheidung rückgängig zu machen, insbesondere bearbeitete er Außenminister James Byrnes, mit dem er befreundet war. Tatsächlich gelang es ihm, das SWNCC dazu zu bringen, dass es am 21. August erklärte, der gesamte CDG-Plan habe als »Basis der amerikanischen Position in Viermächte-Verhandlungen« zu gelten.[59]

So legten die Amerikaner den Plan am 28. August 1946 offiziell dem Alliierten Kontrollrat vor – wo er in den kommenden Wochen zerpflückt wurde. Frankreich wollte gewährleistet sehen, dass Deutschlands finanzielle Lage nach einer Reform nicht besser sei als die der Alliierten. Die Sowjets unterstützten zwar die Zwangshypothek, wie sie alle Enteignungen besitzender Schichten befürworteten. Wofür das Geld verwendet werden sollte, ließen sie jedoch offen. Und die Briten waren der Meinung, dass zunächst einmal die Preisstruktur bereinigt werden müsse, was aber wiederum die Amerikaner ablehnten.[60]

Letztlich zerstritten sich die vier Mächte aber über ein ganz anderes, scheinbar banales Detail der angedachten Währungsreform: über die Frage, wo die neuen Banknoten gedruckt werden sollten. Die sowjetische Seite bestand darauf, dass sie teilweise auch in Leipzig gedruckt werden sollten. Frankreich und Großbritannien waren grundsätzlich bereit, Moskau dieses Zugeständnis zu machen. Die Amerikaner sperrten sich jedoch. Sie beharrten darauf, dass die neuen Scheine ausschließlich in Berlin, das von allen vier Mächten kontrolliert wurde, gedruckt würden, da sie fürchteten, dass die Sowjets die Druckplatten kopieren und dann weit mehr Banknoten als vereinbart drucken könnten, um diese dann wiederum in Dollar umzutauschen. »Mein französischer und mein britischer Kollege waren bereit, die Sache zu riskieren«, schrieb Clay später etwas abfällig über die westlichen Partner.[61] »Auf ihnen lag ja auch nicht die finanzielle Last für den Unterhalt Westdeutschlands, die wir übernommen hatten.« Er war daher nicht bereit, das Risiko einzugehen.

Doch die sowjetische Seite wollte nicht nachgeben. Sie hatte dabei den strategischen Vorteil, dass für sie eine Währungsreform kein dringliches Projekt war. In ihrem Machtbereich waren die Banken geschlossen worden und das Geld hatte eine noch geringere Bedeutung als in den Westzonen. Vielmehr wäre eine funktionsfähige Geldwirtschaft sogar den eigenen Plänen für die wirtschaftliche Umgestaltung der Ostzone zuwidergelaufen, sie hätte ein kapitalistisches System befördert, das ja nach dem Willen Moskaus gerade abgeschafft werden sollte.

Der Streit im Alliierten Kontrollrat ging also nur vordergründig um die Details einer Währungsreform, letztlich steckte dahinter der entstehende und sich zunehmend verstärkende Konflikt zwischen dem marktwirtschaftlich orientierten sowie demokratisch verfassten Westen und dem kommunistischen sowie diktatorisch geführten Osten. In den Wintermonaten 1946/1947 wurde diese Bruchlinie immer deutlicher, und im März 1947 riss sie dann vor aller Augen auf. Im Kapitol in Washington.

Dort fuhr am 12. März 1947 ein Autokonvoi vor, vorneweg ein Motorrad, in der Mitte der Wagen des Präsidenten, das Verdeck geschlossen. Auf den Trittbrettern beider Seiten standen jeweils zwei Leibwächter, die kurz vor Erreichen des Ziels herabsprangen. Harry S. Truman, seit 12. April 1945 Präsident der Vereinigten Staaten, stieg aus und betrat das Gebäude, in dem der Kongress seinen Sitz hat, bestehend aus den beiden Kammern des Parlaments, dem Repräsentantenhaus und dem Senat. An jenem Tag hatten sich die Mitglieder beider Kammern versammelt, um zu hören, was der Präsident zu sagen hatte. Dieser ging unter anhaltendem Applaus durch die Reihen, schüttelte einige Hände, begrüßte die Sprecher der beiden Kammern und trat schließlich ans Rednerpult. 18 Minuten sprach er hier – und veränderte die Welt.

Wenige Tage zuvor hatte London dem Verbündeten in Washington mitgeteilt, dass es sich nicht mehr im Stande sehe, die griechische Regierung weiter in ihrem Kampf gegen kommunistische Aufständische zu unterstützen, da Großbritannien selbst in einer wirtschaftlichen Krise steckte. Gleichzeitig sah sich die Türkei starkem Druck durch die Sowjetunion ausgesetzt. In dieser Lage verkündete nun Truman, dass die USA in Griechenland an die Stelle Großbritanniens treten und die Regierung unterstützen werden, Gleiches gelte für die Türkei. Doch er abstrahierte davon und malte das Bild einer Welt, in der sich zwei Lebensformen und zwei Lager gegenüberstehen. Die Aufgabe der USA sei es, jenen zu helfen, die auf der Seite der Freiheit stehen:

> »Zum gegenwärtigen Zeitpunkt der Weltgeschichte muss fast jede Nation zwischen alternativen Lebensformen wählen. Nur zu oft ist diese Wahl nicht frei. Die eine Lebensform gründet sich auf den Willen der Mehrheit und ist gekennzeichnet durch freie Institutionen, repräsentative Regierungsform, freie Wahlen, Garantien für die persönliche Freiheit, Rede- und Religionsfreiheit und Freiheit von politischer Unterdrückung. Die andere Lebensform gründet sich auf den Willen einer Minderheit, den diese der Mehrheit gewaltsam aufzwingt. Sie stützt sich auf Terror und Unterdrückung, auf die Zensur von Presse und Rundfunk, auf manipulierte Wahlen und auf den Entzug der persönlichen Freiheiten. Ich glaube, es muss die Politik der Vereinigten Staaten sein, freien Völkern beizustehen, die sich der angestrebten Unterwerfung durch bewaffnete Minderheiten oder durch äußeren Druck widersetzen. Ich glaube, wir müssen allen freien Völkern helfen, damit sie ihre Geschicke auf ihre Weise selbst bestimmen können.«[62]

Dadurch sollte die Ausdehnung des sowjetischen Einflussbereichs gestoppt und die Ausbreitung kommunistischer Bewegungen verhindert werden. Ohne es ausgesprochen zu haben, beendete Truman damit die Kriegskoalition mit der Sowjetunion, die beide gemeinsam zum Sieg über den Nationalsozialismus geführt hatte. Diese Koalition war zwar ohnehin schon seit Langem brüchig, doch nun war sie beendet. An die Stelle der Zusammenarbeit trat die Konfrontation. Der Kalte Krieg hatte begonnen.

Dies zeigte sich unmittelbar in der Haltung der USA beim Streit um eine neue Währung für Deutschland. Denn just zu jener

Zeit, im Frühjahr 1947, analysierte die amerikanische Militärregierung in Deutschland in zwei Ausarbeitungen die Haltung der Sowjetunion in dieser Frage. Sie kam zu dem Schluss, dass den Einwänden Moskaus keine spezifischen Sachgründe zugrunde lägen, sondern dass die sowjetische Seite vielmehr eine Verzögerungstaktik anwende und das Eingehen auf ihre Forderungen nur neue zur Folge hätte.[63] Auch hier legte Washington also den Hebel um, glaubte nicht mehr an eine gedeihliche Zusammenarbeit, sondern stellte sich auf Konfrontation ein.

Parallel verstärkten die USA und Großbritannien nun den Aufbau einer eigenständigen Verwaltung in ihren Zonen. Seit dem 1. Januar 1947 waren ihre Besatzungsgebiete im »Vereinigten Wirtschaftsgebiet« zusammengelegt, auch »Bizone« genannt. Bis dahin waren die jeweiligen Besatzungszonen wirtschaftlich hermetisch voneinander abgeriegelt gewesen, was die ohnehin komplizierte Lage mit Rationierungen, Bezugsscheinwirtschaft und Tauschhandel zusätzlich erschwert hatte, da dadurch Zulieferer und Produzenten oft voneinander getrennt wurden. Die Schaffung der Bizone sollte diese nun wieder zusammenführen. Gleichzeitig wurden hier die ersten länderübergreifenden Verwaltungsstrukturen geschaffen, die weitgehend von den Deutschen selbst kontrolliert wurden. Am 25. Juni 1947 wurde sogar eine Art bizonales Parlament ins Leben gerufen, der Wirtschaftsrat des Vereinigten Wirtschaftsgebiets mit Sitz in Frankfurt am Main. Er wurde mit Abgeordneten aus den zwischenzeitlich gewählten Länderparlamenten der beiden Zonen besetzt, die im Westflügel der Frankfurter Börse tagten und auch Gesetze beschließen durften, die die Wirtschaft der Bizone betrafen.

In dieser Zeit machte erstmals ein Mann über die Grenzen Bayerns hinaus von sich reden, der die Geschicke Westdeutschlands in den kommenden Jahren entscheidend mitprägen sollte: Ludwig Erhard.

KAPITEL 4

Die Wegbereiter der D-Mark
Juli 1947 bis Juni 1948

Ludwig Erhard war 1897 in Fürth geboren worden, als Sohn eines sogenannten Weißwarenhändlers – der Vater verkaufte also Unterwäsche. Mit zwei Jahren erkrankte der kleine Ludwig an Kinderlähmung. Die Genesung war schwierig und langwierig, und als lebenslange Folge blieb ein stark deformierter rechter Fuß. Dennoch scheint seine Jugendzeit glücklich gewesen zu sein. Zumindest berichtete er 1958 bei der Verleihung der Goldenen Bürgermedaille seiner Heimatstadt von der »Atmosphäre bürgerlicher Beschaulichkeit und Sorglosigkeit, die keine Zweifel und Skrupel über die Angemessenheit einer scheinbar festgefügten bürgerlichen Ordnung aufkommen ließ«.[64]

Nach dem Realschulabschluss machte er ab 1913 eine Lehre zum Weißwarenhändler, blieb also in der Branche seines Vaters. Drei Jahre später, im Alter von 19 Jahren, zog er jedoch mit dem 22. Königlich Bayerischen Feldartillerieregiment in den Krieg. Er kämpfte in den Vogesen, dann in Rumänien, schließlich in Flandern. Im September 1918 traf ihn dort eine Artilleriegranate, die ihn an Schulter und Arm seiner linken Seite schwer verwundete – und die erste Wende für sein Leben bringen sollte. Denn ihm war es nun gesundheitlich unmöglich, ins väterliche Geschäft einzusteigen. Stattdessen begann er ein Studium der Wirtschaftswissenschaften und der Soziologie an der Handelshochschule Nürnberg, das er 1922 mit einer Diplomarbeit über die volkswirtschaftliche Bedeutung des bargeldlosen Zahlungsverkehrs abschloss. Doch das reichte ihm nicht: Er hatte Gefallen an der Volkswirtschaftslehre gefunden und ging nun nach Frankfurt am Main, wo er bei Franz Oppenheimer am Lehrstuhl für Soziologie und theoretische Nationalökonomie über das Thema »Wesen und Inhalt der Werteinheit« promovierte.

Eines der großen Rätsel ist, wovon Erhard, der inzwischen verheiratet war, in dieser Zeit lebte. Und das gilt auch für die drei Jahre nach Abschluss der Promotion 1925. Denn bis 1928 klafft eine Lücke in seinem Lebenslauf. Einige Historiker nehmen an, dass er sich in jener Zeit um das elterliche Geschäft kümmerte.[65] Dieses ging Ende 1928 jedoch in Konkurs. Mitunter wird argumentiert, das Geschäft sei ein Opfer der Weltwirtschaftskrise geworden,[66] doch diese war Ende 1928 noch gar nicht ausgebrochen. Im Gegenteil: Zu jener Zeit boomte die deutsche Wirtschaft, und warum die Fürther nun ausgerechnet keine Unterwäsche mehr gekauft haben sollten, bleibt rätselhaft. So scheint es naheliegend, dass Erhard das Geschäft in die Pleite geführt hat – möglicherweise äußerte er sich deshalb selbst nie über diese Zeit.

1928, nach dem Konkurs des elterlichen Geschäfts, ging er als Assistent an das Nürnberger Institut für Wirtschaftsbeobachtung und gehörte 1934 zu den Mitbegründern der »Gesellschaft für Konsumforschung« (GfK), ein Marktforschungsinstitut, das es bis heute gibt. In diesem Aufgabenbereich blieb er auch während der Zeit des Nationalsozialismus.

Ab 1939 versuchte er sich an einer Habilitation – vom Kriegsdienst war er wegen seiner Erkrankung als Kind und wegen der schweren Verwundungen im Ersten Weltkrieg befreit. Doch aus der Professur wurde nichts. Warum, darüber sind sich die Biographen uneins. Die einen sehen eine mangelnde wissenschaftliche

Qualität seiner Habilitationsschrift,[67] andere, wie beispielsweise Alfred Mierzejewski, glauben, dass er ideologisch nicht auf Linie war.[68] Denn es habe in jener Zeit nicht an Professoren gemangelt, die bereit waren, auch schwächere Arbeiten abzusegnen, »mit denen sie auf ideologischer Ebene übereinstimmten«.[69] Sicher ist, dass Erhard kein Freund des NS-Regimes war. Obwohl es einige Äußerungen von ihm aus jener Zeit gibt, die auf eine Nähe zur NS-Ideologie hindeuten könnten, sind sich die meisten Biographen einig, dass dies allenfalls als Anpassung an die Sprache der Zeit gewertet werden dürfe. Erhard war den Zwängen jener Epoche unterworfen und kein Widerstandskämpfer oder gar ein NS-Opfer, aber ganz sicher auch kein Unterstützer der Nationalsozialisten.

Alles in allem war Erhard zu jener Zeit wohl ein mittelmäßig begabter Ökonom, der sich allenfalls auf dem Gebiet der Marktforschung einige Meriten erworben hatte. Groß war jedoch sein Selbstbewusstsein, wenn nicht gar übersteigert. Und er verfügte über gute Kontakte. Diese brauchte er 1942. In jenem Jahr schied Erhard im Streit aus dem Nürnberger Institut für Wirtschaftsbeobachtung aus – und gründete mit Unterstützung durch befreundete Personen aus der Industrie seine eigene Einrichtung, das »Institut für Industrieforschung Nürnberg«, das zur Keimzelle des heutigen Ifo-Instituts werden sollte, eines der wichtigsten Konjunkturforschungsinstitute Deutschlands. In den Kriegsjahren war dies jedoch de facto eine Ein-Mann-Veranstaltung, manche bezeichnen es auch als eine Art ABM-Maßnahme für Erhard. Denn auch seinen ersten Auftrag erhielt er aus den befreundeten Kreisen, namentlich der »Reichsgruppe Industrie«, der Interessenvertretung der deutschen Industrie. Er sollte sich damit befassen, welche wirtschaftspolitischen Probleme in der Zeit nach dem Krieg zu lösen wären, und vor allem, wie. Im Frühjahr 1944 übergab er seinen Auftraggebern seine Denkschrift dazu, mit dem Titel »Kriegsfinanzierung und Schuldenkonsolidierung«.[70]

Die Beschäftigung mit den Problemen, die sich aus der Kriegsfinanzierung ergaben, war nicht direkt verboten, die Debatte darüber wurde auch durchaus in gewissem Umfang geführt, wenngleich nie öffentlich. Die Thematik der Denkschrift war also nicht gefährlich. Allerdings ging Erhard darin nicht davon aus, dass Deutschland den Krieg gewinnen würde. Und mit dieser Annahme begab er sich durchaus in gewisse Gefahr. In seiner Analyse erklärte er zunächst, wie das Reich den Krieg finanzierte und welche Probleme sich daraus ergaben. Er mutmaßte, dass das Reich am Ende des Krieges mit einer Staatsschuld von 400 Milliarden Reichsmark zu kämpfen haben werde[71] – das war erstaunlich nahe an den 390 Milliarden, die im Mai 1945 tatsächlich erreicht wurden.

Dann befasste er sich mit einigen Lösungsvorschlägen, die seiner Meinung nach untauglich waren – einer Streichung der Staatsschulden, einer Vermögensabgabe oder einer dosierten Inflation. Stattdessen schlug er einen radikalen Währungsschnitt vor. Dadurch sollte die überschüssige Kaufkraft abgeschöpft werden, also jener Teil der umlaufenden Geldmenge, der die Wirtschaftsleistung überstieg. Guthaben sollten jedoch nicht ersatzlos gestrichen werden, vielmehr sollten die Besitzer im Austausch dafür Reichsschuldtitel unterschiedlicher Kategorien und Laufzeiten erhalten. Ob, wie und wann diese zurückgezahlt würden, ließ er offen. Denn vorrangig sei zunächst einmal die »Erzeugung eines möglichst umfassenden, genußreifen Sozialprodukts«, wie er das nannte, also einer Wirtschaft, die wieder produzierte und florierte.[72] Erst wenn dieses Ziel erreicht sei, sollten die Schuldtitel nach und nach zurückgezahlt werden, zunächst jedoch nur an finanziell Bedürftige, wie beispielsweise Opfer von Bombenangriffen.

Die Denkschrift wurde in den industriellen Kreisen diskutiert, und es wurden auf ihrer Basis diverse Planungen für die Nachkriegszeit entwickelt, an denen Erhard beteiligt war.[73] Verwirklicht werden konnte davon jedoch nichts. Denn Erhard hatte zwar mit einer Niederlage Deutschlands gerechnet, nicht jedoch mit der totalen Kapitulation und der Besetzung des gesamten Landes durch die Alliierten, wie sie im Mai 1945 erfolgten. Das machte die erarbeiteten Pläne obsolet.

Für Erhard brachte dies jedoch die zweite wichtige Wende in seinem Leben. Er kontaktierte schon am Tag nach dem Einmarsch der amerikanischen Truppen in seine Heimatstadt Fürth am 18. April 1945 die US-Militärbehörden. Seine bisherigen Finanzierungsquellen waren versiegt, und daher bot er nun den Amerikanern seine Dienste als Ökonom an. Diese beauftragten ihn tatsächlich mit einer Analyse der Lage der Industrie in Fürth. Doch er legte diesen Auftrag weit aus und präsentierte ihnen im Mai ein Memorandum, in dem er auflistete, was aus seiner Sicht notwendig sei, um die gesamte deutsche Wirtschaft wieder in Gang zu bringen.[74]

Dies schien Eindruck gemacht zu haben. Zudem berichtete Erhard in jener Phase den Amerikanern gegenüber offenbar über seine Verbindungen zu Carl Goerdeler, einem der Widerstandskämpfer, die noch in den letzten Kriegsmonaten hingerichtet worden waren. Das löste nun eine Turbokarriere aus. Zunächst wurde er zum »Wirtschaftlichen Berater bei der Militärregierung für Mittel- und Oberfranken« ernannt und am 22. Oktober 1945 schon zum Minister für Handel und Gewerbe in der Bayerischen Landesregierung unter SPD-Ministerpräsident Wilhelm Hoegner. Ende 1946, nach den ersten bayerischen Landtagswahlen, schied er zwar schon wieder aus dem Amt. Doch in den 14 Monaten davor hatte er umfangreiche Kontakte geknüpft, insbesondere zu den führenden Ökonomen und Finanzwissenschaftlern. Er war nun ein festes und führendes Mitglied dieses Netzwerks.

Zudem wurde ihm in jener Zeit der Titel eines Honorarprofessors an der Universität München zuerkannt – für sein Ego ein enorm wichtiges Ereignis. Er bestand fortan stets auf der Ansprache mit »Herr Professor«, ja, er machte den Professorentitel quasi zu seinem Vornamen[75] – obwohl er nie irgendwelche Lehrveranstaltungen hielt. Treffend zusammengefasst hat Erhards damalige Stellung der Ökonom Meinhard Knoche:

> »Ludwig Erhard war nicht der herausragende Wirtschaftswissenschaftler, der er gerne gewesen wäre, und er war auch kein Manager mit Leib und Seele, geschweige denn ein akribischer Verwaltungsexperte [...]. Aber als in der Wirtschaftsbeobachtung und in der wirtschaftspolitischen Analyse und Beratung erfahrener Praktiker, der sich ein breites ökonomisches Wissen – vor allem die theoretischen Grundlagen der Wirtschaftspolitik – angeeignet und als bayrischer Wirtschaftsminister auf die Alliierten Eindruck gemacht hatte, kannte Erhard die riesigen wirtschaftspolitischen Herausforderungen, die Deutschland zu bewältigen hatte, und den daraus resultierenden Bedarf an wissenschaftlich fundierter Beratung in der Wirtschafts- und Finanzpolitik.«[76]

Daher lag es nahe, dass Erhard nach dem Ausscheiden aus dem Amt des bayerischen Wirtschaftsministers wieder Leiter eines Beratungsinstituts wurde, diesmal des Instituts für Wirtschaftsbeobachtung und Wirtschaftsberatung beziehungsweise des Süddeutschen Instituts für Wirtschaftsforschung. In dieser Funktion ging er erneut den Fragen nach, wie Bayern und Deutschland wirtschaftlich wieder auf die Beine kommen konnten. Dazu erarbeitete er zusammen mit anderen Ökonomen eine Abhandlung über die Frage einer Währungsreform, die sie im Juli 1947 dem Wirtschaftsrat der Bizone überreichten.[77] Zudem veröffentlichte Erhard zwischen September 1946 und März 1948 in der überregionalen Tageszeitung *Die Neue Zeitung* insgesamt zwölf Aufsätze, in denen er sich mit grundsätzlichen wirtschafts-, finanz- und währungspolitischen Fragen beschäftigte. In diesen Beiträgen sprach er sich insbesondere für ein Ende der staatlichen Bewirtschaftung aus sowie für eine freie Wirtschaftsordnung, in der die Kräfte des Marktes wieder wirken sollten.

Als im Juli 1947 der Wirtschaftsrat des Vereinigten Wirtschaftsgebiets die Einrichtung einer »Sonderstelle Geld und Kredit« beschloss, war es nur logisch, dass auch Erhard hierhin berufen wurde. Das Gremium sollte einen eigenen, deutschen Plan für eine Währungsreform ausarbeiten und versammelte dazu Fachleute aus ganz Deutschland. Bei der ersten Sitzung des Gremiums am 10. Oktober 1947 in Bad Homburg wählten die Fachleute Erhard, der sich bereits intensiv mit der Frage befasst hatte, wenig überraschend zu ihrem Vorsitzenden.

Die »Sonderstelle« sollte die rund 250 Ideen für eine Währungsreform, die damals zirkulierten,[78] zu einem Vorschlag zusammenführen, der als Gegenmodell zum amerikanischen CDG-Plan präsentiert werden konnte. Erhard prägte die Verhandlungen, und letztlich floss sein Plan aus dem Jahr 1943 in großen Teilen in den Vorschlag ein, den das Gremium im April 1948 veröffentlichte. Der offizielle Titel lautete »Entwurf eines Gesetzes zur Neuordnung des Geldwesens«,[79] doch meist wird das Dokument als »Homburger Plan« bezeichnet.

In diesem Plan schlugen die Experten vor, dass zunächst einmal jeder Deutsche 50 Reichsmark in 50 neue Mark tauschen können sollte. Von den Sparguthaben sollten dann 20 Prozent in das neue Geld umgewandelt werden. Davon sollten die Bürger aber nur über ein Viertel frei verfügen können, also über 5 Prozent der Sparguthaben. Die restlichen 15 Prozent sollten 1952 verfügbar werden, allerdings je nach Lage der Dinge entweder in Form von Bargeld beziehungsweise Guthaben oder in Form von Anleihen. Für die restlichen 80 Prozent der Guthaben sollten die Bürger schließlich sogenannte Liquidationsanteile erhalten. Diese wären de facto zwar nichts anderes als eine Bestätigung dafür gewesen, dass diese Guthaben gestrichen worden waren, jedoch mit der Aussicht, dass sie vielleicht irgendwann in der Zukunft ersetzt werden könnten. Auch Besitzer alter Anleihen des Staates sollten solche Liquidationsanteile erhalten – die Reichsschulden wären damit also ebenfalls nicht gänzlich gestrichen worden.

In all diesen Punkten unterschied sich der Homburger Plan deutlich vom amerikanischen CDG-Plan. Dieser hatte die klare und ersatzlose Streichung von 90 Prozent der Guthaben vorgesehen. Doch noch in einem anderen, entscheidenden Punkt wichen die Ausarbeitungen voneinander ab. Der Homburger Plan sah zwar ebenfalls einen Lastenausgleich vor: Auf Vermögenszuwächse in den Jahren von 1940 bis 1948 sollte eine Abgabe von 50 Prozent in eine Ausgleichskasse eingezahlt werden. Zugleich war aber vorgesehen, dass diese Abgaben auch in Liquidationsanteilen bezahlt werden konnten – die ja aber zunächst einmal wertlos waren. Damit wäre der Lastenausgleich größtenteils ins Leere gelaufen.

Im April 1948 übergaben die Experten der »Sonderstelle« ihre Ausarbeitung an die Alliierten. Doch zu diesem Zeitpunkt hatte sich die Lage in Deutschland grundlegend verändert. Und der Grund war ein Ereignis am 20. März 1948 in Berlin.

Am Sitz des Alliierten Kontrollrats am Kleistpark hatten an jenem Tag mal wieder die Militärgouverneure der vier Besatzungszonen an dem großen Konferenztisch Platz genommen: General Lucius D. Clay als Vertreter der USA, General Sir Brian H. Robertson für Großbritannien, der französische General Pierre Koenig und der Chef der Sowjetischen Militäradministration in Deutschland Marschall Wassili Sokolowski. Letzterer begann dort, auf seine Kollegen einzureden, sichtlich verärgert und höchst aggressiv. Schließlich zog er ein Memorandum aus seiner Aktentasche. Darin verlangte Moskau Aufklärung über eine Konferenz, die am 6. März in London stattgefunden hatte. Er zitierte aus dem offiziellen Kommuniqué jener Zusammenkunft, wonach die drei Westzonen wirtschaftspolitisch eng zusammenarbeiten wollten.[80]

Die Vertreter der anderen drei Mächte verweigerten Sokolowski jede nähere Auskunft darüber. Die Diskussionen wogten hin und her, drehten sich zunehmend im Kreis, bis General Clay schließlich erklärte, »er habe mit außerordentlicher Geduld Anschuldigung über Anschuldigung mitangehört, aber er dächte nicht daran, sich in eine Debatte darüber einzulassen. Seine Darstellung müsse genügen, und wenn sie Marschall Sokolowski nicht gefalle, bekäme er trotzdem keine andere.«[81]

Nun zog der Marschall eine offenbar vorbereitete Erklärung hervor und verlas sie:

> »Es wird eine Situation geschaffen, in der nur die Sowjetdelegation vor dem Kontrollrat Bericht erstatten soll, während die amerikanischen und britischen Mitglieder sich weigern, dem Kontrollrat Rechenschaft über ihre Tätigkeit in ihren Zonen abzulegen. Damit beweisen die Delegierten nur, daß sie mit dem Abkommen über die Kontrollorganisation brechen wollen und die Verantwortung für den Bruch dieses Abkommens übernehmen. Mit dieser Handlungsweise bestätigen die drei Delegationen noch einmal, daß der Kontrollrat in Wirklichkeit nicht mehr als Organ der höchsten Gewalt in Deutschland besteht, die die Viermächteverwaltung in diesem Land ausgeübt hatte. [...]. Es untersteht keinem Zweifel, daß dies die ernsteste Verletzung der Verpflichtungen ist, die den britischen, amerikanischen und französischen Besatzungsbehörden auferlegt werden.«[82]

Der britische Vertreter hob an, etwas zu erwidern, als ihn die sowjetische Delegation grob unterbrach und sich wie ein Mann erhob. Er finde es sinnlos, die Sitzung fortzusetzen, sagte Sokolowski, raffte seine Unterlagen zusammen, verließ ohne ein weiteres Wort den Raum – und sollte dort nicht wieder auftauchen. In seinen Erinnerungen schrieb General Clay zwei Jahre danach:

> »Als wir an jenem Tag den Konferenzsaal verließen, wußten wir, daß die Viermächte-Regelung zusammengebrochen war, und daß die Spaltung Deutschlands [...] nun Wirklichkeit geworden war.«[83]

Tatsächlich endete mit diesem Eklat die Zusammenarbeit der Alliierten im Kontrollrat. Dieser war damit tot. Doch das war wenig überraschend, diese Entwicklung hatte sich in den Wochen und Monaten davor bereits angebahnt. Schon kurz nach der Rede von US-Präsident Truman im März 1947, in der er seine Doktrin einer Eindämmung der sowjetischen Expansion präsentiert hatte, hatte US-Außenminister George Marshall einen Plan vorgelegt, der durch umfassende Kredite den Wiederaufbau im kriegszerstörten Europa fördern sollte. Die Darlehen waren jedoch mit klaren Bedingungen verknüpft, wie beispielsweise dem Abbau von Handelsschranken. Daher wird der Marshall-Plan meist als integraler Bestandteil der Truman-Doktrin verstanden. Über die wirtschaftliche Hilfe sollte die Bindung der Empfängerstaaten an die westliche Hemisphäre gestärkt werden – und das war natürlich auch gegen die Sowjetunion gerichtet. Im März 1948, als die Sowjets den Alliierten Kontrollrat verließen, war der Marshall-Plan fast in trockenen Tüchern und wurde schließlich am 2. April von Repräsentantenhaus und Senat endgültig mit großer Mehrheit abgesegnet.

Am 1. März 1948 hatten Amerikaner und Briten zudem die »Bank deutscher Länder« gegründet, ein Dachinstitut für die Landeszentralbanken, die im Verlauf des Jahres 1947 in allen drei westlichen Besatzungszonen entstanden waren. Ende März traten auch die Landeszentralbanken der französischen Besatzungszone diesem neuen Institut bei. Auch wenn dieses kein Notenausgaberecht hatte, war damit de facto der Vorläufer einer neuen Notenbank geschaffen worden.

Schließlich hatte vom 23. Februar bis 6. März 1948 in London jene Sechsmächtekonferenz stattgefunden, die Marschall Sokolowski so erzürnt hatte. Dort waren die Außenminister der drei westlichen Besatzungsmächte sowie der Benelux-Staaten als unmittelbare Nachbarn der westlichen Besatzungszonen zusammengekommen, um über die Zukunft Deutschlands zu beraten. Im Kommuniqué vom 6. März hieß es:

> »Die drei Westmächte sind übereingekommen, zwischen ihnen und zwischen den Besatzungsbehörden in Westdeutschland eine enge Zusammenarbeit in allen Fragen bezüglich Westdeutschlands im europäischen Wiederaufbauprogramm zu schaffen.
>
> Gleichzeitig beschlossen die Mächte, den drei Regierungen einen engen Anschluß der Bizone und der französischen Zone an das europäische Wiederaufbauprogramm zu empfehlen und eine angemessene Vertretung dieser Zonen in einer ständigen Organisation anzuraten.
>
> [...]
>
> Weiter stimmten die drei Delegationen darin überein, daß zur Erleichterung der Einschaltung Westdeutschlands in das europäische Wiederaufbauprogramm schnellstens Maßnahmen zur weitgehenden Angleichung der Wirtschaftspolitik in den drei Zonen auf dem Gebiet des Außenhandels, des Interzonenhandels, der Zölle und der Verkehrsfreiheit für Personen und Güter getroffen werden sollen.«[84]

Die Sechsmächtekonferenz hatte also beschlossen, die westdeutschen Zonen in die Wirtschaftsstruktur der westlichen Hemisphäre und auch in das Wiederaufbauprogramm des Marshall-Plans einzubinden, ohne Rücksicht darauf, dass dies eine Abtrennung von der sowjetisch besetzten Zone und eine dauerhafte Teilung Deutschlands zur Folge haben dürfte. Es war dies der erste Schritt auf dem Weg zu einem eigenständigen westdeutschen Staat. Den zweiten gingen die westlichen Alliierten, unmittelbar nachdem die Sowjets den Kontrollrat verlassen hatten. Sie setzten auf eine Währungsreform allein in Westdeutschland, ohne Beteiligung der sowjetisch besetzten Zone. Die Pläne sollten nun unverzüglich in die Tat umgesetzt werden. Und die entscheidende Etappe dorthin führte über Nordhessen.

Am 21. April 1948 befand sich ein Bus mit undurchsichtigen Scheiben auf dem Weg dorthin, begleitet von amerikanischer Militärpolizei. Nach einigen Stunden Fahrt erreichte er die Dörfer nördlich von Kassel. Dann bog er plötzlich auf den ehemaligen Fliegerhorst Rothwesten ab und machte halt. Hier stiegen die Insassen aus, sie wurden von amerikanischem Militär in Empfang genommen und bekamen ihre Unterkünfte zugewiesen, im Haus »Posen«. Das Gelände war von Stacheldraht umgeben und von US-Militärpolizisten mit Maschinenpistolen bewacht. Niemand durfte rein oder raus. Doch damit es den Gästen an nichts fehlte, wurde Servicepersonal mit ihnen zusammen interniert – Schreibkräfte, Putzfrauen, ein Koch und sogar ein Friseur.

Insgesamt elf Deutsche waren unter größter Geheimhaltung zusammengebracht worden, darunter der Finanzsenator von Hamburg, Walter Dudek, ebenso die Wirtschaftswissenschaftler Hans Möller und Wilhelmine Dreißig und Otto Ernst Pfleiderer, Mitglied im Bankrat der amerikanischen Besatzungszone. Allesamt waren sie Finanzexperten und zeichneten sich dadurch aus, dass sie während der Zeit der Nationalsozialisten keine herausragende Stellung eingenommen hatten oder aber sogar verfolgt worden waren.

49 Tage sollten sie nun in der ehemaligen Kaserne festsitzen. Sie kamen dort regelmäßig an einem langen braunen Tisch zusammen und hörten sich in den ersten Tagen zunächst einmal an, was ihr Auftrag war. Dieser schien gewaltig: Sie sollten die Grund-

lagen für eine Währungsreform ausarbeiten, die das Nachkriegselend aus Mangelwirtschaft, Hunger, Schwarzmarkt und Schieberei beenden und Deutschlands Wirtschaft wieder erblühen lassen sollte.

Eine Mammutaufgabe, aber zugleich eine riesige Chance für die Fachleute. Wer bekommt schon die Gelegenheit, die volkswirtschaftlichen Grundlagen einer Nation am Schreibtisch neu zu erschaffen? Doch diesen Zahn zogen ihnen die US-Vertreter auf der anderen Seite des Tisches sehr schnell. Denn die Grundzüge der Währungsreform standen längst fest, und die Vertreter der Alliierten legten sie ihnen klipp und klar dar: 70 Prozent der Altguthaben sollten unwiederbringlich gestrichen, 20 Prozent blockiert werden. Nur 10 Prozent sollten in neues Geld umgetauscht werden. Es sollte also einen harten Währungsschnitt geben, ein Großteil der Guthaben ein für alle Mal gestrichen werden und nicht in irgendwelche Papiere umgetauscht werden, wie es der Homburger Plan vorsah. Die alten Reichsschulden sollten ebenfalls komplett gestrichen werden. Der Lastenausgleich schließlich sollte von der Währungsreform abgetrennt und komplett einer künftigen deutschen Regierung übertragen werden.

Die Vorgaben entsprachen weitgehend dem CDG-Plan, den die amerikanische Expertenkommission zwei Jahre zuvor vorgelegt hatte, der Homburger Plan der deutschen Seite war damit obsolet und sollte keine Rolle mehr spielen. Die Experten konnten nicht einmal über den Namen der neuen Währung befinden. Denn auch dieser stand bereits fest, und daran hatte ein gerade einmal 26 Jahre alter Amerikaner entscheidenden Anteil: Edward Tenenbaum.

Tenenbaum war 1921 als Sohn jüdischer Einwanderer in New York geboren worden und muss schon früh durch seine außerordentliche Intelligenz aufgefallen sein. Der Historiker David Schoenbaum bezeichnet ihn jedenfalls als »Wunderknabe«.[85] Tatsächlich beendete Tenenbaum schon 1942, mit 20 Jahren, sein

Studium an der Yale Universität. Seine Abschlussarbeit – natürlich die jahrgangsbeste und mit der Note »summa cum laude« bewertet – widmete sich dem Thema »Nationalsozialismus und internationaler Kapitalismus«. Darin schlussfolgerte er, dass nach dem militärischen Sieg über den Nationalsozialismus auch dessen pervertiertes Wirtschaftssystem überwunden werden, die staatliche Kontrolle abgebaut und der Markt wieder eine entscheidende Rolle spielen müsse.

Während des Krieges diente Tenenbaum als Funker im Range eines Feldwebels, nach Kriegsende kam er als Besatzungsoffizier nach Deutschland. Schließlich wurde er Assistent von Jack Bennett, dem Abteilungsleiter für Finanzfragen unter General Lucius D. Clay. Eigentlich hatte er hier nur untergeordnete Aufgaben, doch unter anderem aufgrund seines Sprachtalents – er sprach fließend Deutsch und Französisch – wurde er schnell zum entscheidenden Faktor bei der Vorbereitung der Währungsreform.

Tenenbaums Beitrag wurde lange kaum gewürdigt. Ludwig Erhard erwähnte ihn in keinem seiner Bücher – kein Wunder, schließlich ließ er sich selbst in der Öffentlichkeit später stets unwidersprochen als Vater der Deutschen Mark darstellen. Ganz anders Altkanzler Helmut Schmidt: »Er war das intellektuelle Bindeglied zwischen amerikanischer Militärregierung und deutschen Fachleuten«, schrieb er in seinen Memoiren über Tenenbaum.[86] »Er verdient ein Denkmal in der deutschen Wirtschaftsgeschichte.« Das hat er bis heute nicht erhalten, obwohl die Historiker in ihm inzwischen mindestens den Ziehvater der D-Mark sehen und seine Rolle bei der Währungsreform als wesentlich wichtiger als die von Ludwig Erhard erachten.[87]

Tenenbaum war bei all den Diskussionen unter den Alliierten dabei, führte immer wieder Gespräche dazu direkt in Washington, und er machte sich frühzeitig Gedanken darüber, wie die neue Währung heißen sollte. Der Name »Mark« war dabei gesetzt, denn so hieß die deutsche Währung schon seit 1871. Und auch davor, fast 1000 Jahre lang, gab es in diversen Gegenden des deutschen Kulturraums Währungen dieses Namens, der letztlich auf eine alte germanische Gewichtseinheit zurückgeht. »Reichsmark« allerdings, wie die Mark bisher geheißen hatte, war nach dem Untergang des Dritten Reichs keine Option mehr. Tenenbaum suchte daher nach einer neuen Ergänzung und hatte schließlich die Idee, das neue Geld »Deutsche Mark« zu nennen.

»Er fragte mich, wie mir der Name Deutsche Mark gefiele«, erinnerte sich seine Ehefrau, Jeanette Tenenbaum, später. »Ich sagte, phantastisch, man muß es nur schöner aussprechen. Deshalb sagen wir in Amerika ja auch Deutschmark.«[88] Zugetragen haben muss sich das, lange bevor die Einführung der neuen Währung konkret wurde. Denn schon in den Beratungen der Alliierten untereinander wird der Terminus verwendet, und auch der CDG-Plan benutzte schon die Abkürzung »DM«.

Als das Konklave in Rothwesten begann, war der Name daher gesetzt. Dort war Tenenbaum ebenfalls dabei, instruierte die herbeigeholten Experten und machte ihnen zunächst klar, dass ihre Aufgabe vor allem in der Umsetzung der Pläne bestand, nicht in deren Ausgestaltung. Sie sollten also nur noch das formale Gerüst für eine Währungsreform zimmern, deren Details weitgehend feststanden. »Strenge Lösung wird durch Besatzungsmächte aufoktroyiert werden«, schrieb Erwin Hielscher, Leiter der Sonderstelle für Geld und Kredit in der amerikanischen und britischen Zone und ebenfalls einer der deutschen Finanzexperten in der Runde, in sein Tagebuch.[89] Er und seine Kollegen murrten zwar, beugten sich den Vorgaben jedoch, wie ein anderer von ihnen, Walter Dudek, berichtet:

> »Leider teilte man uns kurz nach dem Beginn unserer Arbeit mit, daß in den Hauptpunkten die drei Regierungen in Washington, London und Paris bereits Entscheidungen getroffen

> hatten. Wir standen vor der außerordentlich schweren Frage, ob wir daraufhin unsere Mitarbeit versagen oder vielmehr versuchen sollten, noch das Beste aus der Sache zu machen, was vom deutschen Standpunkt aus möglich war. Wir haben den letzteren Weg gewählt.«[90]

Die nachgiebige Haltung mag auch darin begründet gewesen sein, dass der prominenteste Vertreter der deutschen Finanzexperten nicht dabei war: Ludwig Erhard. Denn dieser hatte die »Sonderstelle Geld und Kredit« zuvor bereits verlassen und war die Karriereleiter weiter emporgestiegen. Am 2. März 1948 war er zum Direktor der Verwaltung für Wirtschaft des Vereinigten Wirtschaftsgebietes gewählt worden, fungierte also fortan als Wirtschaftsminister der Bizone.

Die Diskussionen in der Kaserne kreisten aufgrund der Vorgaben nur noch um die Details der Währungsreform, insbesondere um den sogenannten Kopfbetrag und die Freiquote. Der Kopfbetrag war der Betrag, den am Tag der Währungsreform alle Bürger 1 zu 1 von Reichsmark in die neue Währung tauschen können sollten. Die Alliierten hatten hierfür 25 Mark vorgesehen, die deutschen Experten forderten jedoch 50 Mark, um so gleich zu Beginn einen größeren sozialen Ausgleich zu schaffen. Zudem entsprach dieser Betrag dem Homburger Plan. Im Gegenzug sollten nur 5 Prozent der Guthaben direkt in neues Geld umgetauscht werden können – dies war die sogenannte Freiquote. 15 Prozent sollten blockiert und 80 Prozent komplett gestrichen werden.

Edward Tenenbaum vermittelte zwischen den Ideen der deutschen Experten und den Alliierten, hielt die Fäden zusammen und absolvierte ein gehöriges Reisepensum zwischen Berlin, wo die Militärregierungen saßen, Frankfurt, wo die bizonalen Stellen auf deutscher und allliierter Seite ihren Sitz hatten, und der Kaserne in Rothwesten.[91]

Wohl auf französischen Wunsch wurde der geforderte Kopfbetrag zwischenzeitlich sogar auf 60 Mark erhöht, er sollte jedoch auf die Freiquote von 5 Prozent der Altguthaben angerechnet werden. Am Ende setzten die Alliierten zudem durch, dass von den 60 Mark zunächst nur 40 Mark ausgezahlt werden sollten, erst in einer zweiten Runde sollten die übrigen 20 Mark getauscht werden. Zudem setzten die Alliierten einen deutlich härteren Schnitt durch, als ihn die deutschen Experten gewünscht hatten. Neben der Freiquote von 5 Prozent sollten nur weitere 5 Prozent auf ein blockiertes Festkonto eingezahlt werden, und davon sollte am Ende auch nur ein Teil ausgezahlt werden. Der Währungsschnitt lag also bei über 90 Prozent.

Am 8. Juni endeten die Beratungen in Rothwesten mit der Vorlage von drei Gesetzentwürfen, zahlreichen Durchführungsverordnungen und Anweisungen zur Geldumstellung. Nun stand dieser nichts mehr im Wege. Am 16. Juni gaben die drei westlichen Alliierten bekannt, dass sie in ihrem Gebiet eine Währungsreform durchführen würden, nannten aber noch keinen Termin. Am Abend des 18. Juni verkündeten sie dann die ersten beiden Währungsgesetze, am 20. Juni – einem Sonntag – traten diese in Kraft, und am Montag, dem 21. Juni 1948, ging es los. Das lange erwartete neue Geld war endlich da.

KAPITEL 5

Mit 40 DM in eine neue Ära
Juni 1948

Eine wahre Massenflucht setzte in Oberbayern am Wochenende des 19./20. Juni 1948 ein. 95 Prozent der Gäste in den Gebirgsorten reisten plötzlich ab.[92] In Garmisch-Partenkirchen musste sogar der Bahnhof vorübergehend gesperrt werden, weil sich dort 25.000 Kurgäste drängten – alle wollten nur noch weg.[93] Ähnlich war es auf den ostfriesischen Inseln, im Schwarzwald, im Harz oder in den Kurorten des Landes: All die Urlaubs- und Erholungsgebiete waren von einem Tag auf den anderen wie leergefegt, die Touristen verschwunden. Und jene, die ein Zimmer gebucht hatten, stornierten.

Der Grund war die Währungsreform, die zwar seit Längerem erwartet worden war, nun aber endlich kommen sollte. Am Abend des 18. Juni, einem Freitag, hatten die westlichen Alliierten Paragraph 1 Absatz 1 des neuen Währungsgesetzes verkündet. Darin hieß es kurz und bündig: »Mit Wirkung vom 21. Juni gilt die Deutsche-Mark-Währung. Ihre Rechnungseinheit bildet die Deutsche Mark, die in hundert Deutsche Pfennig eingeteilt ist.«[94]

Damit war klar, dass die Reichsmark ihre Gültigkeit verlieren würde. Und es war klar, dass nur 40 Mark des alten Geldes 1 zu 1 umgetauscht werden dürften. Zu welchem Kurs der Rest der Guthaben gewechselt würde, war noch offen. Doch einen Hinweis gab die Tatsache, dass Kleingeld bis zu einer Reichsmark weiter gültig bleiben sollte – allerdings zu einem Zehntel des bisherigen Wertes. Den Feriengästen war damit klar, dass ihnen schlicht das Geld fehlen würde, um den Urlaub fortzusetzen.

Aber auch bei jenen, die nicht in Ferien waren, setzte nun Hektik ein. Die Menschen versuchten verzweifelt, in letzter Minute ihre Reichsmark noch für irgendetwas mehr oder weniger Sinnvolles auszugeben. Das *Badener Tagblatt* schilderte, was sich in Baden Baden zutrug:

> »Sie laufen durch die Straßen, daß einem Angst und Bange wird. Von der Schuhwichse bis zur Haarnadel, von der Tischlampe bis zur Propaganda-Broschüre von 1945 – alles wird den Geschäftsinhabern aus den Händen gerissen. Tüchtige Geschäftsleute bringen natürlich noch schnell an den Mann, was ab Montag niemand mehr kaufen wird (daran fehlt es ja nicht!). Und das Publikum kommt entgegen und kauft ... kauft ... kauft ...«[95]

Doch die meisten Schaufenster boten ohnehin kaum noch etwas an. Die Inhaber hielten ihre Waren zurück – sie machten plötzlich Inventur oder schoben kuriose Gründe für die Schließung vor:

> »Dafür bilden sich vor den Bäckerläden Schlangen. Schon seit den frühen Morgenstunden gibt es in den meisten Geschäften kein Brot mehr. Die einen haben bald geschlossen, die andern vertrösten ihre Kunden auf nachmittags (ein ganz Gewitzigter schiebt einen kaputten Backofen vor). Am Nachmittag hat die Polizei ein Einsehen und zwingt die Bäcker, Brot zu backen und sofort zu verkaufen. Spät abends noch und sogar am Sonntag morgen wird in einigen Läden Brot verkauft. Auch die Weinhändler müssen sich der Polizei beugen und verteilen den Wein schließlich doch noch an die Bevölkerung.«[96]

Manche machten bei dieser Hektik nicht mit, sondern hauten das alte Geld einfach auf den Kopf. So fuhren beispielsweise in Frankfurt drei Mädchen so lange Karussell, bis das Geld weg war – insgesamt 25 Mal. Anschließend mussten sie in ärztliche Behandlung. Andere wiederum zündeten sich mit Zehnmarkscheinen Zigaretten an oder warfen ihr Geld einfach in den Main.[97] Wieder andere versuchten auf dem Schwarzmarkt noch etwas zu erstehen – aber selbst dort versiegte das Angebot. Denn auch die Schwarzhändler wollten das alte Geld nicht mehr.

Schließlich war es so weit. Am Sonntag, dem 20. Juni, konnten die Menschen an den Lebensmittelkartenstellen, die es im ganzen Land gab, die ersten Scheine des neuen Geldes erhalten. In langen Schlangen standen sie an, denn das Kopfgeld wurde nur an diesem einen Tag ausbezahlt. Dabei durften pro Person – auch für Minderjährige – 40 Reichsmark in 40 Deutsche Mark umgetauscht werden, eine Familie mit drei Kindern erhielt also beispielsweise 200 DM.

5,7 Milliarden DM wurden an diesem Tag unters Volk gebracht, Scheine mit einem Gewicht von insgesamt 500 Tonnen – ausschließlich Scheine. Denn Münzen gab es von der D-Mark zu diesem Zeitpunkt noch nicht, dafür Banknoten zu Kleinstbeträgen. Wer 40 DM erhielt, bekam in der Regel einen Zwanzigmarkschein, zwei Fünfmarkscheine, drei Zweimarkscheine, zwei Scheine zu einer Mark sowie vier Scheine zu einer halben Mark.

Diese Banknoten hatten zu diesem Zeitpunkt bereits eine kleine Odyssee hinter sich. Wochenlang hatten sie im Keller des alten Reichsbankgebäudes in der Taunusanlage in Frankfurt gelagert. Doch dorthin waren sie nicht etwa aus Berlin gebracht worden, obwohl die Amerikaner noch Ende 1947 in der Auseinandersetzung mit den Sowjets darauf bestanden hatten, dass die neue Währung dort gedruckt werden sollte. Doch dann hatten sie sich umentschieden. Die neue Währung der Deutschen kam nun aus den USA.

Die Entscheidung dafür war schon Mitte Oktober 1947 gefallen, also zu einer Zeit, als sich die USA offiziell noch um eine Währungsreform für alle vier Besatzungszonen bemühten. Die American Banknote Company, die bereits für viele Länder Banknoten produziert hatte, hauptsächlich aber Briefmarken und Aktienurkunden druckte, teilte den Behörden damals mit, dass sie die Geldscheine für eine neue deutsche Währung drucken könne, wenn sie den Auftrag dazu bis Ende des Jahres erhalte – andernfalls würde sie andere Aufträge annehmen und hätte dann keine Kapazitäten mehr. General Lucius D. Clay, seit März 1947 amerikanischer Militärgouverneur in Deutschland, drängte daraufhin, den Auftrag zu vergeben, um wenigstens an dieser Stelle kein neues Problem entstehen zu lassen. Das US-Außenministerium gab zähneknirschend seine Zustimmung.[98]

Das Ergebnis war jedoch, dass diese Banknoten für deutsche Augen sehr »amerikanisch« aussahen. Das lag daran, dass sie Motive zeigten, die damals auf dem amerikanischen Kontinent sehr verbreitet waren – und zwar nicht nur auf Banknoten. So war auf dem 20-Mark-Schein eine Frau zu sehen, die an einer Säule lehnte und leicht entrückt gen Himmel blickte. Zu ihren Füßen saß ein Jüngling, im Hintergrund waren rauchende Schlote und eine Eisenbahn erkennbar. Genau das gleiche Bild war jedoch schon auf einer 10-Dollar-Note der Merchants Bank of Canada aus dem Jahr 1900 und auf einem 10-Peso-Schein der mexikanischen Banco Mercantil de Yucatan von 1904 zu sehen. Der 100-Mark-Schein zeigte ebenfalls eine Frauengestalt. Diese blätterte in einem Buch, rechts neben ihr lag ein anderer Foliant, davor stand eine Malerpalette und im Hintergrund ein Globus. Auch dieses Motiv war zuvor schon verwendet worden: für Aktien. Diese wurden damals noch als effektive Stücke ausgeliefert, und jene des Foto-Konzerns Eastman Kodak oder des Verlags McGraw-Hill zeigten das gleiche Motiv wie der 100-Mark-Schein.

Was aus heutiger Perspektive sehr seltsam anmutet, war damals jedoch nichts Ungewöhnliches. Denn erst seit der zweiten Hälfte des 20. Jahrhunderts ist es üblich, dass Nationalstaaten ihren Banknoten ein eigenes, unverwechselbares Gesicht geben, sie quasi zu den Visitenkarten ihrer Nationen machen. Davor wurde dafür meist eine Auswahl von vorgefertigten Gravuren genutzt, vor allem in Nordamerika. Deren Besonderheit war es, dass sie extrem fein gearbeitet waren und dadurch nicht so leicht nachgemacht werden konnten. Daher wurden sie für jede Art von Wertpapieren genutzt, Banknoten, Aktien, Anleihen.

Doch nicht nur die Motive der neuen D-Mark-Noten waren für deutsche Augen ungewöhnlich. Auch die Aufschriften waren eigenartig rudimentär. Denn auf den Geldscheinen waren lediglich die Wörter »Banknote« und »Serie 1948« sowie die Bezeichnung »Deutsche Mark« aufgedruckt. Es gab keinen Hinweis auf den Emittenten, also auf die Notenbank. Zudem fehlte die Unterschrift der verantwortlichen Person an der Spitze des Emittenten. Das war jedoch schlicht den Umständen geschuldet: Als die Geldscheine gedruckt wurden, gab es noch keine verantwortliche Notenbank. Erst mit dem »Zweiten Gesetz zur Neuordnung des Geldwesens« vom 20. Juni 1948 wurde der »Bank deutscher Länder« diese Funktion zugewiesen.[99] Zum Zeitpunkt des Drucks waren daher de facto die Militärbehörden der Alliierten noch die Verantwortlichen, diese konnten aber schlecht auf den Banknoten unterschreiben, wenn sie wollten, dass die Deutschen das Geld als ihre Währung betrachteten.

Im Frühjahr 1948 waren die Banknoten schließlich fertig gedruckt und wurden in einer Geheimaktion unter dem Codenamen »Bird dog«, zu Deutsch: »Spürhund«, aus den USA nach Bremerhaven verschifft. Geleitet wurde dieses Projekt wiederum von Edward Tenenbaum. In 23.000 Kisten verpackt wurden die Banknoten konspirativ nach Frankfurt gebracht, wo angeblich nur sechs Beschäftigte im Reichsbankgebäude wussten, was sich im Keller verbarg. Einige Tage vor Beginn der Umtauschaktion wurden die Banknoten mit Lastwagen und Spezialzügen an die Lebensmittelkartenstellen in Westdeutschland verteilt, die sie wiederum am 20. Juni an die Bürger ausgaben.[100]

Mit diesem ersten Geld, den ersten 40 DM, erhielten die Deutschen gleichzeitig Vordrucke, in denen sie ihre Sparguthaben, Bankeinlagen und Altgeld-Barbestände eintragen mussten. Diese Formulare mussten sie bis zum 26. Juni bei einem Geldinstitut abgeben. Wie viel ihnen von ihrem Geld dann bleiben würde, war da noch unbekannt. Und das machte Angst.

»Die Leute waren völlig verzweifelt und ratlos, was daraus werden würde«, erinnerte sich Hildegard Hamm-Brücher, die später jahrelang in führender Position in der FDP tätig war.[101] An jenem Sonntag stand sie ebenfalls in einer der Schlangen und hörte zu, was die Menschen sagten. »Sie waren besorgt«, fasste sie die Stimmung zusammen. Doch: »Die Besorgnisse haben sich ganz schnell gelegt«, fuhr sie in ihren Erinnerungen fort. Denn schon einen Tag später war das Wunder geschehen: Die Geschäfte waren über Nacht gefüllt, es gab plötzlich wieder alles zu kaufen. All die Waren, die es jahrelang allenfalls auf dem Schwarzmarkt gegeben hatte, waren nun wieder in den Schaufenstern zu sehen und auch zu erwerben.

»Die meisten Menschen stauten sich vor den Radio- und Eisenwarengeschäften«, berichtete *Die Welt* über jenen Tag in Frankfurt:

> »Eine große Menge bisher gehorteter Waren erschien plötzlich in den Auslagen. Ziemlich erregt ging es vor dem Schaufenster eines Radiogeschäfts zu, in dem Radioröhren aller Typen zum normalen Preis von 8,50 D.Mark pro Stück angeboten wurden.«[102]

Aus Lübeck berichtete die Zeitung von großer Nachfrage nach Kochtöpfen und anderen Haushaltsgegenständen, vor allem durch die vielen Flüchtlinge. Aber auch die Lebensmittelgeschäfte waren überfüllt:

> »Vor Blumenläden, die bisher keine oder wenige Blumen öffentlich zur Schau stellten, drängten sich in den heutigen Mittagsstunden Hunderte, um die ausgestellten Rosen, Gladiolen, Kallas und Nelkensträuße zu kaufen. Ähnliche Szenen spielten sich in Stadtmitte vor den Textilgeschäften ab, die über Nacht mit Anzügen, Seidenwäsche, Hüten, Krawatten und Stoffen in großer Auswahl und allen Variationen aufwarteten.«[103]

Die Menschen gaben ihr erstes Geld für ganz unterschiedliche Dinge aus. Manche kauften dringend benötigte Haushaltsartikel, andere legten für größere Anschaffungen zusammen, wieder andere warteten erst einmal ab. Und manchem Kind wurde ein lang gehegter Wunsch erfüllt, so wie der damals 15-jährigen Margot K.:

> »Als die D-Mark kam, waren die Schaufenster plötzlich von einem Tag auf den anderen voll. Ich bekam zum ersten Mal wieder richtige Schuhe. Bis dahin war ich hauptsächlich mit Holzschuhen herumgelaufen, so wie man sie aus Holland kennt. Und ich erinnere mich, wie ich meine Mutter inständig bat, mir eine Banane zu kaufen – und sie erfüllte mir diesen Wunsch.«[104]

In den Wochen und Monaten vor der Währungsreform hatten die Händler ihre Ware zurückgehalten, weil sie wussten, dass bald neues Geld eingeführt würde und das alte dann nur noch einen Bruchteil wert wäre. Daher wollte jeder vermeiden, noch große Reichsmark-Beträge anzuhäufen. Doch das galt nicht nur für die Händler, sondern auch für die Produzenten. Auch sie wollten nicht mehr an die Händler verkaufen, horteten ihre Produkte. So kam der Handel weitgehend zum Erliegen, nur der Schwarzmarkt funktionierte noch. Dieser trocknete mit der Währungsreform jedoch aus. Denn ab sofort konnte praktisch alles wieder auf dem regulären Markt erstanden werden. Zudem glichen sich die Schwarzmarktpreise den regulären Preisen an.

Dass der Handel auf dem Schwarzmarkt zum Erliegen kam, lag aber nicht nur an der Einführung der neuen Währung. Auch die gefüllten Schaufenster waren nur teilweise darauf zurückzuführen. Mindestens ebenso wichtig waren die Wirtschaftsreformen, die zeitgleich durchgeführt wurden, maßgeblich vorangebracht durch den Wirtschaftsminister der Bizone, durch Ludwig Erhard. Dieser war schon früh ein Verfechter einer Rückkehr zu markwirtschaftlichen Prinzipien gewesen, trat für ein Ende der staatlichen Bewirtschaftung und für eine Aufhebung der Preisbindung ein. Der Preis sollte endlich wieder als Lenkungsinstrument dienen. Das klingt aus heutiger Sicht banal und naheliegend. In der unmittelbaren Nachkriegszeit handelte es sich hierbei jedoch um eine ausgesprochene Minderheitenposition. In allen westlichen Demokratien – im sowjetischen Machtbereich ohnehin – vertrauten die meisten Ökonomen viel eher auf staatliche Lenkung. Auch die neu gegründete CDU beschloss noch im Februar 1947 ihr Ahlener Programm, in dem es hieß:

> »Das kapitalistische Wirtschaftssystem ist den staatlichen und sozialen Lebensinteressen des deutschen Volkes nicht gerecht geworden. Nach dem furchtbaren politischen, wirtschaftlichen und sozialen Zusammenbruch als Folge einer verbrecherischen Machtpolitik kann nur eine Neuordnung von Grund aus erfolgen.
>
> Inhalt und Ziel dieser sozialen und wirtschaftlichen Neuordnung kann nicht mehr das kapitalistische Gewinn- und Machtstreben, sondern nur das Wohlergehen unseres Volkes sein. Durch eine gemeinwirtschaftliche Ordnung soll das deutsche

> Volk eine Wirtschafts- und Sozialverfassung erhalten, die dem Recht und der Würde des Menschen entspricht, dem geistigen und materiellen Aufbau unseres Volkes dient und den inneren und äußeren Frieden sichert.«[105]

Doch auch wenn sich Erhard mit seiner Position in der Minderheit befand, so hatte er doch die Amerikaner auf seiner Seite, die ebenfalls für ein Ende der Bewirtschaftung eintraten. Zudem konnte er die Ökonomen in seinem Umfeld von seiner Position überzeugen. Zunächst stellte sich die »Sonderstelle Geld und Kredit« hinter ihn. Und im April 1948 schrieb auch der Wissenschaftliche Beirat bei der Verwaltung für Wirtschaft in einem Gutachten:

> »Die Währungsreform ist nur sinnvoll, wenn eine grundlegende Änderung der bisherigen Wirtschaftslenkung mit ihr verbunden wird. [...] Die Steuerung durch den Preis dient dazu, das Sozialprodukt zu steigern. Dies ist die wichtigste sozialpolitische Aufgabe des Augenblicks.«[106]

Den Experten war inzwischen klar geworden, dass eine Währungsreform keinen Sinn ergab, wenn der Staat weiterhin Preise festsetzte, Rohstoffe zuteilte und Güter rationierte. In einem solchen Korsett würde auch das neue Geld nur eine Nebenrolle spielen, wären Bezugsscheine nach wie vor wichtiger und würden daher auch Schwarzmarkt und Tauschhandel weiterhin dominieren. Es wäre somit kaum etwas gewonnen.

Ludwig Erhard hatte daher in den Wochen vor der Währungsreform bereits ein Gesetz ausarbeiten lassen, das die Wirtschaft befreien sollte. Am 17./18. Juni 1948 stand dieses Gesetz bei der 18. Vollversammlung des Wirtschaftsrats der Bizone, der als eine Art Parlament in Wirtschaftsfragen fungierte, auf der Tagesordnung, und nach hitzigen Debatten wurde es schließlich am 18. Juni um 4:53 Uhr morgens beschlossen, mit 52 Ja-Stimmen von CDU/CSU und FDP und gegen 37 Nein-Stimmen von SPD und KPD.[107]

Das »Gesetz über Leitsätze für die Bewirtschaftung und Preispolitik nach der Geldreform«[108] formulierte Prinzipien, die fortan gelten sollten. Gleich im ersten Satz hieß es: »Der Freigabe aus der Bewirtschaftung ist vor ihrer Beibehaltung der Vorzug zu geben.« Danach wurden einige Bereiche genannt, in denen weiter Preise vorgegeben werden sollten, beispielsweise bei Hauptnahrungsmitteln und wesentlichen Rohstoffen. Und schließlich beauftragte das Gesetz den Direktor für Wirtschaft, also Erhard, die erforderlichen Maßnahmen zur Umsetzung der Leitsätze zu treffen. De facto bedeutete das nichts anderes als eine fast vollständige Freigabe der Preise über Nacht. Allerdings bedurfte das Gesetz noch der Zustimmung durch die Alliierten – und diese waren alles andere als erfreut, als sie davon erfuhren. Ihrer Ansicht nach hatte der Wirtschaftsrat mit diesem Gesetz seine Kompetenzen überschritten, denn die Preisfestlegung lag nach wie vor in ihrer Macht.

Erhard wartete jedoch nicht auf die Genehmigung der Alliierten, sondern landete stattdessen einen Coup. Er ließ seinen Sprecher Kuno Ockhardt noch am Sonntag, dem Tag des Geldumtauschs, im Radio verkünden, dass die Preiskontrolle weitgehend aufgehoben und nur noch für die wichtigsten Lebensmittel und Rohstoffe wie Kohle und Eisen beibehalten werde, obwohl dies noch überhaupt nicht feststand. Die Menschen jedoch hörten die Botschaft – und handelten entsprechend. Die Händler stellten am Montag wieder ihre Waren in die Geschäfte, die Produzenten lieferten aus, die Menschen kauften. Es war wahrscheinlich der entscheidende Coup, der den Erfolg der Währungsreform besiegelte. Mit diesem Erfolg vor Augen konnten auch die Alliierten kein Veto mehr einlegen, zumal General Clay ohnehin auf Erhards Seite stand. Erhard erinnerte sich in seiner Autobiographie an diese Tage und sparte dabei nicht mit Eigenlob:

»Was sich im Hintergrund dieses Übergangs zur Marktwirtschaft abspielte, ist der breiten Öffentlichkeit nie voll bewusst geworden. Nur ein Beispiel: Strenge Vorschriften der amerikanischen und englischen Kontrollinstanzen verlangten vor jeder Änderung von Preisvorschriften deren ausdrückliche Genehmigung. Woran die Alliierten allerdings nicht gedacht hatten, war, dass jemand überhaupt auf die Idee kommen konnte, diese Preisvorschriften nicht zu ändern, sondern sie einfach aufzuheben. So viel Kühnheit von einem Deutschen so kurze Zeit nach dem Kriegsende anzunehmen, passte nicht in die Denkkategorie einer Verwaltung, kurz nach einem überwältigenden Sieg.

Zugute kam mir, dass sich General Clay [...] hinter mich stellte und meine Anordnungen deckte. Die Preisbildung deutscher Konsumgüter und wichtigster Nahrungsmittel war damit der alliierten Preisaufsicht entzogen.«[109]

Nur diese Kombination aus Liberalisierung der Wirtschaft und Währungsreform konnte dafür sorgen, dass die Beziehungen zwischen Händlern und Kunden wieder vom Kopf auf die Füße gestellt wurden und sich damit normalisierten. Otmar Issing, Jahrgang 1936, in den 1990er-Jahren Mitglied des Bundesbankdirektoriums und ab 1998 der erste Chefökonom der Europäischen Zentralbank (EZB), erfuhr das am eigenen Leibe:

»Meine Eltern hatten eine kleine Gastwirtschaft, und sie schickten mich hin und wieder zum Metzger zum Einkaufen. Nach der Währungsreform war das plötzlich ein völlig neues Erlebnis. Denn davor war ich dort stets Bittsteller gewesen. Mit der D-Mark war ich nun jedoch plötzlich Kunde.«[110]

Nur diese neue Wirtschaftsordnung, diese Befreiung von den Fesseln der Zwangswirtschaft, konnte letztlich auch die Bilder erzeugen, die fortan den Gründungsmythos der D-Mark bildeten: Über Nacht gefüllte Schaufenster, Menschen, die glücklich ihre ersten 40 DM in Händen hielten und damit kaufen konnten, was immer sie wollten. Die Einführung der D-Mark steht seither für die Ablösung von Not und Hunger durch Konsum und Wohlstand, für eine neue Aufbruchstimmung nach Jahren der Agonie, für den Beginn des »Wirtschaftswunders«. Ludwig Erhard hat daran großen Anteil. Ohne sein Engagement für eine Rückkehr zur Marktwirtschaft, ohne seine Gesetze zur Preisfreigabe und deren trickreiche Umsetzung wären diese Bilder nicht entstanden, gäbe es diesen Gründungsmythos nicht.

Dennoch ist es falsch, Erhard als den Vater der D-Mark zu bezeichnen. Der war er nicht. An der Währungsreform selbst hatte er nur geringen Anteil. Sie war Sache der Alliierten, vor allem der Amerikaner, und hier war wiederum General Clay die entscheidende Triebkraft. Wenn es einen Vater der D-Mark gibt, so gebührt dieser Titel am ehesten noch Edward Tenenbaum, der während der ganzen Verhandlungen um die Währungsreform an entscheidender Stelle dabei gewesen war, einen Großteil der Organisation übernommen hatte und nicht zuletzt auch den Namen der neuen Währung, Deutsche Mark, beigesteuert hatte.

Dass Erhard dennoch fortan als der Schöpfer der D-Mark galt, hängt vor allem auch mit seiner Rolle in den Monaten nach der Währungsreform zusammen. Er war es, der die Maßnahmen nun beständig öffentlich pries, der sie aber auch verteidigen musste. Denn schon bald zeigte sich, dass die Währungsreform nicht nur positive Folgen hatte.

KAPITEL 6

Licht und Schatten der Wirtschafts- und Währungsreform

Sommer 1948 bis Sommer 1949

Die Währungsreform markierte einen radikalen Umbruch, so radikal, dass am 20. Juni 1948 in den Erinnerungen der Menschen eine neue Ära begann. Heinrich Böll ließ das 1961 in seinem Essay »Hierzulande« einen Taxifahrer so beschreiben:

> »Mit den Worten ›nach dem Zusammenbruch‹ bezeichnet man die Zeit von Mai 45 bis zur Währungsreform, oder zurückblickend nennt man sie: vor der Währungsreform. Die Zeit vom 20. Juni 1948 bis heute nennt man: nach der Währungsreform, im Volksmund schlichter: vor und nach der Währung, wobei mit ›vor der Währung‹ instinktsicher auch die Kriegszeit, in der das Geld strömte, gemeint ist. Wir leben im Jahre 12 nach der Währung.«[111]

Die Fesseln der Kommandowirtschaft waren beseitigt, eine neue Währung gab den Deutschen Hoffnung, und die Ökonomen beobachteten, wie neuer Elan die Menschen erfasste, wie sie anpackten, sich an die Arbeit machten. So schrieb der französische Ökonom Jacques Rueff:

> »Vom Juni 1948 ab änderte sich alles mit einem Schlage. Alle Kurven stiegen steil an. Die Produktion der Landwirtschaft und die der Industrie erwachten im gleichen Augenblick. Der Wiederaufbau erreichte ein solches Tempo, wie man es sich in keinem der benachbarten Länder auch nur vorstellen konnte. [...] Der Aufstieg setzte auf allen Gebieten des Wirtschaftslebens auf den Glockenschlag mit dem Tage der Währungsreform ein. [...] Noch am Abend vorher liefen die Deutschen ziellos in den Städten umher, um kärgliche zusätzliche Nahrungsmittel aufzutreiben, am Tage darauf dachten sie nur noch daran, sie zu produzieren.«[112]

Die deutsche Wirtschaft war wie entfesselt. Die Produktionszahlen stiegen steil an. Hatte die industrielle Produktion im zweiten Quartal 1948 noch bei 50,3 Prozent des Niveaus von 1936 gelegen, so kletterte sie im dritten Quartal schon auf 65,3 und im vierten auf 76,3 Prozent. Bereits Ende 1949 erreichte sie wieder den Stand von 1936 und Ende 1951 überstieg sie diesen um fast die Hälfte.[113]

Doch so allumfassend die Freude und das Glückgefühl in den Tagen unmittelbar nach der Währungsreform auch waren, die ersten Enttäuschungen ließen nicht lange auf sich warten. Ernüchternd war für viele Westdeutsche schon die Behandlung ihrer Altguthaben. Bis zum 26. Juni mussten sie alle Reichsmark-Guthaben anmelden und bei einer Bank oder Sparkasse einzahlen. An jenem Tag wurde dann das »Dritte Gesetz zur Neuordnung des Geldwesens«[114] – das sogenannte Umstellungsgesetz – verkündet, das tags darauf in Kraft trat. Dieses bestimmte zunächst, dass Reichsmark-Verbindlichkeiten zwischen Geldinstituten und Altgeldguthaben der Geldinstitute ersatzlos verfielen, ebenso wie Altgeldguthaben von Reich, Ländern, Gemeinden, der NSDAP und ihr angeschlossener Verbände. Für alle anderen Verbindlichkeiten galt Paragraph 16 Absatz 1, der besagte: »Reichsmarkforderungen werden grundsätzlich mit der Wirkung auf Deutsche Mark umgestellt, daß der Schuldner an den Gläubiger für je zehn Reichsmark eine Deutsche Mark zu zahlen hat.« Dieser Umrechnungskurs galt jedoch nicht für Löhne, Gehälter, Mieten, Pachten, Renten, Pensionen – diese wurden 1 zu 1 umgestellt.

Wie wiederum mit den angemeldeten Reichsmark-Guthaben umzugehen war, legte Paragraph 2 des Gesetzes fest – und das war für viele ein Schock. Denn zunächst wurden Sparguthaben, Bankeinlagen und Bargeldbestände ebenso wie Schulden und Forderungen 10 zu 1 umgewandelt, aus 10 Reichsmark wurde also 1 DM. Davon wurden zum einen aber die bereits ausgezahlten Kopfbeträge abgezogen. Zum anderen konnten die Bürger nur über die Hälfte frei verfügen, also über weniger als 5 Prozent der ursprünglichen Guthaben. Die andere Hälfte wurde einem Festkonto gutgeschrieben, das zunächst blockiert war. Innerhalb von drei Monaten sollte entschieden werden, was daraus werden würde, und dies sollte von der wirtschaftlichen Entwicklung abhängen.

Geregelt wurde dies schließlich mit dem »Vierten Gesetz zur Neuordnung des Geldwesens«, dem sogenannten Festkontengesetz vom 30. September 1948.[115] Dieses sah vor, dass von den Guthaben auf den Festkonten weitere 70 Prozent gestrichen wurden und nur 30 Prozent ausgezahlt wurden. So blieben am Ende von 100 Reichsmark an Altguthaben gerade einmal 6,50 DM übrig.

Der individuelle effektive Umrechnungskurs war natürlich für jeden Bürger anders, denn er hing davon ab, welchen Anteil das Kopfgeld an seinen gesamten Ersparnissen ausmachte. Nach den ersten 40 DM waren einen Monat später weitere 20 DM zu einem Kurs von 1 zu 1 getauscht worden, und wer nicht mehr als 60 Reichsmark besessen hatte, konnte sich über einen effektiven Umrechnungskurs von 1 zu 1 freuen. Wer dagegen deutlich mehr besaß, verlor den Großteil seiner Ersparnisse. Mehr noch: Wer mehr als 5000 Reichsmark an Guthaben angemeldet hatte, bekam den entsprechenden

Betrag in D-Mark nur ausbezahlt, wenn das Finanzamt eine Unbedenklichkeitsbescheinigung ausstellte. Die Beamten kamen auf diese Weise diversen Schwarzhändlern und Steuerhinterziehern auf die Schliche und belegten sie mit Nachversteuerungen und Steuerstrafen. Doch auch, wer sein Geld ehrlich verdient und davon etwas angespart hatte, musste hohe Verluste hinnehmen.

Der Kabarettist Dieter Hildebrandt erzählte beispielsweise später, dass er in den Nachkriegsjahren auf dem amerikanischen Truppenübungsplatz Grafenwöhr als Kistenschlepper gearbeitet und jede Mark beiseitegelegt hatte: »Ich hatte gesammelt, und hatte wirklich viel gesammelt, damit ich nach München zum Studium kann. In dem Moment, als ich dachte, ich habe genug, kam die Währungsreform. Und ich hatte nichts.«[116]

Selbst für jene, die viel Geld verloren hatten, überwog aber die Hoffnung. Denn nun bestand die Möglichkeit, neues Geld zu verdienen, stabiles Geld – Geld, das etwas wert war. Und es ergab Sinn, mehr zu arbeiten, sich anzustrengen und mehr zu verdienen. Denn dann konnte man sich mehr leisten – ein Prinzip, das vor der Währungsreform nicht mehr gegolten hatte.

Doch die folgenden Monate brachten weitere, schwere Verwerfungen mit sich, und am Freitag, dem 12. November 1948, zeigte sich dies im ganzen Land. Ein Kino in Braunschweig wollte am Nachmittag jenes Tages Filme vorführen. Daraufhin besetzten Arbeiter das Theater und zwangen die Geschäftsleitung zur sofortigen Schließung. In Peine entdeckten Arbeiter auf einer Kontrollfahrt einen Kleinbetrieb, in dem gearbeitet wurde. Der Betriebsleiter ließ die Mitarbeiter sofort nach Hause gehen. Der Rest der Stadt war wie ausgestorben: Gitter vor den Fenstern und Türen der Geschäfte und Gaststätten, in den Fabriken Skat spielende Pförtner.[117] In den anderen Städten der amerikanischen und der britischen Besatzungszone sah es genauso aus: Sie waren wie ausgestorben, Straßenbahnen fuhren nicht, die Geschäfte waren geschlossen.

Diese Ruhe war gewollt. Denn die Gewerkschaften hatten zu einem »Demonstrationsstreik« aufgerufen. Das Wort führte allerdings in die Irre: De facto war es der erste und einzige Generalstreik in der deutschen Nachkriegsgeschichte. Rund 9,25 Millionen der 11,7 Millionen Beschäftigten in den beiden Besatzungszonen beteiligten sich nach Gewerkschaftsschätzungen daran, also knapp 80 Prozent.[118] In der französischen Zone hatte die Militärverwaltung den Protest allerdings verboten.

Der Hintergrund für den Aufruhr war, dass das anfängliche Glücksgefühl der Tage unmittelbar nach der Währungsreform in den folgenden Monaten oftmals Ernüchterung gewichen war. Häufig schlug die Stimmung sogar um in Enttäuschung und Wut. Denn seit Ende Juni 1948 waren die Schaufenster zwar wieder voll, doch seither stiegen auch die Preise in rasantem Tempo. Schon in den ersten drei Wochen verteuerten sich nach Untersuchungen des gewerkschaftseigenen Wirtschaftswissenschaftlichen Instituts (WWI) beispielsweise Schuhe um 50 bis 120 Prozent, Gemüse wurde ebenfalls bis zu 120 Prozent teurer, Obst bis zu 200 Prozent und der Eier-Preis stieg sogar um 200 bis 500 Prozent.[119] Ludwig Erhard beteuerte zwar immer wieder, dass erst der Wettbewerb unter den Anbietern wieder in Gang kommen müsse. Dann würden die Preise wieder sinken. Das taten sie aber nicht. Am 1. November kostete ein Paar Herrenschuhe 40,50 DM, vor der Währungsreform hatte es bei 24,50 Reichsmark gelegen. Der Preis eines Straßenanzugs war von 98 Reichsmark auf 170 DM gestiegen, ein Oberhemd kostete nun 22 DM statt 13 Reichsmark, ein Kleiderschrank 245 DM statt 190 Reichsmark.[120] Das eigentliche Problem war jedoch, dass weiterhin der Lohnstopp galt, der einst von den Nationalsozialisten verfügt und nach dem Krieg von den Alliierten übernommen worden war. Die Folge war, dass sich die Menschen immer weniger leisten konnten. Dies ließ die Stimmung allmählich kippen.

In einer Meinungsumfrage im Mai noch hatten in der amerikanischen Zone 54 Prozent die Ernährung als ihre Hauptsorge genannt, nur 12 Prozent nannten fehlende Mittel zur Bestreitung des Lebensunterhalts. Ende Juli gab bei einer Allensbach-Umfrage schon fast die Hälfte an, dass ihr Leben seit der Währungsreform schwieriger geworden sei, profitiert hätten vor allem »Geschäftsinhaber, Fabrikanten, Kapitalisten, Schwarzhändler«.[121] Im August schließlich hatte sich das Bild komplett gedreht: Nun nannten nur noch 9 Prozent die Ernährung als Hauptproblem, aber 59 Prozent die Geldmittel.[122] Aus dem Beschaffungsproblem war ein Finanzierungsproblem geworden. »Arbeiter, Angestellte und Beamte sind nicht mehr in der Lage, sich das Notwendigste für den Lebensunterhalt zu kaufen«, stellten die Gewerkschaften in einem Rundschreiben fest.[123] Hinzu kam, dass die Zahl der Arbeitslosen rasant gestiegen war, zwischen Juni und Dezember 1948 verdoppelte sie sich auf rund eine Million.

In dieser Lage versammelten sich in Stuttgart am 28. Oktober zwischen 40.000 und 100.000 Menschen. Sie führten Plakate und Transparente mit sich, auf denen zu lesen war: »Wir wollen leben – nicht vegetieren«, oder: »Fort mit Professor Erhard«. Der Stuttgarter DGB-Vorsitzende Hans Stetter hielt eine Rede, in der er sagte, die Veranstaltung sei »als letzte Warnung an alle diejenigen zu betrachten, die kaltschnäuzig aus der Not der Menschen neuen Reichtum scheffeln wollen«.[124] Nach dem Ende der Kundgebung kam es zu gewaltsamen Ausschreitungen. Eine Gruppe Protestierender warf die Fensterscheiben hochpreisiger Modegeschäfte ein, und als die Polizei einschreiten wollte, wurde auch sie mit Steinen beworfen. Sie rief daraufhin die amerikanische Militärpolizei zu Hilfe, die die Stuttgarter Einkaufsmeile schließlich mit aufgepflanztem Seitengewehr und Tränengas räumte. General Clay erließ sofort eine Ausgangssperre für die Zeit zwischen 21 und 4 Uhr nachts.

In den folgenden Tagen erreichten die Gewerkschaftszentrale Forderungen aus der ganzen Republik, den Protest zu bündeln und konsequent gegen die Wirtschaftspolitik Erhards vorzugehen. Schließlich setzten sie für den 12. November einen allgemeinen Streik an, der jedoch nicht Generalstreik heißen durfte, weil die Alliierten einen politischen Streik verboten hätten. Stattdessen sollte er »Demonstrationsstreik« heißen. Allerdings genehmigten die britischen und amerikanischen Militärbehörden auch diesen nur unter der Voraussetzung, dass keinerlei Kundgebungen und Demonstrationen abgehalten würden – so fand der »Demonstrationsstreik« am 12. November gänzlich ohne Demonstrationen statt.

Dafür ruhte aber für 24 Stunden überall die Arbeit, und die Gewerkschaften proklamierten ihre zehn Forderungen. Punkt eins lautete, dass sofort der wirtschaftliche Notstand verkündet werden solle. Zur Überwindung dieses Notstandes sollten Preisbeauftragte mit weiten Vollmachten eingesetzt, Preis-, Kontroll- und Wuchergesetze angepasst und Verstöße dagegen schnell und unnachgiebig verfolgt werden. Außerdem sollte aber auch das Rad ein Stück zurückgedreht werden: Der gewerblich-industrielle Sektor sollte wieder geplant und gelenkt und die Gewerkschaften sollten daran beteiligt werden. Grundstoffindustrien und Banken sollten zudem verstaatlicht werden. Und schließlich sollte ein Lastenausgleich durchgeführt werden – etwas, das in allen Plänen zur Währungsreform in der Tat vorgesehen war, was weder die Alliierten noch der Wirtschaftsrat bis dahin jedoch in Angriff genommen hatten.

Der Tag verlief friedlich und erzwungenermaßen ruhig, für kurze Zeit waren die Gewerkschaftsforderungen in aller Munde, doch bewirkt hatte der Streik nichts. Zum Glück, muss man rückblickend wohl sagen, denn kurze Zeit später zeigte sich, dass Erhards Rezept doch wirkte. Wenige Wochen nach dem Streik drehte der Trend, die Phase der rasanten Preissteigerungen endete, viele

Preise gingen sogar wieder zurück. Und inzwischen hatte Erhard auch den Lohnstopp aufgehoben, die Gewerkschaften konnten nun mit den Arbeitgebern über höhere Löhne verhandeln und erzielten meist deutliche Zuschläge. Übrig blieb die Erinnerung an diese Teuerungswelle, die Jupp Schmitz schließlich 1949 in einem Lied verarbeitete:

»Wer soll das bezahlen, wer hat das bestellt?
Wer hat soviel Pinke-Pinke, wer hat soviel Geld?«

Erhard war als Sieger aus dieser Auseinandersetzung hervorgegangen. Es hatte sich gezeigt, dass sein Rezept das richtige war, um in Westdeutschland den Wirtschaftsmotor wieder in Gang zu bringen. Nach der Gründung der Bundesrepublik am 23. Mai 1949 zog die CDU, die zur politischen Heimat Erhards geworden war, daher mit dem Slogan »Marktwirtschaft statt Planwirtschaft« in den Wahlkampf – und gewann. Bei den Wahlen zum ersten Bundestag am 14. August 1949 wurde sie stärkste Partei. Konrad Adenauer wurde wenig später zum ersten Bundeskanzler gewählt, Erhard wurde sein Wirtschaftsminister, und Jahre des Aufschwungs begannen.

Die Währungsreform hatte dazu den Grundstein gelegt, und sie ist viel stärker im kollektiven Gedächtnis geblieben als die Gründung der Bundesrepublik selbst. Die Einführung der D-Mark gilt noch heute vielen geradezu als konstituierendes Element der Bundesrepublik, die Tage im Juni 1948 wurden zu gemeinsinnstiftenden, verbindenden Ereignissen – wovon einiges allerdings auch nostalgische Verklärung ist. Denn zum einen wurde mit der Währungsreform auch die politische Spaltung Deutschlands erstmals weithin deutlich und entscheidend vertieft. Zum anderen konservierte die Währungsreform die soziale Spaltung innerhalb der westdeutschen Gesellschaft. Auf der einen Seite standen jene, die im Krieg alles verloren hatten, allen voran die Millionen

Flüchtlinge, aber auch Ausgebombte und Kriegshinterbliebene. Auf der anderen Seite standen all diejenigen Sachwertbesitzer, deren Besitz im Krieg nicht zerstört worden war und die daher finanziell komplett unbeschadet durch den Krieg und durch die Währungsreform gekommen waren.

Diese soziale Spaltung sollte eigentlich durch einen Lastenausgleich abgemildert werden. Die Präambel des Ersten Gesetzes zur Neuordnung des Geldwesens vom 21. Juni 1948 war da unmissverständlich: »Den deutschen gesetzgebenden Stellen wird die Regelung des Lastenausgleichs als vordringliche, bis zum 31. Dezember 1948 zu lösende Aufgabe übertragen.«[125] Doch bis Ende 1948 war nichts dergleichen geschehen. Im August 1949 trat immerhin das »Soforthilfegesetz« in Kraft, das erste kurzfristige Unterstützung gewährte, beispielsweise für Ausgebombte und Vertriebene, damit diese sich neuen Hausrat anschaffen konnten. Doch erst im August 1952 wurde das Lastenausgleichsgesetz beschlossen. Es sah eine Vermögensabgabe für alle vor, deren Immobilienbesitz unbeschadet durch den Krieg gekommen war, in Höhe von 50 Prozent des Wertes. Diese Abgabe konnte jedoch gestaffelt über 30 Jahre entrichtet werden, sodass sie aus den Erträgen oder anderem Einkommen bezahlt werden konnte und sich nicht auf die Substanz auswirkte. Dazu kam eine Abgabe für jene, deren Hypotheken- oder Kreditschulden durch die Währungsreform entwertet worden und die damit praktisch schuldenfrei geworden waren. Diese Mittel flossen in einen Fonds, aus dem wiederum Auszahlungen an Vertriebene, Ausgebombte oder anderweitig Kriegsgeschädigte geleistet wurden. Schließlich sah das Altsparergesetz von 1953 noch eine leichte Besserstellung für Spareinlagen vor, die bereits am 1. Januar 1940 bestanden hatten.

Allerdings gab es diverse Möglichkeiten, die Abgabenlast zu senken. Zudem führte die Inflation in den ersten Monaten nach der Währungsreform dazu, dass sich der Wert der Schuld verringerte, sodass der Lastenausgleich am Ende wesentlich geringer ausfiel als von vielen erhofft. Bis 1979, als die Erhebung endete, kamen gerade einmal 42 Milliarden DM zusammen. Dagegen stehen Schätzungen, wonach allein das Vermögen, das 1949 mit der fünfzigprozentigen Abgabe belegt werden konnte, damals rund 300 Milliarden DM betrug.[126] Die tatsächliche Unterstützung für die Geschädigten, die aus diesen Abgaben bestritten wurde, konnte daher nicht einmal näherungsweise deren Verluste ausgleichen.

Letztlich war der Lastenausgleich daher nicht das, was der Begriff eigentlich besagt. Die Besitzstrukturen blieben unangetastet, die Glücklichen, die den Krieg finanziell unversehrt überstanden oder sogar davon profitiert hatten, mussten nichts von ihrem Besitz abgeben, sondern nur eine aus dem Ertrag zu bestreitende Abgabe leisten. Jene, die alles verloren hatten, mussten dagegen ganz von vorne anfangen und erhielten dabei lediglich ein wenig Unterstützung. Das Gesetz diente daher vor allem politischen Zwecken, glaubt der Historiker Rudolf Morsey:

> »Der Lastenausgleich minderte ein bedrohliches soziales Spannungspotential (noch 1951 war ein Drittel der Vertriebenen ohne Arbeit), auch wenn dessen Leistungen für die Existenzbildung der Geschädigten in den fünfziger Jahren, während des anhaltenden Wirtschaftswunders, nicht ausschlaggebend waren.«[127]

Dieses Wirtschaftswunder, der Aufschwung, von dem fast alle profitierten und der es den Geschädigten schließlich ermöglichte, wieder auf die Beine zu kommen, überdeckte allmählich die soziale Spaltung, die die Währungsreform hinterlassen hatte. Daran, dass dieses Wirtschaftswunder entstand und sich verstetigte, hatte Ludwig Erhard einen wichtigen Anteil. Mindestens ebenso wichtig waren aber die Hüter der D-Mark, die Männer an der Spitze der neuen Notenbank.

EXKURS

Die Währungsreform in der sowjetischen Zone

Kaum, dass die westlichen Alliierten am 18. Juni 1948 ihre Pläne für eine Währungsreform bekannt gegeben hatten, trommelten die Verantwortlichen im sowjetisch besetzten Teil Berlins alle verfügbaren Staats- und Parteifunktionäre im Berliner Stadtkontor zusammen. Diese mussten an langen Tischen Platz nehmen, und jeder fand ein Bündel Banknoten auf der einen Seite und einen Stapel Kupons auf der anderen Seite an seinem Platz vor. Dann hieß es: kleben. Auf den Reichsmark-Scheinen waren die Kupons zu fixieren, denn so ergänzt sollten die alten Banknoten nun zur neuen Währung im Osten des Landes werden.

Offiziell hatte sich der sowjetische Militärgouverneur Marschall Sokolowski überrascht und empört über die Ankündigung einer Währungsreform im Westen gegeben. In einem Aufruf an die Bevölkerung hatte Sokolowski geschrieben:

> »Die Währungsreform wird separat durchgeführt im Interesse der amerikanischen, britischen und französischen Monopole, die eine Spaltung Deutschlands durchführen und danach trachten, Deutschland zu schwächen, indem sie sich seine Wirtschaft unterwerfen.«[128]

Allerdings hatte die sowjetische Seite durchaus mit einem separaten Vorgehen der West-Alliierten gerechnet, spätestens seit dem Ende des Kontrollrats am 20. März 1948. Zudem hatte sie in den knapp drei Jahren zuvor bereits Fakten geschaffen, die eine gemeinsame Währungsreform zunehmend unmöglich machten.

So hatte die sowjetische Militäradministration schon in den letzten Kriegstagen befohlen, alle Banken in dem von ihr besetzten Gebiet zu schließen. Zudem wurden alle bestehenden Konten gesperrt.[129] An die Stelle der bisherigen Kreditinstitute traten neu gegründete Landes- und Provinzialbanken, die damit ein Monopol hatten. Nur in Sachsen und Thüringen konnten sich einige Privatbanken halten.[130]

Außerdem ließen die Sowjets schon kurz nach Kriegsende diverse Betriebe verstaatlichen und betrieben den Umbau der ostdeutschen Wirtschaft in eine Zentralverwaltungswirtschaft nach sowjetischem Muster. Im Juni 1947 wurde in der sowjetischen Besatzungszone eine deutsche Wirtschaftsregierung installiert, parallel zum Wirtschaftsrat in der Bizone. Die ostdeutsche Variante, die Deutsche Wirtschaftskommission (DWK), war jedoch kein demokratisches Gremium, in dem diskutiert und um die beste Lösung gerungen wurde. Sie war vielmehr fast komplett in den Händen der SED. Diese machte sich mithilfe der DWK an die politische Gleichschaltung der unteren Verwaltungsebenen und erstellte als erste Amtshandlung einen Zweijahresplan für die Jahre 1948/1950.

Dann wurde im Mai 1948 die Finanzwirtschaft der volkseigenen Betriebe eingeführt. Das bedeutete, dass diese ihre Gewinne direkt an den Staat abführen mussten und dieser auch über Investitionen entschied. In Ostdeutschland wurden also Rationierung und Bewirtschaftung, wie sie seit dem Krieg in ganz Deutschland herrschten, nicht etwa gelockert, wie dies Ludwig Erhard verfolgte und mit der Währungsreform in Westdeutschland zum großen Teil umsetzte. Vielmehr wurde dieses System im Osten durch eine noch viel rigidere zentralistische Planung ersetzt. Dadurch war eine gemeinsame Währungsreform praktisch unmöglich geworden.

Mit der Ankündigung durch die westlichen Alliierten war die sowjetische Seite unter Zugzwang gekommen. Sie musste nun in ihrem Machtbereich ebenfalls eine neue Währung einführen. Sonst hätten die Westdeutschen ihre weitgehend wertlosen Reichsmark in Ostdeutschland ausgegeben und dort die Regale leergekauft.

Die Lösung war jedoch zunächst reichlich dilettantisch: Die Machthaber ließen zum einen den gesamten Verkehr in ihre Zone scharf kontrollieren, um so das Einsickern von Reichsmark zu verhindern. Zum anderen ließen sie in mehreren Tag- und Nachtschichten Reichsmark-Noten mit den besagten Kupons bekleben. Diese hatten jedoch nicht die Sicherheitsmerkmale, über die Banknoten üblicherweise verfügen, und schlimmer noch: Der Leim war so schlecht, dass sich die Kupons oft schnell ablösten.[131] Im Volksmund bekam dieses Geld daher den abwertenden Namen »Tapetenmark«.

Ab dem 24. Juni konnten die Einwohner der sowjetisch besetzten Zone 70 Reichsmark pro Person 1 zu 1 in Reichsmark mit Kupon umtauschen. Das übrige Bargeld musste auf Bankkonten eingezahlt werden und sollte zu einem späteren Termin in einem Verhältnis von 10 zu 1 umgetauscht werden. Für Beträge über 5000 Reichsmark musste die Herkunft nachgewiesen werden.

Zuvor schon, am 22. Juni, hatte Marschall Sokolowski jedoch angeordnet, dass die ostdeutsche Währungsreform für ganz Berlin gelte, also auch für die Zonen der westlichen Alliierten. Die West-Berliner sollten ebenfalls »Tapetenmark« erhalten. Dies war eine Brüskierung der westlichen Alliierten. Denn diese hatten Berlin zuvor ausdrücklich von ihrer Währungsreform ausgenommen. Damit hatten sie dem besonderen Status der Stadt Rechnung getragen. Mit der Anordnung des sowjetischen Militärgouverneurs drohte Berlin nun jedoch wirtschaftlich Teil der Sowjetzone zu werden.

Die westlichen Stadtkommandanten erklärten daraufhin am 23. Juni, dass der sowjetische Befehl gegen die interalliierten Vereinbarungen über die Viermächteverwaltung von Berlin verstoße und deshalb ungültig sei. Sie kündigten an, nunmehr in ihren Sektoren D-Mark auszugeben. Diese Scheine unterschieden sich durch jene in Westdeutschland durch ein aufgedrucktes »B«. Als Reaktion darauf wiederum blockierte das sowjetische Militär ab dem folgenden Tag, dem 24. Juni, die Zufahrtswege aus den Westzonen nach West-Berlin – die Berlin-Blockade hatte begonnen. Fast ein Jahr lang versorgten britische und amerikanische Flugzeuge die West-Berliner über die sogenannte Luftbrücke, bis die Sowjets die Blockade schließlich am 12. Mai 1949 aufhoben.

Zu jener Zeit war in Westdeutschland schon klar geworden, dass die Währungsreform in Verbindung mit der Rückkehr zur Marktwirtschaft ein voller Erfolg war. In Ostdeutschland dagegen war die »Tapetenmark« Ende Juli 1948 zwar in neue Geldscheine getauscht worden, die den Namen »Deutsche Mark der Deutschen Notenbank« trugen. Das konnte jedoch nicht die Konstruktionsfehler dieser Währungsreform ausmerzen.

Einer war, dass die Einlagen staatlicher Betriebe bei Banken 1 zu 1 umgestellt wurden – damit sollten sie einen Vorteil gegenüber Privatfirmen erhalten, die 90 Prozent der Einlagen verloren. Auch das Vermögen der SED wurde 1 zu 1 umgestellt. Dadurch und aufgrund einiger weiterer Details in der Umstellung war die umlaufende Geldmenge an Ost-Mark schließlich ungefähr gleich hoch wie die D-Mark-Menge in Westdeutschland – dort lebten jedoch mehr als doppelt so viele Menschen. Das verminderte den Wert der Währung.

Weit entscheidender für den Misserfolg war jedoch, dass mit der ostdeutschen Währungsreform eben keine Öffnung der Märkte einherging, sondern, im Gegenteil, der Übergang zur Planwirtschaft beschleunigt wurde. Daher füllten sich die Schaufenster weder über Nacht noch über die kommenden Monate. Ein Schub für die Wirtschaft blieb aus, und das Vertrauen in das neue Geld war gering. Schon die ersten Tauschkurse zwischen D-Mark und Ost-Mark lagen bei 1 zu 2,20, wenig später kostete eine D-Mark bereits 4 bis 7 Ost-Mark.

Der Wirtschaftshistoriker Frank Zschaler kommt in seiner Analyse der Währungsreform in der sowjetischen Besatzungszone zu einem Resümee, das letztlich auch viel über die Währungsreform in Westdeutschland aussagt:

> »Damit bestätigt diese Untersuchung, daß mit einer Währungsreform kaum mehr erreicht werden kann als die Abwicklung technischer Probleme, obwohl es dabei durchaus unterschiedliche Qualitätsstandards gibt. Erst im Kontext der Gesamtheit von ordnungs-, wirtschafts- und finanzpolitischen Maßnahmen wird über Erfolg bzw. Mißerfolg einer Währung entschieden.«[132]

KAPITEL 7

Die neue deutsche Notenbank und der Beinahe-Tod der jungen Währung

Sommer 1948 bis Ende 1951

»Das ist nicht zu halten, diese Währungsreform taugt nichts, in ein paar Wochen bricht die ganze Geschichte zusammen, und dann wollen wir uns mal hinsetzen und etwas Vernünftiges aufbauen!« So sprach im Sommer 1948, nur wenige Wochen nach der Währungsreform, Hjalmar Schacht zu Wilhelm Vocke.[133] Schacht war bis 1939 Vockes Chef gewesen, als Präsident der Reichsbank. Vocke hatte deren Direktorium angehört und war schließlich wie Schacht von Hitler gefeuert worden. Nun jedoch war Vocke Chef des Direktoriums der Bank deutscher Länder, also der neuen deutschen Notenbank.

Schachts Äußerungen kann man daher als Neid abtun, oder als Verbitterung darüber, dass ihm dieser Posten nicht angeboten worden war. Doch er war nicht der Einzige, der so sprach. »Diese Deutsche Mark, das ist keine Währung, das wird auch keine Währung und kann keine Währung werden. Das ist keine Währung, das ist ein schlechter Witz.« So äußerte sich rund ein Jahr nach der Währungsreform der Direktor einer ausländischen Notenbank gegenüber Vocke. Und wenige Wochen danach nahm der Chef des Internationalen Währungsfonds, Camille Gutt, Vocke zur Seite und schärfte ihm ein: »Nun, Herr Vocke, kein Gold, keine Devisenreserven, ich will Ihnen ehrlich sagen, Sie haben überhaupt keine Chance, es kann nichts daraus werden.«[134]

Nein, der Erfolg war der neuen deutschen Währung nicht in die Wiege gelegt. Wie Gutt zu Recht sagte, verfügte diese über keinerlei reale Wertbasis. Die Bank deutscher Länder hatte kein Gold, und noch schlimmer: Deutschlands Außenhandel war zu jener Zeit im Defizit. Das Land, das heute zu den führenden Exportnationen der Welt gehört, importierte damals weit mehr als es exportierte. Ohne Devisenreserven schien daher der Kollaps nur eine Frage der Zeit. Vocke selbst resümierte:

> »Die Aufgabe, vor der die Leitung der neugegründeten Bank stand, nämlich den ihr übergebenen neugedruckten Banknoten nach innen und außen volle und dauernde Wertstabilität zu geben, schien nach dem Urteil der maßgebenden deutschen und ausländischen Experten unlösbar zu sein.«[135]

Die neue Notenbank mag zwar kein Gold und keine Devisenreserven gehabt haben, sie hatte jedoch zwei selbstbewusste Männer an ihrer Spitze. Neben Vocke war dies Karl Bernard. Diese Doppelspitze lag in der Struktur der Bank deutscher Länder begründet. Sie war am 1. März 1948 nach dem Vorbild der amerikanischen Notenbank Federal Reserve, kurz Fed, gegründet worden. Wie diese sollte die Bank deutscher Länder föderal aufgebaut sein. Träger waren daher die Landeszentralbanken, die zuvor schon in den Ländern entstanden waren. Die Präsidenten der Landeszentralbanken bildeten den Zentralbankrat, der alle wesentlichen Entscheidungen traf. Erster Präsident dieses Gremiums wurde am 5. Mai 1948 Karl Bernard. Er war im Frühjahr 1948 Vorsitzender jenes Konklaves auf dem Fliegerhorst Rothwesten gewesen, das die Währungsreform vorbereitet hatte. Der Zentralbankrat wiederum wählte das Direktorium und dessen Präsidenten, die für die Durchführung der Beschlüsse des Zentralbankrates verantwortlich waren. Erster Präsident des Direktoriums wurde am 20. Mai 1948 Wilhelm Vocke.

Mit der Währungsreform bekam die Bank deutscher Länder das Recht zur Ausgabe von Banknoten und Münzen und wurde dadurch zur Notenbank. Ebenfalls nach dem Vorbild der Fed sollte sie unabhängig von politischer Einflussnahme sein. Das regelte Artikel 1 Absatz 3 der Verordnung zur Errichtung der Bank deutscher Länder:

> »Sofern hierin oder sonst in gesetzlichen Bestimmungen nichts anderes vorgesehen ist, ist die Bank nicht den Anweisungen irgendwelcher politischen Körperschaften oder öffentlichen Stellen außer Gerichtsbehörden unterworfen.«[136]

Allerdings unterstand sie nach wie vor den Alliierten Militärbehörden, zumindest theoretisch. Direktorium und Zentralbankrat entwickelten jedoch sehr früh ein gehöriges Selbstbewusstsein. Schon Ende 1948 verweigerte sich die Notenbank dem Drängen der Amerikaner, den Diskontsatz zu erhöhen, also den damaligen Leitzins, zu dem sich die Banken kurzfristig refinanzieren konnten. US-General Clay zitierte sogar Zentralbankratspräsident Bernard zu sich, doch selbst das half nicht. Der Zentralbankrat lehnte auch bei seiner nächsten Sitzung einen solchen Zinsschritt ab – und die Amerikaner verzichteten auf Zwangsmaßnahmen.[137]

Am 23. Mai 1949 wurde mit der Verkündung des Grundgesetzes die Bundesrepublik Deutschland gegründet. Dieses Grundgesetz sah in Artikel 88 vor: »Der Bund errichtet eine Währungs- und Notenbank als Bundesbank.« Die Lebenszeit der Bank deutscher

Länder war also begrenzt. Doch wie die Institution, die sie ablösen würde, aufgebaut sein sollte, welche Rechte sie haben und wie unabhängig sie sein sollte, war völlig offen – und höchst umstritten. So umstritten, dass es letzten Endes sieben Jahre dauern sollte, bis sich die neue Regierung endlich auf ein Bundesbankgesetz einigen konnte.

Diese neue Regierung kam am 15. September 1949 mit der Wahl Konrad Adenauers zum Bundeskanzler ins Amt – und sie geriet sofort in einen währungspolitischen Sturm. Denn am 18. September wertete London das Pfund aufgrund der Probleme der britischen Wirtschaft überraschend um 30,5 Prozent gegenüber dem Dollar ab, der Wechselkurs fiel von 4,03 auf 2,80 Dollar je Pfund.

Zu jener Zeit waren die Devisenkurse nicht frei. Sie waren fixiert, wobei der Dollar die Referenzwährung war, um die alle anderen kreisten. Wurde daher das Pfund gegenüber dem Dollar abgewertet, bedeutete dies automatisch auch eine Abwertung der britischen Währung gegenüber den anderen Devisen, also auch der D-Mark. Deren Kurs war im Zuge der Währungsreform bei 30 US-Cent je Mark festgelegt worden. Das war damals schon von vielen als zu hoch kritisiert worden, jedoch versprach sich vor allem Ludwig Erhard davon einen positiven Effekt auf die Wirtschaft. Denn deutsche Produkte waren damit auf dem Weltmarkt eigentlich zu teuer, und die Unternehmen konnten dem nur durch Rationalisierungen und Produktivitätssteigerungen begegnen. Die starke Währung sollte sie also wie eine Peitsche zu Höchstleistungen antreiben. Zudem war für Erhard die Förderung der Binnenwirtschaft vorrangig, nicht der Export.[138]

Großbritannien war jedoch einer der wichtigsten Exportmärkte Deutschlands, rund zwei Drittel der deutschen Ausfuhren gingen dorthin oder in Länder, deren Währung mit dem Pfund verbunden waren, wie Australien, Indien oder Südafrika. Die Ausfuhren dorthin hätten sich nun mit der Abwertung des Pfunds drastisch verteuert. Dagegen kamen nur 31 Prozent der Importe aus diesem Währungsraum, der positive Effekt billigerer Importe wäre also weit geringer ausgefallen als der Nachteil eines einbrechenden Exports.[139]

Daher schien eine Abwertung der Mark unausweichlich. Allerdings konnten weder die deutsche Regierung noch die Bank deutscher Länder dies eigenmächtig entscheiden. Zuständig dafür waren die Alliierten. Und vor allem Frankreich wehrte sich gegen eine allzu starke Abwertung der D-Mark, Paris wollte maximal 10 bis 15 Prozent akzeptieren, um nicht künftig von deutschen Exporten überschwemmt zu werden. Formal hätten die Besatzungsmächte das Recht gehabt, die Höhe der Abwertung der D-Mark einfach über die Köpfe der deutschen Seite hinweg zu bestimmen. Sie wollten jedoch die soeben gebildete neue deutsche Regierung nicht brüskieren und konsultieren sie daher. Das Kabinett und die Fachleute hielten eine Abwertung von 20 Prozent für ausreichend, offiziell verlangte Bonn jedoch eine Abwertung um 25 Prozent,[140] wohl wissend, dass es am Ende zu einem Kompromiss kommen würde. Dem war auch so. Nach langen Verhandlungen einigten sich die Alliierten schließlich am 28. September um 6 Uhr morgens darauf, die D-Mark um 20,6 Prozent abzuwerten. Eine D-Mark kostete damit nun statt 30 nur noch 23,8 Cent, sie war also 20,6 Prozent billiger. Der neue Kurs hatte dabei auch einen psychologischen Vorteil. Denn 1 Dollar kostete nun nicht mehr 3,33 Mark, sondern 4,20 Mark – genauso viel, wie der Dollar vor dem Krieg jahrzehntelang gekostet hatte. Es war also eine altbekannte und bewährte Relation.

Die neue Regierung hatte gleich in den ersten Tagen ihrer Amtszeit eine heftige Turbulenz in Währungsfragen erfolgreich gemeistert. Nun konnte sie sich anderen drängenden Fragen zuwenden, und davon gab es damals reichlich. Das Bundesbankgesetz, das laut Grundgesetz erlassen werden sollte, hatte allerdings keine hohe Priorität, zumal es ja eine funktionierende Notenbank gab. Dennoch kristallisierte sich bei diesem Thema schon bald ein entscheidender Streitpunkt heraus: die Frage der Unabhängigkeit. Und der wichtigste Gegner dieses Prinzips war ausgerechnet Bundeskanzler Adenauer.

Adenauer war bei seiner Wahl 1949 bereits 73 Jahre alt gewesen und hatte schon Jahrzehnte in der Politik gewirkt. Während der Zeit der Weimarer Republik war er Oberbürgermeister von Köln gewesen und einer der wichtigsten Politiker der Zentrumspartei, einer stark katholisch geprägten Partei der politischen Mitte. Mehrmals war er in den 1920er-Jahren für das Amt des Reichskanzlers im Gespräch gewesen, jedoch nie zum Zuge gekommen.

Schon zu jener Zeit zeigte sich sein, vorsichtig ausgedrückt, sehr pragmatisches Verhältnis zur Geldpolitik. Einen Satz, der noch lange nachhallen sollte, sagte er im November 1923. Damals führte die Regierung gerade eine neue Währung ein, die Rentenmark, um der Hyperinflation ein Ende zu setzen. Diese hatte Millionen Menschen in Armut gestürzt, ihre Ersparnisse wertlos gemacht, die Wirtschaft zerrüttet und das Land an den Rand des Zusammenbruchs geführt. Die Rentenmark war der rettende Anker. Sie brachte endlich wieder Stabilität, aber nur deshalb, weil der Staat gleichzeitig aufhörte, Geld zu drucken, und den Staatshaushalt ins Gleichgewicht brachte. In dieser Lage forderte Adenauer bei einer Besprechung in der Reichkanzlei dennoch weitere finanzielle Unterstützung für das Rheinland, das von Frankreich besetzt war, und zwar auch über die eigentlichen finanziellen Möglichkeiten hinaus. Wörtlich sagte er:

> »Der Reichsminister der Finanzen behauptet immer, daß das Reich gewisse Zahlungen an das besetzte Gebiet nicht mehr leisten könne. Ich bestreite, daß das Reich in einer so schwierigen finanziellen Lage ist. Mag selbst die Rentenmark dadurch

ebenso wie die Papiermark in einen Abgrund getrieben werden, daß das Reich umfangreiche Zahlungen an das besetzte Gebiet leistet, das Rheinland muß mehr wert sein als ein oder zwei oder selbst drei neue Währungen.«[141]

Das Beispiel zeigt: Adenauer hielt politische Erwägungen für wichtiger als die Stabilität einer Währung, selbst unmittelbar nach der größten Geldkatastrophe, die die Deutschen bis dato erlebt hatten. Da war es nur folgerichtig, dass er auch rund 26 Jahre später die Unabhängigkeit der Notenbank ablehnte und vielmehr politisch auf sie Einfluss nehmen wollte. Das wird in einem Brief deutlich, den er im Juli 1950 an Finanzminister Fritz Schäffer schrieb:

> »Der Bundeskanzler ist nach dem Grundgesetz verantwortlich für die Richtlinien der Politik. Die Wirtschaftspolitik ist naturgemäß von entscheidender Bedeutung für die allgemeinen politischen Richtlinien. Im Rahmen der Wirtschaftspolitik ist wiederum heute und noch für unabsehbare Zeit die Währungs- und Geldpolitik der maßgebliche Faktor. Der Bundeskanzler kann daher keinesfalls auf eine entscheidende Einflußnahme auf die Währungs- und Geldpolitik über das Instrument der Notenbank verzichten. [...] Wenn dieser Grundauffassung entgegen die Bank deutscher Länder heute den Standpunkt vertritt, daß die Notenbank im Interesse des Vertrauens zur Währung unabhängig sein müsse und in eigener Zuständigkeit die währungspolitischen Entscheidungen notfalls entgegen der Auffassung der Bundesregierung zu fällen habe, so kann und darf eine solche Auffassung im Notenbankgesetz keinen Platz finden. [...] Es muß also eine Lösung gefunden werden, die der Bundesregierung die Möglichkeit gibt, die Notenbank mit Weisungen zu versehen, wenn sie sich weigert, eine zur Durchführung der staatlichen Wirtschaftspolitik erforderliche Maßnahme durchzuführen.«[142]

Im Gegensatz zu 1923 war Adenauer 1950 in der Position, seine Vorstellungen durchzusetzen. Dennoch musste die Frage der Stellung der geplanten Bundesbank zunächst ungelöst bleiben und das Bundesbankgesetz erst einmal wieder aufgeschoben werden, denn inzwischen war ein ganz anderes Problem weit drängender. Im Herbst 1950 schienen die D-Mark und ihre Notenbank genau dorthin zu steuern, wohin sie den frühen Kritikern zufolge ohnehin zwangsläufig driften würde: in den Kollaps. Der jungen Währung drohte ein schnelles und unrühmliches Ende.

Erstmals ausgesprochen wurde das bei einer Ministerkonferenz der Benelux-Staaten in Luxemburg am 22. Oktober 1950. Es ging dort eigentlich um den Handel mit landwirtschaftlichen Produkten zwischen den drei Ländern. Holländischer Käse sollte ab 1. Januar 1951 unbeschränkt von den Niederlanden nach Belgien und Luxemburg exportiert werden können. Auch fast alle anderen Landwirtschaftsprodukte sollten frei gehandelt werden dürfen. Doch hinter den Kulissen dieser Konferenz wurde über etwas ganz anderes geredet. Einiges davon schnappte der Korrespondent der *Sunday Times* auf und schrieb es auf. Es war ein Paukenschlag. »Die Deutschen stehen vor dem Bankrott«, hatte demzufolge der niederländische Außenminister Dirk Stikker gesagt. Die Bundesregierung habe die gewährten Kredite rücksichtslos aufgebraucht, und jetzt stehe sie blank da. Westdeutschlands Zukunft sei sehr zweifelhaft, eine Inflation wie nach dem Ersten Weltkrieg stehe unmittelbar bevor.[143]

Diese Krise hatte sich seit Längerem angedeutet, doch jetzt wurde sie akut. Ursache war das Problem, dass Deutschland im Außenhandel ein Defizit erwirtschaftete, weil es mehr einführte als ausführte. Heute scheint das kaum vorstellbar, Deutschland ist inzwischen eine der größten Exportnationen der Welt. Doch damals war das anders. Auch schon zur Weimarer Zeit hatte Deutschland meist ein Außenhandelsdefizit erwirtschaftet, nach der Wiederaufnahme des Außenhandels im Zuge der Währungsreform setzte sich dies fort. Und durch die Abwertung des britischen Pfund und die weit geringere Abwertung der D-Mark im September 1949 wuchs das Defizit noch weiter.

Ein Land, das dauerhaft eine negative Außenhandelsbilanz aufweist, muss diese über Kapitalimporte ausgleichen, sodass die Zahlungsbilanz, die sowohl Handels- als auch Kapitalströme umfasst, ausgeglichen wird. Denn durch den Importüberschuss fließt Geld ins Ausland. Nur wenn ebenso viel Geld über Kapitalimporte ins Land hineinfließt, ist die Balance wieder hergestellt. So ist das in den USA heute seit einigen Jahrzehnten, und sie lebt gut damit. 1950 brachte jedoch noch niemand sein Geld in die Bundesrepublik, das war aufgrund von Kapitalverkehrsbeschränkungen auch kaum möglich. Daher blieb nur die Möglichkeit, die Außenhandelsbilanz auszugleichen, durch eine Beschränkung der Importe oder eine Erhöhung der Exporte – oder einen Zusammenbruch der Währung zu riskieren. Und Mitte 1950 ging Deutschland einen entscheidenden Schritt in Richtung Währungszusammenbruch.

Ursache dieser Entwicklung war der Koreakrieg, der im Juni 1950 begonnen hatte. Dieser hatte zu einer Verknappung und Verteuerung von Rohstoffen geführt, ganz so wie nach dem Überfall Russlands auf die Ukraine im Februar 2022. Zudem kam es 1950 weltweit zu Panikkäufen. Die Menschen deckten sich mit Vorräten ein, weil sie glaubten, dass es viele Produkte bald nicht mehr geben würde. In der Bundesrepublik des Jahres 1950 waren davon vor allem Produkte betroffen, die importiert wurden. Die höheren Rohstoffpreise und die vermehrte Einfuhr vieler Güter ließen das Außenhandelsdefizit nun erst recht in die Höhe schnellen.

Das Glück der jungen Bundesrepublik war jedoch, dass just Anfang Juni 1950 die Europäische Zahlungsunion (EZU) gegründet worden war. Sie war ein Sonderraum im Rahmen des damaligen globalen Währungssystems, des Systems von Bretton Woods.

Dieses System war noch während des Krieges, im Sommer 1944, von 44 Nationen gegründet worden. Die Finanzminister und Notenbankpräsidenten dieser Länder waren dazu im Ort Bretton Woods im US-Bundesstaat New Hampshire zusammengekommen, daher der Name. Ihr Ziel war es, eine stabile, globale Währungsordnung zu schaffen, um nach Kriegsende einen Wiederaufbau in den zerstörten Ländern zu erleichtern und den Welthandel wieder in Gang zu bringen. Das Grundproblem war dabei, dass eine Rückkehr zum Goldstandard, wie er bis in die 1920er-Jahre in den meisten Staaten gegolten hatte, nicht möglich war, da inzwischen die USA allein rund zwei Drittel aller Goldreserven hielten und etliche Länder über gar kein Gold mehr verfügten. Daher legten die Konferenzteilnehmer fest, dass der Dollar zum neuen Fixstern im Währungsuniversum werden sollte. Er wurde die globale Ankerwährung, und der Wert aller anderen Währungen definierte sich über den Wechselkurs zum Dollar. Der Wert des Dollar wiederum wurde an Gold gekoppelt – eine Unze Feingold (31,1 Gramm) war bei 35 Dollar festgelegt. Zu diesem Preis verpflichtete sich die US-Notenbank, Gold unbegrenzt zu kaufen oder zu verkaufen. Gold und Dollar waren damit also letztlich ein und dasselbe.

Die Wechselkurse zwischen dem Dollar und den einzelnen Währungen wurden fixiert. Das sollte den grenzüberschreitenden Handel erleichtern, denn dadurch wurde das Währungsrisiko für Produzenten und Abnehmer ausgeschaltet. Allerdings sollten die Währungen untereinander gleichzeitig voll konvertibel sein, jeder sollte also jederzeit andere Devisen kaufen und verkaufen dürfen – für einen wirklich florierenden Welthandel ist dies unerlässlich, um beispielsweise Investitionen im Ausland zu ermöglichen. Sobald Devisen jedoch frei fließen können, schwankt der Austauschkurs: Wenn eine Währung stark nachgefragt wird, steigt ihr Preis, und umgekehrt sinkt der Preis, wenn das Angebot die Nachfrage übersteigt. Angebot und Nachfrage einer Währung hängen wiederum größtenteils vom Verhältnis der Importe zu den Exporten ab. Denn um importierte Waren zu bezahlen, muss die eigene Währung in die Währung des Lieferanten getauscht werden. Wird mehr importiert als exportiert, ist die Nachfrage nach der eigenen Währung geringer als ihr Angebot – der Kurs sinkt.

Damit dies nicht geschah, damit die fixen Kurse sich nicht veränderten, verpflichteten sich die Staaten zur Kontrolle des Devisenmarkts. Ihre Notenbanken mussten Angebot und Nachfrage an den Devisenmärkten ausgleichen. Dazu kauften oder verkauften sie Dollar oder Gold – was ja gleichwertig war –, um so Kursänderungen zu verhindern. Erzielte ein Land einen Importüberschuss und herrschte somit ein Überangebot seiner Währung am Markt, musste die Notenbank diese aufkaufen, im Austausch gegen Dollar oder Gold. Ihre Gold- und Dollar-Reserven verringerten sich dadurch. Umgekehrt konnte ein Land, das mehr exportierte als es importierte, auf diese Weise Gold- und Dollarreserven aufbauen.

Auf internationaler Ebene wurden zwei zentrale Organisationen gegründet, die das neue Währungssystem tragen sollten: Die Aufgabe des Internationalen Währungsfonds (IWF) war es, das System zu überwachen und die Notenbanken bei der Aufgabe zu unterstützen, die Wechselkurse zu garantieren. Die Weltbank wiederum sollte Ländern mit geringer Kapitalausstattung Kredite gewähren, um so den Wiederaufbau zu unterstützen.

Die europäischen Staaten, insbesondere die Bundesrepublik, verfügten nach dem Krieg allerdings kaum über Gold- oder Dollarreserven. Daher waren diese Währungen zunächst nicht voll konvertibel. Stattdessen bildeten sie mit der EZU einen Sonderraum, der die Konvertibilität untereinander nach und nach herstellen sollte. Gleichzeitig sollten die Handelsbeschränkungen in diesem System allmählich fallen. Konkret wurden dazu Im- und Exporte der europäischen Handelspartner untereinander verrechnet,

Verrechnungseinheit war der Dollar. Bis zu einem gewissen Betrag – für Deutschland waren dies 192 Millionen Dollar[144] – durfte die Gesamtbilanz ins Minus rutschen. Das war de facto ein Kredit, den die anderen Länder gewährten. Nur was darüber hinausging, musste in Dollar oder Gold ausgeglichen werden. Das gab jenen Ländern mit geringen Währungsreserven einen gewissen Spielraum, also insbesondere der Bundesrepublik.

Die Bundesrepublik riss jedoch ihre Kreditschwelle binnen kürzester Zeit; Ende Oktober 1950 lag das Defizit schon bei 289 Millionen Dollar.[145] Rund 100 Millionen hätten jetzt sofort ausgeglichen werden müssen – doch weder die Notenbank noch die Regierung hatten die Mittel dafür. In dieser Zeit machte der niederländische Außenminister seine Aussage, in der er den Bankrott der Bundesrepublik an die Wand malte. Und er stellte dabei indirekt die Frage, ob sie überhaupt dieser Zahlungsunion angehören sollte. Denn die Erfahrung der vergangenen Monate habe klargemacht, dass »die Anwendung aller Arten von Regeln und Vorschriften, ohne geographische und soziale Faktoren zu berücksichtigen, eine große Gefahr für die Europäische Zusammenarbeit darstellt«.[146]

Doch die Partnerländer in der EZU taten etwas, wozu sie nicht verpflichtet gewesen wären, und was fünf Jahre nach Ende des Zweiten Weltkriegs sicher nicht zu erwarten gewesen wäre: Sie wendeten den Bankrott der jungen Bundesrepublik ab, indem sie ihr großzügig weiteren Kredit gewährten. Sie verlangten dafür zwar Zusagen für ein Reformprogramm, um den deutschen Export zu stärken. Doch als die Bundesregierung nur eine Sammlung oberflächlicher Ideen ablieferte, gab man sich damit zufrieden. Man wollte Westdeutschland im System halten, auch wenn es intern rumorte, wie beim Benelux-Treffen deutlich geworden war. Den Ministern dort missfiel vor allem, dass die Bundesregierung bis dahin nichts getan hatte, um das Problem anzugehen. Insbesondere Ludwig Erhard schien reichlich gleichgültig gegenüber der Situation.

Die einzige Institution, die handelte, war die Bank deutscher Länder. Sie erhöhte im Oktober 1950 die Mindestreserven für die Banken, wodurch diese weniger Kredite vergeben konnten. Auf diese Weise wollte sie die Finanzierung von Importen erschweren. Als dies jedoch nicht die gewünschte Wirkung zeigte, wollte sie einen radikalen Schritt gehen und den Diskontsatz drastisch erhöhen, von 4,5 auf 6,5 Prozent. Doch da schrillten bei Bundeskanzler Adenauer die Alarmglocken. Denn diese Maßnahme hätte vielleicht die Währung stabilisiert, dafür aber den Aufschwung beeinträchtigt oder sogar abgewürgt. Und wie er schon 1923 deutlich gemacht hatte, war für ihn die Stabilität der Währung zweitrangig. Adenauer wollte die Zinserhöhung verhindern und verlangte daher, dass der Zentralbankrat am 26. Oktober bei ihm im Bundeskanzleramt tagte, wo sich die Währungshüter einer ganzen Riege von Gegnern einer Zinserhöhung gegenübersahen. Doch sie ließen sich davon nicht beeindrucken, erhöhten den Diskontsatz wie geplant. Sie ließen Adenauer eiskalt auflaufen.[147]

Allerdings half auch dies nicht. Über den Winter spitzte sich die Lage trotz der Zinserhöhungen weiter zu. Ende Januar 1951 war der zusätzliche Kredit der Partnerländer bereits wieder zur Hälfte aufgebraucht, und diese verloren zunehmend die Geduld. Ein Mitarbeiter aus dem Stab des Wirtschaftsberaters des britischen Hohen Kommissars äußerte:

> »Die deutsche Praxis in diesen Angelegenheiten hat in der Vergangenheit keinerlei Bedenken gezeigt, Kredite bis zum Maximum zu verwenden, in der Hoffnung, dass sie von irgendwoher weitere Kredite erhalten, wenn sie diese benötigen.«.[148]

Öffentlich rief die Hohe Kommission die Bundesregierung in einem Memorandum dazu auf, dass die deutsche Wirtschaftspolitik nicht nur verbal, sondern wirksam »auf die Stimulierung der Exporte konzentriert wird«.[149]

Entwicklung der Devisenpositionen der Bundesrepublik gegenüber der EZU in Millionen Dollar[150]		
Monat	Rechnungsposition gegenüber der EZU, Monatssalden	Kumulatives Rechnungsdefizit seit Anfang Juli 1950
Juli 1950	-28,6	-28,6
August 1950	-53,3	-81,9
September 1950	-91,5	-173,4
Oktober 1950	-116,1	-289,5
November 1950	-34,7	-324,2
Dezember 1950	-32,5	-356,7
Januar 1951	-42,1	-398,8
Februar 1951	-58,3	-457,1
März 1951	11,3	-445,8
April 1951	45,1	-400,7
Mai 1951	81,1	-319,6
Juni 1951	46,8	-272,8

Doch die Regierung in Bonn hielt weiter still. Im Februar 1951 verfügte die Notenbank daher eine direkte Reduzierung des Volumens der Bankkredite, man diskutierte zeitweise sogar über eine erneute Abwertung der D-Mark, um auf diese Weise Exporte zu erleichtern. Am 16. Februar 1951 teilte die Bank deutscher Länder der Regierung schließlich mit, dass der EZU-Kredit Ende des Monats aufgebraucht sein werde, wenn nichts geschehe.

Parallel dazu wurde auch die Kritik der Partner immer schriller. Der stellvertretende Vorsitzende des Direktoriums der EZU, der

Brite Hugh Ellis-Rees, fasste nach einer Sitzung des Gremiums Ende Februar die Lage in den wenig schmeichelhaften Worten zusammen: »Die Untersuchung gestern Abend hat wenig Zufriedenheit gebracht, und die Kritik an den Deutschen war heftig.«[151] Wilhelm Vocke, der Präsident des Direktoriums der Bank deutscher Länder, warnte sogar vor einem Ausscheiden Deutschlands aus der EZU,[152] womit er wohl einen Ausschluss meinte – so wie das bereits der niederländische Außenminister angedeutet hatte.

Schließlich drohte am 6. März auch noch General John McCloy, der Hohe Kommissar der USA in Deutschland und damit deren höchster Vertreter, in einem Brief an den Bundeskanzler, dass die USA ihre Unterstützung im Rahmen des Marshall-Plans beenden würden, wenn die Regierung nicht sofort Maßnahmen ergreife, um das Handelsdefizit einzudämmen.[153]

Nun endlich entschloss sich die Regierung, zu handeln. Sie drehte die Außenhandelsliberalisierung teilweise zurück, erschwerte also Importe, mit ausdrücklichem Einverständnis der europäischen Partner, die auf entsprechende Einschränkungen ihrerseits verzichteten. Zudem beschloss Bonn eine steuerliche Förderung von Exporten. Und tatsächlich führte dies binnen kurzer Zeit zu einer Wende. Ab Mitte März drehte der Trend, ab Mitte des Jahres sanken zudem die Rohstoffpreise, sodass sich die Importe wieder verbilligten. Dadurch wurde aus dem Außenhandelsdefizit schon bald sogar ein Überschuss, und die Bundesrepublik konnte im November 1951 ihre Kredite bei der EZU bereits wieder tilgen.

Ende 1951 hatte die D-Mark ihre schwerste Krise überstanden, auch und vor allem dank der europäischen Partner. Oder wie es der Wirtschaftshistoriker Volker Hentschel ausdrückt:

> »Ein zwar nicht von Begeisterung getragener, aber einsichtsvoller Akt europäischer Solidarität hatte die Bundesrepublik vor dem außenwirtschaftlichen Bankrott und dessen binnenwirt-

schaftlichen Konsequenzen bewahrt. Das war eigentlich mehr, als das Land hoffen durfte.«[154]

In der Tat. Denn erst wenige Jahre zuvor hatte Deutschland jene Länder, die nun einen Bankrott der Bundesrepublik verhinderten, mit Krieg überzogen. Und eine Pleite hätte für die junge Bundesrepublik gravierende Folgen gehabt: Die Währung wäre abgestürzt, eine inflationäre Entwicklung sehr wahrscheinlich geworden. Die D-Mark wäre nach kurzer Zeit schon wieder am Ende gewesen.

Doch diese Gefahr war nun abgewendet, dank der europäischen Partner. Der Weg war damit frei für den wirtschaftlichen Wiederaufbau und den Aufstieg der D-Mark. Und die Alliierten überließen das Schicksal der neuen Währung zunehmend den Deutschen – was allerdings innenpolitischen Streit hervorrief.

KAPITEL 8

Die Entstehung des deutschen Erfolgsmodells 1951 bis 1956

Der Start der D-Mark und der westdeutschen Wirtschaft war holprig, um ein Haar wären sie nach kurzer Zeit schon wieder am Ende gewesen. Doch der Schock darüber war heilsam. In den folgenden Jahren legten die junge Notenbank, die Politik und die deutsche Wirtschaft die Grundlagen für das westdeutsche Erfolgsmodell – gegen diverse Widerstände.

Ein Brief machte den ersten Schritt in diese Richtung möglich – und dieser kam völlig überraschend. Denn ausgerechnet in der größten Krise der D-Mark, als die neue Währung kurz vor dem Bankrott stand, schrieben die Alliierten an den Kanzler und machten eine erstaunliche Ankündigung:

»Herr Bundeskanzler:

Ich beehre mich, Ihnen mitzuteilen, dass die Alliierte Hochkommission mit dem Verzicht auf ihre vorbehaltenen Befugnisse gemäß Absatz 2 (h) des ursprünglichen Besatzungsstatuts und der Einschränkung ihrer Befugnisse im Devisenbereich der Ansicht ist, dass es für sie nicht länger angemessen ist, die ihr durch die Gesetzgebung der Militärregierung übertragenen administrativen Verantwortlichkeiten in Bezug auf internes Bank- und Währungsmanagement auszuüben.

Die Alliierte Hochkommission erkennt an, dass diese Verantwortlichkeiten nicht ohne ernsthafte Unannehmlichkeiten aufgegeben werden können, solange kein Gesetz erlassen wurde, das eine zuständige Bundesbehörde zur Übernahme dieser Aufgaben einrichtet. Sie würde sich freuen, baldmöglichst über die diesbezüglichen Pläne der Bundesregierung informiert zu werden. Wenn die Bundesgesetzgebung ausgearbeitet ist, wird die Alliierte Hochkommission bereit sein, mit der Bundesregierung zusammenzuarbeiten, indem sie die Aufhebung oder Änderung der betreffenden Militärregierungsgesetzgebung in Betracht zieht.

Sobald das Bundesgesetz erlassen ist, wird eine Richtlinie erlassen, die die Bedingungen festlegt, unter denen die verbleibenden Befugnisse der Alliierten Hohen Kommission auf dem Devisengebiet ausgeübt werden.

Ich bitte Eure Exzellenz, die Versicherung meiner Hochachtung anzunehmen.

A. François Poncet
Vorsitzender«[155]

Am 6. März 1951 hatten die Hohen Kommissare diesen Brief an Bundeskanzler Adenauer gesandt und ihm darin mitgeteilt, dass sie bereit seien, die Zuständigkeit für die Währungspolitik an die Bundesregierung abzugeben. Für Adenauer war das ein Glücksfall. Denn das war seine große Chance, endlich Durchgriffsrechte auf die Notenbank zu erlangen. Allerdings war das vom Grundgesetz geforderte Gesetz zur Errichtung einer Bundesbank nach wie vor in Arbeit. Daher sollte ein Übergangsgesetz den Übergang der Zuständigkeiten von den Alliierten auf die Bundesrepublik regeln.

Dieses Gesetz arbeitete Finanzminister Fritz Schäffer aus, der Adenauers Haltung in Bezug auf die Notenbank teilte, und so sah der erste Entwurf in scheinbar unbedarfter Knappheit einfach nur vor, dass die Zuständigkeiten der Alliierten auf die Bundesregierung übergehen sollten. Doch das hätte eben auch deren Weisungsrecht beinhaltet.

Bei der entscheidenden Kabinettsitzung am 3. April 1951 war Zentralbankratspräsident Bernard zugegen, der das entsetzt zur Kenntnis nahm – und dann schweres Geschütz auffuhr. Er bat das Kabinett, »die Wirkung auf die Öffentlichkeit zu überlegen, die bei der Delikatesse unserer Währungssituation eine solche Bestimmung haben werde«.[156] Er drohte damit, die Medien für sich zu mobilisieren. Die traten zu jener Zeit bereits größtenteils für eine Unabhängigkeit der Notenbank ein.[157] Zudem »würden die Alliierten entsetzt sein, wenn sie hören würden, daß ein Gesetz ergehe, durch das die BdL [Bank deutscher Länder] in ihrer Kreditpolitik an die Weisungen der Bundesregierung gebunden werde«.[158] Das war ein Hinweis darauf, dass die Bundesrepublik zu jener Zeit noch nicht souverän war. Dem Besatzungsstatut zufolge, das erst 1955 aufgehoben wurde, konnten die Alliierten der deutschen Regierung jederzeit die bis dahin gewährten Rechte wieder entziehen.

Die Argumente wirkten offensichtlich. Denn am Ende schreckten Adenauer und Schäffer davor zurück, sich ein Zugriffsrecht auf die Notenbank zu sichern. Das Übergangsgesetz, das am 10. August 1951 beschlossen wurde, verpflichtete die Bank deutscher Länder nur noch dazu, die Wirtschaftspolitik der Bundesregierung zu unterstützen, und das auch nur insoweit, als dies ihre Aufgabe der Währungssicherung nicht beeinträchtigte. Der Wirtschafts- und der Finanzminister durften zwar an Sitzungen des Zentralbankrats teilnehmen und Anträge stellen, hatten aber kein Stimmrecht. Zudem konnten sie die Aussetzung von Beschlüssen für acht Tage verlangen.[159] Die Formulierungen wirkten wie ein Kompromiss, de facto war damit jedoch die weitgehende Unabhängigkeit der Notenbank gesichert. Adenauer war erneut gescheitert.

Doch nicht nur mit dem Bundeskanzler geriet die Notenbank in den ersten Jahren ihrer Existenz aneinander. Auch der erste Bundespräsident Theodor Heuss war mit ihr unzufrieden – allerdings aufgrund eines fast schon heiteren Anlasses, der jedoch gleichzeitig einen tiefen Einblick in die damalige Vorstellungswelt von Anstand und Moral erlaubt. Am 8. April 1950 schrieb Heuss folgenden Brief an Bundeskanzler Adenauer:

»Verehrter, lieber Herr Adenauer!

Ihr Ostergruß wird von meiner Frau und mir herzlich erwidert.

Es soll mir lieb sein, wenn Sie den Mittwoch-Nachmittag für einen Besuch frei halten können. Es gibt ja immer allerhand zu reden.

Ich habe in den letzten Tagen eine wenig erfreuliche Begegnung gehabt, und zwar die mit dem Fünfmarkschein, der als erste graphische Leistung für die Bundesrepublik Zeugnis ablegen soll. Man kann wahrscheinlich tiefe Symbolik treiben – oder nennt man dies Verfahren Allegorik, daß der Stier wohl von den Weiden aus Texas die Europa als leichte Last (oder Beute) auf seine Hörner genommen hat. Aber das ganze ist für mein Gefühl schauderhaft; ich sehe schon, wie die Klagen der Künstler und anderer Leute bei mir eindringen. Wir haben zwar, glaube ich, noch kein Bundeskriminalamt, aber Sie könnten doch wohl feststellen lassen, wer an diesem Verbrechen wider die Menschlichkeit die Schuld trägt.

Mit freundlichen Grüßen
Ihr
gez. Theodor Heuss«[160]

Anstoß nahm der erste Mann der jungen Bundesrepublik an der Gestaltung einer neuen Banknote im Wert von 5 DM, die die Bank deutscher Länder seit Februar 1950 in Umlauf gebracht hatte. Darauf war auf der Vorderseite die mythologische Figur der Europa zu sehen, wie sie auf einem Stier reitet. Was Heuss so aus der Fassung brachte, war die Tatsache, dass die Frauengestalt barbusig zu sehen war. Eine nackte Frau auf deutschen Geldscheinen – für den ersten Mann im Staate ein solcher Skandal, dass er dies allen Ernstes als »Verbrechen wider die Menschlichkeit« rügte – keine fünf Jahre nach dem Ende der schlimmsten Verbrechen wider die Menschlichkeit, die es je gegeben hatte. Aber nicht nur er empörte sich. Das Bundesfinanzministerium rügte die künstlerische Gestaltung des Scheines, bei den Justizbehörden einiger Bundesländer gingen Strafanzeigen gegen die Bank deutscher Länder wegen Verbreitung unzüchtiger Darstellungen ein, und der CSU-Politiker Alois Hundhammer forderte sogar lautstark die Einziehung und Neugestaltung der Banknote.[161]

Bei der Notenbank war man reichlich irritiert. In einer Stellungnahme erklärte sie, dass ihr unsittliche Absichten ferngestanden hätten. Von Bundeskanzler Adenauer ist dagegen keine Reaktion auf das Schreiben des Bundespräsidenten bekannt, und die Öffentlichkeit belustigte sich eher über die Empörung, als dass wirklich großer Unmut entstanden wäre. Die Banknote blieb daher im Umlauf.

Bis Ende 1952 gesellten sich auch neue Exemplare der anderen Werte hinzu. Die Scheine zu 10 und 20 DM wurden optisch allerdings kaum verändert, sie zeigten weiterhin jene amerikanisch anmutenden Vignetten, die auch schon auf anderen Banknoten oder auf Aktien verwendet worden waren. Neu war nur, dass sie nun den Aufdruck »Bank deutscher Länder« enthielten. Zudem waren die Sicherheitsmerkmale verbessert worden. Die Scheine zu 50 und 100 DM wurden dagegen völlig neu gestaltet. Sie zeigten auf der Vorderseite Porträts von Albrecht Dürer, auf der Rückseite Motive aus dem Hafenleben (50 DM) beziehungsweise eine Stadtansicht von Nürnberg (100 DM). Wie der neue 5-DM-Schein enthielten sie zudem die Strafandrohung: »Wer Banknoten nachmacht oder verfälscht oder nachgemachte oder verfälschte sich verschafft und in Verkehr bringt, wird mit Zuchthaus nicht unter zwei Jahren bestraft.«

Zwei Scheine hatten also nach wie vor das von den Amerikanern ursprünglich entworfene Design, drei waren dagegen nun schon eigene Schöpfungen – das war auch ein Symbol für die damalige politische Situation der Bundesrepublik. Einerseits stand sie nach wie vor unter dem Besatzungsstatut, die Alliierten hatten damit de jure stets das letzte Wort. Zunächst durfte die Bundesregierung nicht einmal eigene offizielle Kontakte ins Ausland unterhalten, diese mussten über die Alliierte Hohe Kommission laufen. Im März 1951 wurde diese Vorschrift teilweise gelockert, von da an hatte die Bundesrepublik erstmals einen Außenminister, allerdings war die Souveränität der Bundesrepublik weiterhin stark eingeschränkt, sodass Bundeskanzler Adenauer das Amt des Außenministers bis 1955 nebenher bekleidete. Andererseits wurde der junge Staat nach und nach international eingebunden, gerade auch wirtschaftlich. Am 14. August 1952 wurde die Bundesrepublik Mitglied beim Internationalen Währungsfonds und bei der Weltbank, den wichtigsten Institutionen des Währungssystems von Bretton Woods.

Parallel dazu konsolidierte der Staat das Finanzsystem. Mit dem Großbankengesetz vom 29. März 1952[162] wurde der Sektor der Privatbanken, die durch die Alliierten zerschlagen worden waren, restrukturiert. Dadurch entstanden drei neue Großbanken: Deutsche Bank, Dresdner Bank und Commerzbank. Dies war eine der Voraussetzungen dafür, dass der Bund am 11. Dezember 1952 seine erste langlaufende Anleihe emittieren konnte – dafür bedurfte es großer, starker Banken. 500 Millionen DM nahm der Bonner Finanzminister auf, die über fünf Jahre mit 5 Prozent verzinst wurden.[163]

Schließlich wurde im Februar 1953 das Londoner Schuldenabkommen[164] geschlossen – ein weiterer finanzpolitischer Meilenstein für die Bundesrepublik. Das Abkommen bündelte Forderungen aus der Zeit der Weimarer Republik, wie offene Reparationsforderungen oder amerikanische Anleihen, sowie Schulden aus der Nachkriegszeit, wie beispielsweise aus dem Marshall-Plan. Dabei kam die deutsche Seite sehr gut weg: Die endgültige Klärung der Reparationsfragen wurde auf die Zeit eines Friedensvertrages vertagt, der schließlich erst nach der deutschen Wiedervereinigung geschlossen wurde. Und von ursprünglich berechneten Schulden in Höhe von 29,3 Milliarden Mark verzichteten die Gläubiger auf fast die Hälfte, sodass noch 14,8 Milliarden übrigblieben.

Vor allem die USA zeigten sich großzügig, und sie hatten somit großen Anteil daran, dass die Bundesrepublik nun relativ frei alle Kräfte auf die Steigerung ihrer Wirtschaftskraft konzentrieren konnte und sich keine Sorgen um finanzielle Belastungen durch den Schuldendienst machen musste, so wie das nach dem Ersten Weltkrieg praktisch während der ganzen Epoche der Weimarer Republik der Fall gewesen war. Diese Reparationsforderungen waren damals ein wesentlicher Grund dafür gewesen, dass sich die Republik nie wirklich stabilisieren konnte. 1953 waren mit der Reglung der Schulden- und der Reparationsfrage sowie der Reorganisation des Bankenwesens entscheidende Weichen gestellt. Dies sorgte dafür, dass die Bundesrepublik im Inneren ein stabiles finanzpolitisches Gerüst erhielt, und gleichzeitig wurde sie zunehmend in das internationale Finanzsystem integriert. Das war die Voraussetzung für den Aufschwung, der in den 1950er-Jahren das Land erfasste.

Dieser Aufschwung kam nun schnell und mit Wucht. Schon wenige Monate nachdem die Bundesrepublik am Bankrott entlanggeschrammt war, war die Lage ins komplette Gegenteil umgeschlagen: Die Wirtschaft boomte und der Staat erzielte inzwischen Haushaltsüberschüsse. Jene Phase, die als »Wirtschaftswunder« bekannt wurde, setzte ein. Der Aufschwung zeigte sich natürlich auch und gerade im Alltag der Menschen. Sie konnten sich nach und nach immer mehr leisten. Anfänglich waren es Grundbedürfnisse, die sie sich erfüllten – die sogenannte Fresswelle setzte ein. Nach den Hungerjahren leisteten sich die Menschen wieder gutes Essen, exotische Dinge hielten Einzug in den deutschen Haushalt, von Ketchup bis zum Kokosfett »Palmin«.

Viele Haushaltsgeräte, die Anfang der 1950er-Jahre noch Luxusartikel waren, wurden nach und nach für die breite Masse erschwinglich. So kostete beispielsweise ein Kühlschrank mit einem Fassungsvermögen von 92 Litern 1956 noch 498 DM – das entsprach fast dem monatlichen Durchschnittseinkommen des Hauptverdieners in einem Vier-Personen-Arbeitnehmerhaushalt, das bei 509,80 DM lag. 1958 gab es dann schon entsprechende Modelle für nur noch 299 DM.[165] Entsprechend stieg der Anteil der Haushalte, die einen Kühlschrank besaßen, bis 1955 auf 10 Prozent, in den folgenden drei Jahren verdoppelte er sich, und 1962 besaß schon mehr als die Hälfte der deutschen Haushalte einen.[166] Auch schafften sich nun immer mehr Westdeutsche Fernseher oder Waschmaschinen an. Die Menschen hatten mehr Geld für die Freizeitgestaltung, für Reisen und schließlich sogar für ein Auto. Auch Margot K., die als Flüchtlingskind 1946 nach Westfalen gekommen war, erlebte diesen Aufschwung:

> »1951 beendete ich die Realschule, ging dann noch ein dreiviertel Jahr auf eine kaufmännische Schule und bekam anschließend meine erste Anstellung: Beim Regierungspräsidium in Osnabrück. 300 Mark betrug mein erstes Gehalt, das ich komplett zu Hause abgab. Irgendwelche Extrawünsche waren nicht drin.

Von da an wurde es aber jedes Jahr besser. Mein Vater fand eine Anstellung bei der Landesversicherungsanstalt in Münster, und 1953 wurde uns dort eine Wohnung zugeteilt: ein Wohnzimmer, zwei Schlafzimmer, Küche, Bad. Wir waren wahnsinnig glücklich: Zum ersten Mal seit sieben Jahren lebten wir jetzt wieder in unseren eigenen vier Wänden.

Ich fand noch im gleichen Jahr eine Anstellung als Sekretärin bei der Bezirksregierung in Münster. Dort verdiente ich auch etwas mehr, und ich konnte mir erstmals einen Wunsch erfüllen: Ich nahm an einer Busreise nach Paris teil. Das war wunderschön.

1956 heiratete ich. Meinen Mann hatte ich auf einer Kirmes kennengelernt, da war er noch Jurastudent in Münster. Jetzt hatte er seine erste Stelle als Assessor bei der Stadtverwaltung in Bochum gefunden, seiner Heimatstadt. 800 Mark verdiente er dort. Eine eigene Wohnung konnten wir uns dennoch nicht leisten. Wir zogen daher im Haus meiner Schwiegereltern ein. Ich hörte natürlich auf zu arbeiten – das war damals einfach so. Und dann kamen auch schon die Kinder, am Ende waren es sechs.

1959 fuhren wir zum ersten Mal als Familie in den Urlaub, an die Nordsee in den Niederlanden. Das wurde fortan unser alljährliches Ziel im Sommerurlaub. Zunächst fuhren wir mit dem Zug, 1960 hatten wir dann aber unser erstes eigenes Auto: einen gebrauchten Opel.«

Auch in den Statistiken lässt sich das rasante Wachstum ablesen. Das Pro-Kopf-Einkommen stieg in großen Schritten. Zwischen 1948 und 1955 verdoppelte es sich, am Ende des Jahrzehnts überholte die Bundesrepublik sogar Frankreich. Besonders beeindruckend ist der Vergleich mit Großbritannien, da das Land in Bezug auf Fläche und Einwohnerzahl 1950 praktisch genauso groß war wie die damalige Bundesrepublik. Die Industrieproduktion

Wirtschaftsleistung pro Kopf in Dollar (Wert des Jahres 2015)[167]							
	Deutschland	Frankreich	Großbritannien	Italien	Niederlande	Belgien	USA
1948	4.517	7.002	10.753	4.814	8.751	8.008	14.734
1949	5.231	7.884	11.088	5.188	9.373	8.278	14.197
1950	6.186	8.266	11.061	5.582	9.558	8.706	15.240
1951	6.704	8.705	11.354	5.958	9.615	9.161	16.125
1952	7.257	8.869	11.303	6.371	9.598	9.036	16.444
1953	7.818	9.060	11.709	6.790	10.429	9.274	16.917
1954	8.364	9.428	12.145	7.092	11.010	9.610	16.512
1955	9.240	9.881	12.541	7.453	11.678	10.010	17.370
1956	9.846	10.278	12.639	7.745	11.953	10.237	17.397
1957	10.348	10.779	12.779	8.158	12.137	10.353	17.406
1958	10.739	10.927	12.698	8.544	11.926	10.268	16.946
1959	11.440	11.124	13.134	9.011	12.333	10.533	17.900

auf der Insel stieg von 1949 bis 1958 von 17,3 auf 22,1 Milliarden Dollar, in der Bundesrepublik jedoch von 10,4 auf 27,3 Milliarden Dollar. Die britischen Ausfuhren erhöhten sich von 6,6 auf 9 Milliarden Dollar, die westdeutschen aber sogar von 1,1 auf 8,8 Milliarden Dollar.[168]

Deutschland war zwar noch nicht Exportweltmeister, aber auf dem besten Wege dahin. Als Folge davon war aus dem notorischen deutschen Außenhandelsdefizit inzwischen ein Überschuss geworden. Schon 1951 wies die Leistungsbilanz, die neben dem Außenhandel auch Dienstleistungen umfasst, ein Plus von fast 2,5 Milliarden DM auf, im Jahr danach waren es 2,7 Milliarden und 1953 sogar über 4,1 Milliarden DM.[169]

Die Initialzündung für den Exportboom gaben die Maßnahmen, die rund um den Beinahe-Bankrott der Bundesrepublik Anfang 1951 ergriffen worden waren, zum einen also die restriktive Kreditpolitik der Notenbank, zum anderen die Exportförderung durch die Regierung, also beispielsweise steuerliche Vergünstigungen. Zum Erfolg beigetragen hat aber auch, dass in jenen Jahren ein europaweiter Investitionsboom begann. Überall wurde die Infrastruktur nach dem Krieg wieder aufgebaut oder ausgebaut, und deutsche Firmen lieferten oft genau jene Güter, die dafür gebraucht wurden – auch deshalb, weil diese Güter im zerstörten Deutschland am häufigsten benötigt wurden. Es entstand daher eine große und starke Investitionsgüterindustrie, die auch in späteren Phasen des Aufbaus, beispielsweise in China nach der Jahrtausendwende, die deutschen Exporte antreiben sollte.

Als weiterer Grund für die Entstehung der starken Exportwirtschaft kommt die Stabilität der D-Mark hinzu. Denn in den 1950er-Jahren blieben die Inflationsraten in der Bundesrepublik erstaunlich niedrig. So stiegen die Preise zwischen 1949 und 1959 im Schnitt nur um 1,1 Prozent pro Jahr, ebenso viel wie in der Schweiz. In den USA lag die Teuerung im Schnitt dagegen bei 2,1 Prozent, in Italien bei 2,7, in Großbritannien bei 4,3 und in Frankreich sogar bei 6,2 Prozent.[170] Anders ausgedrückt: 100 DM des Jahres 1949 waren 10 Jahre später noch knapp 89 DM wert, 100 französische Franc dagegen nur noch 55 Francs.

Durchschnittliche Inflationsrate pro Jahr 1949–1959[171]					
Deutschland	Schweiz	USA	Frankreich	Großbritannien	Italien
1,1	1,1	2,1	6,2	4,3	2,7

Da die Wechselkurse fixiert waren, bedeutete dies, dass deutsche Firmen ihre Konkurrenten im Ausland immer häufiger ausstechen konnten. Eine Beispielrechnung soll das verdeutlichen: Angenommen, ein amerikanisches und ein deutsches Unternehmen stellten beide das gleiche Produkt her. Dieses kostete 1952 bei der US-Firma genau 100 Dollar und bei der deutschen genauso viel in Mark, also 420 Mark. Nun stieg der Preis des US-Produkts pro Jahr um 2,1 Prozent, sodass es 1959 rund 115 Dollar kostete, was etwa 485 Mark entsprach. Der Preis des deutschen Konkurrenten stieg jedoch nur um 1,1 Prozent pro Jahr, und somit auf 450 Mark beziehungsweise 107 Dollar. Es war dadurch nun deutlich billiger als das US-Produkt. Je größer die Unterschiede bei den Inflationsraten waren, desto größer war der Vorteil für die deutschen Unternehmen. Sie konnten als Folge davon wiederum noch mehr exportieren – und der Außenhandelsüberschuss wuchs noch weiter.

Goldbestand der Bundesbank[172]	
Jahr	Tonnen
1951	24,5
1952	124,2
1953	289,2
1954	556,1
1955	817,2
1956	1327,7
1957	2258,6
1958	2345,5
1959	2343,7
1960	2640,5
1961	3255,7
1962	3269,5
1963	3415,7
1964	3775

Den deutschen Überschüssen entsprachen natürlich Defizite der Handelspartner, die diese im damaligen Währungssystem durch die Übertragung von Dollarguthaben oder Goldbeständen ausgleichen mussten. Auf diese Weise entstand in jenen Jahren der Grundstock für den Goldschatz der Bundesbank, der noch heute mit über 3300 Tonnen der zweitgrößte der Welt ist, hinter den USA.

Doch warum war die Inflationsrate in der Bundesrepublik so viel niedriger als in den anderen westlichen Industrieländern? Eine häufig genannte Antwort bringt beispielsweise der Wirtschaftshistoriker Bernd Sprenger vor:

> »Die D-Mark entwickelte sich dank einer strikt stabilitätsorientierten und unabhängigen Geldpolitik der Bank deutscher Länder und später der Deutschen Bundesbank in relativ kurzer Zeit zu einer der stabilsten und begehrtesten Währungen der Welt.«[173]

Da hier die Unabhängigkeit der Notenbank als wichtiger Grund genannt wird, so ist dies natürlich auch die bevorzugte Interpretation der Notenbanker selbst.

Auf der anderen Seite gibt es aber auch Experten, die den Anteil der Notenbank an der Stabilität der D-Mark eher für gering oder sogar für nicht existent halten, so wie die Wirtschaftsjournalistin Ulrike Herrmann. Ihrer Meinung nach hatte die geringe Inflation in Deutschland nichts mit der Geldpolitik der Bundesbank zu tun, sie sei vielmehr eine Folge des Zustroms vieler Millionen Flüchtlinge und Vertriebener aus den Ostgebieten und der DDR nach Westdeutschland gewesen:

> »Sie alle waren zunächst arbeitslos und bereit, auch für wenig Geld zu arbeiten. Die Gehälter in der Bundesrepublik stiegen daher nicht so stark wie in den anderen westlichen Ländern.«[174]

Die Wahrheit ist wahrscheinlich, dass es viele Gründe gibt. Was Herrmann anführt, ist korrekt, der Lohndruck war in Deutschland weit geringer, und der Zustrom an Arbeitskräften dürfte ein wesentlicher Grund dafür gewesen sein. Denn steigen die Löhne nur mäßig, verhindert dies eine Lohn-Preis-Spirale und damit steigende Inflationsraten. Andererseits hätten eine lockere Geldpolitik und eine ausgabenfreudigere Regierung eben sicher auch einen inflationstreibenden Effekt gehabt.

Ein Vorteil der Bundesrepublik war jedoch auch, dass durch die Währungsreform der Geldüberhang weitgehend beseitigt worden war. In den anderen Ländern hatte es keine Währungsreformen gegeben, die große Teile des Sparvermögens vernichteten – obwohl es auch dort meist einen Geldüberhang gab, da auch dort der Krieg auf Pump finanziert worden und gleichzeitig die Wirtschaftsleistung drastisch gesunken war. Dieser Geldüberhang wirkte dort nun inflationstreibend.

Schließlich kam noch etwas hinzu, was der ehemalige Bundesbankpräsident Helmut Schlesinger »Stabilitätskultur« nannte: Es gibt in der deutschen Bevölkerung einen ausgeprägten Wunsch nach Geldwertstabilität – mitunter hat dieser fast schon religiöse Züge. Entstanden ist dieses Verlangen wohl aufgrund der Erfahrungen der Hyperinflation von 1923 und der Währungsreform von 1948. Er wurde jedoch durch die Notenbank zusätzlich genährt. Denn schon die Bank deutscher Länder setzte von Anfang an auf eine umfassende Öffentlichkeitsarbeit, wie sie andere Notenbanken lange nicht pflegten. Sie beziehungsweise die Bundesbank tat und tut dies über ihre Monatsberichte, Vorträge, Pressekonferenzen und vieles mehr. Dabei wurde und wird sie nie müde, die Bedeutung der Geldwertstabilität zu betonen. Dies wiederum tut sie auch aus Eigeninteresse, wenn sie gleichzeitig erklärt, dass Geldwertstabilität nur mit einer unabhängigen Notenbank möglich sei.

Schon in den 1950er-Jahren war dieser Gedanke in weiten Teilen der Öffentlichkeit fest verankert. Und je länger die Unabhängigkeit der Notenbank gelebte Praxis war, desto größer wurde die Unterstützung dafür in der Bevölkerung. Die Zeit spielte also für die Notenbank. Je mehr Zeit auf dem Weg zum Bundesbankgesetz verging, desto wahrscheinlicher wurde es, dass dieses die Unabhängigkeit der Institution endgültig festschreiben würde. Dennoch wollte sich Bundeskanzler Adenauer, der nach wie vor eine andere Auffassung dazu hatte, noch nicht geschlagen geben. Und im Jahr 1956 schaukelte sich der Konflikt zu einem lauten und heftigen Schlagabtausch hoch.

KAPITEL 9

Der Kampf um die Unabhängigkeit der Deutschen Bundesbank 1955 bis 1957

Bundeskanzler Adenauer war wütend. Eine Menge Ärger hatte sich bei ihm aufgestaut, und am 23. Mai 1956 machte er dem Luft. Er tauchte an jenem Abend völlig überraschend im Gürzenich auf, einem spätgotischen Festsaalbau in Köln. Dort sollte ein fröhlicher »Herrenabend« für Heiterkeit und Unterhaltung sorgen, ausgerichtet vom Bundesverband der Deutschen Industrie (BDI), der in der Stadt gerade seine Jahrestagung abhielt. Adenauer hatte sich zu der vergnüglichen Abendveranstaltung entgegen allen Gepflogenheiten kurzerhand selbst eingeladen, denn er glaubte, dort Verbündete für sein Anliegen zu finden. Und er präsentierte den rund 500 Industriellen und Journalisten tatsächlich Unterhaltendes – allerdings in ganz anderer Form als erwartet. Denn sie erlebten einen hocherregten Kanzler, der über die Bank deutscher Länder herfiel. Diese hatte wenige Tage zuvor die Zinsen wieder mal erhöht, doch Adenauer hielt die Entscheidung für grundfalsch und sagte das in schonungsloser Direktheit:

> »Ich bin, ich sage das in aller Offenheit, heute Abend noch nicht in der Lage, mir ein definitives Urteil zu bilden über die Einzelheiten der Beschlüsse, die da gefasst worden sind. Aber eines weiß ich schon jetzt: Es ist der deutschen Konjunktur ein schwerer Schlag versetzt worden, und, meine Herren, auf der Strecke bleiben werden die Kleinen. Und zwar, meine verehrten Herren, gilt das sowohl für die kleinen Industrien wie für die kleineren Landwirte, wie für die kleineren Handwerker – kurz und gut, meine verehrten Herren, das Fallbeil trifft die kleinen Leute. Und deswegen bin ich sehr betrübt darüber. Ich habe bisher nicht die Überzeugung gewonnen, dass eine derartige Maßnahme notwendig war. Ich habe nicht einmal die Überzeugung gewonnen, dass sie den gewollten Effekt erreicht.«[175]

Als »Fallbeil-Rede« sollten diese Worte in die Geschichte eingehen und für ein Beben in der Bonner Politik und den Medien sorgen. Die Rede war jedoch nur der vorläufige Höhepunkt einer Entwicklung, die schon im August 1955 begonnen hatte. Damals hatte die Bank deutscher Länder den Diskontsatz zum ersten Mal seit fast fünf Jahren wieder erhöht. Die deutsche Wirtschaft wuchs zu jener Zeit im Rekordtempo, für das Gesamtjahr 1955 sollte am Ende ein Wachstum von 12,1 Prozent verzeichnet werden – solche Raten schaffte selbst China in den vergangenen Jahrzehnten nur ganz selten. Zudem herrschte Vollbeschäftigung, die Firmen suchten händeringend Mitarbeiter, sodass Bundeswirtschaftsminister Ludwig Erhard Ende 1955 das erste Anwerbeabkommen mit Italien schließen sollte.

In einer solchen Lage besteht stets die Gefahr einer Überhitzung der Konjunktur: Die Knappheit von Arbeitnehmern und Gütern führt zu Inflation, gleichzeitig investieren die Firmen massiv in die Produktionsausweitung, um der Nachfrage Herr zu werden, was die Konjunktur noch weiter anheizt – bis irgendwann ein

Einbruch erfolgt, der dann umso heftiger ausfällt, je überhitzter die Konjunktur zuvor war. Genau dies wollte die Notenbank verhindern, indem sie an der Zinsschraube drehte. Das sollte Investitionen verteuern, die Konjunktur abkühlen.

Doch ein Abwürgen des Aufschwungs wollte Adenauer keinesfalls riskieren, schließlich standen 1957 Bundestagswahlen an. Da wollte er eine Wirtschaft unter Volldampf. Zudem fürchtete er, dass Wahlkampfspenden aus der Industrie ausbleiben könnten, wenn die Notenbank sie ausbremste.[176] Daher erklärte er bei einer der Kabinettssitzungen, die auf den ersten Zinsschritt folgten, »daß die Herren der Bank deutscher Länder es oftmals an dem nötigen politischen Fingerspitzengefühl fehlen ließen«. Daher solle die künftige Bundesbank ihren Sitz auch nicht mehr in Frankfurt haben, sondern in Köln, also in der Nähe der Regierung.[177]

Doch Adenauers Ankündigung focht die Währungshüter nicht an. Am 8. März 1956 erhöhten sie den Diskontsatz erneut. Daraufhin wurden die Notenbankchefs Vocke und Bernard ins Kabinett geladen, wo sie sich heftige Anwürfe von Adenauer anhören mussten. Er sei aufs Höchste enttäuscht, dass man ihm Vorwürfe mache, giftete Bernard zurück. »Sind Sie denn der Auffassung, daß Sie gleichberechtigt neben der Bundesregierung stehen?«, fragte da Adenauer, und Bernard antwortete klar und direkt mit: »Ja.« Das Protokoll vermerkt keine emotionalen Reaktionen, doch man darf davon ausgehen, dass Adenauer reichlich perplex war. Jedenfalls antwortete er nur noch: »Das ist nicht meine Ansicht.«[178]

Dieses Selbstbewusstsein der Notenbanker gegenüber dem Kanzler, aber auch in den ersten Jahren gegenüber den Amerikanern, erstaunt, doch es gibt Erklärungsansätze dafür. Zum einen war die Notenbank nach dem Krieg die erste deutsche Institution, die wirkliche Macht hatte, sie war ja schon fast ein Jahr vor der Bundesrepublik Deutschland gegründet worden. Diese Macht galt es zu behaupten. Zudem saßen an deren Spitze überwiegend Professoren, Ökonomen und andere Finanzexperten, denen Selbstbewusstsein gemeinhin nicht fremd ist. Die Wirtschaftsjournalistin Ulrike Herrmann spricht sogar von »elitärem Dünkel«, der seinerzeit in den Gremien herrschte, und »Verachtung für die Politik«.[179] Tatsächlich bezeichnete Wilhelm Vocke noch in seinen Memoiren Bundeskanzler Adenauer herablassend als einen Laien bei Währungsthemen.[180]

Schließlich aber gelang es der Bank deutscher Länder durch ihre umfassende Öffentlichkeitsarbeit, die Medien davon zu überzeugen, dass die Stabilität der Währung, wie sie in den 1950er-Jahren gegeben war, vor allem ihr zu verdanken war, ihrem mutigen Handeln, sobald es Anzeichen einer Inflation gab, zur Not auch gegen die Regierenden. Die Öffentlichkeit war daher längst auf der Seite der Notenbank. Adenauer selbst jammerte bei einer Sitzung des CDU-Bundesvorstands am 26. April 1956, »daß diese Leute wie Vocke, Bernard, Erhard, Schäffer usw. in der Öffentlichkeit doch ein großes Ansehen genießen und daß wir es uns unter keinen Umständen leisten können, relativ kurz vor den nächsten Bundestagswahlen, nun im Kabinett solche Schwierigkeiten zu bekommen«.[181]

»Diese Leute« erhöhten jedoch am 19. Mai erneut den Diskontsatz, von 4,5 auf 5,5 Prozent und schlugen damit alle Einwände Adenauers in den Wind. Da muss Adenauer der Kragen geplatzt sein, und er tauchte vier Tage später bei der Versammlung des BDI auf, um seine Fallbeil-Rede zu halten, in der er die Bank deutscher Länder scharf kritisierte. Doch damit nicht genug. Er holte an jenem Abend auch gleich noch zu einem verbalen Schlag gegen Wirtschaftsminister Ludwig Erhard und Finanzminister Fritz Schäffer aus, denn diese hatten die Beschlüsse der Notenbank mitgetragen.

»Ich habe für morgen Abend eine Kabinettssitzung anberaumt, in der wir uns mit diesen Fragen beschäftigen werden und in der namentlich auch der Wirtschaftsminister und der Finanzminis-

> ter, die an den Beratungen des Zentralbankrates teilgenommen haben, uns darüber Rechenschaft geben werden, warum und was sie dort vorgeschlagen haben.«[182]

Die beiden Minister wurden in aller Öffentlichkeit wie Schuljungen zum Rapport bestellt. Und weil er sich gerade so schön in Rage geredet hatte, ging Adenauer auch gleich noch die Presse an. Denn einige Tage zuvor hatte die *Frankfurter Allgemeine Zeitung* ihm bescheinigt, dass er von Wirtschaftspolitik nichts verstehe. »Ich hab's zweimal gelesen, weil es so bemerkenswert dumm gewesen ist«, sagte er. Das saß. Und fand vor Ort heftigen Beifall. Denn Adenauer sprach BDI-Präsident Fritz Berg aus dem Herzen. Auch dieser hatte zuvor bereits die Beschlüsse der Bank deutscher Länder kritisiert. Daher endete Adenauer mit den etwas kryptischen Worten:

> »Die Situation ist da. Die Situation ist auch nach meinem Gefühl ernst. Und es handelt sich um soziale Fragen allerersten Ranges dabei. Und deswegen wollen wir gemeinsam mit aller Ruhe, aber auch mit allem Ernst an die Lösung des Problems herangehen, das jetzt zu plötzlich vor uns getreten ist. Ich weiß, dass Sie helfen werden. Ich bin überzeugt, dass auch andere Verbände, die ich eben genannt habe, auf demselben Standpunkt stehen. Und seien Sie überzeugt davon, dass ich den Standpunkt teile.«

Hatte er hier gerade der Notenbank den Kampf angesagt? War sie mit dem »Problem« gemeint, das gelöst werden musste? Und hatte er dazu gerade nach Verbündeten gesucht? Was er genau damit meinte, wurde nie geklärt. Aber es ergibt durchaus Sinn, dass Adenauer hier auf direkten Konfrontationskurs zur Bank deutscher Länder ging. Schließlich hatte er ja all die Jahre zuvor immer wieder deren Unabhängigkeit infrage gestellt. Und dem

Wutausbruch des Kanzlers im Mai 1956 war ein Konflikt vorausgegangen, der sich über die Monate davor aufgebaut und immer weiter hochgeschaukelt hatte.

Die Zustimmung im Saal stand jedoch im krassen Gegensatz zum Echo in der Presse. Das war verheerend. So zeigte das *Hamburger Abendblatt* in seinem Kommentar beispielhaft, wo die Sympathien der Öffentlichkeit lagen:

> »Seit dem Tag, an dem die Bank deutscher Länder und der Zentralbankrat die neue deutsche D-Mark-Währung in die Hand nahmen und sie zu so außergewöhnlicher Stärke führten, ist ihren leitenden Männern immer bescheinigt worden, daß sie sich von höchster Verantwortung bei ihren Entscheidungen haben leiten lassen. Auch in diesem Fall ist es dem Zentralbankrat darum gegangen, endlich die Preis-Lohn-Bewegung zu unterbrechen und die Konjunktur zu dämpfen, ausschließlich um ein Überschlagen zu verhindern und eine Krise zu vermeiden.«

Der Kanzler dagegen agiere vor allem wahltaktisch.[183]

Andere Medien wurden noch deutlicher. »Bemerkenswert dumm« überschrieb die *Frankfurter Allgemeine Zeitung* einen Kommentar zum Thema – und nahm damit Adenauers eigene Worte auf, die er in Bezug auf die FAZ gebraucht hatte. Und *Der Spiegel* zog ganz große historische Parallelen: »So weit war er noch nie gegangen, und so weit war seit Wilhelm II. kein demokratisch legitimierter deutscher Staatsmann mehr gegangen.« Er sah sogar den »Anbruch der Adenauer-Dämmerung« am Horizont: »Ein großer alter Mann, der physisch und psychisch weniger und weniger in der Lage ist, die schwere Last der Staatsgeschäfte zu tragen, hält weiter das Ruder in seinen Händen.«[184]

Aber nicht nur aus den Medien erreichte ihn heftiger Gegenwind, auch in seinem Kabinett regte sich Widerspruch. Auf der

Sondersitzung, die Adenauer in seiner Fallbeil-Rede angekündigt hatte, kam es zum offenen Schlagabtausch zwischen Wirtschaftsminister Erhard und Finanzminister Schäffer auf der einen Seite und Adenauer auf der anderen. Als der Streit kulminierte, sagten die beiden Minister: »Wir stellen unser Amt gerne zur Verfügung«, worauf Adenauer jedoch nicht einging.[185]

Doch angesichts der medialen Empörungswelle musste der Kanzler zurückrudern. Er führte mehrere Gespräche mit den beiden Ministern und ließ schließlich öffentlich erklären, dass diese sein vollstes Vertrauen genössen. Die beiden wiederum erklärten postwendend, dass sie die Erhöhung des Diskontsatzes nach wie vor für richtig hielten. Sie hatten also keinen Millimeter nachgegeben. Adenauer war mit seinem Angriff auf die Notenbank erneut auf ganzer Linie gescheitert.

Dieses Ereignis sollte nicht nur Adenauer eine Lehre sein, der fortan seinen Widerstand gegen die Unabhängigkeit der geplanten Bundesbank aufgab. Es wirkt bis heute nach: Jeder deutsche Politiker vermeidet es seit jenen Tagen tunlichst, Entscheidungen oder Äußerungen der Notenbank zu kommentieren, geschweige denn zu kritisieren. Alle Minister und Kanzler haben beherzigt, dass, wie Adenauer es im September 1956 im CDU-Bundesvorstand ausdrückte, »alle Zeitungen der Bank deutscher Länder mehr glauben als einem Politiker, gleichgültig, wie der Politiker aussehen mag«. Die Währungshüter gelten seither in Deutschland als unangreifbar.[186]

Mit diesem Eklat war nun aber auch endlich der Weg für das Bundesbankgesetz frei, an dem die Regierung seit sieben Jahren bastelte. Lange Zeit war nicht nur über die Frage der Unabhängigkeit gestritten worden, sondern auch darüber, ob die Bundesbank zentral oder dezentral organisiert sein sollte, ob also die Landeszentralbanken untergeordnete Instanzen werden sollten oder selbstständige Einheiten. Die Debatten darüber führten dazu, dass der Finanzminister am Ende der ersten Legislaturperiode zwar einen Gesetzentwurf vorgelegt hatte, es aber nicht gelang, diesen vor der Wahl durch das Parlament zu bringen.

In der zweiten Legislaturperiode ab 1953 lag die Zuständigkeit bei Wirtschaftsminister Erhard. Dieser trat inzwischen ganz klar für eine Unabhängigkeit der Notenbank ein – was keineswegs immer so gewesen war. Doch Erhard hatte bemerkt, dass die öffentliche Meinung ganz klar auf dieser Seite stand, und war daher eingeschwenkt. Was nicht ausschließt, dass dies inzwischen auch seiner inneren Überzeugung entsprach.

Im Oktober 1955 war der Gesetzentwurf endlich fertig – doch wenig später folgte jene Auseinandersetzung zwischen Adenauer und der Bank deutscher Länder, die schließlich in dessen Fallbeil-Rede gipfelte. Nachdem diese Krise jedoch für eine Klärung der Fronten gesorgt hatte, konnte nun endlich das Bundesbankgesetz seinen parlamentarischen Weg gehen.

Mitte August 1956 legte Vizekanzler Franz Blücher dem Kanzler den Gesetzentwurf des Wirtschaftsministeriums vor, der die Unabhängigkeit der Bundesbank klipp und klar festschrieb. Er riet ihm dringend zuzustimmen, »damit Beruhigung eintrete«.[187] Das tat Adenauer, doch in einem Punkt wollte er nicht nachgeben: beim Sitz der Institution. Im Entwurf war Frankfurt festgeschrieben worden, dies wurde nun wieder gestrichen. Doch das rief erneut ein verheerendes Presseecho hervor. »Wie eine Bombe« habe diese Nachricht eingeschlagen, berichtete beispielsweise das *Hamburger Abendblatt*. Vor allem in Frankfurter Bankenkreisen sei man »in ganz entschiedener Opposition« dazu.[188] Und die *Frankfurter Allgemeine Zeitung* witterte, dass dies am Ende doch die Unterwerfung der Notenbank unter die Regierungspolitik bedeute, und warnte: »Schon zweimal hat die Abhängigkeit der Notenbank von der Regierung das deutsche Volk in eine Inflation gestürzt.«[189] Selbst bei dem Sitz der Notenbank konnte sich Adenauer also schließlich nicht durchsetzen, und so wurde doch wieder Frankfurt als Sitz in das Gesetz eingefügt. Zudem wurde die Stellung der Bundesbank im Laufe des Gesetzgebungsverfahrens, das sich über Monate hinzog, noch weiter gestärkt, indem die Amtszeit der Mitglieder des Zentralbankrats auf acht Jahre erhöht wurde. Dadurch sollte auch die persönliche Unabhängigkeit der leitenden Personen gewährleistet werden.

Am 4. Juli 1957 beschloss der Bundestag schließlich das Bundesbankgesetz. Es sah vor, dass die Landeszentralbanken zwar ihre Selbstständigkeit verloren und zu Hauptverwaltungen der neuen Bundesbank wurden. Die Präsidenten der Landeszentralbanken wurden dafür aber Mitglieder des Zentralbankrats, der über die Währungspolitik bestimmte. Dies war ein Kompromiss zwischen den Befürwortern eines zentralistischen und eines dezentralen Aufbaus.

Paragraph 3 des Gesetzes nannte die Aufgaben der Bundesbank:

> »Die Deutsche Bundesbank regelt mit Hilfe der währungspolitischen Befugnisse, die ihr nach diesem Gesetz zustehen, den Geldumlauf und die Kreditversorgung der Wirtschaft mit dem Ziel, die Währung zu sichern, und sorgt für die bankmäßige Abwicklung des Zahlungsverkehrs im Inland und mit dem Ausland.«[190]

Abgesehen von den technischen Aufgaben hatte sie also nur eine weitere: die Sicherung der Stabilität der D-Mark. Paragraph 12 des Gesetzes schließlich sicherte ihr die Unabhängigkeit zu:

> »Die Deutsche Bundesbank ist verpflichtet, unter Wahrung ihrer Aufgabe die allgemeine Wirtschaftspolitik der Bundesregierung zu unterstützen. Sie ist bei der Ausübung der Befugnisse, die ihr nach diesem Gesetz zustehen, von Weisungen der Bundesregierung unabhängig.«[191]

Am 1. August 1957 begann die Deutsche Bundesbank ihre Tätigkeit, weitgehend so, wie die Befürworter einer Unabhängigkeit der Notenbank sich das vorgestellt hatten. Bundeskanzler Adenauer war bei diesem Prozess am Ende der klare Verlierer. Doch eine kleine Rache nahm er schließlich doch noch an seinen Gegnern. Denn als es um die Frage ging, wer erster Bundesbankpräsident werden sollte, konnte sich der Kanzler durchsetzen. Dieser hegte vor allem gegen Wilhelm Vocke, den Präsidenten des Direktoriums der Bank deutscher Länder, einen heiligen Zorn. Dessen Geringschätzung ihm gegenüber war ihm ein Ärgernis. Zudem hatte er Vocke als Hauptverantwortlichen seines kläglichen Scheiterns rund um die Fallbeil-Rede ausgemacht. Er wollte ihn daher auf jeden Fall auf dem Posten des Bundesbankpräsidenten verhindern. Karl Bernard wiederum, der Präsident des Zentralbankrats der Bank deutscher Länder, war in den Augen von Wirtschaftsminister Ludwig Erhard nicht der richtige Mann. So einigte man sich schließlich darauf, dass es keiner von beiden werden sollte.[192] Stattdessen fiel die Wahl auf Karl Blessing. Da dieser allerdings noch als Vorstandsmitglied der Margarine Union gebunden war, konnte er den Posten erst am 1. Januar 1958 übernehmen. Bis dahin leiteten noch Wilhelm Vocke und Karl Bernard die Deutsche Bundesbank. Und da diese schon in den ersten Tagen ihrer Existenz unter Beschuss geriet, mussten sie erneut als Feuerwehr eingreifen.

KAPITEL 10

Der Streit über die Aufwertung der D-Mark

August 1957 bis März 1961

»Deutschland erwache!« – so überschrieb der *Daily Mirror* am 7. August 1957 einen Artikel. Er befasste sich mit der Bundesrepublik, ihrer Wirtschaft und ihrer Währung, und die Anspielung im Titel, die eine Nazi-Parole aufnahm, war kein Zufall. Denn der Artikel war nicht gerade freundlich gehalten:

> »Wie geht es den Unterlegenen, den Besiegten, den Zerschlagenen, den Besetzten?
>
> Den zu Staub Pulverisierten? Den Herren der Gasöfen? Den größten Verlierern des größten Krieges aller Zeiten?
>
> Danke, es geht ihnen allen wirklich gut.
>
> Deutschland [...] ist wirtschaftlich die gesündeste Nation in Westeuropa. Seine Gold- und Dollarreserven sind auf einem Allzeithoch. Sie sind doppelt so groß wie vor zwei Jahren.
>
> Seine Schatullen quellen über, und die Nationen, die es mutwillig angegriffen hat und die unsägliches Blut und Tränen vergossen haben, um es zu besiegen, stehen unter dem Europäischen Zahlungssystem Schlange, um ihre Abgaben abzuliefern.

›Der monatliche Auftritt der Europäischen Nationen am deutschen Kassenhäuschen‹, sagt Wirtschaftsminister Dr. Erhard und leckt an seinen Steuerstempeln, ›ist so, wie wenn die braven Jungs ihr Gehalt zu Hause abliefern.‹

[...] Das Problem, dem die Nachfolger Adolf Hitlers gegenüberstehen, ist, wie sie mit den riesigen Überschüssen des unglaublich erfolgreichen Exportfeldzuges umgehen sollen.

Der Führer pflegte 1937 zu schreien: ›Deutschland erwache!‹

Deutschland ist erwacht – und gestorben.

Jetzt hat Dr. Adenauer es wieder geschafft, ohne eine Erbsenkanone abzufeuern, und der alte Teutone, fetter denn je, räkelt sich im besten und prächtigsten Kontor außerhalb der Vereinigten Staaten.

Wer hat wirklich gewonnen?«[193]

Der *Daily Mirror* ist traditionell nicht gut auf die Deutschen zu sprechen, was den Ton und die Schärfe erklärt. Doch die generelle Haltung, die in dem Artikel zum Ausdruck kam, teilten viele Briten. Und nicht nur sie, ebenso Franzosen und viele andere Europäer. Denn Deutschland erzielte inzwischen jedes Jahr riesige Handelsüberschüsse, die für die europäischen Partner zunehmend zur Belastung wurden.

Lange Zeit hatten sie der Entwicklung wohlwollend zugesehen. Schließlich musste sich die Bonner Regierung noch sieben Jahre zuvor heftige Vorwürfe gefallen lassen, weil sie nicht energisch genug gegen das Leistungsbilanzdefizit vorgegangen war. Damals war die junge D-Mark um Haaresbreite am Aus vorbeigeschlittert, der Bundesrepublik wurde schon der baldige Bankrott vorausgesagt. Daher waren die Überschüsse zunächst willkommen und notwendig. So hielt auch die Bank deutscher Länder 1954 in ihrem Geschäftsbericht fest, dass »ein Land, das seinen neuen Start ohne jedes Auslandsguthaben begonnen hatte, selbstverständlich erst einmal bemüht sein mußte, sich wieder eine angemessene Währungsreserve zu verschaffen«.[194] Auch die Handelspartner begrüßten zunächst, dass sich der Trend gedreht hatte. Doch je mehr sich die Überschüsse verfestigten, je klarer wurde, dass diese zu einer Dauererscheinung wurden, umso kritischer wurde der Blick darauf. Denn Deutschlands Exporteure walzten allmählich die Konkurrenz nieder.

1950 hatte der weltweite Anteil der Bundesrepublik an den Exporten verarbeiteter Güter gerade mal 7,3 Prozent betragen. Großbritannien war zu jenem Zeitpunkt noch für 25,5 Prozent, die USA sogar für 27,3 Prozent der Ausfuhren in diesem Segment verantwortlich. Zehn Jahre später hatte sich das Bild komplett gewandelt. Großbritanniens Anteil war auf 16,5 Prozent geschrumpft, jener der USA auf 21,6 Prozent, dafür stand nun Westdeutschland für 19,3 Prozent der Exporte verarbeiteter Güter weltweit.[195]

Im Sommer 1957 schwollen die Stimmen der Kritiker erstmals zu einem Chor an. Denn in jenem Jahr explodierten die Überschüsse geradezu, schon von Januar bis Mai 1957 betrugen sie 628 Millionen Dollar gegenüber 291 Millionen im gleichen Zeitraum des Vorjahres. Allein im August kamen weitere 281 Millionen Dollar dazu. Die Gold- und Dollarreserven der Bundesbank näherten sich inzwischen der Marke von 5 Milliarden Dollar – die französische Tageszeitung *Le Monde* sprach spöttisch vom »Rheingold«, das Deutschland auftürme, in Anspielung an den Nibelungenschatz.[196]

Bei einer Sitzung des Ministerrats der Organisation für europäische wirtschaftliche Zusammenarbeit (OEEC) im Juni 1957 geriet der deutsche Vertreter daher »in ein Trommelfeuer aller übrigen Delegationen«. Diese drohten sogar damit, die D-Mark offiziell zur »knappen Währung« zu erklären – das hätte es ihnen ermöglicht, einseitige Maßnahmen wie Importverbote zu verhängen und den deutschen Exportboom auf diese Weise abzuwürgen.[197] Die andere mögliche Maßnahme wäre eine Aufwertung der D-Mark gewesen.

Dies hätte die deutschen Exporte verteuert, die Außenhandelsüberschüsse wären geschrumpft oder ganz verschwunden.

Bundeswirtschaftsminister Ludwig Erhard unterstützte die Idee der Aufwertung prinzipiell, allerdings nur, wenn es gleichzeitig zu einer Neujustierung des gesamten Währungssystems komme, bei dem auch andere Ungleichgewichte beseitigt würden. Eine einseitige Aufwertung lehnte er ab. Bei Bundeskanzler Adenauer stieß jeder Gedanke daran ganz generell auf vehemente Ablehnung. Denn das hätte der Industrie geschadet. Zudem hätte eine Aufwertung der D-Mark bedeutet, dass sie gegenüber allen Währungen teurer geworden wäre, also auch gegenüber dem Dollar, obwohl im Handel mit den USA kein Überschuss bestand. Und schließlich hätte eine Aufwertung gegenüber dem Dollar nicht nur die Exporte in die USA belastet, dadurch hätten auch die Dollarbestände der Bundesbank, die zum großen Teil noch nicht in Gold getauscht worden waren, an Wert verloren.

Daher schuf die deutsche Seite das Sprachbild, wonach es falsch sei, an einer »gesunden Wirtschaft« herumzuoperieren, um eine »kranke Wirtschaft« zu heilen, wie die *Bild*-Zeitung einen anonymen Absender zitierte:

> »Deshalb meint man im Bundeswirtschaftsministerium: ›Man kann nicht den Gesunden kurieren. Die deutsche Volkswirtschaft und die Deutsche Mark sind dank unserer gesunden Wirtschaftspolitik mit die stabilsten in der ganzen Welt. Man sollte dort mit der Bereinigung der Währung beginnen, wo durch eine falsche Finanz- und Wirtschaftspolitik, durch allzu starke Erhöhung der Sozialleistungen die Währungen ins Schwimmen geraten sind.‹«[198]

Die wirtschaftlichen Verhältnisse in den europäischen Partnerländern wurden also mit einem erstaunlichen Hochmut als »krank«

deklariert, das eigene Wirtschaften als »gesund«. Doch das schuf das Problem natürlich nicht aus der Welt. Vielmehr brachten jetzt auch noch immer mehr Ausländer ihr Geld in die Bundesrepublik, weil sie mit einer Aufwertung der D-Mark rechneten. Sie kauften deutsche Aktien oder Staatsanleihen, oder sie legten es direkt bei deutschen Banken an. Zu den Überschüssen, die die Bundesrepublik über den Export erwirtschaftete, kamen nun also auch noch Überschüsse beim Kapitalverkehr hinzu. Der Aufwertungsdruck auf die Mark wurde umso stärker.

Am 20. August debattierte das Kabinett über Auswege. Bundeswirtschaftsminister Erhard begann zunächst mit einer Darstellung der Lage, bei der er an Dramatik nichts vermissen ließ. Die Spekulation auf eine Aufwertung der D-Mark nehme gefährliche Formen an, sagte er. Im ersten Halbjahr 1957 habe die Bundesrepublik einen Handelsüberschuss von 1,9 Milliarden DM erwirtschaftet. Mit den Kapitaltransfers ergebe sich sogar ein Überschuss von 4 Milliarden – Tendenz weiter steigend. »Dreiviertel des Überschusses sind darauf zurückzuführen, daß das Ausland mit einer Aufwertung rechnet«, sagte Erhard.

Bundeskanzler Adenauer hatte darauf nur eine Antwort: keine Aufwertung. Das müsse man öffentlich erklären. Doch dem interimistischen Bundesbankpräsidenten Bernard, der zusammen mit seinem Kollegen Vocke anwesend war, reichte das nicht. Es müsse vielmehr sofort etwas getan werden, um die Spekulation einzudämmen. »Man spekuliert nicht nur auf die Aufwertung der DM, sondern auch auf die Abwertung in den anderen Ländern«, sagte er. Und sein Kollege Vocke ergänzte: »Die Flucht in die DM nimmt ungeheure Geschwindigkeit an.« Bundesbank und Bundesregierung müssten unverzüglich eine gemeinsame öffentliche Erklärung abgeben. Zwar konnte man sich nicht auf konkrete Maßnahmen verständigen, es wurde aber zumindest eine solche Erklärung abgegeben, mit der Bundesbank und Bundesregierung hofften, weitere Spekulationen auf eine Aufwertung der D-Mark zu unterbinden. Die gemeinsame Erklärung lautete:

> »Unter dem Vorsitz von Bundeskanzler Dr. Adenauer hat die Bundesregierung in Anwesenheit der Leitung der deutschen Bundesbank die internationale Währungslage eingehend beraten. Anlaß gab das beständige starke Anwachsen der deutschen Zahlungsbilanzüberschüsse. Die Bundesregierung erklärt in Übereinstimmung mit der Leitung der deutschen Bundesbank: Der Außenwert der DM ist bekanntlich ebenso wie der der meisten anderen Währungen durch das Verhältnis zum US-Dollar bestimmt. Das Verhältnis der DM zum US-Dollar bedarf auf Grund aller wirtschaftlichen Tatbestände keiner Änderung. Alle Gerüchte über eine beabsichtigte Aufwertung der DM sind gegenstandslos. Bundesregierung und Bundesbank werden die im In- und Ausland so hoch eingeschätzte Stabilität der deutschen Währung weiterhin wahren.«[199]

Wer den Text genau las, konnte darin ein Hintertürchen entdecken. Denn er besagte nur, dass das Verhältnis der D-Mark zum Dollar keiner Änderung bedürfe. Vom Verhältnis zu anderen Währungen war keine Rede. Offenbar war man in Bonn bereit, darüber zu reden.

Doch das war gar nicht mehr notwendig. Denn erstaunlicherweise reichte die Erklärung aus, um die Situation am Devisenmarkt zu beruhigen. Die Spekulation auf eine Aufwertung der D-Mark ebbte tatsächlich ab, und praktischerweise kam es ab Herbst 1957 zu einer Abkühlung der Konjunktur. Das ließ auch die Exportüberschüsse zurückgehen, im November 1957 hatte Deutschland sogar erstmals wieder ein kleines Außenhandelsdefizit. Die Diskussionen verstummten – vorerst.

Der neue Bundesbankpräsident Karl Blessing konnte sein Amt am 1. Januar 1958 daher in ruhigem Fahrwasser übernehmen.

Auch er war, wie sein Vorgänger Wilhelm Vocke, ein alter langjähriger Mitarbeiter der Reichsbank, auch er hatte dort schon die Zeit der Hyperinflation von 1923 erlebt.

1920 war Blessing im Alter von 20 Jahren bei der Reichsbank eingetreten. Dort entwickelte er sich schnell zum Spezialisten für Devisengeschäfte, und nach einer kurzen Tätigkeit bei der Bank für Internationalen Zahlungsausgleich wurde er 1934 zum Assistenten von Reichsbankpräsident Schacht. 1937 trat er der NSDAP bei, um Mitglied des Direktoriums der Reichsbank werden zu können. Dort saß er gemeinsam mit Vocke, bis beide zusammen mit Schacht 1939 von Hitler entlassen wurden.

Doch Blessing fiel sanft, wurde Vorstand bei der Margarine Union (heute: Unilever) und pflegte enge Bande zum Regime. So war er im »Freundeskreis Heinrich Himmler« aktiv und spendete diesem mehrmals größere Summen Geld. Zudem war er ab Oktober 1941 Vorstand der »Kontinentale Öl AG«. Diese sollte die Ölfelder des besetzten Gebiets der Sowjetunion ausbeuten. In dieser Funktion soll Blessing Rüstungsminister Albert Speer gedrängt haben, ihm für seine Mitarbeiter Wohnungen in Berlin zuzuteilen, die jüdischen Eigentümern weggenommen worden waren. Andererseits jedoch taucht Blessing auch auf Listen des Widerstandskämpfers Carl Goerdeler auf, wo er als potenzieller Reichswirtschaftsminister nach einem erfolgreichen Aufstand am 20. Juli 1944 genannt wird.[200] Wie nah er dem Regime wirklich stand, ist also unklar.

Nach dem Krieg ging Blessing zunächst wieder zur Margarine Union, von wo ihn die Bundesregierung dann zur Bundesbank holte. Die ersten beiden Jahre konnte er dort in Ruhe deren Aufbau und Ausbau organisieren. Doch 1960 kehrte das Problem, das Blessings Vorgänger bereits beschäftigt hatte, mit Wucht zurück: der Streit um eine Aufwertung der D-Mark. Denn die deutschen Außenhandelsüberschüsse waren inzwischen wieder gewachsen, auf neue Höchststände. Der Chor der Kritiker im Ausland wurde nun lauter denn je. Auch bei einem Kommentator der *Financial Times*, die sonst eher zurückhaltend formuliert, hatte sich inzwischen eine gehörige Wut aufgestaut, die sich Ende Juni 1960 entlud:

> »Während das deutsche Saugrohr erneut im großen Stil die Währungsreserven anderer Länder an sich zieht, werden Deutschlands Beteuerungen allmählich hohl, man könne, auch wenn das alles sehr bedauerlich sei, nichts gegen das D-Mark-Phänomen tun. [...] Deutschlands Währungsreserven schossen in der ersten Hälfte dieses Monats um weitere 200 Millionen Dollar in die Höhe. Das Ergebnis ist, dass sich das Plus für 1960 bis heute schnell der 1000-Millionen-Dollar-Marke nähert. [...]
>
> Dutzende Gründe werden angeführt, um die offizielle deutsche Linie zu stützen, eine Aufwertung der D-Mark komme nicht in Frage. [...] Gleichzeitig besteht größter Widerwille, die eigene Wirtschaftspolitik so zu gestalten, dass sie die Auswirkungen einer Unterbewertung der D-Mark auf die Auslandszahlungen des Landes minimieren würde. [...]
>
> Ich weiß, manchmal wird argumentiert – und die Ansicht findet auch hierzulande in einigen Teilen der Presse viel Unterstützung –, dass die Stärke der D-Mark international deshalb problematisch sei, weil es anderen Ländern insgesamt weniger gut als Deutschland gelungen sei, die Erosion der Kaufkraft ihrer Währungen durch Inflation zu verhindern. Und ab diesem Punkt kann man weiter argumentieren, dass nicht Deutschland, sondern ›der Rest‹ jene Anpassungen vornehmen solle, die notwendig sind, um mit der Unterbewertung der Mark fertig zu werden.
>
> Aber wenn der Schütze Schmidt mit dem Regiment nicht Schritt hält, besteht der realistische Weg, die notwendige Harmonie wiederherzustellen, ganz klar darin, ihn dazu zu bringen, mit ihnen Schritt zu halten – selbst wenn vollständig nachge-

wiesen werden kann, dass das unsoldatische Verhalten, das zu seiner Außenseiterposition geführt hat, nicht in seiner Verantwortung lag.«[201]

Es war eine heftige Anklage, und auch diesmal brachte der Kommentator die Stimmung in London, Paris und Washington ziemlich genau auf den Punkt. Dort war man genervt und wütend angesichts der erneuten permanenten Handelsüberschüsse Deutschlands. Man war auch aufgebracht wegen der deutschen Haltung, die nach wie vor lautete, das Problem liege bei den anderen und diese hätten sich gefälligst an Deutschland anzupassen, wie das schon 1957 mit dem Sprachbild vom gesunden Körper zum Ausdruck gekommen war, an dem man nicht herumoperieren solle.

Verschärft wurde die Situation aber diesmal dadurch, dass sich seit 1957 eine entscheidende Veränderung ergeben hatte. 1958 war die Europäische Zahlungsunion aufgelöst und die europäischen Währungen waren in die volle Konvertibilität entlassen worden. Jeder konnte also nun jederzeit seine eigene Währung in eine andere wechseln, auch in Dollar, ohne rechtliche Schranken. Das Abkommen von Bretton Woods war damit auch in Europa vollumfassend in Kraft. Doch dies schuf neue Probleme. Denn solange die D-Mark nicht voll konvertibel gewesen war, konnte die Bundesbank auf eine drohende Überhitzung der Konjunktur sowie überbordende Außenhandelsüberschüsse zumindest noch in gewissem Umfang Einfluss nehmen. Sie musste dazu nur den Leitzins erhöhen. Das bremste die Wirtschaft und damit auch die Exporte. Nun jedoch fand sie eine veränderte Welt vor. Und diese Veränderung hatte vor allem auf der anderen Seite des Atlantiks stattgefunden.

Dort saß am 20. Oktober 1960 Paul Volcker in seinem New Yorker Büro bei der Chase Manhattan Bank. Volcker war 1927 in New Jersey geboren worden, die Großeltern sowohl mütterlicherseits als auch väterlicherseits waren aus Deutschland eingewandert.

Nach dem Abschluss der Schule 1945 hatte er ein Studium an der Princeton University begonnen und dieses 1949 mit Bestnoten abgeschlossen. Der Titel seiner Abschlussarbeit sollte schon seine spätere Laufbahn vorwegnehmen: »The Problems of Federal Reserve Policy since World War II«. Die Probleme der Geldpolitik der US-Notenbank in der Nachkriegszeit lagen seiner Analyse zufolge vor allem darin, dass sie die Inflationsgefahren unterschätzt hatte und es ihr nicht gelungen war, diese Gefahr für die Wirtschaft einzudämmen. In Volckers Laufbahn folgten weitere Stationen an der Harvard University und der London School of Economics, und – um dies vorwegzunehmen – 1979 sollte ihn seine Karriere an die Spitze der US-Notenbank bringen. Nun, im Oktober 1960, saß der 33-jährige Jungökonom jedoch noch bei besagter New Yorker Bank.

In den Tagen zuvor hatte Volcker den Goldpreis beobachtet – dieser hatte bei 35,08 Dollar je Feinunze gelegen, ziemlich genau jenem Kurs, zu dem die US-Notenbank unbegrenzt Gold kaufte und verkaufte. An jenem 20. Oktober steckte nun jedoch ein Kollege seinen Kopf in Volckers Büro, mit einem Blick, als hätte er den Allmächtigen gesehen, und rief ihm zu: »Der Goldpreis ist bei 40 Dollar.« Volcker starrte ihn an: »Das kann nicht sein, du meinst 35 Dollar und 40 Cents?!« Selbst dieser Kurs wäre schon eine Katastrophe gewesen, denn er hätte bedeutet, dass die USA ihr Versprechen, den Goldpreis stabil zu halten, nicht eingehalten hätten. Doch sie überprüften gemeinsam den Nachrichtenticker: Es war korrekt. Der Goldpreis hatte in London die Schwelle von 40 Dollar erreicht.[202]

In den USA selbst durfte Gold damals nicht gehandelt werden, Privatpersonen durften es nicht einmal besitzen. Selbst dem Schwager von John F. Kennedy, Sargent Shriver, wurde vom Zoll bei der Einreise in die USA eine Goldmedaille abgenommen, die ihm von der deutschen Regierung für seine Arbeit beim Friedenscorps verliehen worden war.[203] Ganz anders jedoch in Europa. Hier hatte sich in den Jahren zuvor ein privater Goldmarkt entwickelt, mit einem Zentrum in London, wo munter gehandelt wurde. Der dort täglich im London Gold Fixing festgestellte Preis wich immer wieder mal leicht vom offiziellen Kurs ab, jedoch stets nur um Cent-Beträge. Nun jedoch brach der Kurs des Dollar plötzlich ein.

Der Anlass waren Abwertungsgerüchte rund um die US-Währung. Viele Händler am Devisenmarkt glaubten nicht mehr, dass das fixe Austauschverhältnis zwischen Gold und Dollar bestehen bleiben konnte, sie erwarteten eine Neufestlegung deutlich über dem bisher geltenden Kurs von 35 Dollar je Feinunze. Hintergrund dafür waren die wachsenden Probleme der US-Wirtschaft. Deren Hegemonialstellung in der Welt wurde von Newcomern wie Deutschland und zunehmend auch Japan infrage gestellt, die vor allem im Außenhandel auftrumpften. Die Leistungsbilanz der USA, die schon seit Beginn der 1950er-Jahre leicht im Minus war, fiel immer tiefer ins Defizit, 1959 und 1960 betrug es satte 3,6 Milliarden Dollar. Das lag auch und gerade an der Bundesrepublik. Denn inzwischen erzielte diese sogar im Handel mit den USA einen Überschuss. Hinzu kam, dass nun auch Dollar unbeschränkt gegen D-Mark getauscht werden konnten – und das hatte drastische Folgen.

Als die Bundesbank 1959 mal wieder die Zinsen erhöhte, um einer Überhitzung der Konjunktur vorzubeugen und den Handelsüberschuss zu begrenzen, brachten viele Amerikaner ihr Geld nach Deutschland. Denn dort erhielten sie nun höhere Zinsen als in den USA, und ein Wechselkursrisiko brauchten sie nicht zu fürchten, die Währungsverhältnisse waren ja fix. Mehr noch: Sie konnten auf eine Aufwertung der D-Mark hoffen, und diese war damit eine attraktive Geldanlage ohne Risiko.

In der Konsequenz führten die Zinserhöhungen jedoch dazu, dass zwar einerseits die Exportindustrie durch die starke D-Mark einen Dämpfer bekam und sich die Überschüsse der Bundesrepublik im Außenhandel allmählich verringerten. Andererseits jedoch nahmen jetzt die Kapitalzuflüsse drastisch zu, und zwar weit stärker, als sich andererseits der Außenhandelsüberschuss verringerte. Die Maßnahme erreichte in der Summe also genau das Gegenteil dessen, was bezweckt war, die Überschüsse Deutschlands gegenüber dem Ausland wuchsen noch weiter.

Zusätzlich befeuert wurde dies durch »einen der unglücklichsten Zufälle der modernen Geldgeschichte«, wie das ein amerikanischer Autor damals bezeichnete.[204] Dieser Zufall bestand darin, dass just in jener Zeit, da die Bundesbank die Zinsen erhöhte, die US-Notenbank das Gegenteil tat, um der Schwäche der amerikanischen Wirtschaft entgegenzuwirken. Dadurch vergrößerte sich die Zinsdifferenz zwischen beiden Ländern zusätzlich, der Devisenfluss aus den USA in die Bundesrepublik schwoll noch weiter an.

Die einzige Möglichkeit, diesem Dilemma zu entkommen, lag in einer Aufwertung der D-Mark, und Wirtschaftsminister Erhard befürwortete einen solchen Schritt inzwischen selbst für den Fall, dass es sich um eine einseitige Maßnahme handeln würde. Bei ihm war die Erkenntnis gereift, dass sich die Politik nicht dauerhaft gegen den Markt stemmen konnte. Bundeskanzler Adenauer war jedoch weiterhin komplett dagegen, fürchtete um die Erfolge der Industrie. Aber auch Bundesbankpräsident Blessing teilte Adenauers ablehnende Haltung. Und er wurde darin noch bestärkt. Denn als er im September 1960 zur Jahrestagung des Internationalen Währungsfonds in Washington fuhr, tat er das in der Erwartung, dort auf der Anklagebank zu sitzen, als Hüter jener Währung, die alle anderen Länder in die Bredouille brachte. Er rechnete mit vehementen Forderungen nach einer Aufwertung der D-Mark.

Doch überraschenderweise kam es anders, es wurden keine derartigen Forderungen laut. Stattdessen machte Per Jacobsson, der geschäftsführende Direktor des IWF, einen anderen Vorschlag:

Die Bundesrepublik solle die Dollarguthaben, die sie durch ihre Leistungsbilanzüberschüsse erwirtschaftete, einfach weitergeben, und zwar in Form von Entwicklungshilfe an ärmere Länder.[205] Blessing fühlte sich bestätigt.

Den USA reichte Jacobssons Vorschlag allerdings nicht, denn selbst wenn Deutschland in großem Stil Kapital in Form von Entwicklungshilfe exportieren würde, hätte das ja keinerlei Einfluss auf das amerikanische Handelsdefizit. Letztlich würde dadurch einfach von Deutschland Kapital exportiert, das zuvor in den USA erwirtschaftet worden war, also aus den USA stammte. Daher schrieb Präsident Eisenhower am 7. Oktober 1960 einen Brief an Bundeskanzler Adenauer – und dieser illustrierte eine Zeitenwende im Verhältnis der beiden Länder. Gleich im ersten Satz machte Eisenhower klar, dass er Deutschland nicht mehr als ein Land im Wiederaufbau sah, das besonderer Rücksichtnahme bedurfte:

> »Sehr geehrter Herr Bundeskanzler,
>
> ich schreibe Ihnen persönlich und vertraulich, nicht nur als mein langjähriger guter Freund, sondern auch als Führer einer Nation, deren Wirtschafts- und Finanzkraft in der Gemeinschaft der freien Nationen zu großen Dimensionen herangewachsen ist.«

Dann erinnerte er an das, was die USA nach dem Krieg geleistet hatten:

> »Trotz bevorstehender Wahlen, Inflationsdruck und starker Beanspruchung unserer Ressourcen durch unser eigenes Volk haben wir der dringenden Notwendigkeit, Europas wirtschaftliche und finanzielle Gesundheit und Stärke wiederherzustellen, Priorität eingeräumt.«

Zudem leisteten die USA Außerordentliches, um Europa und Westdeutschland vor den kommunistischen Gefahren zu beschützen. Nun jedoch sei es an der Zeit, dass Deutschland etwas zurückgebe.

> »Die Bundesrepublik ist heute das Land, das der internationalen Finanz- und Wirtschaftslage der Vereinigten Staaten von 1948 am nächsten kommt. Sie nimmt von anderen Ländern beständig weit mehr ein, als sie abgibt.«

Und dann wurde er konkret: Bonn solle sich an den Aufwendungen für die in Deutschland stationierten US-Truppen beteiligen und zudem mehr Güter in den USA kaufen, um so einen Teil der Einnahmen zurückzuführen, die Deutschland aus den Handelsüberschüssen erzielte. Eisenhower mahnte zur Eile und drohte:

> »Wenn es nicht gelingt, rasche, entschlossene und substanzielle Fortschritte in diesen Richtungen zu erzielen, könnten kumulative Ereignisse in Gang gesetzt werden, die den Welthandel ernsthaft stören und der Stellung und dem Ansehen unserer beiden Länder als Führer der freien Welt abträglich sind.«[206]

In Bonn nahm man den Brief sehr unterschiedlich auf. Erhard sah eine Chance, nun doch noch eine Aufwertung der D-Mark durchzusetzen, Bundesbankpräsident Blessing war jedoch weiter komplett dagegen. Er wollte Rücksicht auf die Exportindustrie nehmen, da er einen Umschwung der Konjunktur befürchtete. Als für den 18. Oktober 1960 eine Sitzung mit Kanzler, Wirtschaftsminister, Bundesbankpräsident sowie Finanzminister Franz Etzel zu dem Thema angesetzt war, drohte Blessing sogar im Vorfeld im Bundesbankdirektorium: »Ich werde bis zum Letzten gegen eine Aufwertung eintreten. Wenn trotzdem dafür entschieden wird, dann werde ich zurücktreten.«[207]

Das musste er nicht, denn Adenauer eröffnete die Sitzung mit den Worten: »Ich möchte von der Aufwertung bis zur Bundestagswahl im September 1961 nichts mehr hören.«[208] Damit war das Thema vom Tisch, und in einem danach veröffentlichten Kommuniqué war das die wichtigste Aussage: Eine Aufwertung der D-Mark werde es nicht geben.[209]

Offenbar hoffte Adenauer auf den gleichen Effekt wie schon 1957, als eine öffentliche Ablehnung einer Aufwertung die Lage beruhigt hatte. Doch diesmal gelang das nicht. Zwei Tage später, am 20. Oktober 1960, beobachtete der junge Ökonom Paul Volcker den beschriebenen Sturz des Dollars am Goldmarkt. Es war die erste Dollar-Krise. Und die Stärke der D-Mark war einer der wesentlichen Auslöser dafür.

Nun wurde der Druck auf Deutschland natürlich noch stärker. Eisenhower schickte seinen engsten Vertrauten, Finanzminister Robert B. Anderson, zu persönlichen Gesprächen nach Bonn. Zunächst traf er Kanzler Adenauer. Dieser hatte zuvor in einem Antwortschreiben an Eisenhower zwar versprochen, über verstärkte Entwicklungshilfe nachzudenken. In Bezug auf die Kosten der US-Truppen in Deutschland solle man jedoch erst mal alle Aspekte diskutieren. In dem Zusammenhang verwies er auf die anstehenden Wahlen zum Bundestag im September 1961. Obwohl sich die SPD geläutert gebe, sei sie nach wie vor eine Gefahr für das westliche Bündnis. Sollte er, Adenauer, die Wahl verlieren, wäre dies das Ende der bisherigen transatlantischen Beziehungen. Kurz: Der Kanzler stellte sich als einzigen verlässlichen Verbündeten in Deutschland dar und hoffte, dass die USA politische über wirtschaftliche Erwägungen stellen würden. Doch da irrte Adenauer. Anderson war mit dem ausdrücklichen Auftrag nach Bonn geschickt worden, dem Kanzler klarzumachen, worum es gehe, welche Dimension das Thema habe und dass er mit seiner schroffen Ablehnung aller amerikanischen Forderungen eine echte Krise heraufbeschwöre.

Doch Adenauer habe das Problem überhaupt nicht verstanden, obwohl er es ihm wieder und wieder erklärt habe, so Anderson später in einer Unterredung mit Eisenhower. »Die eigenen Leute des Kanzlers bestätigten dies und sagten, für dieses Thema fehle ihm das Verständnis.«[210] Und auch bei den Gesprächen mit anderen Regierungsmitgliedern biss Anderson weitgehend auf Granit. Sie konnten sich zwar vorstellen, etwas mehr amerikanische Waffen zu kaufen, aber auch das sei schwierig, denn das dürfe nicht zu zusätzlichen Ausgaben führen. Anderson war schließlich so genervt vom Starrsinn der Deutschen, dass er seinen Gesprächspartnern damit drohte, die USA könnten ihre Truppen aus der Bundesrepublik abziehen. Aber nicht nur Washington war reichlich konsterniert ob der deutschen Abfuhr, auch in London herrschte Unverständnis. Man sei irritiert und leicht geschockt, hieß es dort in diplomatischen Kreisen. Adenauer und seine Regierung hätten offenbar den Ernst der Lage nicht verstanden.[211]

Doch in Bonn spekulierte man offenbar darauf, dass sich der Wind drehen würde, wenn erst mal in Washington die neue Regierung im Amt wäre. Denn bei den Präsidentschaftswahlen Anfang November 1960 hatte John F. Kennedy, der Kandidat der Demokraten, gegen Richard Nixon, der wie Eisenhower den Republikanern angehörte, gewonnen. Am 20. Januar 1961 sollte Kennedy ins Weiße Haus einziehen. Möglicherweise würde er ja den Druck auf die Bundesrepublik verringern. Das jedoch war eine falsche Hoffnung. Schon wenige Tage nach Amtseinführung sagte Kennedy öffentlich, die bisherigen deutschen Vorschläge würden dem Problem nicht gerecht.[212] Und im Februar schickte seine Regierung sogar ein sogenanntes Aide-mémoire, eine diplomatische Note, was übersetzt sinnigerweise »Erinnerungsstütze« bedeutet. Darin kritisierte Washington erneut die Anhäufung von Devisenreserven durch die Bundesrepublik und forderte Bonn »zur gerechten Verteilung der internationalen Lasten« auf.[213]

Hinzu kam, dass nun auch die Bundesbank mit ihrem Latein am Ende war. Sie hatte im November und Januar die Zinsen wieder gesenkt, trotz Hochkonjunktur, um die spekulativen Geldzuflüsse aus dem Ausland einzudämmen. Dadurch drohte nun aber wiederum die Inflation in Deutschland zu steigen. Die festgefahrene Lage entlud sich in persönlichen Anfeindungen, die vor allem Bundesbankpräsident Blessing trafen. Erhard, der im Gegensatz zu Blessing bereits seit Längerem für eine Aufwertung der D-Mark eintrat, kanzelte diesen vor der versammelten Unions-Fraktion ab, auch andere CDU-Vertreter riefen bei Blessing persönlich an und beschwerten sich.[214]

Nun setzte endlich ein Umdenken ein, sowohl bei Blessing als auch bei Adenauer. Am 28. Februar 1961 kamen sie erneut mit Wirtschaftsminister Erhard und einigen Vertrauten zusammen und einigten sich schnell darauf, dass an einer Aufwertung der D-Mark kein Weg mehr vorbeiführe. Erhard schlug eine Verteuerung um 7,7 Prozent vor, also auf einen Wechselkurs von 3,90 Mark je Dollar. Adenauer antwortete darauf jedoch: »Warum so kompliziert, mit 4,00 DM für den Dollar rechnet es sich doch viel leichter! Und wir nehmen mehr Rücksicht auf die hauptsächlich Betroffenen.«[215]

So wurde es beschlossen, am 3. März bestätigte das Bundeskabinett die Maßnahme einstimmig, und am 6. März wurde die Aufwertung öffentlich verkündet. 1 Dollar war nun statt 4,20 nur noch 4 DM wert, und umgekehrt erhielt man für 1 DM nun nicht mehr 23,8, sondern 25 US-Cent. Es war ein langer Kampf gewesen bis zu diesem Punkt. Und viele kritisierten die Aufwertung als zu spät und zu gering. Der Wertzuwachs von 5 Prozent für die deutsche Währung war jedoch das Äußerste, zu dem sich Kanzler Adenauer bewegen ließ.

Doch so gering die Aufwertung auch erscheint, die Folgen waren spürbar. Einer Untersuchung des Internationalen Währungsfonds zufolge fielen die deutschen Exporte in den folgenden 12 bis

18 Monaten je nach Zielland zwischen 8,5 und 15 Prozent geringer aus, als dem Trend zufolge zu erwarten gewesen wäre.[216] Die Einfuhren verbilligten sich dagegen zwar, ihr Volumen nahm jedoch nicht nennenswert zu.[217] Das wichtigste Ergebnis war jedoch, dass sich die deutsche Leistungsbilanz normalisierte. In den Jahren bis 1966 erwirtschaftete die Bundesrepublik unterm Strich keine Überschüsse mehr, der Aufwertungsdruck auf die D-Mark verschwand erst mal wieder – nur, um dann Ende des Jahrzehnts umso heftiger zurückzukehren.

EXKURS

Die ersten Banknoten der Bundesbank und ihre Geheimserie

Eine der ersten Maßnahmen, die die neue Deutsche Bundesbank und ihr neuer Präsident Karl Blessing anstießen, war die Auflage einer neuen Banknotenserie. Denn die D-Mark-Scheine glichen nach wie vor einem Sammelsurium. Da gab es den Zehner und den Zwanziger, die immer noch die Anmutung amerikanischer Aktien hatten, und es gab die neueren, einheitlicher gestalteten Banknoten zu 5, 50 und 100 DM mit einem völlig anderen Erscheinungsbild. Auch in den Größen passten die Scheine nicht zueinander, die älteren waren schmaler und länglicher als die neueren. Und schließlich trugen alle Banknoten nach wie vor den Aufdruck »Bank deutscher Länder«.

Am 24. April 1958 gab der Zentralbankrat der Bundesbank daher die Ausarbeitung einer neuen Banknotenserie in Auftrag und bat unmittelbar danach einen kleinen Kreis von Graphikern und Druckereien um die Anfertigung von Entwürfen. Anfang 1959 lagen diese vor, und die Bundesbank entschied sich für den Entwurf des Schweizer Graphikers Hermann Eidenbenz. Diese Banknoten kamen ab Februar 1961 in Umlauf. Den Anfang machte der neue 20-DM-Schein, bis Ende Oktober 1963 wurden auch die neuen 5-, 10-,

50- und 100-DM-Scheine ausgegeben. 1965 kamen noch die neuen 500- und 1000-DM-Scheine hinzu – diese beiden Nominale hatte es in der vorangegangenen Serie nicht gegeben, und um nicht Gerüchten über eine bevorstehende Inflation Nahrung zu geben, zögerte die Bundesbank zunächst mit der Ausgabe dieser Scheine. Doch die Einkommen und Vermögen der Deutschen waren inzwischen so stark gewachsen, dass diese Banknoten notwendig schienen.

»Bbk I«, also »Bundesbank I«, wurde diese Banknotenserie später genannt, denn es war die erste, die von der Bundesbank herausgegeben wurde. Sie sollte bis Ende 1990 in Umlauf bleiben, also fast 30 Jahre. Dadurch hat sie sich vielen Westdeutschen am stärksten ins Gedächtnis gebrannt. Da war der blaue Zehner mit dem Dürer-Bild eines jungen Mannes mit seinem lockigen langen Haar, die Gorch Fock auf der Rückseite. Der grüne Zwanziger zeigte Elsbeth Tucher, ebenfalls von Dürer gemalt, sowie Violine und Klarinette auf der hinteren Seite. Den braunen Fünfziger dominierte vorne ein Männerporträt von Hans Urmiller, hinten das Holstentor in Lübeck. Der blaue Hunderter schließlich wurde mit einem Porträt eines etwas grimmig dreinblickenden Sebastian Münster gestaltet, ergänzt um den Bundesadler auf der anderen Seite.

Vom grünen 5-DM-Schein mit dem Porträt einer jungen Venezianerin von Dürer vorne sowie Eichenlaub hinten liefen nur relativ wenige Exemplare um, die 5-DM-Münze war weitaus häufiger in Gebrauch, weshalb dieser Schein nur den wenigsten in Erinnerung geblieben sein dürfte. Das Gleiche gilt für die rotbraune 500-DM-Banknote, die das Bildnis eines bartlosen Mannes von Hans Maler zu Schwaz zeigte, auf der Rückseite die Burg Eltz. Noch seltener in Händen hielten die Menschen natürlich den braunen Tausender, den vorne ein Männerporträt von Lucas Cranach dem Älteren zierte, das durch die seltsam strähnigen Haare und den üppigen Bartwuchs beeindruckte. Ergänzt wurde dieser Schein durch die Burg Limburg.

Doch das waren nicht alle Banknoten, die die Bundesbank damals herstellte. In einem längeren Artikel im Monatsbericht der Bundesbank vom November 1962, der die Einführung der neuen Banknotenserie beschrieb, stand ein geheimnisvoller Satz:

> »Außerdem wurde eine verkürzte (d.h. auf die Werte zu 10, 20, 50 und 100 DM beschränkte) Ersatzserie aus den Entwürfen des Frankfurter Graphikers Max Bittrof zusammengestellt.«[218]

Das war alles, und mehr gab die Bundesbank zu dieser Ersatzserie nicht bekannt. Aber es interessierte sich in der Öffentlichkeit auch niemand dafür. Den kurzen Satz im Bundesbank-Monatsbericht hatte offenbar niemand hinterfragt, wenn er überhaupt von vielen gelesen worden war. Auch eine weitere Erwähnung der Serie in einem Buch der Deutschen Bundesbank über die D-Mark-Banknoten aus dem Jahr 1964 erweckte zunächst nirgends Interesse. So produzierte die Bundesbank im Geheimen eine zweite Banknoten-Serie. Angedacht worden war dies schon während der Planung der ersten, offiziellen Serie. Am 10. Januar 1959 hatte der Leiter der Hauptabteilung Hauptkasse notiert:

> »Es bleibt vielleicht noch zu überlegen, ob außer der für den Neudruck endgültig zu bestimmenden Entwurfsserie nicht auch schon jetzt eine Ersatzserie festgelegt werden sollte. Meines Wissens haben einige Notenbanken für alle Fälle Ersatzplatten zur Hand, mit denen sofort der Druck völlig neuer Ausgaben aufgenommen werden kann. Diese Vorsichtsmaßnahme hat m. E. etwas für sich.«[219]

Zehn Tage später beschloss der Zentralbankrat unter Leitung von Karl Blessing genau dies. Er beauftragte den Graphiker Max Reinhold Alfred Bittrof, dessen Entwurf für die Hauptserie nicht angenommen worden war, mit der Ausarbeitung dieser Ersatzserie. Doch wozu diente sie? Was war mit »für alle Fälle« gemeint? Darum rankten sich in den folgenden Jahren viele Mythen. Denn einige Jahre später entdeckte die Presse das Thema doch noch. Es begann mit einem kurzen Artikel der *Rheinischen Post* am 28. Juli 1966:

> »Im Auftrag der Deutschen Bundesbank, ist, wie gestern bekannt wurde, ein ›Ersatzgeld‹ hergestellt und in Frankfurt eingelagert worden. Das Ersatzgeld soll ausgeliefert werden, falls die im Umlauf befindlichen deutschen Banknoten durch Fälschungen großen Ausmaßes gefährdet würden.«[220]

Richtig war an dieser Meldung eigentlich nur, dass das Ersatzgeld bereitlag. Weder war dies tags zuvor bekannt geworden – die Bundesbank hatte das ja schon fünf Jahre zuvor erstmals mitgeteilt –, noch war der Zweck des Ersatzgeldes klar. Dazu hatte sich die Bundesbank bis dahin nie geäußert, und das tat sie auch danach nie. Sie erläuterte im Übrigen nie, wie das Ersatzgeld aussah. Genau diese Unklarheit heizte nun jedoch, da die Öffentlichkeit von der Existenz der geheimen zweiten Banknotenserie Notiz genommen hatte, die Spekulationen an. Wurde hier vielleicht schon neues Geld vorbereitet, das nach einer neuen Hyperinflation im Rahmen einer Währungsreform das alte ablösen sollte? Wollte man Vorsorge treffen, falls die umlaufenden Banknoten in großem Stil gefälscht würden? Oder sollte das Ersatzgeld bei einem Angriff durch den Warschauer Pakt zum Einsatz kommen, wenn sich der Feind vielleicht großer Teile des umlaufenden Geldes bemächtigt hatte?

Für all diese Vermutungen gab es naheliegende Gründe. Schon zweimal, 1923 und 1948, hatte es Währungsreformen gegeben, warum also nicht ein drittes Mal? Kurz nach der Einführung der D-Mark 1949/1950 war es zudem zu Banknotenfälschungen in großem Stil gekommen, mit rund 300.000 Blüten, die in zwei Jahren aus dem Verkehr gezogen worden waren.[221] Schließlich war die Bedrohung durch die Sowjetunion und ihre Vasallenstaaten in den 1960er-Jahren höchst real – im Oktober 1962 stand die Welt in der Kuba-Krise am Rande eines Atomkrieges. Von Lenin stammt zudem der Satz: »Wer eine Gesellschaft zerstören will, muss ihre Währung ruinieren.« Und gerade in Deutschland wusste man, wie das geht: Im Zweiten Weltkrieg hatten die Deutschen massenhaft Pfundnoten gefälscht, um Großbritannien zu destabilisieren.

Erst mehrere Jahre nach dem Ende der D-Mark, im Jahr 2011, lüftete die Bundesbank die Geheimnisse um die Ersatzserie. Der Direktor ihres Geldmuseums, Reinhold Walburg, hatte die Archive durchwühlt und in einem Beitrag für eine Broschüre seiner Institution im Jahr 2011 alle Details dazu beschrieben, die die Dokumente hergaben.[222] Das ernüchternde Ergebnis: Einen klaren Zweck gab es für die Ersatzserie offenbar nie. »Für alle Fälle« war genauso gemeint: für alle Fälle – was auch immer das sein mochte.

Immerhin wurde nun aber bekannt, dass es sogar eine zweite Ersatzserie gab, speziell für Berlin. Sie unterschied sich graphisch von der Serie für Westdeutschland und umfasste auch einen 5-DM-Schein, der für die Ersatzserie I nicht vorgesehen war. Beide Serien endeten allerdings beim 100-Mark-Schein, höherwertige Nominale wurden nicht gedruckt. Beiden Serien war zudem eigen, dass sie die gleichen Porträts zeigten wie die Hauptserie, auch die Grundfarbe war die gleiche. Die anderen Elemente auf den Banknoten waren jedoch anders gestaltet, sie enthielten andere Formen, Verzierungen und Schriften. Dadurch entstand eine komplett andere Anmutung. Aber auch das Notenpapier und die Sicherheitsmerkmale, insbesondere die Wasserzeichen, unterschieden sich von der Hauptserie.

Von den Ersatzserien wurden ungefähr genauso viele Banknoten hergestellt wie von der Hauptserie, somit wären sie tatsächlich jederzeit einsatzbereit gewesen – zumindest zu Beginn. Mit der

Zeit erhöhte sich natürlich der Umlauf der Hauptserie beträchtlich, und so wollte die Bundesbank Anfang der 1980er-Jahre zunächst einen Auftrag zum Nachdruck für die Ersatzserien geben. Dann entschied sie jedoch, eine völlig neue Hauptserie entwickeln zu lassen, und stellte den Druckauftrag zurück. 1989 wurden die Ersatzserien schließlich vernichtet, zu einem Zeitpunkt, als zumindest ein möglicher Grund für ihre Existenz, die Bedrohung aus dem Osten, vorüber schien.

KAPITEL 11

Die erste Wirtschaftskrise der Bundesrepublik März 1962 bis Juni 1967

Ludwig Erhard war besorgt, so besorgt, dass sich der Wirtschaftsminister am 21. März 1962 über das Fernsehen an die Bevölkerung wandte:

> »Ich wende mich an das deutsche Volk in einer ernsten Stunde, in der es gilt, durch verantwortungsbewußtes Verhalten sich schon abzeichnende gefährliche Entwicklungen rechtzeitig zu unterbinden, um Unheil von unserem Lande abzuwehren. [...]
>
> Noch ist es Zeit, aber es ist auch höchste Zeit, Besinnung zu üben und dem Irrwahn zu entfliehen, als ob es einem Volke möglich sein könnte, für alle öffentlichen und privaten Zwecke in allen Lebensbereichen des einzelnen und der Nation mehr verbrauchen zu wollen, als das gleiche Volk an realen Werten erzeugen kann oder zu erzeugen gewillt ist. [...]
>
> Unter vernünftigen Menschen müßte das eigentlich dazu führen, aus einer gleichen Interessenlage heraus zusammenzustehen, um gemeinsam die Zukunft zu gewinnen. – Wie die Dinge tatsächlich liegen, können sich die Sozialpartner gegenseitig gar nichts mehr abjagen; sie können nur beide gedeihen oder beide verlieren.«[223]

Die wenigsten konnten zu jenem Zeitpunkt Erhards Sorgen nachvollziehen. Denn noch schien die Welt in Ordnung. Der wirtschaftliche Aufschwung des Landes hielt unvermindert an. Die Bundesrepublik war inzwischen ein wohlhabendes Land geworden. Beim Pro-Kopf-Einkommen hatte sie zu Großbritannien aufgeschlossen, wenngleich die Briten nach wie vor ein wenig vorn lagen.

Wirtschaftsleistung pro Kopf in Dollar (Wert des Jahres 2015)[224]							
	Bundesrepublik	Frankreich	Großbritannien	Italien	Niederlande	Belgien	USA
1959	11.440	11.124	13.134	9.011	12.333	10.533	17.900
1960	12.282	11.792	13.780	9.430	13.209	11.081	18.057
1961	12.675	12.302	14.118	10.158	13.074	11.561	18.175
1962	13.106	12.859	14.131	10.882	13.770	12.087	18.976
1963	13.367	13.330	14.583	11.576	14.078	12.532	19.514
1964	14.062	14.057	15.251	11.934	15.042	13.295	20.360
1965	14.642	14.609	15.545	12.111	15.618	13.643	21.390

Die Arbeitnehmer profitierten sogar überdurchschnittlich von dem Aufschwung, die Löhne wuchsen schneller als die Wirtschaftsleistung. 1962 konnte sich daher bereits jeder zweite Haushalt einen Kühlschrank (52 Prozent) leisten, jeder dritte ein Fernsehgerät (34 Prozent) und mehr als jeder vierte (27 Prozent) ein Auto[225] – manche hatten bald sogar schon zwei, so wie die Familie von Margot K.:

> »Anfang der 1960er-Jahre wechselte mein Mann beruflich zu einem Autohaus, wurde dort Justiziar. Fortan fuhr er stets einen Firmenwagen, immer mal wieder einen anderen. Wenig später machte ich selbst den Führerschein, mein erstes Auto war ein Fiat. Von nun an hatten wir stets zwei Autos.«[226]

Die Arbeitslosenrate tendierte gegen null, Arbeitskräfte waren rar, und die Gewerkschaften strotzten daher in jener Zeit vor Kraft. Sie konnten hohe Forderungen stellen, doch das erzeugte bei Wirtschaftsminister Ludwig Erhard zunehmend Sorgen. Denn wenn die Löhne auf Dauer schneller stiegen als die Wirtschaftsleistung, dann erhöhten sich die Kosten und damit die Güterpreise der deutschen Industrie. Die deutschen Exporterfolge gerieten in Gefahr, das wirtschaftliche Wachstum drohte langfristig abgewürgt zu werden. Erhard reagierte daher mit seinem Maßhalteappell über das Fernsehen – und dieser zeigte tatsächlich eine gewisse Wirkung. Waren die Löhne 1962 im Schnitt noch um 10,5 Prozent gestiegen, verlangsamte sich der Anstieg im Jahr darauf auf 7,5 Prozent. Das blieb unter der Summe aus Preissteigerungen und Produktivitätszuwachs. Das galt auch 1964, doch 1965 drehte sich das Verhältnis schon wieder um, jetzt stiegen die Arbeitskosten für die Unternehmen wieder schneller als ihre Umsätze.

In der ersten Hälfte der 1960er-Jahre war die Wirtschaftsleistung der Bundesrepublik von 296,8 auf rund 448,8 Milliarden DM gewachsen,[227] also um über 50 Prozent. Der durchschnittliche Stundenlohn hatte sich zwischen 1960 und 1965 aber von 2,68 auf 4,26 DM erhöht, also sogar um fast 60 Prozent. Die Löhne waren in diesen fünf Jahren insgesamt also deutlich schneller gestiegen als die allgemeine Wirtschaftskraft – und das hatte schließlich Folgen.

Im Ruhrgebiet waren sie am deutlichsten zu spüren. Mitte November 1965 schickte die Bochumer Verein AG rund 7000 Stahlarbeiter in Kurzarbeit. Das gleiche Schicksal ereilte die 250-köpfige Belegschaft des Blockwalzwerks bei der Stahlwerke Bochum AG. Die Dortmund-Hörder Hüttenunion AG kündigte an, von Mitte Dezember 1965 bis Anfang 1966 ihr Siemens-Martin-Stahlwerk Hörde stillzulegen. Untermalt wurde das von Klagen der Unternehmer: »Die deutschen Stahlwerke wissen nicht mehr, wie sie die Produktion der nächsten Monate planen sollen«, sagte Hans-Jörg Sendler,

Vorstandssprecher der Klöckner-Werke, und der Krupp-Generalbevollmächtigte Berthold Beitz ging sogar noch einen Schritt weiter. Er prophezeite Entlassungen.[228]

Entlassungen! So etwas hatte es seit der Währungsreform nie gegeben. Die *Bild*-Zeitung warnte auf ihrer Titelseite in großen Lettern: »Mehr arbeiten! Mehr sparen! Sonst kommt die große Krise«,[229] und die *Frankfurter Allgemeine Zeitung* sah sie schon da: »Wir sind nicht erst in Gefahr, wirtschaftlich auf die schiefe Bahn zu geraten, wir sind schon dabei abzurutschen«, schrieb sie und warnte, es könne »aus dem Wirtschaftswunder bald eine deutsche Wirtschaftsmisere werden«.[230]

Seit der Währungsreform hatte die westdeutsche Wirtschaft 17 Jahre lang nur eine Richtung gekannt: aufwärts. Mal wuchs sie schwächer, mal stärker, aber stets ging es nach oben. Nun, Ende 1965, war plötzlich von Krise die Rede und von der Gefahr eines echten Abschwungs, einer Rezession. Das Wirtschaftswunder ging zu Ende. Von heute aus besehen handelte es sich zwar um eine eher unbedeutende, kleine Krise. Damals jedoch war dies für Politik, Wirtschaft, Medien und Öffentlichkeit eine neue Erfahrung, eine, die ungute Gefühle heraufbeschwor, bis zu der Angst, dass sich der ganze so mühsam erarbeitete Wohlstand wieder in Luft auflösen könnte.

Wer für diese Krise verantwortlich war, ist bis heute umstritten. Einerseits trugen die starken Lohnerhöhungen der vorangegangenen Jahre sicher dazu bei, alleiniger Auslöser waren sie aber nicht. Dass nach einem so langen Aufschwung einfach eine gewisse Sättigung erreicht war, ist ebenfalls naheliegend. Doch es gab auch Fehler der Regierung, die den Abschwung verstärkten. Und vor allem hatte auch die Bundesbank ihren Anteil, die mit einer sturen Konzentration auf die Stabilität der D-Mark den Weg in die Rezession beschleunigte, wenn nicht sogar eröffnete.

Dabei hatte das Jahr 1965 noch sehr vielversprechend begonnen, auch für Bundeskanzler Ludwig Erhard. Er hatte im Oktober 1963 das Amt vom 87-jährigen Konrad Adenauer übernommen, nachdem der Koalitionspartner FDP diese Staffelübergabe bei der Regierungsbildung 1961 zur Bedingung gemacht hatte. Bei der Bundestagswahl im September 1965 musste Erhard sich erstmals einer Abstimmung stellen – und er wollte sichergehen, dass nichts schieflief. Denn sein Vorgänger Adenauer hatte bis zuletzt versucht, Erhard zu verhindern. Er hielt ihn nicht für fähig, das Amt auszufüllen. Zudem verfügte Erhard innerhalb der CDU über keine Hausmacht. Er musste sich daher in den Wahlen beweisen und so versuchen, die notwendige Autorität aufzubauen.

Deshalb setzte die Regierung Erhard Anfang 1965, als sich die Wirtschaft noch in einer Boomphase befand, eine umfangreiche Steuerreform in Kraft, die den sogenannten Mittelstandsbauch abtragen sollte, also den übermäßig starken Anstieg der Steuersätze bei den mittleren Einkommen. Doch damit nicht genug, sie überschüttete das ganze Land mit Wahlgeschenken. Eine Untersuchung des Bundesfinanzministeriums ergab, dass der Bundestag allein im ersten Halbjahr 1965 genau 56 ausgabenwirksame Gesetze beschloss, die die Wirtschaft anfeuern sollten – und zu Mehrbelastungen im Bundeshaushalt von rund 6 Milliarden Mark führten.[231] Und das mitten in einer Boomphase der Wirtschaft. Doch es hatte den gewünschten Effekt: Die Union gewann die Wahl, Erhard konnte sich den Sieg zuschreiben lassen.

Nach der Wahl wurde allerdings abgerechnet, und da zeigte sich, dass das staatliche Defizit geradezu explodierte. Am Ende sollte sich das Minus aller Gebietskörperschaften, also von Bund, Ländern und Gemeinden, für das Jahr 1965 gegenüber dem Jahr 1964 mehr als verzehnfachen, von 600 Millionen DM auf 6,31 Milliarden DM, bei Gesamtausgaben von 126,16 Milliarden DM.[232] Am 9. Dezember 1965 verabschiedete der Bundestag daher auf Vorschlag des neuen Kabinetts Erhard das Haushaltssicherungsgesetz. Die Regierung nahm damit eine ganze Reihe von Gesetzen wieder zurück, die sie selbst erst wenige Monate zuvor durchgesetzt hatte. In der Öffentlichkeit war von Wahlbetrug die Rede.

Noch schwerwiegender war jedoch, dass diese Sparmaßnahmen ausgerechnet in jenem Moment beschlossen wurden, als der Konjunkturmotor ohnehin zu stottern begann. Der Ökonom Joachim Fels stellt fest:

> »Somit hat die Finanzpolitik in einer labilen Konjunkturphase zur Destabilisierung beigetragen. [...] Es bleibt zu fragen, warum die finanzpolitischen Instanzen 1966, nachdem sich ein Abschwung abzuzeichnen begann, nicht auf einen Expansionskurs umschwenkten. [...] Zum einen hatte man sein Pulver durch die Ausgabensteigerungen und Steuersenkungen der Jahre 1965/66 größtenteils verschossen. Die aufgelaufenen Haushaltsdefizite wurden als besorgniserregend hoch angesehen; ihre Reduzierung war in der öffentlichen Meinung erste Politikerpflicht. Zum anderen befand sich die Finanzpolitik unter massivem Druck von Seiten der Geldpolitik, die Ausgaben zu kürzen.«[233]

Damit ist die Bundesbank gemeint. Denn diese erhöhte im Januar und August 1965 den Diskontsatz in zwei Schritten von 3 auf 4 Prozent. Der Grund war die anziehende Inflation. Im Juni 1965 hatte sie den Wert von 3,8 Prozent erreicht – für die Bundesbank ein Alarmsignal. Und diesmal hatte sie das Glück, dass auch die anderen Zentralbanken die Zinsen erhöhten. Daher musste sie nicht fürchten, durch eine einseitige Zinserhöhung spekulatives Kapital anzuziehen und dadurch wieder Aufwertungsdruck auf die D-Mark zu erzeugen. Die Bundesbank war damit also endlich mal wieder in der glücklichen Lage, ihre Macht über die Preise aufzeigen zu können – und sie tat es. Selbst als die Konjunktur spürbar schwächer wurde, hatte sie nur dieses eine Ziel im Auge. So erhöhte sie im Mai 1966 den Leitzins sogar erneut, diesmal gleich um einen ganzen Prozentpunkt, auf 5 Prozent. Am Kapitalmarkt erreichte der Zins sogar über 8 Prozent. Dabei befand sich die Wirtschaft seit dem ersten Quartal 1966 in der Rezession.[234] Die Zahl der Arbeitslosen stieg, die Produktion ging zurück, ebenso die Auftragseingänge und der private Verbrauch. Die Zeichen waren klar zu erkennen – doch die Bundesbank verschärfte die Lage mit ihrer Zinspolitik weiter.

Warum sie das tat, darüber gehen die Meinungen auseinander. Otto Brenner, Chef der IG Metall, warf den Währungshütern vor, die Krise bewusst herbeigeführt zu haben. Die *Frankfurter Allgemeine Zeitung* zitierte dazu Stimmen aus einer gewerkschaftsinternen Tagung:

> »Wenn die Bundesbank, die allein und selbstherrlich die Zügel der Konjunkturpolitik in der Hand halte, so weitermache, werde sie vielleicht die Investitionstätigkeit völlig lahmlegen. Möglicherweise bringe sie die Wirtschaft auf diesem Wege sogar so weit herunter, daß das Preisniveau nicht mehr steige, aber dann werde der Patient tot sein. [...]
>
> Brenner behauptete, die Dämpfungspolitik der Bundesbank laufe fälschlicherweise unter der Bezeichnung ›wirtschaftliche Stabilität‹. In Wirklichkeit sei ihr Ziel, das Angebot an Arbeitskräften zu erhöhen und damit eine ›Reservearmee‹ als Druckmittel zu schaffen, um Lohn- und Gehaltsforderungen und soziale Verbesserungen zu bremsen. Durch eine Verschlechterung der Beschäftigungslage solle den Gewerkschaften der Wind aus den Segeln genommen werden.«[235]

Das passt erstaunlich gut zu dem, was der Wirtschaftsjournalist Karl Otto Pöhl, der spätere Bundesbankpräsident, an der Jahreswende 1965/1966 in einem Artikel über die damalige wirtschaftliche Lage geschrieben hatte:

»Insgeheim wünschen wohl selbst manche Unternehmer, daß es wenigstens für ein, zwei Jahre wieder eine Million Arbeitslose gäbe, damit dic Illusion zerstört würde, es müsse und könne ständig aufwärtsgehen. Eine leichte Wirtschaftskrise oder doch wenigstens eine vorübergehende Rezession, so kann man in Gesprächen mit Wirtschaftlern und Politikern immer wieder hören, müßte heilsame Wirkungen haben. Nur leere Kassen könnten die zahlreichen öffentlichen Hände zur Sparsamkeit zwingen, und nur eine veränderte Arbeitsmarktlage könne dazu führen, die monopolähnliche Machtstellung in den Gewerkschaften in der Lohnpolitik zu brechen. Vielleicht wäre es dann sogar möglich, daß die Preise einmal wieder sinken, statt ständig nur zu steigen.«[236]

Auch Hans-Jörg Sendler, der Chef der Klöckner-Werke, sagte im November 1965: »Eine Atempause tut dringend Not. Löhne und Preise müssen sich beruhigen, ehe weiter gesunde Fortschritte erzielt werden können.«[237]

Der damalige Bundeswirtschaftsminister Kurt Schmücker erklärte einige Jahre später sogar ganz offen, die Rezession sei bewusst herbeigeführt worden, und er nannte auch die vermeintlichen Gründe dafür: »Die gewollte Rezession hat [...] das Arbeitskräftepolster abgebaut, der Mißbrauch der Sozialversicherung ging zurück, und die Arbeitsproduktivität stieg.«[238]

Der Sachverständigenrat der Bundesregierung, der einige Jahre danach die Zeit analysierte, sah dagegen keine bewusste Verstärkung der Krise durch die Bundesbank. Dennoch bescheinigte er den Währungshütern, falsch und zu spät gehandelt zu haben.[239] Die Bundesbank selbst wiederum wies natürlich stets jeden Gedanken von sich, sie habe die Rezession bewusst herbeigeführt. In ihrer Argumentation ging es ihr ausschließlich um die Stabilität der D-Mark.

Vielleicht liegt die Wahrheit in der Mitte. Die Männer an der Spitze der Bundesbank hatten es wahrscheinlich nicht bewusst darauf angelegt, eine Rezession herbeizuführen. Aber man darf davon ausgehen, dass sie jene Diskussionen und Gedankenspiele kannten, die Karl Otto Pöhl beschrieben hatte. Wahrscheinlich war ihnen selbst der Gedanke nicht fern, dass es eines reinigenden Gewitters bedurfte, um Fehlentwicklungen in der boomenden Wirtschaft zu verhindern oder zu bereinigen. Und in der Abwägung ihrer Handlungen hielten sie das Risiko, dass diese eine Rezession auslösen könnten, für hinnehmbar. Das passt auch zu einem späteren Interview Blessings, in dem dieser sagte:

> »Blessing: [...] Und ich gebe zu, damals habe ich mit etwas Brachialgewalt versucht, die Dinge in Ordnung zu bringen.
>
> Autor: Sie haben den Holzhammer genommen damals und die Rezession so scharf gemacht, daß manchem doch die Luft ausging.
>
> Blessing: Ja, ja.«[240]

Blessing verlor dabei jedoch aus dem Blick, was das für jene bedeutete, die von den Folgen betroffen waren, für die Hunderttausenden, die ihre Arbeitsstelle verloren und deren Familien in finanzielle Not gerieten. Blessing konnten sie dafür nicht abstrafen, dafür aber einen anderen: den Kanzler. Und das taten sie. Bei den Landtagswahlen in Nordrhein-Westfalen am 10. Juli 1966 bekam die regierende CDU eine Ohrfeige verpasst, stürzte von 46,4 auf 42,8 Prozent, der Koalitionspartner FDP erzielte leichte Zugewinne und steigerte sich von 6,8 auf 7,4 Prozent. Die oppositionelle SPD verpasste dagegen nur ganz knapp die absolute Mehrheit, erreichte 99 von 200 Mandaten. Damit war der Nimbus des Wahlsiegers Erhard verschwunden.

Parallel dazu wuchs im Sommer und Herbst die Krisenangst weiter. Die *Bild*-Zeitung sah im Oktober schließlich im Ruhrgebiet das »Gespenst der Arbeitslosigkeit« umgehen und resümierte:

> »Der Steinkohlebergbau schrumpft Monat für Monat um rund 3000 Arbeiter. Die Stahlindustrie entläßt jeden Monat etwa tausend Arbeiter. In der Bauindustrie planen immer mehr Unternehmen größere Entlassungen. Schon jetzt gibt es an Rhein und Ruhr über 70.000 Menschen, die Arbeit suchen, 20.000 mehr als vor einem Jahr.«[241]

Im Wochentakt prasselten die schlechten Nachrichten auf das Land. In Gelsenkirchen wurde die Großzeche »Graf Bismarck« geschlossen, in Essen die Krupp-Zeche »Amalie«. 11.000 Beschäftigte waren hiervon betroffen.[242] Der Stahlkonzern Krupp entließ 3200 Mitarbeiter, wogegen Tausende Kollegen mit einem Warnstreik protestierten.[243] Die Baumaschinenindustrie meldete einen Auftragsrückgang um 40 Prozent und kündigte drastische Produktionseinschränkungen an.[244]

In den Regierungsparteien wuchs die Kritik an Erhard. Als dieser zum Ausgleich des Bundeshaushalts eine Kürzung von Ausgaben und eine Steuererhöhung vorschlug, verließ die FDP am 27. Oktober das Kabinett. Vier Wochen lang hielt sich Erhard noch mit einer CDU/CSU-Minderheitsregierung im Amt, am 2. November dann forderten ihn CDU und CSU gemeinsam zum Rücktritt auf. Am 1. Dezember trat er zurück. Ludwig Erhard, der Mann, der maßgeblich für das Wirtschaftswunder verantwortlich und der 14 Jahre lang als Wirtschaftsminister die wohl herausragendste Persönlichkeit der Regierung Adenauer gewesen war, stürzte ausgerechnet über eine Wirtschaftskrise. Der Mann, der für die Unabhängigkeit der Bundesbank gekämpft und deren Politik stets gegen Adenauer verteidigt hatte, wurde nun zum Opfer von deren Entscheidungen.

Bei der Bundesbank indes löste dies nicht mehr als ein Schulterzucken aus. Otmar Emminger, der damals Mitglied des Direktoriums der Bundesbank war und deren Entscheidungen mitverantwortete, war der Abgang Erhards in seinen Memoiren nur einen einzigen Satz wert: »Daß Erhard kein Organisationstalent besaß und im Herbst 1966 als Bundeskanzler ohne Rückhalt in seiner eigenen Partei dastand, war seine persönliche Tragik.«[245] Kein Wort über eine mögliche eigene Schuld.

Nachfolger Erhards als Bundeskanzler wurde am 1. Dezember 1966 Kurt Georg Kiesinger (CDU), der aber weit weniger in Erinnerung geblieben ist als sein Wirtschaftsminister Karl Schiller von der SPD sowie sein Finanzminister Franz Josef Strauß von der CSU. Sie waren die zentralen Akteure dieser ersten großen Koalition aus Union und SPD. In der Öffentlichkeit wurden sie bald als »Plisch und Plum« bekannt, benannt nach dem Hundepaar von Wilhelm Busch. Denn so unterschiedlich sie auch waren, in ihrem Äußeren, ihrem Charakter und ihrer politischen Haltung, so gut arbeiteten sie doch zusammen. Das gute Image dieser ersten großen Koalition der deutschen Geschichte rührt nicht zuletzt aus dieser guten Zusammenarbeit von Karl Schiller und Franz Josef Strauß.

Die beiden Minister führten eine grundsätzliche Veränderung der Finanz- und Wirtschaftspolitik herbei, auch und gerade vor dem Hintergrund der ersten Wirtschaftskrise der Bundesrepublik. Während Erhards Credo stets gewesen war, die Dinge laufen zu lassen, glaubten sie dem Zeitgeist entsprechend an die Möglichkeit, die Wirtschaft lenken zu können. Schon im Februar 1967 brachten sie das erste Konjunkturprogramm der Bundesrepublik auf den Weg, mit dem 2,5 Milliarden DM in den Straßenbau, die Bahn und die Post investiert wurden. Wenig später fassten sie die veränderte Sicht auf die Wirtschaft im »Gesetz zur Förderung der Stabilität und des Wachstums in der Wirtschaft« zusammen, das am 8. Juni 1967 verabschiedet wurde.[246] Das Gesetz gab der Regierung vier Ziele vor, die gleichzeitig und gleichermaßen erreicht werden sollten: (1) ein stetiges und angemessenes Wirtschaftswachstum, (2) ein hoher Beschäftigungsstand, (3) außenwirtschaftliches Gleichgewicht sowie (4) Preisniveaustabilität. Dies war einerseits eine Reaktion auf die Monate zuvor, als Deutschland erstmals eine Rezession und einen Anstieg der Arbeitslosigkeit erlebt hatte. Es war aber auch als eine Reaktion auf die Politik der Bundesbank zu verstehen, die zur Erreichung der Preisniveaustabilität eine Rezession herbeigeführt oder verstärkt hatte, bewusst oder unbewusst. Neben das Ziel der Preisniveaustabilität, das für die Bundesbank weiterhin allein maßgebend war, wurden nun für die Regierung explizit weitere Ziele gestellt, die jenes der Bundesbank ergänzen sollten, aber möglicherweise auch in Konflikt dazu geraten konnten. Denn wenn hohes Wachstum und Vollbeschäftigung beispielsweise durch höhere Staatsausgaben herbeigeführt werden, kann dies Inflation zur Folge haben.

Zu einem solchen Konflikt kam es aber zunächst nicht. Vielmehr setzte schon 1967 tatsächlich wieder ein kräftiger Aufschwung ein. Die Zahl der Arbeitslosen, die im Februar 1967 einen Höhepunkt bei 674.000 erreicht hatte, sank bis Februar 1969 wieder auf 374.000.[247] Die Wirtschaft wuchs 1968 wieder um 5,5 Prozent, 1969 sogar um 7,5 Prozent.[248] Der für kurze Zeit unterbrochene Boom setzte sich fort.

Doch dafür geriet nun das globale Währungssystem, das System von Bretton Woods, ins Wanken. Eine neue Phase in der globalen Wirtschaftsgeschichte wurde eingeläutet, und die D-Mark musste darin ihren Platz neu finden.

KAPITEL 12

Der erneute Streit über die Aufwertung der D-Mark und das Ende von Bretton Woods 1967 bis 1973

Reichlich zerzaust kam der deutsche Botschafter Herbert Blankenhorn am 20. November 1968 um 00:30 Uhr in Downing Street 10 an. Offenbar hatte man ihn aus dem Bett geklingelt. Doch nach Ansicht der britischen Seite erlaubte die Sache keinen Aufschub.

So stand Blankenhorn nun vor Premierminister Harold Wilson und ließ mit ausdruckslosem Gesicht eine wahre Suada über sich ergehen. »Die Haltung der deutschen Regierung ist unverantwortlich und unerträglich«, sagte Wilson. Die britische Regierung habe alles getan, um eine der bedrohlichen Lage angemessene, wirksame Verteidigung der westlichen Welt aufzubauen. Es gebe aber keine wirksame militärische Verteidigung ohne adäquate wirtschaftliche Grundlagen. Auch wenn es nicht sein Wunsch sei, sehe er sich daher zu einer grundsätzlichen Überprüfung der britischen Haltung gezwungen.[249]

Das klang noch etwas verschwurbelt, doch sein Schatzkanzler Roy Jenkins wurde dafür umso konkreter. »Wenn Ihre Weigerung, eine Aufwertung vorzunehmen, uns dazu zwingt, das Pfund fallen zu lassen, was durchaus der Fall sein könnte, könnten wir uns unter diesen Umständen auch nicht mehr annähernd das derzeitige Niveau der Militärausgaben in Deutschland leisten«, sagte er. Er werde noch am selben Tag nach Bonn eilen, um an der dort anberaumten Währungskonferenz teilzunehmen, und wenn dort keine Ergebnisse erzielt würden, sei höchste Gefahr im Verzug. Blankenhorn solle diese britische Haltung unverzüglich nach Bonn weitergeben.

Nach etwa 25 Minuten wurde der Botschafter entlassen, heilfroh angesichts des barschen Tons, der ihm entgegengeschlagen war. Wilson indes lief euphorisch im Zimmer auf und ab. »Unverantwortlich und unerträglich, das habe ich ihm gesagt«, wiederholte er dabei frohen Mutes unablässig.[250] Tatsächlich ging dann schon um 3:32 Uhr in der Nacht die Nachricht des Botschafters im Auswärtigen Amt in Bonn ein, in der er von der unangenehmen Begegnung berichtete. »In der Währungsgeschichte eine wahrhaft einmalige Szene!«, notierte Abteilungsleiter Günther Harkort darauf handschriftlich.

Diesem für die diplomatische Welt ungewöhnlichen Wutausbruch waren turbulente Monate vorausgegangen. Das britische Pfund, das schon seit Beginn der 1960er-Jahre schwächelte, war am 18. November 1967 um ein Siebtel abgewertet worden. Hintergrund war, dass die britische Wirtschaft seit Jahren den Anschluss an die internationale Entwicklung verloren hatte. Die Gewerkschaften legten das Land regelmäßig lahm, die Unternehmen waren weit weniger produktiv als die Konkurrenz im Ausland, und der Staat war chronisch klamm. Dadurch hatte das einst mächtigste Kolonialreich der Welt nach und nach seine Stellung auf den Weltmärkten verloren. Die Abwertung war ein Zeichen dieser verlorenen Macht. Und sie hatte böse Folgen. Denn Großbritannien hatte sich während des Zweiten Weltkrieges weltweit verschuldet, um den Krieg zu finanzieren, vor allem in seinen

Kolonien, beispielsweise Australien, Neuseeland, Malaysia, Singapur oder Hongkong. Da London diese Kredite nach dem Krieg nicht zurückzahlen konnte, buchten die jeweiligen Notenbanken sie als Guthaben bei sich ein und nutzten sie als Deckungsreserve für ihre Währungen.

Mit der Abwertung des Pfunds hatten diese Länder nun jedoch über Nacht ein Siebtel ihrer Guthaben verloren. Daher forderte Hongkong die umgehende Begleichung des ausstehenden Betrags – was London natürlich nicht leisten konnte. Ein Deal wurde ausgehandelt: Hongkong versprach, sein Geld im Mutterland zu belassen, und erhielt dafür die Garantie, dass dieses von möglichen künftigen Abwertungen ausgenommen würde.

Natürlich wurden umgehend auch die anderen Gläubiger vorstellig und forderten die gleichen Zusagen. Londons Devisenreserven waren jedoch gerade mal halb so hoch wie die Forderungen, die damit garantiert werden sollten. Daher musste der britische Schatzkanzler bei der Bank für Internationalen Zahlungsausgleich (BIZ) in Basel um einen Kredit bitten – nachdem erst ein Jahr zuvor Banken und der Internationale Währungsfonds umgerechnet rund 34 Milliarden DM bewilligt hatten. Die BIZ-Mitglieder von Belgien über Italien und Japan bis zur Schweiz, den Vereinigten Staaten und der Bundesrepublik, genehmigten diesen erneuten Kredit schließlich dennoch.

Allerdings erkannten sie dem Pfund gleichzeitig den Status einer internationalen Reservewährung ab. Diese Rolle wurde nur noch Gold, dem Dollar und sogenannten Hartwährungen zugestanden – und dazu gehörte nun statt des Pfunds ausgerechnet die D-Mark. Eine Schmach für das Königreich. *Der Spiegel* kommentierte das Ereignis mit einer Mischung aus Hohn und Mitgefühl: »In Basels Centralbahnstraße 7, zwischen dem Beatschuppen ›Café Sattler‹ und der Teestube ›Singer‹, verlor England am vorletzten Sonntag sein letztes Stück Weltgeltung.«[251]

Noch schlimmer war jedoch, dass all das nichts nützte. Das Pfund stand weiter unter Abwertungsdruck. Und dem französischen Franc ging es nicht besser. Dieser war seit dem Krieg bereits mehrmals abgewertet worden, seit jedoch Charles de Gaulle 1958 wieder an die Macht gekommen war, versuchte dieser, den Franc als Hartwährung und als Konkurrenz zum Dollar zu etablieren. Das ging gut bis zum Mai 1968, als es in Frankreich zu Unruhen kam und ein Generalstreik das Land vier Wochen lang lahmlegte. Die Kosten des Ausfalls waren immens, zudem konnten die Arbeitnehmer nur mit massiven Lohnerhöhungen dazu bewogen werden, die Arbeit wieder aufzunehmen. Es kam zu einer Preisexplosion, einem Vertrauensverlust gegenüber dem Franc und einem riesigen Handelsdefizit. Von Mai bis November verlor die Banque de France dadurch umgerechnet 10,6 Milliarden DM an Gold und Devisen, rund 40 Prozent des Bestands, der unter de Gaulle in den Jahren davor aufgebaut worden war. Allein in den ersten zwei Novemberwochen gab Frankreich 750 Millionen Dollar ab.[252]

Das Geld floss vor allem in die Bundesrepublik, die wieder enorme Handelsüberschüsse erwirtschaftete. Dorthin schafften im Herbst 1968 zusätzlich auch Sparer und Spekulanten aus Großbritannien und Frankreich ihr Geld. An den Bankschaltern der deutschen Orte an der Grenze zu Frankreich standen Franzosen Schlange, legten Koffer voller Franc auf die Schalter und wollten diese in Mark tauschen.[253]

Sowohl das Pfund als auch der Franc standen am Abgrund, und die Verantwortlichen waren sich durchaus bewusst, dass dies letztlich nicht die Schuld der Deutschen war. Der Pariser *France Soir* analysierte die Ursachen recht klar, zog jedoch erstaunliche Schlüsse: »Deutschland ist zu reich, seine Industrie ist zu mächtig, weil die Deutschen wenig verbrauchen, wenig ausgehen, selten in Ferien fahren, geduldig darauf warten, daß ihnen der Arbeitgeber eine kleine Lohnerhöhung gewährt. Und sie streiken niemals. Es wäre alles so einfach, wenn sie es so wie alle Welt machten.«[254]

Der Gedanke, dass sich eher Großbritannien und Frankreich an das deutsche Modell anpassen sollten, war für den Autor des Artikels wie auch für die jeweiligen Regierungen unvorstellbar. Ebenso ausgeschlossen schien es ihnen, dass sie ihre Währungen erneut abwerteten. Dies hätte dem ohnehin schon angeknacksten Selbstwertgefühl der Eliten und der Bevölkerung den Rest gegeben. Daher erhöhten sie den Druck auf Deutschland. Aus Frankreich und Großbritannien gab es Schreiben an Bundeskanzler Kurt Georg Kiesinger mit dramatischen Appellen. Auch die USA schlossen sich der Forderung nach einer Aufwertung der D-Mark an. In Washington fürchtete man, dass nach einer erneuten Abwertung von Pfund und Franc der Dollar ebenfalls unter Druck geraten würde.[255]

Die Bundesbank war diesmal tatsächlich zu einer Abwertung der D-Mark bereit und wurde in ihrer Haltung von weiten Kreisen der Bankenbranche und von Ökonomen unterstützt. Denn dort hatte man inzwischen verstanden, dass ständige Überschüsse in der Handelsbilanz nicht nur von Vorteil sind. Wird dauerhaft mehr exportiert als importiert, entzieht dies dem Inlandsmarkt Kapazitäten. Die Menschen arbeiten zu einem guten Teil fürs Ausland, die Kapazitäten werden dadurch knapp, was tendenziell preissteigernd wirkt. Gleichzeitig fließt Kapital ins Land. Dadurch erhöht sich die Liquidität, sprich, die Geldmenge vergrößert sich, und dies wiederum führt ebenfalls zu höherer Inflation. Das gilt umso mehr, wenn zusätzlich noch Sparer und Spekulanten ihr Geld ins Land transferieren. Es war also im Interesse der Währungsstabilität, dass diese Entwicklung gestoppt wurde.

Doch Bundeskanzler Kurt Georg Kiesinger und Finanzminister Franz Josef Strauß sahen das anders. Sie standen nach wie vor auf dem bekannten Standpunkt, dass an einer gesunden Währung nicht herumoperiert werden müsse. Zudem sei die D-Mark im Vergleich zu Währungen wie dem holländischen Gulden oder der italienischen Lira nicht überbewertet, eine Aufwertung der D-Mark würde also diese Währungsbeziehungen beschädigen. Und schließlich hatten sie wahltaktische Gründe: Durch eine Aufwertung der D-Mark würden deutsche Landwirtschaftsprodukte teuer, worunter die Bauern leiden dürften. CDU und CSU fürchteten, dass diese bei der Bundestagswahl im September 1969 aus Protest für die NPD stimmen könnten, die zu jener Zeit bereits in diverse Landtage eingezogen war.[256]

Als Kompromiss kündigte Wirtschaftsminister Karl Schiller (SPD) am Abend des 19. November 1968 in einer Fernsehansprache eine Sondersteuer auf Exporte und eine steuerliche Entlastung von Importen an. Doch das genügte den Regierungen in London, Paris und Washington nicht, wie der britische Premier Wilson dem deutschen Botschafter wenige Stunden nach Schillers Ansprache bei jenem denkwürdigen nächtlichen Gespräch in Downing Street 10 klargemacht hatte.

Bei der in Bonn für den kommenden Tag anberaumten Währungskonferenz, an der wie angekündigt auch der britische Schatzkanzler Roy Jenkins teilnahm, sah sich die deutsche Seite daher zunächst heftigen Angriffen der Vertreter der drei Länder ausgesetzt. Doch Finanzminister Franz Josef Strauß gelang es, diese zu parieren und schließlich den Spieß umzudrehen. Großbritannien und die USA ließen die Forderung nach einer D-Mark-Aufwertung fallen, und stattdessen saß nun Frankreich auf der Anklagebank. Nach heftigen Diskussionen, die am Rande der Beleidigung verliefen, wurde beschlossen, den Franc abzuwerten und Paris gleichzeitig mit Krediten zu unterstützen.

Die Bundesregierung hatte sich somit durchgesetzt und eine Aufwertung der D-Mark abgewehrt. Doch das Echo war verheerend. Sowohl die Regierungen im Ausland als auch die Presse sahen in der Bonner Haltung den Ausdruck einer zunehmend nationalistisch agierenden Wirtschaftspolitik. So notierte der französische Botschafter in Washington nach einem Gespräch mit dem stellvertretenden US-Außenminister Eugene Rostow am 25. November: »Für Rostow waren, wie er im persönlichen Gespräch sagte, die Implikationen dieser Krise klar. Deutschland will seine wirtschaftliche Vormachtstellung absichern.«[257]

Doch letztlich zeigten die Ereignisse vor allem dreierlei. Erstens hatten sich die wirtschaftlichen Machtverhältnisse in der westlichen Welt verschoben. Die einst mächtigen Kolonialreiche Großbritannien und Frankreich waren zu Mittelmächten herabgesunken, die wirtschaftlich nicht mehr mit den USA, aber auch nicht mit der Bundesrepublik mithalten konnten. Dieser Bedeutungsverlust war allerdings sowohl für die Eliten in London und Paris als auch für die Bevölkerungen der beiden Länder schwer zu akzeptieren.

Zweitens war die Bundesrepublik in Europa zum wirtschaftlichen Schwergewicht aufgestiegen und zementierte diese Macht über die Stärke der D-Mark. Diese war inzwischen zur echten und einzigen Konkurrenz des Dollar aufgestiegen, hatte Pfund und Franc längst abgelöst. Ob die Schwäche Frankreichs und Großbritanniens die Schuld der dortigen Regierungen war und ob die Stärke der Bundesrepublik das Verdienst der Regierung in Bonn oder der Bundesbank war – wie dies in Bonn oder Frankfurt immer wieder gerne vorgebracht wurde –, sei dahingestellt. Die faktische Lage war jedoch so. Und Bonn agierte vor diesem Hintergrund zunehmend selbstbewusst, aber nicht nationalistischer oder egoistischer als die anderen Regierungen. Man sah sich vielmehr inzwischen auf Augenhöhe mit den anderen, was jedoch eine Veränderung gegenüber den ersten zwei Jahrzehnten der Nachkriegszeit war, als die Bundesrepublik sich stets zurückhielt.

Drittens schließlich zeigte sich während der Krise von 1968 klar, dass das Währungssystem von Bretton Woods keine Zukunft hatte.

Zum einen wurden notwendige Anpassungen ständig verschleppt, zum anderen kam es deshalb zu immer neuen diplomatischen Krisen, schwerwiegenden Auseinandersetzungen und tief reichenden Zerwürfnissen – Beleidigungen und Anwürfe inbegriffen.

Das System schleppte sich allerdings noch einige Jahre weiter. Frankreichs Präsident de Gaulle gelang es nach der Währungskonferenz in Bonn zunächst, durch einschneidende wirtschaftspolitische Maßnahmen eine Abwertung des Franc abzuwehren. Sein Nachfolger Georges Pompidou musste sie im August 1969 dann aber doch vornehmen.

Deutschland wiederum wurde 1969 von einer neuen Spekulationswelle getroffen. Wirtschaftsminister Schiller (SPD) war mittlerweile zwar ins Lager der Aufwertungsbefürworter gewechselt, Finanzminister Strauß (CSU) war aber nach wie vor dagegen, weil er weiterhin Nachteile für die Landwirtschaft auf dem europäischen Agrarmarkt fürchtete. Da am 28. September Bundestagswahlen anstanden, wurde das Thema sogar Teil des Wahlkampfs. Unmittelbar nach der Wahl, die eine neue Mehrheit für SPD und FDP hervorbrachte, gab der noch amtierende Finanzminister Strauß jedoch nach. So wurde die D-Mark im Oktober 1969 um 9,3 Prozent aufgewertet. Ein Dollar kostete nun nur noch 3,66 Mark. Das hatte zur Folge, dass der deutsche Außenhandelsüberschuss drastisch zurückging.

Für anderthalb Jahre beruhigte sich die Situation im Währungssystem zunächst – bevor es zum großen Knall kam. Diesen löste US-Präsident Richard Nixon am 15. August 1971 aus. Erst einen Monat zuvor, am 15. Juli 1971, hatte er die Nation in einer TV-Ansprache überrascht, als er die Aufnahme diplomatischer Beziehungen mit der Volksrepublik China bekannt gegeben hatte. Nun, exakt einen Monat später, wandte er sich erneut über das Fernsehen an die Amerikaner. Und das, was er diesmal verkündete, war nicht weniger unerwartet.

»In den letzten sieben Jahren gab es im Durchschnitt jedes Jahr eine internationale Währungskrise. Wer profitiert nun von diesen Krisen? Nicht der Arbeiter; nicht der Investor; nicht die wahren Erschaffer des Wohlstands. Die Gewinner sind die internationalen Geldspekulanten. Weil sie von Krisen leben, helfen sie, sie zu erschaffen. In den letzten Wochen haben die Spekulanten einen umfassenden Krieg gegen den amerikanischen Dollar geführt. Die Stärke der Währung einer Nation basiert auf der Stärke der Wirtschaft dieser Nation – und die amerikanische Wirtschaft ist bei weitem die stärkste der Welt. Dementsprechend habe ich den Finanzminister angewiesen, die notwendigen Maßnahmen zu ergreifen, um den Dollar gegen die Spekulanten zu verteidigen. Ich habe Minister Connally angewiesen, die Konvertierbarkeit des amerikanischen Dollars vorübergehend auszusetzen, außer im Falle von Beträgen und Bedingungen, die im Interesse der Währungsstabilität und im besten Interesse der Vereinigten Staaten liegen.«[258]

Diese Rede und das, was danach folgte, gingen als »Nixon-Schock« in die Geschichte ein. Denn Nixon hatte nicht weniger als die Aufhebung der Bindung des Dollar an Gold verkündet – er zerstörte damit das Fundament des Währungssystems von Bretton Woods. Das war die Konsequenz der Entwicklungen der vorangegangenen Jahre, aber auch die Konsequenz veränderter Prioritäten in Washington.

Seit Mitte der 1960er-Jahre hatten die USA zur Finanzierung des Vietnam-Kriegs sowie umfassender Sozialprogramme zunehmend auf die Notenpresse gesetzt. Der Dollar geriet wegen der immer schnellen wachsenden Geldmenge unter permanenten Abwertungsdruck, sprich, das feste Austauschverhältnis von Gold zu Dollar wurde infrage gestellt. Das veranlasste Frankreichs Präsident Charles de Gaulle 1966, den Umtausch der französischen

Dollar-Reserven in Gold zu verlangen. Denn bei einer Abwertung des Dollar hätten die französischen Reserven über Nacht an Wert verloren. Das Problem: Die Goldreserven der USA reichten gar nicht aus, um Frankreich auszuzahlen.

Das Problem löste sich zunächst von selbst, als Frankreich mit den 68er-Unruhen plötzlich wieder in eine Krise stürzte, Importüberschüsse erwirtschaftete und nun den Regeln von Bretton Woods entsprechend Gold verkaufen musste, um seine Währung zu stabilisieren. Doch die Risse im System waren damit nur spärlich gekittet. 1971 brachen sie wieder auf, deutlicher denn je. Die USA litten inzwischen unter rasant steigenden Preisen bei gleichzeitig hoher Arbeitslosigkeit. 1970 war die Inflationsrate zeitweise über 6 Prozent gestiegen, und auch die Arbeitslosenrate hatte 6 Prozent erreicht. Die offensichtlichen Probleme des Landes führten zu einer immer stärkeren Fluchtbewegung aus dem Dollar in eine vermeintliche Oase der Stabilität: die D-Mark. Im April 1971 flossen rund 4 Milliarden Dollar aus den USA in die Bundesrepublik, und die Welle wurde immer größer. Allein in den ersten vier Tagen des Monats Mai kamen weitere 2 Milliarden Dollar hinzu. Von einer »Springflut von Auslandsgeld« sprach der damalige Bundesbank-Vizepräsident Otmar Emminger.[259]

Das hatte Konsequenzen: Die Geldmenge in der Bundesrepublik war zu diesem Zeitpunkt innerhalb von zwölf Monaten bereits um 17 Prozent gewachsen. Die Inflationsrate stieg deutlich, im Mai 1971 überwand sie erstmals seit 1951 wieder die Marke von 5 Prozent. Doch die Bundesbank konnte nichts dagegen tun. Durch eine Erhöhung der Zinsen hätte sie nur noch mehr Geld angezogen. Emminger sprach daher von einer »monetären Nebenregierung« durch die internationalen Geldmärkte.[260]

Am 5. Mai zog die Bundesregierung die Notbremse und schloss den Devisenmarkt, um in einer Verschnaufpause über die weiteren Schritte zu beraten. Die Bundesbank plädierte dafür, den Zufluss an Geld durch strikte Devisenkontrollen zu bändigen. Doch der Sachverständigenrat, eine Gruppe von Ökonomen, die die Bundesregierung beriet, plädierte für einen ganz anderen Schritt: die vorübergehende Freigabe des Wechselkurses. Die Bundesbank sollte aufhören, durch ihre Interventionen die D-Mark auf dem fixierten Kurs zu halten, und sie stattdessen dem freien Spiel der Marktkräfte überlassen. Der Markt sollte ein neues Kursniveau finden, das dann möglicherweise einige Wochen später wieder fixiert werden könnte.

Tatsächlich entschied sich die Bundesregierung, diesem Vorschlag zu folgen, und gab am 10. Mai den Wechselkurs frei. Sofort sackte der Dollarkurs von 3,66 DM auf 3,52 DM ab. Bei 3,50 DM hatte die Bundesbank eine inoffizielle Verteidigungslinie aufgebaut, doch Mitte Juli konnte sie auch diese nicht mehr halten, und der Kurs des Dollar fiel in den folgenden Wochen auf rund 3,30 DM.

Allerdings nahm dies nur teilweise den Druck aus dem System. Zwar floss nun deutlich weniger Geld aus den USA in die Bundesrepublik, dafür jedoch in andere Länder, nach Japan, in die Schweiz, nach Italien, sogar nach Frankreich. Alle Währungen schienen den Anlegern attraktiver als der Dollar.

Am Donnerstag, dem 12. August 1971, versuchte dann auch noch Großbritannien, 3 Milliarden Dollar in Gold zu tauschen, und löste dadurch neue Turbulenzen am Finanzmarkt aus. Tags darauf kamen daher US-Präsident Nixon, Notenbankchef Arthur Burns, Finanzminister John Connally, sein Unterstaatssekretär für Währungsfragen Paul Volcker und einige wenige weitere Experten zu einem geheimen Treffen in Camp David zusammen – nicht mal die Ehefrauen durften davon wissen.

Connally, der erst seit Februar im Amt war, brachte einen neuen Ton in die Debatte. Denn für seine Vorgänger stand stets die Verantwortung ihres Landes für das Weltwährungssystem an erster

Stelle. Der Dollar war die Sonne, um die die anderen Währungen wie Planeten kreisten, und daher musste die Sonne für Stabilität sorgen. Die Bindung des Dollar an Gold zu einem fixen Kurs war dafür die unverrückbare Basis. Doch für Connally stand nicht die Verantwortung für das globale System an erster Stelle. Vielmehr sah er zuerst auf die Interessen der USA. Dies kommt in dem legendär gewordenen Satz Connallys zum Ausdruck, den er bei einem Treffen mit europäischen Amtskollegen sagte: »Der Dollar ist unsere Währung, aber euer Problem.« Sprich: Es war ihm egal, was finanzpolitische Entscheidungen der USA für die anderen Währungen bedeuteten. Aus dem Hüter des Weltwährungssystems war der Herrscher über dieses System geworden.

Connally und sein Unterstaatssekretär Paul Volcker hatten über den Sommer einen Kurswechsel vorbereitet, der dieser neuen Haltung entsprach, und nun war es so weit, dies umzusetzen. In Camp David überzeugten sie zunächst Nixon von ihrem Plan, dann zusammen mit diesem die anderen Anwesenden: Die Fed sollte keine Dollarguthaben mehr gegen Gold tauschen, die Goldbindung der Währung würde damit aufgehoben. Zudem sollte der Kurs des Dollar freigegeben werden, bis in Verhandlungen mit den anderen Ländern neue Währungsparitäten gefunden würden.

Zwei Tage später, an einem Sonntag und damit am Ruhetag der Finanzmärkte, verkündete Nixon in seiner Fernsehansprache den historischen Schritt, der mit einem Federstrich das Währungssystem, das über 25 Jahre in der freien Welt gegolten hatte, über den Haufen warf. Dieser Akt war eigentlich ein Eingeständnis der Schwäche der USA. Washington schaffte es nicht mehr, das Währungssystem zu erhalten, und die schlechte wirtschaftliche Lage zwang die Regierung zu einer Abwertung des Dollar. Beides waren Zeichen des Niedergangs. Doch Nixon gelang es, sein Vorgehen in seiner Rede als einen Akt der Stärke zu verkaufen. Er gab dem Ganzen sogar einen vielversprechenden Namen: New Economic

BANKNOTEN UND MÜNZEN DER DEUTSCHEN MARK

Auswahl an Banknoten der ersten Serie der Bank deutscher Länder (1948–1963)

bildungen: Deutsche Bundesbank, Frankfurt am Main

Auswahl an Banknoten der zweiten Serie der Bank deutscher Länder (1950–1963)

Entführung der Europa

Symbolbild

Männerporträt (Albrecht Dürer)

Männerporträt (Albrecht Dürer)

Bildnachweis: Deutsche Bundesbank, Frankfurt am Main

Banknoten der Bundesbank Serie I (1963–1990)

Junge Venezianerin (Albrecht Dürer)

Bildnis eines jungen Mannes (Albrecht Dürer)

Elsbeth Tucher (Dürer)

Männerporträt (Barthel Beham)

Bildnachweis: Deutsche Bundesbank, Frankfurt am Main

Sebastian Münster (Christopf Amberger)

Männerporträt (Hans Maler zu Schwaz)

Männerporträt (Lucas Cranach d. Ä.)

Auswahl an Banknoten der Ersatzserie (Bundesbank Serie II) (1963–1990)

Westdeutschland

West-Berlin

Bildnachweis: Deutsche Bundesbank, Frankfurt am Main

Banknoten der Bundesbank Serie III (1990–2001)

Bettina von Arnim

Carl Friedrich Gauß

Annette von Droste-Hülshoff

Balthasar Neumann

Clara Schumann

Paul Ehrlich

Maria Sibylla Merian

Wilhelm und Jacob Grimm

Bildnachweis: Deutsche Bundesbank, Frankfurt am Main

D-Mark-Münzen

1951

1960

1969

1998

1951

ab 1975

Policy, und er fand breite Zustimmung im Kongress und in der Bevölkerung.

Ihren Zweck erfüllte die Maßnahme jedoch nur zum Teil. Zwar erholte sich die US-Wirtschaft kurzzeitig, die Arbeitslosigkeit ging leicht zurück, und Nixon wurde 1972 wiedergewählt – Letzteres war für den Präsidenten überhaupt das wichtigste Ziel seiner Entscheidung gewesen. Doch darauf folgte ein wirtschaftliches Krisenjahrzehnt in den USA. Der Goldpreis eilte davon, der Dollar verfiel, die Inflation galoppierte, Millionen Jobs gingen verloren. Der wirtschaftliche Zweck der Aufhebung der Goldbindung wurde daher klar verfehlt, wobei die zwei Ölpreisschocks der Jahre 1973 und 1979 ihren Teil dazu beitrugen.

Das Währungssystem von Bretton Woods war im August 1971 allerdings noch nicht sofort tot. Zunächst versuchten die beteiligten Länder, noch einmal neue Wechselkurse festzulegen. Im Dezember 1971 gelang dies auch im sogenannten Smithsonian Agreement, benannt nach der Smithsonian Institution in Washington, wo das Treffen der Finanzminister stattfand. Dabei wurde der Dollar um 7,9 Prozent abgewertet, eine Unze Gold kostete nun 38 Dollar. Mehrere andere Währungen wurden aufgewertet, darunter die D-Mark um 4,6 Prozent, sodass sie in Relation zum Dollar gegenüber dem letzten Fixkurs, der bei 3,66 DM gelegen hatte, 13,6 Prozent an Wert gewann. Der neue Wechselkurs betrug nun 3,2225 DM je Dollar.

Doch dieses neue Arrangement sollte gerade einmal 15 Monate halten. Schon im Juni 1972 geriet das britische Pfund wegen der hohen Inflation und des Leistungsbilanzdefizits Großbritanniens erneut in eine Vertrauenskrise, sodass London den Kurs schließlich freigeben musste. Zeitweise wurde von der Unruhe auch der Dollar wieder erfasst, sodass die Devisenbörsen vorübergehend geschlossen werden mussten. Danach beruhigte sich die Lage wieder für ein paar Monate – bevor es Ende Januar 1973 erneut losging, diesmal lag die Ursache wieder beim Dollar. Nachrichten über extreme Preissteigerungen und eine ungünstige wirtschaftliche Entwicklung in den USA hatten die Runde gemacht. Das führte dazu, dass wieder gigantische Kapitalsummen in die D-Mark flossen. Noch ein letztes Mal versuchten die Regierungen, dem Herr zu werden, indem der Dollar am 12. Februar um weitere 10 Prozent abgewertet wurde. Doch diesmal hielt das Arrangement gerade einmal zwei Wochen, dann brachte die Spekulationswelle alles zum Einsturz.

Am 1. März 1973 musste die Bundesbank zur Verteidigung der festgelegten Wechselkurse fast 2,7 Milliarden Dollar im Gegenwert von 7,5 Milliarden Mark ankaufen, der höchste Betrag, der bis dahin jemals von einer Notenbank an einem Tag gekauft oder verkauft worden war.[261] Das entsprach praktisch dem, was die Bundesbank zuvor pro Jahr an neuem Zentralbankgeld ausgegeben hatte.

Abb. 1: Kurs des Dollar in DM von Januar 1969 bis März 1973

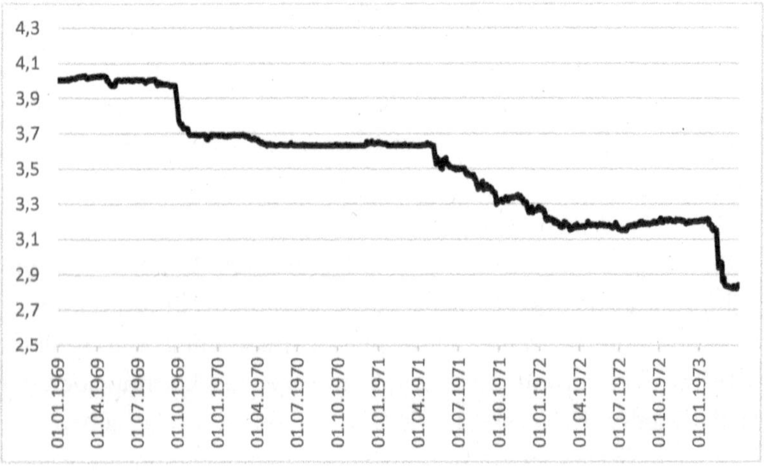

Quelle: Bundesbank

Daraufhin wurden die Devisenbörsen erneut geschlossen, und am 19. März 1973 war Bretton Woods endgültig tot: Die Notenbanken wurden von der Verpflichtung entbunden, die fixen Wechselkurse gegenüber dem Dollar durch Interventionen zu sichern. Fortan konnte sich der Kurs des Dollar frei bewegen. So wie dies bis heute der Fall ist.

Die D-Mark hatte in der Zeit seit 1969, seit die Währungsturbulenzen begonnen hatten, bis zum endgültigen Ende von Bretton Woods im März 1973 rund 40 Prozent gegenüber dem Dollar aufgewertet. Der Kurs des Dollar war von 4 auf 2,82 DM gesunken. Dies zeigt, wie stark die Verspannungen in dem System zuvor gewesen waren.

»Rückblickend lässt sich sagen, dass es außerordentlich naiv war, zu glauben, dieses System könne funktionieren«,[262] schrieb der US-Wirtschaftswissenschaftler Barry Eichengreen später. Doch woran lag das? Das Grundproblem war, dass in einem internationalen Währungssystem mit festen Wechselkursen die Wirtschafts- und Währungspolitik der Mitgliedsländer grundsätzlich ähnlich ausgerichtet sein muss. Lässt ein Land eine deutlich höhere Inflation zu als andere, so führt dies zu einem Außenhandelsdefizit und einer negativen Zahlungsbilanz. Dies muss dann durch Abgabe von Gold ausgeglichen werden, was natürlich nur eine begrenzte Zeit lang möglich ist. Der einzige Ausweg ist letztlich eine Abwertung der Währung. Umgekehrt führt eine unterdurchschnittliche Inflation zu Aufwertungsdruck bei einer Währung.

Im Bretton-Woods-System gab es jedoch nicht nur keine einheitliche Wirtschafts- und Währungspolitik, es gab auch keine klaren Vorgaben und Regeln, wie eine Anpassung der Währungen erfolgen sollte. Hinzu kam, dass Abwertungen eine negative Konnotation hatten – sie galten als Ausdruck des Versagens. Folglich wollten das alle Länder vermeiden, erst recht jene, die vor Kurzem noch zu den Großmächten gehört hatten. Aber auch eine

Aufwertung war unbeliebt, denn damit wurde den Exporteuren im eigenen Land das Leben schwer gemacht. Daher wurden Auf- oder Abwertungen immer wieder verschleppt. Die Ungleichgewichte mussten sich jedes Mal erst zu Krisen auswachsen, bevor es zu Veränderungen in den Währungsparitäten kam.

Dass das System anfangs dennoch funktionierte, lag daran, dass der Handel zwischen den Ländern nach dem Krieg erst langsam wieder in Gang kam. Je stärker sich die Ökonomien jedoch miteinander verschränkten, desto größer konnten auch die Handelsbilanzdefizite oder -überschüsse werden und umso größer die Unwucht im System.

Zudem veränderten die USA in der zweiten Hälfte der 1960er-Jahre ihre Rolle. Bis dahin hatten sie eine stabilitätsorientierte Politik verfolgt und wurden so ihrer Rolle als Anker im System gerecht. Ende der 1960er-Jahre begannen die USA jedoch eine Verschuldungspolitik und weiteten ihre Geldmenge drastisch aus. Dies führte zu hohen Inflationsraten, die über das Währungssystem weltweit exportiert wurden. Aus dem Stabilitätsanker wurde ein Inflationstreiber. Gleichzeitig gab es mit der D-Mark nun eine Alternative, eine neue vermeintliche Stabilitätsinsel. Dies war sie zwar nur bedingt, denn auch in der Bundesrepublik stiegen die Inflationsraten Ende der 1960er-Jahre zwangsläufig, da die D-Mark Teil des Währungssystems war. Die Bundesbank hatte keine Chance, dies abzuwehren. Doch die D-Mark war unter ständigem Aufwertungsverdacht, was dazu führte, dass immer mehr Anleger ihr Geld in diese Währung tauschten. Zumal das Risiko gering war: Dass die D-Mark abgewertet würde, galt als ausgeschlossen, schlimmstenfalls blieb ihr Wert konstant. Dadurch bauten sich immer neue, immer größere Spekulationswellen auf, die das System letzten Endes zum Kollabieren brachten.

»Generell erwiesen sich die drei Säulen des Systems, nämlich feste Wechselkurse, freier Kapitalverkehr und unabhängige Geldpolitik, als nicht miteinander vereinbar«, so der Ökonom Joachim Scheide in einer Analyse zu den Lehren aus Bretton Woods. »Mindestens eines der drei Ziele mußte aufgegeben werden.«[263] Und das waren am Ende die festen Wechselkurse.

Das System war jedoch nicht nur gescheitert, es hatte gerade in den letzten Jahren auch viel Schaden angerichtet. Allein für die Bundesbank entstand durch die Abwertung ihrer Währungsreserven zwischen Ende 1968 und Ende 1974 ein kumulierter Wertberichtigungsbedarf von 28,7 Milliarden Mark.[264] Dieser war auch dadurch entstanden, dass die Bundesbank in den letzten Jahren des Systems von Bretton Woods darauf verzichtet hatte, ihre Dollarreserven in Gold umzutauschen. Bundesbankpräsident Karl Blessing hatte dies gegenüber seinem Fed-Kollegen in einem Schreiben, dem sogenannten Blessing-Brief, offiziell zugesagt. Damit sollte die US-Notenbank nicht noch weiter unter Druck geraten. Später bereute Blessing diesen Brief:

> »Ich erkläre Ihnen heute, daß ich mich selber persönlich schuldig fühle auf dem Gebiet. Ich hätte damals rigoroser sein müssen gegenüber Amerika. Die Dollar, die bei uns anfielen, die hätte man einfach rigoros in Gold umtauschen müssen.«[265]

Doch nicht nur die Währungsverluste waren eine Folge der Verschleppung des Endes von Bretton Woods. Bundesbank-Vizepräsident Otmar Emminger vertrat rückblickend die Meinung, dass dem Weltwährungssystem und der deutschen Währungspolitik manches an Krisen erspart geblieben wäre, wenn der Schritt schon zwei Jahre früher, im Sommer 1971, erfolgt wäre, als der Kurs der D-Mark erstmals freigegeben wurde, oder aber als Nixon im August 1971 seine berühmte Rede hielt.[266]

Dennoch ging die D-Mark letzten Endes gestärkt aus dieser Krise hervor. Als mit dem Ende von Bretton Woods die Devisenkurse dem freien Spiel des Marktes überlassen wurden, galt sie als eine der wenigen Festungen der Stabilität. Innerhalb von 25 Jahren hatte die Währung der Bundesrepublik damit eine Führungsrolle in Europa übernommen und war mittlerweile sogar weltweit geachtet. Dennoch wurde auch die D-Mark nach 1973 von den Auswirkungen erfasst, die das Ende von Bretton Woods mit sich brachte: eine lange Phase hoher Inflation.

KAPITEL 13

Die Inflation der 1970er-Jahre und die Stabilisierung der D-Mark

1971 bis 1975

Im August 1973 spielten die Arbeiter des Opel-Werks in Bochum vor den Werkstoren Fußball, droschen Skat oder lagen auf dem Rasen in der Sonne. Grundsätzlich ist so etwas im Sommer nicht ungewöhnlich. Doch damals taten die Arbeiter dies während ihrer Arbeitszeit. Denn sie waren in einen wilden Streik getreten, einen Ausstand, der nicht von der IG Metall organisiert wurde und völlig unkontrolliert ablief. Mehr noch: In der Kneipe gegenüber vom Opel-Werk wurde heftig über die IG Metall hergezogen. »Es lohnt sich nicht, die Beiträge zu zahlen«, sagte einer. »Die können doch als Tarifpartner gar nicht anders«, sagte ein anderer.[267]

Die Gewerkschaft hatte erst im Januar einen neuen Tarifvertrag mit den Arbeitgebern ausgehandelt. Doch seither waren die Preise bereits wieder rasant gestiegen. Im Juni hatte die Inflationsrate 7,8 Prozent erreicht, den höchsten Wert seit 1951. Die Arbeiter forderten daher Teuerungszulagen. Doch die IG Metall tat sich schwer damit, schließlich hätte dies einen Bruch der gerade erst geschlossenen Vereinbarung bedeutet. Auf dieses Beispiel hätten sich die Arbeitgeber künftig in schlechten Zeiten berufen können, wenn sie ihrerseits die Gehälter verändern wollten. Daher nahmen die Arbeiter das Heft selbst in die Hand.

In den Jahren davor war der Wohlstand in der Bundesrepublik weiter gewachsen, trotz der Währungsturbulenzen rund um den Zusammenbruch des Bretton-Woods-Systems. Die Wirtschaftskraft legte 1970 um 5 Prozent zu, 1971 um 3,1 und 1972 um 4,3 Prozent. Dies führte zu weiter steigenden Staatseinnahmen, und das wiederum nutzte die neue sozialliberale Koalition, die seit 1969 im Amt war und von Bundeskanzler Willy Brandt geführt wurde, für zahlreiche sozialpolitische Reformen, insbesondere für einen Ausbau der staatlichen Leistungen und eine Ausweitung des Kreises der Leistungsempfänger. Von 1968 bis 1974 stiegen die Ausgaben der öffentlichen Haushalte der Bundesrepublik von 159 auf 458 Milliarden DM, ein Plus von knapp 190 Prozent.[268] Die Staatsausgabenquote, die den Staatshaushalt ins Verhältnis zur Wirtschaftsleistung stellt, erhöhte sich von 29 auf knapp 47 Prozent. Die Nettokreditaufnahme der öffentlichen Hand verzehnfachte sich fast, sie stieg von 2,5 auf knapp 23 Milliarden DM. Die Gesamtverschuldung der Bundesrepublik erhöhte sich von rund 58 Milliarden DM Anfang 1968 auf über 97 Milliarden DM Ende 1974.[269]

Einer der Bereiche, die von den steigenden Staatsausgaben profitierten, war der Bildungssektor. Im Herbst 1971 wurde das BAföG eingeführt, immer mehr Jugendliche studierten, überall entstanden neue Hochschulen. Und dies hatte auch Folgen für die Familie von Margot K.:

> »1971 zogen wir in unser eigenes Haus in Bochum ein. Mein Mann war inzwischen Professor an der neu gegründeten Fachhochschule und unterrichtete dort Arbeitsrecht. Wenig später wurde er Rektor.

> Uns ging es nun wirklich gut. Wir waren Mitglied im Tennisclub, die Kinder hatten Klavierunterricht, und jeden Sommer fuhren wir alle acht in zwei Autos an die Nordseeküste.
>
> Einmal brach sich mein Mann dort beim Fußballspielen einen Fuß. Da kam sein Fahrer, den er inzwischen hatte, aus Bochum, um ihn abzuholen.«[270]

Doch die Ausgabenfreude des Staates erhöhte die Nachfrage, was preissteigernd wirkte. Zudem wurden nun die Folgen der Verwerfungen am Devisenmarkt der Jahre zuvor sichtbar. Jahrelang hatten Ausländer Geld in die Bundesrepublik gebracht, weil sie auf eine Aufwertung der D-Mark spekulierten. Sie verkauften also ihre eigene Währung und kauften D-Mark. Um den Kurs der D-Mark im System von Bretton Woods stabil zu halten, musste die Bundesbank intervenieren. Sie brachte Angebot und Nachfrage am Devisenmarkt wieder ins Lot, indem sie die ausländischen Währungen aufkaufte. Doch das Geld dafür musste sie zunächst erst einmal schaffen, sprich, sie musste die entsprechenden D-Mark-Beträge drucken. Allein zwischen Anfang Februar und Anfang März 1973 waren das rund 20 Milliarden DM.

In den ersten drei Monaten des Jahres 1973 war der Bestand an Bargeld, Guthaben auf Girokonten und anderen täglich kündbaren Einlagen dadurch um 17,5 Prozent gegenüber dem entsprechenden Vorjahreszeitraum gestiegen. Nimmt man kurzfristige Zinsanlagen mit einer Laufzeit bis zu zwei Jahren hinzu, so betrug der Zuwachs sogar 28 Prozent.[271]

Nicht alles davon gelangte unmittelbar in die Volkswirtschaft, vieles verblieb auch einfach auf den Sparkonten. Dennoch reichte die verbleibende Summe aus, um die Inflation auf immer neue Höhen zu treiben. So entstand ein explosives Gemisch, und im Laufe des Jahres 1973 war an zahlreichen Orten zu sehen, wie es sich aufheizte.

Zunächst hatte es ab Mai 1973 mit kleineren Ausständen begonnen, beispielsweise bei der Maschinenfabrik John Deere in Mannheim.[272] Diese Arbeitsniederlegungen verebbten jedoch zunächst, wahrscheinlich, weil den Forderungen nachgegeben wurde. Das wurde zwar nicht öffentlich verkündet, indirekt bestätigte dies aber ein Bericht der IG-Metall-Bezirksleitung Stuttgart, wonach im ersten Halbjahr 1973 in über hundert metallverarbeitenden Betrieben »beachtliche übertarifliche Zulagen« mit den Betriebsräten vereinbart worden seien.[273]

Doch im August breiteten sich die wilden Streiks wie ein Buschfeuer aus. Von der AEG-Tochter Küppersbusch in Gelsenkirchen über die Rheinstahl AG bis zur Gutehoffnungshütte und eben dem Bochumer Opel-Werk – und das war erst der Anfang. Bei Philips, bei Varta, bei der AEG, überall protestierten die Arbeiter. Resigniert kommentierte IG-Metall-Vorstand Karl-Heinz Troche: »Man muss in den nächsten Wochen mit weiteren Arbeitsniederlegungen rechnen, wenn die Preissteigerungen nicht spürbar zurückgehen.«[274]

Für deren Rückgang zu sorgen, war die ureigenste Aufgabe der Bundesbank. Seit Januar 1970 saß auf deren Chefposten Karl Klasen, ein Hamburger mit SPD-Parteibuch, der zuvor Chef der Deutschen Bank gewesen war. Bei seiner Amtseinführung hatte er den denkwürdigen Satz gesagt: »Ich möchte prophezeien, daß es auch in den nächsten zehn Jahren keine wirkliche Inflation geben wird.«[275] Das war schon damals eine gewagte Aussage, denn sein Vorgänger Karl Blessing hatte in seinen letzten Amtsmonaten noch ausdrücklich vor einer anziehenden Teuerung gewarnt. Doch Klasen – der erste Bundesbankpräsident, der zur Zeit der Hyperinflation von 1923 noch nicht bei der Reichsbank gearbeitet hatte – wies das weit von sich. Er wurde kurz darauf eines Besseren belehrt.

Allerdings hatte die Bundesbank mit dem Ende von Bretton Woods ja nun wieder freie Hand, um eine stabilitätsorientierte Geldpolitik umzusetzen. Bundesbank-Vizepräsident Emminger sprach sogar von einer »kopernikanischen Wende«.[276] Diese bestand vor allem darin, dass sich die Bundesbank als erste Notenbank der Welt dem Ziel der Geldmengensteuerung verschrieb. Basis dafür war die ökonomische Theorie des Monetarismus, dessen prominentester Vertreter in jener Zeit der US-Ökonomen Milton Friedman war. Diese Theorie besagt, kurz gefasst, dass der entscheidende Faktor für das Entstehen von Inflation die Geldmenge ist. Kontrolliert man sie, kontrolliert man die Inflation.

Unmittelbar nach dem endgültigen Ende des Währungssystems von Bretton Woods übernahm die Bundesbank die Geldmenge als Zielgröße. Diese sollte nicht schneller wachsen als das Produktionspotenzial der Wirtschaft. Wie hoch dieses war, errechneten die Ökonomen der Bundesbank fortan jedes Jahr und legten auf dieser Basis ein entsprechendes Geldmengenziel fest.

Für 1973 gab es zwar noch kein offizielles Ziel, doch in den ersten Monaten des Jahres war die Geldmenge so schnell gewachsen, dass dies auf jeden Fall weit über dem lag, was wünschenswert war. Daher handelte die Bundesbank nun. Im Frühjahr 1973 erhöhte sie zum einen die Mindestreserven, die die Banken bei einer Kreditvergabe vorhalten müssen. Sie konnten dadurch weniger Kredite vergeben. Die Tagesgeldzinsen am Zinsmarkt, also die Zinsen für kurzfristig verfügbares Geld, erhöhten sich zeitweise auf 40 Prozent.[277] Zum anderen erhöhte die Bundesbank zum 1. Juni 1973 den Diskontsatz auf 7 Prozent, den höchsten Wert seit Einführung der D-Mark. Die Geldmenge ging dadurch schnell zurück, im Herbst erreichte sie sogar wieder den Stand des entsprechenden Zeitraums des Vorjahres,[278] also jener Zeit, bevor sie in der Endphase des Bretton-Woods-Systems aufgebläht wurde.

Doch dies wirkte nicht sofort auf die Preise. Vielmehr erreichten die Inflationsraten im Sommer neue Höchststände, und daher beschloss die Bundesregierung im Zusammenspiel mit der Bundesbank ein Stabilitätsprogramm. Dadurch wurden diverse

Abschreibungsmöglichkeiten abgeschafft, um Investitionen zu verlangsamen. Zugleich wurden sogenannte Stabilitätsanleihen aufgelegt: Die Anleger gaben dem Staat ihr Geld und bekamen dafür Zinsen. Der Staat nutzte dieses Geld jedoch nicht, indem er es investierte, sondern er legte es still, entzog es also der Wirtschaft, und reduzierte damit ebenfalls die Geldmenge. Dadurch und durch einige weitere Maßnahmen wurden den Banken und dem privaten Sektor insgesamt rund 9 Milliarden DM entzogen.[279]

Es war ein hartes Programm. »Die deutsche Restriktionspolitik hat in ihrer Brutalität keine Parallele«, klagte Kurt Richebächer, Generalbevollmächtigter der Dresdner Bank.[280] Doch das erschien den meisten notwendig und richtig – und das ist das eigentlich Erstaunliche. Denn diese Haltung entsprach damals überhaupt nicht dem Zeitgeist. In den meisten anderen westlichen Ländern beherrschte noch eine Theorie die Politik, die in den 1960er-Jahren entstanden war, die Theorie von der Phillips-Kurve. Sie war vom neuseeländisch-britischen Ökonomen Alban William Housego Phillips Ende der 1950er-Jahre aufgestellt worden. Er wies in einer Studie (scheinbar) nach, dass es einen direkten negativen Zusammenhang zwischen der Höhe der Inflationsrate und der Höhe der Arbeitslosigkeit gebe – eine niedrigere Arbeitslosigkeit sei also durch eine höhere Inflationsrate zu erkaufen, so die Deutung.[281] In den 1960er-Jahren war diese These unter Ökonomen breit akzeptiert. Politikern kam sie insbesondere in den USA entgegen, denn dort forderte der Employment Act von 1946 von der Regierung, dass sie für maximale Beschäftigung, Produktion und Kaufkraft zu sorgen habe. Daraus erklärt sich auch das duale Mandat der US-Notenbank, die – im Gegensatz zur Bundesbank – nicht nur die Stabilität der Währung, sondern auch die Arbeitslosigkeit im Blick haben muss.

Die Phillips-Kurve war somit das theoretische Fundament für die zunehmende Verschuldung der USA seit Mitte der 1960er-Jahre, die einerseits den Vietnam-Krieg und andererseits umfangreiche Sozialprogramme finanzierte und zu einem Anstieg der Inflation führte. Aber auch in Europa fand diese Theorie viele Anhänger. Selbst Helmut Schmidt, Finanzminister unter Bundeskanzler Willy Brandt, sagte 1972 in einem Interview mit der *Süddeutschen Zeitung*:

> »Aber ich lehne es ab, Stabilität oder Wirtschaftswachstum in einem höheren Rang zu sehen als Vollbeschäftigung. Mir scheint, daß das deutsche Volk – zugespitzt – 5 Prozent Preisanstieg eher vertragen kann als 5 Prozent Arbeitslosigkeit. Schon 3 Prozent Arbeitslosigkeit würden für die Bundesrepublik unerträglich sein.«[282]

Dieses Zitat wurde später verkürzt zu: »Lieber 5 Prozent Inflation als 5 Prozent Arbeitslosigkeit«. Es gibt genau das Denken wieder, das damals in der Ökonomie vorherrschte, wonach es einen direkten Zusammenhang zwischen den beiden Größen gebe. Das Problem war jedoch: Spätestens ab 1970 stimmte der Zusammenhang nicht mehr. Sowohl die Inflationsraten stiegen nun als auch die Arbeitslosenzahlen, und die Ökonomen Edmund Phelps und Milton Friedman hatten schon Ende der 1960er-Jahre auch den wissenschaftlichen Nachweis geführt, dass es den direkten Zusammenhang, den die Phillips-Kurve angeblich zeigte, nicht gab.

Dennoch dauerte es in den meisten Ländern noch viele Jahre, bis die Entscheidungsträger die Konsequenzen daraus zogen, insbesondere in der US-Notenbank. Die Bundesbank dagegen hatte schon 1973 mit ihrer Hinwendung zur Geldmengensteuerung einen neuen Weg eingeschlagen. Allerdings hatte sie es auch leichter als die US-Notenbank, denn sie war stets nur einem Ziel verpflichtet: der Stabilität der Währung. Theoretisch hätte sie also selbst dann, wenn es einen Zusammenhang zwischen Inflation und Arbeitslosigkeit gegeben hätte, einfach stur die Inflation bekämpfen können, ohne Rücksicht auf den Arbeitsmarkt. Und tatsächlich hatte sie ja 1965/1966 bereits gezeigt, dass sie genau dies auch zu tun bereit war, als sie trotz einer schwachen Wirtschaft und steigender Arbeitslosenzahlen die Zinsen erhöhte, um der Inflation Herr zu werden, und in Kauf nahm, die Rezession so noch zu verschärfen.

Damals hatte die Bundesbank der Unmut aus vielen Richtungen getroffen. 1973 dagegen erhielt sie breite Unterstützung für ihre Maßnahmen. Das dürfte auch an der Stimmung in der Bevölkerung gelegen haben, denn die Menschen waren durch die Geldentwertung verunsichert, zumal sich ausgerechnet in jenem Jahr die Hyperinflation von 1923 zum 50. Mal und die Währungsreform von 1948 zum 25. Mal jährten. Viele Deutsche hatten beide Ereignisse noch selbst miterlebt. Und die Opposition nutzte ihre Ängste. Franz Josef Strauß wetterte als Redner im Bundestag, die Inflation sei das »größte Unrecht am kleinen Mann«, und machte die Bundesregierung dafür verantwortlich.[283]

Tatsächlich gingen durch die Radikalkur der Bundesbank die Inflationsraten im August und September 1973 wieder leicht zurück. Dann geschah jedoch etwas, das all die Bemühungen über Nacht zunichtemachte. Am 6. Oktober 1973, dem israelischen Feiertag Jom Kippur, griffen Ägypten und Syrien Israel an, um jene Gebiete zurückzuerobern, die Israel im Sechs-Tage-Krieg 1967 eingenommen hatte. Dieser sogenannte Jom-Kippur-Krieg endete zwar am 26. Oktober mit einer fast völligen Niederlage der Angreifer, doch in den ersten Tagen hatten diese einige militärische Erfolge errungen, woraufhin die USA dem jüdischen Staat Militärhilfe zusagten. Als Antwort verhängten die arabischen Staaten ein Ölembargo gegen die USA und vereinbarten eine drastische Förderkürzung, bis zum Ende des Jahres betrug diese rund 25 Prozent.

Die Auswirkungen des Ölembargos für die Weltwirtschaft waren dramatisch. Der Ölpreis stieg umgehend von 3 auf 5 Dollar je

Fass (159 Liter) und erhöhte sich bis März 1974 weiter auf 12 Dollar. Er hatte sich binnen weniger Monate also vervierfacht. Das führte nicht nur zu einer globalen Rezession, gleichzeitig zog auch die Inflation erneut an. In Deutschland erreichte sie im Dezember 1973 mit 7,92 Prozent den höchsten Wert seit der Währungsreform. Zudem erhöhte sich die Zahl der Arbeitslosen von 332.000 im November 1973 auf 620.000 im Januar 1974. Die Regierung versuchte, die Menschen zum Energiesparen zu bewegen, beispielsweise durch Werbespots im Fernsehen:

> »Hallo, Sie!«
>
> »Ja?«
>
> »Können Sie nicht mal die Dusche abstellen?«
>
> »Was ist denn los?«
>
> »Müssen Sie eigentlich so lange duschen, das ist doch einfach Energieverschwendung!«
>
> »Was heißt verschwenden, die Miete muss ich sowieso bezahlen, das Geld für warmes Wasser ist da drin, Sparen lohnt sich einfach nicht.«
>
> »So, meinen Sie?«[284]

Es blieb nicht bei Aufrufen. Als deutlich stärkeren Eingriff empfanden die meisten, dass die Bundesregierung auf Basis des Energiesicherungsgesetzes vom 9. November 1973 die vier Adventssonntage für autofrei erklärte. Privatautos durften an diesen Tagen nicht bewegt werden, Ausnahmen gab es nur für Taxis, Ärzte und Frischware-Lieferanten. Auf den Hauptstraßen spielten Kinder Fußball, auf den Autobahnen machten die Bürger ihren Sonntagsspaziergang. Für sechs Monate wurde sogar eine Geschwindigkeitsbegrenzung von 100 Stundenkilometern auf den Autobahnen erlassen, und die europäischen Nachbarländer führten die Sommerzeit ein, um Energie zu sparen.[285] Auch wurde der Bau von

40 neuen Atomkraftwerken in Deutschland beschlossen, wovon allerdings die aufkommende Anti-AKW-Bewegung letztlich einen Großteil verhinderte.

Die folgenschwerste Auswirkung dieser Krise war aber etwas ganz anderes. Denn die Gewerkschaften reagierten auf die Entwicklungen nicht etwa mit Zurückhaltung, um die Belastungen für die Unternehmen nicht noch zusätzlich zu erhöhen. Im Gegenteil: Sie forderten drastische Gehaltserhöhungen, allen voran die ÖTV, die Gewerkschaft des Öffentlichen Dienstes. Sie stand damals unter dem Druck, der sich über das ganze Jahr 1973 durch die wilden Streiks aufgebaut hatte. Am 28. November vereinbarten die Tarifparteien der Stahlindustrie zudem eine Gehaltserhöhung von 12,5 Prozent, auf zwölf Monate gerechnet. Am gleichen Tag stellte die ÖTV ihre Forderung auf: ein Plus von 15 Prozent, mindestens jedoch 185 DM, sowie ein Urlaubsgeld von einheitlich 300 DM. Die Deutsche Angestelltengewerkschaft (DAG) blieb mit 14 Prozent nur knapp darunter.

Natürlich besteht das alljährliche Spiel zwischen den Tarifparteien seit jeher darin, dass beide Seiten Maximalforderungen stellen und man sich dann in der Mitte trifft. Für Innenminister Hans-Dietrich Genscher, den Verhandlungsführer des Bundes, war daher klar, dass am Ende eine Zahl deutlich unter 15 Prozent stehen würde, für ihn war jedoch wichtig, dass das Ergebnis auch unter 10 Prozent blieb, um ein Signal zu setzen. Es war ihm aber auch klar, dass er dies nicht öffentlich fordern durfte, wenn er keine Verhärtung der Positionen riskieren wollte. Er riet daher auch Bundeskanzler Willy Brandt davon ab, solche Grenzen zu benennen.[286] Doch Brandt tat genau das. Am 29. November sagte er im Bundestag:

> »Vorstellungen und Wünsche, wie wir sie in diesen Tagen zugunsten der Angehörigen des öffentlichen Dienstes gehört haben, können nicht verwirklicht werden. (Zustimmung bei der

> SPD.) Über 10%, gar 15%, nachdem soeben erst das 13. Monatsgehalt beschlossen wurde, – dies läßt sich vernünftigerweise nicht darstellen.«[287]

Er wiederholte dies in den kommenden Tagen und Wochen mehrmals.

Nun wurde aus dem Kampf um mehr Lohn auch ein Kampf um die Tarifhoheit. Die Gewerkschaft wollte und musste klarmachen, dass die Politik sich nicht in Tarifverhandlungen einzumischen habe. Diese Verhandlungen, die am 13. Dezember begannen, zogen sich daher über Wochen hin, ohne dass es zu einer Einigung kam. Schließlich rief die ÖTV ihre Mitglieder zur Urabstimmung, und dabei stimmten 91 Prozent für einen Arbeitskampf. Dieser erste bundesweite Streik des öffentlichen Dienstes begann am 10. Februar 1974. Ämter blieben geschlossen, der Müll wurde nicht mehr abgeholt, Bahn- und Busfahrer blieben zu Hause. Nach drei Tagen Streik gaben die Arbeitgeber nach und boten eine Lohnerhöhung von 11 Prozent an, mindestens jedoch 170 DM. Die Gewerkschaften nahmen an. Durchschnittlich ergab sich so ein Plus von 12,1 Prozent, für die untersten Lohngruppen sogar von bis zu 17 Prozent.[288]

Die Reaktionen der Öffentlichkeit auf den neuen Tarifvertrag waren allerdings verheerend. In der Presse galt die Einigung fast durchweg als unverantwortlich. Die *Frankfurter Allgemeine Zeitung* sah im Verhandlungsergebnis »eine Niederlage für die Bürger, für die Volkswirtschaft, für die Autorität staatlicher Führung (und zwar jedweder parteipolitischer Couleur und aller Stufen), für die Stabilität der Mark«.[289] Die Arbeitgeber anderer Branchen reagierten empört, die Opposition aus CDU/CSU wetterte, und selbst SPD-intern beschäftigte man sich intensiv mit den Vorwürfen, der Abschluss sei ein Zeichen der Verfilzung von SPD und Gewerkschaften zum Schaden der Volkswirtschaft.[290]

Vor allem Gewerkschafts-Chef Heinz Kluncker musste sich heftige Angriffe gefallen lassen. Dazu trug sicher auch sein Gewicht von 150 Kilo bei einer Körpergröße von 1,88 Metern bei – immer wieder wurde er vielsagend als »Schwergewicht« bezeichnet, und das wurde durchaus auch politisch verstanden. An ihm ließ sich leicht die vermeintliche Übermacht der Gewerkschaften ganz persönlich festmachen.

Diese heftige Reaktion der Öffentlichkeit mag dazu beigetragen haben, dass der Tarifabschluss der ÖTV von 1974 zum großen Menetekel wurde. Er wird seither als Wendepunkt in der Wirtschaftsgeschichte der Bundesrepublik wahrgenommen, der viele Jahre der wirtschaftlichen Krise einleitete. Die drastischen Lohnerhöhungen des Jahres 1973 – nicht nur im Öffentlichen Dienst, sondern in allen Branchen – lagen weit über der Inflationsrate und dem Produktivitätszuwachs. Das Einkommen aus Unternehmertätigkeit stieg daher 1974 netto nur noch um 0,4 Prozent, die Einkommen aus nichtselbstständiger Arbeit erhöhten sich dagegen netto um 7,9 Prozent. Der Anteil der Löhne am gesamten Volkseinkommen stieg von 1973 bis 1974 sprunghaft von 63,5 auf 65,6 Prozent.[291]

Unternehmertum lohnte sich immer weniger, und das lag auch daran, dass die Firmen nicht nur mit den drastisch höheren Löhnen zu kämpfen hatten, sondern auch noch mit den rasant gestiegenen Energiekosten. All das ließ für Unternehmer, die wirtschaftlich überleben wollten, nur einen Ausweg zu: Rationalisierungen. Die Firmen ersetzten in den folgenden Monaten und Jahren Arbeitskräfte radikal durch Maschinen. Dies ließ die Arbeitslosigkeit in der Bundesrepublik über die folgenden Jahre stetig steigen.

Aber auch die Stabilität der D-Mark wurde nach dem Ölpreisschock und den Rekord-Lohnerhöhungen angezweifelt. Die *Wirtschaftswoche* erklärte am 15. März 1974, der Kampf der Bundesbank zum Schutz des Sparers sei »in Wahrheit längst verloren«.[292] Und der Sparkassen- und Giroverband schrieb in seinem

Jahresbericht 1973: »Das Ziel der Bundesregierung, die Steigerung der Lebenshaltungskosten unter 10 Prozent zu halten, ist sehr ehrgeizig angesichts der vorhandenen Vorbelastungen.«[293]

Umso erstaunlicher war daher, dass die Inflationsraten im Laufe des Jahres 1974 tatsächlich wieder zurückgingen, der Höhepunkt war schon im Dezember 1973 erreicht worden. Offenbar hatten die radikalen Maßnahmen der Bundesbank seit dem Frühjahr 1973 letztlich doch gewirkt. Damit koppelte sich die Bundesrepublik 1974 von der internationalen Preisentwicklung ab. Zwar lagen die Inflationsraten auch hierzulande die ganzen 1970er-Jahre hindurch relativ hoch, allerdings stand die Bundesrepublik stets an der Spitze in den Vergleichstabellen, hatte also zusammen mit der Schweiz die niedrigsten Inflationsraten.

Durchschnittliche Inflationsraten in Prozent[294]			
	1963–1967	1968–1972	1973–1977
Bundesrepublik Deutschland	2,81	3,47	5,58
Schweiz	3,74	4,35	5,60
Belgien	3,48	4,00	9,75
Frankreich	3,21	5,52	10,35
Italien	4,83	3,89	16,17
Großbritannien	3,35	6,59	16,30
USA	1,91	4,65	7,71

Erkauft wurde diese niedrige Inflationsrate durch eine schwere Rezession. Schon im zweiten Quartal 1974 schrumpfte die Wirtschaftsleistung, und diese Entwicklung hielt über viele Monate an. Die Bundesbank senkte als Reaktion die Zinsen wieder, um die Wirtschaft zu stimulieren. Doch das half nichts. Daher versuchte nun auch die Regierung, dem Abschwung entgegenzuwirken, indem sie die Ausgaben steigerte, obwohl gleichzeitig die Einnahmen zurückgingen. Das Defizit deckte sie mit Krediten, doch diese verstärkte Nachfrage nach Kapital führte wiederum zu einem allgemeinen Zinsanstieg am Finanzmarkt, was natürlich die Bemühungen der Bundesbank konterkarierte, die Zinsen zu senken.

In dieser Lage entschloss sich die Bundesbank im Juli 1975 zu einem drastischen Schritt. Bundesbankpräsident Karl Klasen erklärte in einer Pressekonferenz, man werde mit Käufen von Wertpapieren des Bundes und der damals noch staatlichen Unternehmen Bahn und Post beginnen – »mit Mitteln der Bundesbank«. Ziel der Aktion sei es, »die Zinsen nicht weiter steigen zu lassen«.[295] Das bedeutete jedoch schlicht: Die Bundesbank druckte Geld. In ihrem Geschäftsbericht umschrieb sie das Vorgehen zwar blumig als »Geldmarktauflockerung«, um eine »Verkrampfung am Rentenmarkt« aufzulösen.[296] Doch tatsächlich tat sie nichts anderes als das, was die Europäische Zentralbank seit Beginn der Finanz- und Euro-Schuldenkrise machte, als sie Staatsanleihen aufkaufte, und wofür sie von der Bundesbank heftig kritisiert wurde.

In der Öffentlichkeit nahm 1975 jedoch kaum jemand Notiz von dem Vorgehen der Bundesbank. Dabei bewegte die Notenbank enorme Summen. Zwischen Juli und Oktober 1975 kaufte sie Anleihen im Wert von 7,5 Milliarden DM auf. Das entsprach rund 13 Prozent der gesamten Neuverschuldung des Bundes im Jahr 1975 beziehungsweise 1,5 Prozent der Wirtschaftsleistung der Bundesrepublik.[297] Auch die Geldmenge wuchs 1975 mit 10,1 Prozent deutlich stärker als um die angestrebten 8 Prozent[298] – schon kurz nach Einführung eines Geldmengenziels wurde dieses also gerissen.

Das jedoch wurde hingenommen, die Bekämpfung der wirtschaftlichen Probleme hatte Vorrang. Und tatsächlich hatten die Anleihenkäufe Erfolg: Ab dem dritten Quartal 1975 wuchs die Wirtschaft wieder, die Rezession war überwunden. Im Oktober stellte die Bundesbank das Gelddrucken daher nach wenigen Monaten schon wieder ein – ein wesentlicher Unterschied zur Praxis der EZB, die über viele Jahre hinweg Anleihen aufkaufte.

Bei den wenigen, die das kurzzeitige Verlassen des Pfades der Tugend durch die Bundesbank überhaupt mitbekommen hatten, geriet diese Episode schnell wieder in Vergessenheit. Daher verhinderte sie auch nicht, dass sich das Image der D-Mark als Hort der Stabilität weiter verstärkte. Sie wurde nun immer mehr zur führenden Währung in Europa und rückte auch international zur Nummer zwei neben dem Dollar auf. Doch daraus ergaben sich neue Probleme, und der neue Kanzler Helmut Schmidt, der 1974 das Amt von Willy Brandt übernommen hatte, wollte diese durch einen neuen Ansatz lösen. Das läutete auch für die D-Mark eine neue Epoche ein.

KAPITEL 14

Der Weg zur Gründung des Europäischen Währungssystems 1968 bis 1979

Es war ein geheimnisvoller Besuch. Er war nicht öffentlich angekündigt worden, es gibt keine Fotos davon, es existiert kein Protokoll. Sicher ist nur, dass die Visite stattgefunden hat, am 2. April 1978. An jenem Sonntag flog Bundeskanzler Helmut Schmidt nach Paris und suchte den französischen Staatspräsidenten Valéry Giscard d'Estaing auf Schloss Rambouillet auf, 50 Kilometer südwestlich der Hauptstadt. Hier hatten die französischen Präsidenten bis 2009 ihre Sommerresidenz. Nach dem Treffen wurde der Presse lediglich mitgeteilt, dass es stattgefunden habe. Die beiden Regierungschefs hätten »die wirtschaftliche Lage in Europa und der Welt erörtert«,[299] so die nichtssagende Erklärung. Doch tatsächlich fand hier eine epochale Absprache statt. Schmidt zurrte mit Giscard auf Schloss Rambouillet einen Plan fest, den beide in den Wochen davor im Geheimen entwickelt hatten und der Europa und sein Währungsgefüge komplett umgestalten sollte: Sie vereinbarten die Gründung eines Europäischen Währungssystems (EWS).[300]

Diese Episode der europäischen Einigung ist heute weitgehend in Vergessenheit geraten. Dabei wurde in jenen Monaten viel mehr begründet als ein neues Währungskurssystem. Letztlich wurden hier die Grundlagen für den Euro gelegt. Viele der Details seiner Konstruktion wurden damals bereits vereinbart. Aber auch viele der Probleme, die die Gemeinschaftswährung heute hat, wurden seinerzeit schon diskutiert. Und sogar der heutige Außenwert des Euro, sein Wechselkurs gegenüber dem Dollar und anderen Währungen, kann auf Festlegungen aus jener Zeit zurückgeführt werden.

Die Ideen für eine engere währungspolitische Zusammenarbeit in Europa waren damals nicht neu. Sie waren schon Ende der 1960er-Jahre unter den Mitgliedern der 1957 gegründeten Europäischen Wirtschaftsgemeinschaft (EWG), dem Vorläufer der EU, aufgekommen und reiften aufgrund der Ereignisse der folgenden Zeit. Ursache dafür war ein währungspolitisches Umdenken, sowohl in Bonn als auch in Paris. Die politischen Führungen beider Länder erkannten zunehmend, dass die Vorteile einer währungspolitischen Zusammenarbeit in Europa gegenüber den Nachteilen überwogen.

In Frankreich war der Regierung schmerzlich bewusst geworden, dass der Franc keine führende Rolle im Konzert der Währungen mehr spielen würde. De Gaulle hatte in den 1960er-Jahren zwar versucht, die französische Währung zu neuer Stärke zu führen, doch spätestens mit den Turbulenzen des Jahres 1968 und der anschließenden neuerlichen Abwertung waren diese Träume ausgeträumt. Wollte Frankreich überhaupt noch irgendeinen währungspolitischen Einfluss haben, so ging dies nur über eine europäische Zusammenarbeit unter Einschluss der Bundesrepublik. Dies war insbesondere Valéry Giscard d'Estaing klar, der unter de Gaulle und dessen Nachfolger Pompidou als Finanzminister gewirkt hatte, bevor er 1974 selbst Präsident wurde. Ihm war zudem klar, dass Frankreich im Rahmen einer solchen währungspolitischen Zusammenarbeit gewisse Souveränitätsrechte aufgeben musste – etwas, das sowohl für de Gaulle als auch für Pompidou unvorstellbar gewesen war.

In Bonn wiederum war man sich bewusst, dass die Bundesrepublik im Gegensatz zu Frankreich zwar in währungspolitischer Hinsicht eine Führungsrolle einnehmen könnte, und in den Jahren seit dem Zusammenbruch von Bretton Woods tat die D-Mark dies tatsächlich bereits mehr und mehr. Doch außenpolitisch konnte eine solche deutsche Dominanz nicht wünschenswert sein. Dies hatte sich nach der Bonner Wirtschaftskonferenz im Herbst 1968 ganz deutlich gezeigt. Dort hatte sich die Bundesregierung stur geweigert, eine Aufwertung der Mark zuzulassen. Sie hatte sich damit auch durchgesetzt, dafür aber ein verheerendes Echo geerntet, inklusive des Vorwurfs eines neuen deutschen Nationalismus – und dies nur 23 Jahre nach Ende des Zweiten Weltkriegs.

Vor diesem Hintergrund hatte die Wirtschaftsabteilung des Bundeskanzleramts damals scharfsinnig analysiert:

> »Die deutsche Politik steht so vor der Frage,
> - ob sie der Stabilitätspolitik eine Priorität gegenüber der Europapolitik (Erhaltung und Weiterentwicklung der Gemeinschaft) einräumt. Eine konsequente, nach außen abgesicherte deutsche Stabilitätspolitik wird unvermeidlich Auflösungstendenzen in der EWG in Gang bringen;
> - ob sie umgekehrt der Europapolitik eine gewisse Priorität gegenüber der Stabilitätspolitik einräumen will und eine größere Geldentwertung als bisher, sei es durch einen Verzicht auf weitere außenwirtschaftliche Absichten oder innerhalb einer gemeinsamen Konjunktur- und Wirtschaftspolitik, hinnehmen will.«[301]

Die Experten sahen also schon 1969 das Dilemma, in dem Deutschland letztlich bis heute steckt: Entweder die Deutschen beharren stur auf der geldpolitischen Stabilitätspolitik à la Bundesbank, bringen damit weite Teile des Kontinents gegen sich auf und führen die EWG (oder heute die EU beziehungsweise die Eurozone) an den Rand des Zusammenbruchs. Oder sie geben sich geldpolitisch etwas nachgiebiger, riskieren damit höhere Inflationsraten, aber stabilisieren so das gemeinsame europäische Projekt.

Ende der 1960er-Jahre gab es jedoch auf beiden Seiten, sowohl in Frankreich als auch in Deutschland, noch große Vorbehalte gegen einen währungspolitischen Schulterschluss. In Frankreich fürchtete man die Aufgabe von Souveränitätsrechten, in der Bundesrepublik die Aufweichung der Geldpolitik. Aber bereits zu jener Zeit wuchs auch auf beiden Seiten die Erkenntnis, dass die Alternative des »Jeder für sich« ebenfalls viele Nachteile hatte, die mit der Zeit immer größer werden würden. Daher machten die Staats- und Regierungschefs der Europäischen Wirtschaftsgemeinschaft (EWG) auf ihrer Konferenz in Den Haag am 1. und 2. Dezember 1969 einen ersten Schritt. Sie erklärten die Errichtung einer Wirtschafts- und Währungsunion zu ihrem offiziellen Ziel, ohne jedoch konkrete Schritte in diese Richtung zu vereinbaren. Vielmehr sollte eine Expertenkommission unter dem luxemburgischen Premierminister Pierre Werner erst einmal einen Fahrplan für den Weg dorthin ausarbeiten.

Diesen Fahrplan stellte Werner bereits im Oktober 1970 vor – und er war überaus ambitioniert. Er sah vor, bis zum Jahr 1980 eine Währungsunion mit einer gemeinsamen Währung zu schaffen. Der Weg dorthin sollte über verschiedene Stufen führen, über die die Wirtschafts- und die Geldpolitik nach und nach harmonisiert werden sollten. Tatsächlich billigten die Regierungschefs diesen sogenannten Werner-Plan am 22. März 1971. Doch noch bevor die ersten Schritte umgesetzt werden konnten, machten die folgenden Währungsturbulenzen, die schließlich zum Zusammenbruch des Bretton-Woods-Systems führten, einen Strich durch die Rechnung. An eine Umsetzung des Werner-Plans war nun vorerst nicht mehr zu denken.

Allerdings war die währungspolitische Großwetterlage nicht der einzige Grund für das Scheitern des Plans. Vielmehr waren sowohl Paris als auch Bonn noch nicht so weit, einen solchen Schritt zu wagen. In Frankreich regierte noch Georges Pompidou, für den es nicht denkbar war, die eigene Souveränität im Rahmen einer gemeinsamen Währungspolitik beschneiden zu lassen. In der Bundesrepublik wiederum befeuerten die Inflationsraten, die in jener Zeit wieder deutlich stiegen, die alte deutsche Angst vor einer unkontrollierbaren Geldentwertung. Dass die Bundesbank in einer solchen Lage die Kontrolle über die Geldpolitik abgeben sollte, war hier ebenfalls undenkbar. Zudem war die Bundesregierung unter Bundeskanzler Brandt vor allem mit einer Neuausrichtung der Ostpolitik beschäftigt – dies hatte Priorität gegenüber der Weiterentwicklung der Europäischen Gemeinschaft.

Doch immerhin setzten die Regierungen einen ersten Minischritt in Richtung Währungsunion um, den sogenannten Europäischen Wechselkursverbund, der auch als »Schlange im Tunnel« bezeichnet wurde. Denn die Währungskurse der teilnehmenden Länder sollten in diesem neuen System zwar einerseits nicht mehr fix sein, sondern sich bewegen können, in beide Richtungen und somit wie eine Schlange. Andererseits sollte dies nur in einem engen Korsett geschehen, in einem Tunnel eben. Später war dann meist von der »Währungsschlange« oder einfach nur von der »Schlange« die Rede.

Am 1. Mai 1972 gründeten die sechs Mitgliedsländer der EWG (die Benelux-Staaten, Frankreich, Italien und die Bundesrepublik) sowie die damaligen vier Beitrittskandidaten (Großbritannien, Irland, Dänemark und Norwegen) dieses neue System. Sie verpflichteten sich, durch Interventionen ihrer Notenbanken dafür zu sorgen, dass die Währungen untereinander nur in einem engen Band schwankten. Norwegen machte schließlich doch nicht mit, weil es von einem EWG-Beitritt Abstand nahm. Großbritannien musste die Schlange schon nach sieben Wochen wieder verlassen, als das Pfund in eine Krise taumelte. Irland verließ das System dabei gleich mit. Im Februar 1973 musste Italien gehen, weil die Lira nicht mehr zu halten war. Frankreich trat im Januar 1974 wegen des Drucks auf den Franc aus, Mitte 1975 wieder ein und im März 1976 dann erneut aus. Es war ein Kommen und Gehen, und in der zweiten Hälfte der 1970er-Jahre war die Währungsschlange de facto eine D-Mark-Zone, der neben der Bundesrepublik nur noch die Benelux-Staaten und Dänemark angehörten.

Eigentlich war diese Situation, in der die D-Mark mit einigen wenigen kleineren Währungen eine Art Mini-Währungsunion bildete und darin die bestimmende Rolle hatte, für die deutsche Seite recht komfortabel. Weder die Bundesbank sah einen Anlass, daran etwas zu ändern, noch die Regierung, seit 1974 mit Helmut Schmidt als Bundeskanzler an der Spitze. Doch das änderte sich 1977/1978, und der Anstoß dazu kam mal wieder aus den USA. Dort war seit Januar 1977 Jimmy Carter Präsident. Dessen Beziehung zu Schmidt war von Anfang an schwierig, was vor allem an einer reichlich arroganten Grundhaltung Schmidts gelegen haben soll. So seien viele in dessen Umfeld der Ansicht gewesen, der bis dahin unbekannte Südstaatler Carter stamme aus einer Gegend, »wo nur Deppen herkommen«, beschrieb Kanzleramtschef Manfred Schüler diese Haltung. Und Schmidt habe diese Sicht durchaus geteilt. Das Fatale war, dass der Kanzler diese Haltung seine amerikanischen Gesprächspartner auch spüren ließ. Der Carter-Berater Zbigniew Brzezinski notierte, Schmidt spreche gegenüber Journalisten »leider und törichterweise von ›diesem emporgekommenen Erdnussfarmer‹«.[302]

Schmidt selbst hielt sich für erfahrener und dem US-Präsidenten intellektuell überlegen. In Carter, der vor allem von einem tiefen christlichen Glauben getrieben war, erkannte er zudem eine gewisse Naivität. Welche Welten da aufeinanderprallten, macht eine kleine Gesprächsszene zwischen den beiden deutlich. »Helmut, können wir beide nicht die Mauer in Berlin beseitigen?«, soll Carter einmal gefragt haben, worauf Schmidt verblüfft zurückfragte: »Wie? Auf welchem Wege?« Carter antwortete: »Ich dachte, Sie hätten vielleicht ein Rezept dafür.«[303] Diese Art des Denkens war Schmidt – der einmal gesagt hatte, wer Visionen habe, solle zum Arzt gehen – zutiefst fremd.

Über die Jahre entfremdeten sich die beiden immer weiter, das Verhältnis war am Ende sogar von tiefster Abneigung geprägt. 1980 soll Schmidt den US-Präsidenten während des G7-Gipfels in Venedig sogar eine halbe Stunde lang angeschrien und dabei so ziemlich alles vorgebracht haben, was sich bei ihm über die Jahre angestaut hatte. Ein »unglaubliches Treffen« nannte das Carter später, so etwas habe er nie zuvor und nie mehr danach erlebt.[304]

1977/1978 war das Zerwürfnis noch nicht ganz so weit fortgeschritten, aber das Klima war bereits gereizt. Dazu trug vor allem bei, dass Jimmy Carter sich entschieden hatte, in Europa Neutronenbomben zu stationieren. Im Gegensatz zu Atomwaffen zerstören diese kaum Gebäude und Infrastruktur, sondern töten »nur« Menschen – genau deshalb war diese Waffe extrem umstritten. Sie galt als Symbol für »die Perversion des Denkens«.[305] Helmut Schmidt sah sich den USA gegenüber jedoch verpflichtet und warb gegen enorme Widerstände in seiner eigenen Partei darum, der Stationierung zuzustimmen. Nach monatelangen Diskussionen hatte er schließlich die Zustimmung erwirkt – da änderte Carter Ende März 1978 seine Meinung. Er wolle die Waffen aufgrund des Widerstands nun doch nicht mehr in Deutschland stationieren, teilte er Schmidt lapidar mit. Ohne ein Wort der Entschuldigung. Dies löste bei Schmidt extreme Verbitterung und Verärgerung aus. Sein Vertrauen in Carter war zutiefst erschüttert.[306]

Das Fass zum Überlaufen brachte jedoch bald darauf der wirtschaftspolitische Druck der Carter-Administration auf Bonn. Die

Bundesrepublik solle ihre Wirtschaft durch höhere Staatsausgaben stimulieren, so die Forderung, die auch an Japan erging. Dadurch, so der Gedanke, könnten die drei Länder (USA, Japan und Deutschland) die Weltwirtschaft aus dem Tal führen, und darüber würden sich die zusätzlichen Ausgaben am Ende von selbst tragen. Das war die sogenannte Lokomotiv-Theorie.

Wirtschaftsleistung pro Kopf in Dollar (Wert des Jahres 2015)[307]							
	Bundesrepublik	Frankreich	Großbritannien	Italien	Niederlande	Belgien	USA
1965	14.642	14.609	15.545	12.111	15.618	13.643	21.390
1966	14.642	15.213	15.757	12.659	15.838	13.989	22.529
1967	14.964	15.792	16.018	13.476	16.483	14.461	22.842
1968	14.979	16.365	16.593	14.513	17.365	15.009	23.691
1969	15.723	17.352	16.820	15.248	18.270	15.969	24.195
1970	16.641	18.187	17.162	15.492	19.075	16.914	23.958
1971	17.277	18.881	17.440	15.683	19.636	17.486	24.394
1972	17.657	19.549	18.002	16.035	20.079	18.336	25.414
1973	18.301	20.441	19.168	16.950	20.851	19.399	26.602
1974	19.074	20.902	18.903	17.607	21.514	20.153	26.286
1975	19.228	20.653	18.884	17.123	21.318	19.831	25.956

Tatsächlich kriselte damals die Wirtschaft in weiten Teilen der Welt, auch in der Bundesrepublik. Hier war zwar die Inflation wieder einigermaßen unter Kontrolle, und sowohl die Wirtschaft als auch der allgemeine Wohlstand wuchsen noch. Für diesen Wohlstand mussten die Menschen inzwischen zudem deutlich weniger arbeiten. 1960 lag die Arbeitszeit pro Jahr im Schnitt bei 2124 Stunden, 1975 waren es nur noch 1753 Stunden.[308] Bei einem 8-Stunden-Tag entspricht das rund 46 Tagen mehr Freizeit pro Jahr. Zudem arbeiteten die Deutschen inzwischen weniger als praktisch alle anderen Nationen der westlichen Welt. Gleichzeitig stieg aber die Zahl der Arbeitslosen unablässig. 1975 überschritt sie erstmals seit Ende der 1950-Jahre wieder die Marke von einer Million. Und auch die Wachstumsraten waren inzwischen weit von jenen der Zeit des Wirtschaftswunders in den 1950er- und 1960er-Jahren entfernt.

Abb. 2: Zahl der Arbeitslosen in der Bundesrepublik von 1965 bis 1975

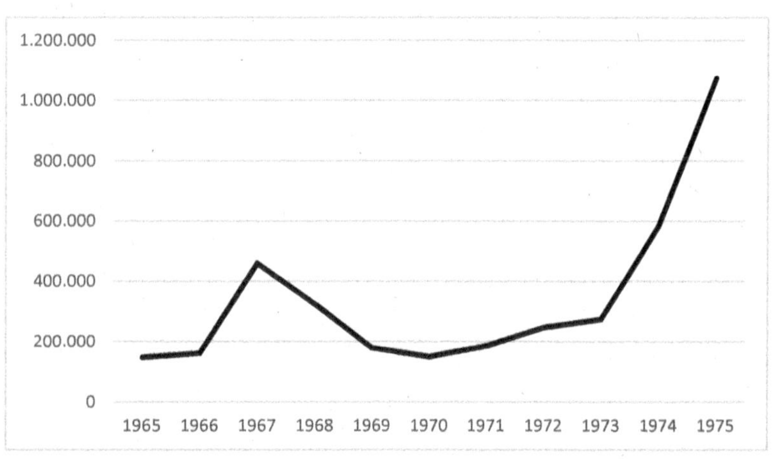

Quelle: Bundesagentur für Arbeit

Das Gefühl, in einer tiefen Krise zu stecken, machte sich in jenen Jahren in allen westlichen Gesellschaften breit. Sowohl in Tokio als auch in Bonn und Frankfurt bezweifelten die Wirtschaftspolitiker und Notenbanker jedoch, dass diese Krise dadurch zu lösen sei, dass sie ihre restriktive Geldpolitik und ihre moderate Ausgabenpolitik verlassen und zusammen mit den USA Lokomotive spielen würden. Man hielt die US-Politik vielmehr für einen Irrweg. Washington fühlte sich durch diese ablehnende Haltung brüskiert. Dort entstand die Überzeugung, dass sich Japan und die Bundesrepublik ihrer Verantwortung entzögen und die USA folglich die

Last alleine zu tragen hätten, alleine als Lokomotive fungieren mussten. Die logische Konsequenz bestand dieser Sichtweise zufolge darin, dass die amerikanische Wirtschaft im Gegenzug über einen schwächeren Dollar entlastet werden müsse.[309] Denn die USA litten unter einem immer schneller wachsenden Handelsdefizit. Mitte 1977 sagten die Prognosen einen Importüberschuss von 20 Milliarden Dollar voraus, nach 9,4 Milliarden im Jahr zuvor – am Ende des Jahres waren es dann sogar 31,1 Milliarden. Deutschland allein erzielte dagegen einen Exportüberschuss von 16,7 Milliarden Dollar.[310]

Als sich am 23./24. Juni 1977 die Finanzminister der OECD-Staaten in Paris trafen, setzte daher der US-Vertreter Werner Michael Blumenthal einen Passus im Abschlusskommuniqué durch, in dem es hieß: »Mitgliedstaaten mit einer starken Auslandsposition [...] sind bereit, eine Schwächung ihrer Leistungsbilanz und den vorherrschenden Marktkräften entsprechend eine Aufwertung ihrer Währungen hinzunehmen.«[311] Das war praktisch der offizielle Aufruf an die Finanzmärkte, den Dollarkurs noch tiefer zu treiben. Prompt geschah genau dies. Allein im zweiten Halbjahr 1977 wertete die Mark erneut um 10 Prozent gegenüber dem Dollar auf. Anfang 1977 hatte 1 Dollar noch rund 2,40 DM gekostet, im Dezember waren es 2,15 DM, und im März 1978 war die Marke von 2 DM in Sicht.

Zu der Abwertung trug auch bei, dass aus amerikanischen Regierungskreisen immer wieder Äußerungen kamen, die mehr oder weniger verklausuliert deutlich machten, dass Washington an einem schwächeren Dollar gelegen sei. Ein führender amerikanischer Devisenhändler beschrieb die damalige Lage recht plastisch:

> »Alle paar Tage stand irgendein dummer Bastard aus dem Finanzministerium auf und sagte, dass die Vereinigten Staaten nicht eingreifen würden, um den Wert des Dollars zu festigen,

> sondern allenfalls, um einem Chaos am Markt entgegenzuwirken. Als die Leute das hörten, ging das Geschrei los: ›Verkauft den Dollar!‹«[312]

Doch der Druck auf Deutschland führte nicht etwa dazu, dass Bonn seine Wirtschaftspolitik änderte, wie die USA es immer wieder forderten – Washington drängte beispielsweise zu einer Steuersenkung auf Pump, um die Konjunktur anzufachen und so die Arbeitslosigkeit zu bekämpfen. Vielmehr sagte Kanzler Schmidt in einer Regierungserklärung vor dem Bundestag am 19. Januar 1978, er könne »ausländischen Ratgebern« nicht folgen, denn »wir wollen nicht mitschuldig werden an einer neuen Runde der Inflationierung«. Allen war klar, wer damit gemeint war. Mehr noch: Schmidt riet den anderen Staaten, dem deutschen Beispiel zu folgen.[313]

Zwei grundsätzlich verschiedene wirtschafts- und geldpolitische Überzeugungen prallten hier aufeinander, und die deutsche Seite vertrat ihre Position durchaus selbstbewusst. Sie ließ das Presse- und Informationsamt der Bundesregierung sogar eine Anzeigenkampagne entwickeln, die verdeutlichen sollte, wer in dieser Auseinandersetzung recht hatte. In einer Werbebotschaft hieß es: »Die Mark ist draußen zwei Mark wert, der Dollar nur die Hälfte. Einmaleins der Weltwirtschaft.«[314]

Doch diese Werbekampagne half den deutschen Exporteuren wenig. Bei ihnen führte der drastische Verfall der amerikanischen Währung zunehmend zu Verzweiflung und bei Bundeskanzler Helmut Schmidt zu einer stetig wachsenden Verärgerung über die US-Politik. Er kam nun zu dem Schluss, dass Deutschland sich stärker von den USA abnabeln musste. Gleichzeitig war ihm aber auch klar, dass die Bundesrepublik nicht auf sich allein gestellt Weltpolitik betreiben konnte. Der Zweite Weltkrieg war gerade einmal etwas über 30 Jahre her, die Erinnerung an die deutschen Verbrechen überall noch frisch. Das Land war zudem geteilt in Ost und West, die Bundesrepublik war existenziell auf den Beistand der Bündnispartner angewiesen. Die einzige Möglichkeit, ein Gegengewicht zu den USA aufzubauen, führte daher über Europa. Schmidts Folgerung war, dass man gegen die schädliche US-Währungspolitik eine »gemeinsame Front in der EG aufbauen« müsse.[315] Denn dadurch würden wenigstens die europäischen Absatzmärkte, die für rund 45 Prozent des deutschen Exports standen, berechenbarer. Zudem, so glaubte Schmidt, könnte ein großer, einheitlicher Block aus europäischen Währungen ein Schutzschild für die D-Mark sein. Denn so würde der Aufwertungsdruck, der bisher weitgehend auf der D-Mark allein lastete, auf mehrere Schultern verteilt, so die Hoffnung.[316]

Um ein Gegengewicht zu den USA bilden zu können, müsste dieser Block jedoch eine gewisse Größe und ein gewisses Gewicht haben – die Währungsschlange, die ja praktisch nur aus der D-Mark und einigen währungspolitisch relativ unbedeutenden Partnern bestand, war dafür zu klein. Vielmehr mussten Frankreich, Italien und idealerweise auch Großbritannien mit im Boot sein.

Diesem Umdenken auf deutscher Seite entsprach ein ähnlicher Prozess in Paris. Dort amtierte seit 1974 Giscard d'Estaing als Präsident, der im Gegensatz zu de Gaulle und Pompidou ein entspannteres Verhältnis zur Einschränkung französischer Souveränitätsrechte hatte. Zudem stimmte zwischen Schmidt und Giscard die Chemie, sie verstanden sich gut, vertrauten sich. Gleichzeitig hatten beide ein mindestens distanziertes Verhältnis zum US-Präsidenten. Ende 1977/Anfang 1978 reifte daher bei Schmidt und Giscard der Plan, einen neuen Anlauf zu einem europäischen Währungsverbund zu nehmen. Als Schmidt am 2. April 1978 zu jenem geheimnisvollen Besuch bei Giscard auf Schloss Rambouillet reiste, ging es bei den Gesprächen genau darum. Und die beiden machten dort offenbar Nägel mit Köpfen. Denn wenige Tage später, beim Kopenhagener EG-Gipfel vom 7. und 8. April 1978, präsentierten sie bei einem Abendgespräch den überraschten Staats- und Regierungschefs der sieben anderen Mitgliedsländer das Projekt eines Europäischen Währungssystems (EWS).

Dieses EWS sollte deutlich über die Zusammenarbeit in der Schlange hinausgehen. Basis sollte ein europäischer Währungsfonds werden, in den die Mitgliedsländer einen Teil ihrer Devisenreserven einzahlen. Verbunden sein sollten die Währungen über eine Europäische Währungseinheit als Rechengrundlage. Und um auch schwächeren Ländern die Chance zur Beteiligung zu geben, sollte das Ganze in zwei Stufen umgesetzt werden.[317]

Belgien, Luxemburg und die Europäische Kommission waren sofort dafür, der britische Premierminister James Callaghan war jedoch skeptisch. Die Regierungschefs einigten sich daher auf die Einsetzung einer Dreierkommission mit je einem Vertreter aus Frankreich, der Bundesrepublik und Großbritannien, die einen konkreten Plan zur Umsetzung der Idee ausarbeiten sollte. Der britische Vertreter zog sich allerdings nach kurzer Zeit schon wieder zurück.[318] Daher trafen sich nur Giscard und Schmidt am 25. Juni mit ihren beiden Vertretern aus der Dreierkommission im Haus des Kanzlers in Hamburg-Langenhorn, um nunmehr ein umfassendes Konzept auszuarbeiten. Das präsentierten sie auf dem nächsten EG-Gipfel am 6./7. Juli 1978 in Bremen ihren Kollegen.

Die meisten Staaten waren sofort bereit mitzumachen, nur der britische Premierminister James Callaghan bremste wieder. Schmidt wollte die Briten aber unbedingt dabeihaben, wandte all seine Überredungskünste auf, zum Missfallen von Giscard, der es nach eigener Aussage für unwahrscheinlich hielt, dass London zum Mitmachen bewegt werden könnte. Insgeheim dürfte er aber auch ein Interesse daran gehabt haben, dass London draußen blieb. Schließlich wuchs dadurch der französische Einfluss. Als Irland, dessen Pfund bisher stets eng an die britische Währung gebunden war, erklärte, man wolle mitmachen, ungeachtet der Londoner Skepsis, stand plötzlich alles auf der Kippe. Für Callaghan war die irische Haltung ganz und gar unglaublich, er fühlte sich in die Ecke gedrängt und isoliert. Das ganze Projekt drohte zu scheitern, oder wie Giscard in seinen Memoiren schreibt: »Das Schiff bekommt langsam ein Leck und beginnt zu sinken.«[319] Doch ein Kompromiss rettete das Projekt: Großbritannien stimmte der Einrichtung eines Europäischen Währungssystems (EWS) zu, nahm daran jedoch nicht teil – späterer Beitritt nicht ausgeschlossen.

Konkret sah der Plan nun so aus: Wie in der Schlange sollten die Währungen nur um bis zu 2,25 Prozent von den festgelegten Leitkursen abweichen können. Jenen Ländern, die bisher nicht zur Schlange gehörten, sollte dabei vorübergehend eine größere Bandbreite zugestanden werden, also Italien und Irland. Die Leitkurse sollten nur im gegenseitigen Einvernehmen geändert werden können, ein eigenmächtiges Vorgehen der Länder war untersagt. Wirklich neu und revolutionär war, dass die Mitglieder des EWS einen Teil der Währungsreserven ihrer Zentralbanken in Form von Dollar und Gold zusammenlegen sollten, als mögliche Summe wurden 20 Prozent der Reserven genannt. Außerdem sollte der gleiche Betrag in der jeweiligen eigenen Währung eingezahlt werden. Da sich die gesamten Währungsreserven der EWS-Staaten damals auf umgerechnet etwa 300 Milliarden DM beliefen, wären das rund 120 Milliarden Mark an künftigen gemeinsamen Reserven gewesen. Nach zwei Jahren würde dieses Geld in einem Europäischen Währungsfonds (EWF) zusammengefasst. Diese Mittel sollten als Deckung einer neu zu schaffenden Europäischen Währungseinheit dienen, und sie sollten eingesetzt werden, um die Wechselkurse zwischen den Mitgliedsländern zu stabilisieren. Diese Interventionen würden weiterhin durch die jeweiligen Zentralbanken erfolgen, sie sollten sich aber dafür der Mittel aus dem EWF bedienen können. Und schließlich beschlossen die Staatschefs in

Bremen noch, ihre Wechselkurspolitik gegenüber Drittländern, also insbesondere den USA, stärker zu koordinieren.

Als diese Grundsatzbeschlüsse gefasst waren, stand noch eine wichtige Frage im Raum: Wie sollte diese gemeinsame Währungseinheit genannt werden, die auf dem gemeinsamen Devisenschatz aufbauen und die als Bezugsgröße der Währungen untereinander dienen sollte? Hier landete der französische Präsident einen Coup, an den er sich in seinen Memoiren mit offensichtlichem Vergnügen erinnerte.

> »Am Nachmittag sitzen wir alle am Konferenztisch und besprechen die Abfassung des Kommuniqués. Das europäische Währungssystem setzt die Existenz einer Währungseinheit voraus, die sozusagen der Keim einer künftigen europäischen Währung sein soll. Aber wie soll sie heißen?
>
> Unter den Beteiligten herrscht eine gewisse Verlegenheit. Dieser Einheit einen Namen in englischer Sprache zu geben, erscheint angesichts der Nichtbeteiligung Großbritanniens untunlich. Abgesehen von der französischen kann man eine andere Sprache eigentlich nicht in Erwägung ziehen. Und an einigen Bemerkungen erkenne ich deutlich die Abneigung unserer Partner einem französischen Namen gegenüber. Sie würden das als eine erneute Manifestation des intellektuellen Imperialismus unseres Landes empfinden!
>
> Ich bitte Helmut Schmidt, der den Vorsitz führt, mir das Wort zu erteilen. Das Unbehagen der anderen wächst.
>
> Ich schlage vor, der neuen Währungseinheit keinen speziellen Namen zu geben, sondern sie ganz einfach nach ihrer Funktion zu bezeichnen: European Currency Unit.«
>
> Und ich benutze dabei die englische Version.
>
> Allgemeine Überraschung und Erleichterung. Jim Callaghan strahlt geradezu und flüstert seinem Außenminister, David

Owen, zu, wie erfreut er darüber ist. Man braucht kein Hellseher zu sein, um die einstimmige Annahme festzustellen. Helmut Schmidt, der das Wortspiel sofort begriffen hat, scheint sich zu amüsieren. Er denkt wahrscheinlich, auf diese Weise ließe sich das neue System in der französischen Bevölkerung besser ›verkaufen‹, was genau seinem Wunsch entspricht. Er nimmt das allgemeine Einverständnis mit meinem Vorschlag zur Kenntnis.

›In der Praxis‹, füge ich hinzu, immer noch auf Englisch, ›werden wir allerdings die Anfangsbuchstaben benutzen müssen, wie zum Beispiel auch für Droits de Tirages Speciaux (DTS).[320] Es wird besser sein, in den Texten die Abkürzung in Klammern dahinter zu setzen: *European Currency Unit (ECU)*.‹

Keine Einwände. Nur etwas Erstaunen. Man fragt sich, ob da nicht irgendein Trick dabei ist. Der belgische Premierminister beginnt als erster zu lächeln. Dann die anderen.

Denn die europäische Währung wurde auf diese Weise ›ecu‹ getauft, nach dem Namen, mit dem die Franzosen ihre Hauptsilbermünze zur Zeit der Herrschaft der Valois bezeichnet haben.«[321]

So hatten die Franzosen der gemeinsamen Währung einen französischen Namen gegeben, ohne dass dies sogleich für jedermann ersichtlich war. Ein kleiner Triumph für Giscard.

Schmidt dagegen verbuchte für sich einen anderen Punkt als Triumph. Denn in das Beschlussdokument wurde auf seinen Wunsch hin noch ein letzter Satz eingefügt: »Ein System einer engeren währungspolitischen Zusammenarbeit wird nur dann erfolgreich sein, wenn die Teilnehmerländer eine Politik verfolgen, die sowohl im Inland als auch im Ausland zu einer größeren Stabilität führt; dies gilt gleichermaßen für Defizit- und Überschußländer.«[322] Mit dieser erklärten Pflicht zur finanzpolitischen Disziplin wollte die deutsche Seite Bedenken entgegenwirken, dass dieses neue System destabilisierend für die D-Mark wirken könnte und dass die Bundesrepublik einen Teil ihrer Währungsreserven hergebe, um damit Währungen zu stützen, die aufgrund der laschen Finanzpolitik ihrer Regierungen zur Schwäche neigten.

Doch genau diese Kritik ließ nicht lange auf sich warten. Das Gebot zur Disziplin sei zu uneindeutig, es bestehe sogar eher der Anreiz zum Gegenteil, das EWS werde zu einer Quelle der Inflationsgefahr, wandten Ökonomen ein.[323] Die Bundesbank warnte in einem fünfseitigen Brief vor den Gefahren des EWS. Das neue Währungssystem dürfe »nicht durch eine Harmonisierung der Inflationsraten auf einer mittleren Linie« erreicht werden, sondern müsse durch eine überall »gleichmäßig strikte währungs- und wirtschaftspolitische Disziplin untermauert werden«. Das jedoch sei nicht gegeben, wodurch Gefahren entstünden. »Der sofortige Anschluß von drei oder vier EG-Ländern mit relativ hohen Inflationsraten stellt ein nicht geringes Risiko dar«, schrieb sie weiter. Daher forderte die Bundesbank ein Sonderrecht. So »müßte eine Abschirmung durch zeitweise Suspendierung der Interventionsverpflichtung möglich sein«.[324] Sie forderte also einen Freibrief, um die Interventionen am Devisenmarkt beenden zu können, wenn es ihr aussichtlos erschien, auf diese Weise die fixen Wechselkurse zu verteidigen.

Aber die Bundesbank beschränkte sich nicht auf den direkten Austausch mit der Regierung. Sie mobilisierte auch die Öffentlichkeit, um Druck auszuüben. »Bremer Währungsmodell stößt auf große Bedenken der Bundesbank« überschrieb *Die Welt* schon am 15. Juli 1978 einen Artikel, in dem sie detailliert darüber berichtete, welche Bedenken Bundesbankpräsident Otmar Emminger gegenüber Finanzminister Hans Matthöfer vorgebracht hatte.[325] In den folgenden Wochen trat Emminger zudem immer wieder im Fernsehen oder bei Veranstaltungen auf, um seine Kritik kundzutun.

Emminger war ein alter Hase, was die Geldpolitik betraf. Schon 1950 war er in die Dienste der Bank deutscher Länder getreten, ab 1951 leitete er deren volkswirtschaftliche Abteilung. Zwei Jahre später wurde er Mitglied des Direktoriums und blieb dies auch, als die Bundesbank gegründet wurde. Ab 1969 war Emminger Vizepräsident der Bundesbank, und er war einer ihrer wichtigsten Akteure in der Zeit, als das Währungssystem von Bretton Woods ab 1971 zusammenbrach. Denn Emminger hatte schon Jahre zuvor eine Freigabe der Währungskurse befürwortet, nahm damit aber lange Zeit eine Minderheitenposition in der Bundesbank und gegenüber der Regierung ein. Am Ende wurde er in seiner Haltung bestätigt.

Gleichzeitig war Emminger stets ein vehementer Verfechter der Stabilitätspolitik. Er stand für jene Bundesbank, von der Beobachter im Ausland mitunter sagten, dass sie die Inflation unter jedem Stein vermute. In dieser Sicht steht die Inflationsbekämpfung an allererster Stelle, ohne Rücksicht auf Verluste, so wie das 1965/1966 zu sehen war. Emminger war ein überzeugter Verfechter der Geldmengensteuerung, die die Bundesbank seit dem Ende des Bretton-Woods-Systems verfolgte, und er hielt die Unabhängigkeit der Bundesbank für eine unverzichtbare Voraussetzung, damit sie ihr Ziel der Geldwertstabilität erreichen konnte, erst recht, als er am 1. Juni 1977 Präsident dieser Institution wurde.

Diese Vorgeschichte erklärt die Vehemenz, mit der Emminger die grundsätzlich kritische Haltung der Bundesbank zum geplanten EWS und ihre Forderung nach Korrekturen bei den Plänen nach außen trug. Im November 1978 lud er sogar den Bundeskanzler als Gast zu einer Sitzung des Zentralbankrats ein, um ihm diese Haltung noch einmal deutlich zu machen – so etwas hatte es noch nie gegeben. Schmidt kam, zeigte sich weitgehend einverstanden mit den Kritikpunkten und übernahm diverse Forderungen der deutschen Währungshüter bei den weiteren Verhandlungen über die Details des EWS. Es zeigte sich wieder einmal, dass eine Bundesregierung nicht gegen die Bundesbank regieren konnte.

So setzte die Bundesbank am Ende diverse Änderungen durch. Beispielsweise mussten nur noch 20 Prozent der Gold- und Dollarreserven in den gemeinsamen Topf der Reserven eingebracht werden. Beim Bremer Gipfel war noch von 20 Prozent der Gold- und Devisenreserven sowie derselben Summe in der eigenen Währung die Rede gewesen. Zudem fiel der maximal einsetzbare Betrag, der aus diesem Topf für Interventionen entnommen werden konnte, geringer aus, und die Rückzahlung musste schneller erfolgen. Die Bundesbank setzte auch eine andere Berechnung der Abweichung von den Paritäten durch, wodurch de facto die D-Mark zur Leitwährung des Systems wurde.[326]

Vor allem aber erreichte die Bundesbank die Zusicherung, dass sie die Reißleine ziehen könne, wenn geforderte Interventionen ihrer Ansicht nach die Stabilität der D-Mark in Gefahr bringen und die Autonomie der Bundesbank infrage stellen würden. Sie konnte also jederzeit aufhören, die fixen Wechselkurse am Devisenmarkt zu verteidigen, wenn sie dies für geboten hielt. Bundesbankpräsident Emminger hatte dies in einem Brief an Schmidt formuliert. Darin hieß es:

> »Die geldpolitische Autonomie der Bundesbank würde besonders gefährdet werden, wenn sich bei starken Ungleichgewichten im künftigen EWS übermäßige Interventionsverpflichtungen ergäben, durch welche die Geldwertstabilität bedroht wird. Dies würde die Erfüllung der gesetzlichen Aufgabe der Bundesbank unmöglich machen. Die Bundesbank geht, unter Hinweis auf mehrfache Zusicherungen des Herrn Bundeskanzlers und des Herrn Bundesfinanzministers, davon aus, daß die Bundesregierung in einem solchen Fall die Bundesbank vor einer derartigen Zwangslage bewahrt, entweder durch eine Wechselkurskorrektur im EWS oder erforderlichenfalls durch eine vorübergehende Entbindung von der Interventionspflicht.«[327]

Für Emminger und seine Kollegen in der Bundesbank war diese Begrenzung der Interventionspflicht der entscheidende Punkt. Mehrere Minister bestätigten in der Folge die Zusage auch öffentlich. Und tatsächlich sollte Emmingers Brief in einer hochdramatischen Situation rund 14 Jahre später noch einmal von entscheidender Bedeutung sein.

Davon ahnten die Staats- und Regierungschefs bei ihrem Treffen am 4. und 5. Dezember 1978 in Brüssel aber noch nichts. Dort beschlossen sie endgültig die Einrichtung des Europäischen Währungssystems zum 13. März 1979. Alle EG-Mitgliedsländer außer Italien, Irland und Großbritannien erklärten ihren sofortigen Beitritt, Italien und Irland folgten aber wenige Tage später. Großbritannien dagegen blieb außen vor.

Doch es galt noch eine letzte Entscheidung zu treffen, bevor das EWS starten konnte: Damit der ECU seine Funktion als Recheneinheit ausfüllen konnte, musste dessen Wert bestimmt werden, und dazu konnte die EG auf bereits Vorhandenes zurückgreifen. Schon 1955 war mit dem Europäischen Währungsabkommen die sogenannte Rechnungseinheit (RE) eingeführt worden. Ihr Wert entsprach 0,88867088 Gramm Feingold und damit genau 1 Dollar. Mit dem Ende der Goldbindung des Dollars blieb der Wert der RE zunächst weiter beim Wert von 0,88867088 Gramm Feingold fixiert. Gegenüber dem Dollar stieg sein Wert also stetig, da dieser ja im Verhältnis zu Gold immer weiter abwertete. Am 28. Juni 1974 lag der Kurs der RE bei 1,20635 Dollar, und an diesem Tag wurde die Berechnung geändert. An die Stelle der Goldbindung trat ein Korb aus den Währungen der EG-Mitgliedsländer, die darin nach verschiedenen Kriterien gewichtet wurden, unter anderem dem Bruttosozialprodukt des jeweiligen Landes und dem Anteil am innergemeinschaftlichen Handel im Durchschnitt der Jahre von 1969 bis 1973. Gleichzeitig wurde die Rechnungseinheit in »Europäische Rechnungseinheit« (ERE) umbenannt.

Für den ECU schließlich wurde beim Start einfach der Wert der ERE übernommen, der zu diesem Zeitpunkt bei rund 1,35 Dollar lag, und die Berechnung wurde entsprechend fortgesetzt, also basierend auf einem Währungskorb. Dieser bestand aus:

- 0,828 Deutschen Mark
- 0,0885 Pfund Sterling
- 1,15 Französischen Francs
- 109,00 Italienischen Lire
- 0,286 Holländischen Gulden
- 3,66 Belgischen Francs
- 0,14 Luxemburgischen Francs
- 0,217 Dänischen Kronen
- 0,00759 Irischen Pfund[328]

Der Wert eines ECU ergab sich aus der Summe dieser Währungsbeträge. Dazu mussten diese natürlich zu den jeweiligen Wechselkursen umgerechnet werden. Wollte man also beispielsweise den Wert des ECU in Dollar ermitteln, so mussten dazu zunächst die einzelnen Währungsbeträge anhand der aktuellen Devisenkurse in Dollar umgerechnet und dann zusammengezählt werden. Ebenso konnte der Wert des ECU in DM errechnet werden, indem alle Währungsbeträge zunächst in DM umgerechnet und dann addiert wurden.

Am 13. März 1979, dem Startdatum des Europäischen Währungssystems, entsprach ein ECU genau 1,353081 Dollar beziehungsweise 2,515513 DM.[329] Der Wert des ECU wurde fortan laufend berechnet und schwankte mit den Bewegungen am Devisenmarkt. Alle fünf Jahre, so sahen es die Regelungen vor, wurde der Währungskorb, auf dem er basierte, aktualisiert. Der Euro schließlich übernahm bei seiner Einführung den Außenwert des ECU – sein Kurs wurde zum Wechselkurs des Euro. Dieser Kurs wurde also de facto schon 1979, fast 20 Jahre vor der Einführung des Euro, geschaffen. Oder, wenn man die ERE, deren Wert ja identisch war mit dem ECU, als Startpunkt nimmt, sogar schon 1974.

Der Euro war 1979 jedoch noch Zukunftsmusik und in den ersten Jahren des EWS kaum absehbar. Denn dieses neue Währungssystem startete äußerst holprig. Allein bis 1983 mussten die Leitkurse siebenmal angepasst werden. Zunächst ging es um kleinere Veränderungen bei der D-Mark und der dänischen Krone. Doch schon im März 1981 musste Italien die Lira um 6 Prozent abwerten, da die Inflation im Land nicht zu bändigen war.

Im Frühjahr 1981 verlor Giscard d'Estaing die Wahl gegen den Sozialisten François Mitterrand, der Verstaatlichungen von Großunternehmen, die Einführung der 35-Stunden-Woche und deutliche Lohnerhöhungen plante. Prompt geriet der Franc unter Druck. Am 5. Oktober 1981 wurde er um 3 Prozent abgewertet und die D-Mark um 5,5 Prozent aufgewertet. Im Juni 1982 folgte gleich die nächste Runde, bei der es für die D-Mark um 4,25 Prozent nach oben ging, für den Franc dagegen um 5,25 Prozent und für die Lira um 2,25 Prozent nach unten.

Das so hoffnungsfroh gestartete europäische Währungsprojekt schien schon kurze Zeit nach dem Start gescheitert. Die Ökonomen stimmten bereits den Abgesang auf das System an. Beispielsweise schrieb der Wirtschaftstheoretiker Wolf Schäfer:

> »Das EWS entwickelt sich nicht, wie von den Initiatoren des Systems propagiert und erhofft, zu einer Stabilitätsgemeinschaft, sondern (eher) zu einer Inflationsgemeinschaft.
>
> [...]
>
> Das EWS wird nicht deshalb zur Stabilitätsgemeinschaft, weil die Mitgliedsländer zur Stabilität *gezwungen* werden, sondern sie wird es nur dann, wenn die Länder die Stabilität auch *wollen*.«[330]

Allerdings geschah dann genau dies: Andere Staaten schlossen sich aus eigener Einsicht der Stabilitätspolitik nach deutschem Vorbild an. Für besonders viel Aufmerksamkeit sorgte dies in Frankreich, wo Ende 1982/Anfang 1983 Präsident Mitterrand erkannte, dass seine Politik keinen Erfolg hatte. Er erklärte das sozialistische Experiment für beendet und befahl seinem Finanzminister Jacques Delors eine Wende um 180 Grad. Frankreich sollte wieder wettbewerbsfähig werden, indem Inflation und Lohnstückkosten eingedämmt wurden. Delors tat, wie ihm befohlen. Doch er erkannte auch, dass es damit nicht getan war. Nach Einschätzung von Hans Tietmeyer, damals Staatssekretär im Finanzministerium und in den 1990er-Jahren Bundesbankpräsident, war Delors zu der Überzeugung gelangt, dass das europäische Währungssystem nur stabil sein konnte, wenn die Wirtschaftspolitik der Mitglieder ähnlich ausgerichtet war, wenn es eine Konvergenz gab – und er war bereit, diese herzustellen, indem er auf den deutschen Kurs einschwenkte.[331] Sozusagen als Starthilfe bat Delors jedoch um eine weitere Abwertung des Franc. Nach intensiven Diskussionen und langem Zögern auf deutscher Seite wurde diese schließlich Ende März 1983 durchgeführt: Der Franc wertete gegenüber der D-Mark um weitere 8,5 Prozent ab. Tatsächlich beruhigte sich die Lage danach, und Mitte der 1980er-Jahre bilanzierte sogar der ehemalige Bundesbankpräsident Otmar Emminger:

> »Ich selbst war anfangs etwas skeptisch hinsichtlich des ganzen Projekts. [...] Nun hat es in den letzten sieben Jahren einige kritische Zuspitzungen und bisher neun Wechselkurs-Anpassungen gegeben. Aber die Konvergenz zwischen den Mitgliedsländern in Richtung auf Stabilität war stärker, als ich anfangs zu hoffen wagte. Alle Mitgliedsländer haben die Geldwertstabilität als vordringliches Ziel akzeptiert. Sie schätzen inzwischen die Mit-

gliedschaft im EWS nicht nur wirtschaftlich, sondern auch politisch so hoch ein, daß sie sich der Disziplin des Wechselkurses und der Zahlungsbilanz unterwerfen.«[332]

Einer der Gründe für die zunehmend positive Einschätzung des EWS war ein breiter wirtschaftlicher Aufschwung in ganz Westeuropa in jenen Jahren. Die Krise der 1970er-Jahre wurde allmählich überwunden, vor allem auch in den europäischen Partnerländern. Italiens Wirtschaft wuchs in jener Zeit fast beständig stärker als die westdeutsche, auch Frankreich lag vor der Bundesrepublik.

Abb. 3: Wirtschaftswachstum 1981 bis 1988 (insgesamt) in Prozent

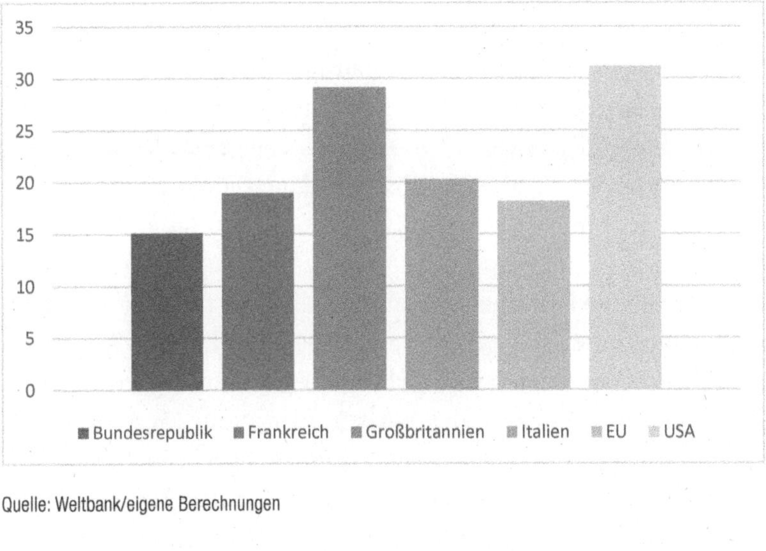

Quelle: Weltbank/eigene Berechnungen

Deutschlands Wirtschaft kämpfte dagegen mit einem grundsätzlichen Wandel: Die Binnennachfrage war weitgehend gesättigt. Gebrauchsgüter wie Kühlschränke, Waschmaschinen oder Fernseher besaß inzwischen praktisch jeder Haushalt, 1988 hatten zudem 67,8 Prozent auch schon ein eigenes Auto[333] – heute sind es mit 77 Prozent nicht allzu viel mehr. Neue Technologien hielten Einzug, Roboter verdrängten immer mehr Arbeitskräfte in den Fabriken, Computer revolutionierten die Arbeit in den Büros. Die Bundesrepublik war nun nicht mehr der Wachstumsprimus in Europa, die Aufholjagd der Nachkriegszeit war endgültig vorbei. Das Land hatte die gleichen Probleme wie alle westeuropäischen Staaten – wachsende Schulden aufgrund hoher Haushaltsdefizite und einen hohen Sockel an Arbeitslosen. Die Zahl der Menschen ohne Job hielt sich fast die ganzen 1980er-Jahre hindurch über zwei Millionen.

Auch Margot K. erlebte einen Bruch. Ihr bisher weitgehend sorgloser Aufstieg zu immer mehr Wohlstand wurde jäh unterbrochen, wenn auch aufgrund persönlicher Umstände:

> »1980 haben mein Mann und ich uns getrennt. Er zog aus, und da ich das Haus und unseren Lebensstandard halten wollte, arbeitete ich jetzt wieder. Ich fand eine Stelle in der Verwaltung einer Einrichtung zur Erwachsenenbildung. Dort arbeitete ich dann bis zu meiner Rente im Jahr 1993.«[334]

In der zweiten Hälfte des Jahrzehnts hellte sich die Lage aber auch in der Bundesrepublik wieder auf. 1986 erreichte das Wachstum mit 5,4 Prozent einen lange nicht mehr gesehenen Wert – in den sechs Jahren davor war die Wirtschaftsleistung im Schnitt nur um 0,9 Prozent pro Jahr gewachsen. Auch 1988 erreichte der Zuwachs 3,6 Prozent. Gleichzeitig weitete sich der Außenhandelsüberschuss auf sagenhafte 65,5 Milliarden DM aus – 1982 hatte er noch 26 Milliarden DM betragen.[335] Im Jahr des 40. Geburtstags der D-Mark erreichte die Währung zudem ihren höchsten Stand gegenüber dem Dollar, im Jahresdurchschnitt lag er bei 1,7584 DM je Dollar,[336] zeitweise mussten sogar weniger als 1,60 DM für die US-Währung bezahlt werden.

Doch am Horizont deuteten sich schon neue Veränderungen an. In der Sowjetunion hatte der neue Parteichef Michail Gorbatschow bereits für umfassende Veränderungen gesorgt. Der kommunistische Block wies zunehmend Risse auf. 1989 sollte er zerbrechen und für Deutschland eine neue Ära beginnen. Auch für die D-Mark.

KAPITEL 15

Die deutsch-deutsche Währungsunion 1989 bis 1990

»Wir sind das Volk«, skandierten die Menschen auf der Leipziger Montagsdemonstration am 9. Oktober 1989. »Keine Gewalt!«, forderten sie, riefen »Gorbi, Gorbi«, »Stasi raus« oder »Polizisten, schließt euch an«. Es war die erste derartige Demonstration mit Massenbeteiligung in der DDR, rund 130.000 Menschen liefen mit. Transparente waren noch spärlich. »Freie Wahlen« forderte eines.[337] Doch die SED schien noch fest im Sattel. Eine Woche später führten die Demonstranten schon eine Vielzahl von Slogans mit sich. »Die führende Rolle dem Volk!«, »Pressefreiheit!« oder »Visafrei überall!« waren einige.[338] Die Forderungen nach politischen Freiheiten wurden nachdrücklicher, unnachgiebiger. Das Regime wankte. Am 23. Oktober – inzwischen dürften es 300.000 Teilnehmer gewesen sein – war Staats- und Parteichef Honecker zurückgetreten, die SED-Diktatur begann zusammenzubrechen, und die Forderungen betrafen nun auch die Grundfesten des DDR-Staates: »Kein Machtmonopol für eine Partei!«, oder: »Wir fordern: Mehrparteiensystem«.

Nun tauchte auch erstmals ein Plakat auf, das ein neues Wirtschaftssystem verlangte: »Für Demokratie und Marktwirtschaft!«[339]

Und eine Woche später wurden diese Forderungen konkreter, teilweise mit abenteuerlichen Reimen: »Reform der Wirtschaft, freie Wahl, vor Bananen und auch Aal«, aber erstmals ging es auch schon um die Währung: »Alu-Chips sind nichts wert auf der Welt, wir brauchen ab sofort Valutageld!«[340] Noch vor dem Fall der Mauer am 9. November, noch bevor die Grenzen geöffnet wurden, war damit die Frage nach der künftigen Währung bei den Montagsdemonstrationen angekommen. Schon in diesem Moment war offenbar einigen DDR-Bürgern klar, dass es mit der DDR-Mark keine Zukunft gab. Doch was sollte an ihre Stelle treten?

Ab Dezember wurde auch das in Slogans auf den Transparenten formuliert: »Kommt die D-Mark, bleiben wir, kommt sie nicht, geh'n wir zu ihr.«[341] Inzwischen hatte ein Exodus der Menschen aus der DDR eingesetzt, Tausende siedelten jeden Tag in die Bundesrepublik über. Die Forderung stellte nun erstmals eine Verbindung zwischen der Währung und der Massenflucht her. Die D-Mark wurde zum Symbol der wirtschaftlichen Erneuerung, des Aufschwungs, der Rettung. Das war naheliegend. Denn die D-Mark war den Ostdeutschen natürlich nicht unbekannt. Sie war die Währung des anderen, erfolgreicheren Landesteils, und sie zirkulierte auch seit Langem als eine Art Zweitwährung in der DDR. In den Intershop-Läden konnten ganz offiziell mit D-Mark Güter gekauft werden, die es gegen Ost-Mark nicht gab. 3 bis 4 Milliarden DM liefen nach Schätzungen in Ostdeutschland um,[342] von rund 150 Milliarden DM, die bis 1988 als Bargeld ausgegeben worden waren.[343]

Die D-Mark war die Währung der Träume von einem freien Leben in Wohlstand. Und die Menschen verließen die DDR ja nicht, weil sie im Westen schönere Landschaften oder nettere Menschen suchten. Sie wollten dort arbeiten und D-Mark verdienen, um den gleichen Wohlstand wie die Westdeutschen zu genießen. Das Begrüßungsgeld von 100 DM, das jeder DDR-Bürger erhielt, der zu Besuch in die Bundesrepublik kam, verstärkte diesen Wunsch.

Insofern war die Forderung, die D-Mark in den Osten zu bringen, um die Abwanderung zu stoppen, nur logisch.

Allerdings war die westdeutsche Seite anfänglich keineswegs begeistert von dieser Idee. Zwar erwog der Wissenschaftliche Beirat im Bundeswirtschaftsministerium schon am 19. Dezember 1989 eine Währungsunion. In einem schriftlichen Vorschlag hieß es dort: »Am besten wäre ein Übergang zu einer konsequenten marktwirtschaftlichen Ordnung mit Übernahme der DM als gesamtdeutsche Währung unter einem Dach.«[344] Finanzminister Theo Waigel beauftragte zudem noch im Dezember Ministerialrat Thilo Sarrazin, ein Papier mit grundlegenden Überlegungen für eine Währungsunion zu erstellen.[345] Allerdings hielten zu diesem Zeitpunkt noch alle Verantwortlichen, vom Finanzminister bis zur Bundesbank, eine einfache und schnelle Übernahme der D-Mark für falsch. Zunächst müsse das Wirtschaftssystem der DDR umgebaut werden, und dann, am Ende des Weges, könne die D-Mark eingeführt werden. Das sollte der krönende Abschluss einer langen Entwicklung sein.

Bundeswirtschaftsminister Helmut Haussmann sagte noch am 6. Februar 1990, eine Währungsunion sei realistischerweise allenfalls bis 1993 zu erreichen.[346] Und Bundesbankpräsident Karl Otto Pöhl erklärte am selben Tag vor der Presse nach einem Gespräch mit DDR-Zentralbankchef Horst Kaminsky und dem Generaldirektor der Staatsbank, Wolfgang Krebs, für eine Währungsreform sei es zu früh. Zunächst solle versucht werden, die Ost-Mark schrittweise konvertibel zu machen. Wer eine Währungsunion kurzfristig realisieren wolle, der habe eine »sehr phantastische Idee«, so Pöhl.[347] Und »phantastisch« meinte er nicht im Sinne von »großartig«, sondern in der ursprünglichen Bedeutung eines Phantasiegebildes.

Pöhl war seit 1980 als Nachfolger von Otmar Emminger auf dem Posten des Bundesbankpräsidenten. Anders als sein Vorgänger hatte er davor nicht jahrzehntelang bereits im Dienst der

Notenbank gestanden. Vielmehr hatte er nach seinem Volkswirtschaftsstudium zunächst für das Ifo-Institut für Wirtschaftsforschung in München gearbeitet, war dann viele Jahre als Wirtschaftsjournalist tätig gewesen, bevor er zum Bundesverband deutscher Banken wechselte. Unter Bundesfinanzminister Helmut Schmidt wurde er Staatssekretär und aus dieser Position heraus 1977 Vizepräsident der Bundesbank, mit der Perspektive, nach der Amtszeit Emmingers den Präsidentenposten zu übernehmen, was dann 1980 geschah.

Obwohl er SPD-Mitglied war, gewährte ihm die neue christlich-liberale Koalition unter Helmut Kohl, die 1982 an die Macht kam, 1988 eine zweite Amtszeit. Kohl und Pöhl waren sicher kein Herz und eine Seele, aber man respektierte sich. Die folgenden Monate zerrütteten das Verhältnis jedoch. Es begann damit, dass Pöhl noch am selben Abend, als er eine kurzfristige Währungsunion als »phantastische Idee« bezeichnet hatte, die Nachricht erhielt, dass die Bundesregierung genau eine solche umsetzen wollte. Bundeskanzler Helmut Kohl, Finanzminister Theo Waigel und FDP-Chef Otto Graf Lambsdorff hatten verabredet, die D-Mark in die DDR zu bringen, ohne Pöhl, den obersten Hüter der D-Mark, zu konsultieren. Es war ein Eklat, und Pöhl erwog drastische Konsequenzen, wie er später berichtete:

> »Ich bin die halbe Nacht im Hotelzimmer auf und ab gegangen. So, jetzt musst Du eigentlich zurücktreten, habe ich gedacht, wenn Du so desavouiert, so lächerlich vor der Weltpresse gemacht worden bist. Da kannst Du eigentlich nicht bleiben. Aber dann habe ich überlegt: Das ist ein historischer Moment, und es versteht kein Mensch, wenn der Bundesbankpräsident als beleidigte Leberwurst zurücktritt. Und deswegen habe ich mir gesagt: Ich ziehe das mit durch. Vor allem lag mir ab diesem Moment daran, dass die Rahmenbedingungen stimmen mussten.«[348]

Pöhl selbst äußerte die wohlwollende Vermutung, dass die Entscheidung extrem kurzfristig gefallen sei, wohl während er bei den Gesprächen in Ost-Berlin und daher telefonisch nicht erreichbar war. Tatsächlich überschlugen sich die Ereignisse in jener Zeit. Die westdeutschen Kommunen ächzten unter dem Zuzug Hunderttausender Menschen. Zudem drohte der DDR inzwischen der Staatsbankrott. Wollte man wirklich zunächst die ostdeutsche Wirtschaft in einem jahrelangen Prozess umbauen, so hätte zweifelsohne die Mauer wieder hochgezogen und die Migration gewaltsam unterbunden werden müssen. Das jedoch war indiskutabel.

Theo Waigel wiederum streute später, er habe Pöhl in einem Gespräch schon vorab über die bevorstehende Entscheidung informiert, dieser habe das nur nicht verstanden. Er habe ihm bei einem Treffen am 5. Februar gesagt: »Sie werden sehen, Herr Pöhl, das kommt noch so weit, daß die uns sagen: ›Kobra, übernehmen Sie‹. Das könnte sowohl für die DDR als auch für die Sowjetunion gelten.«[349] Die Anspielung auf die beliebte Fernsehserie, bei der eine Spezialeinheit stets einen Auftrag ausführen muss, soll die Andeutung gewesen sein, dass die Bundesrepublik die D-Mark in die DDR bringen wolle. Pöhl selbst bestätigt die Worte Waigels, will daraus aber eben nicht die Ankündigung einer Währungsunion herausgehört haben.[350] Und das wäre jedem anderen wohl genauso gegangen.

Die ersten Schritte in Richtung einer Währungsunion begannen also mit einer Verstimmung zwischen Regierung und Bundesbank, um nicht zu sagen mit einem Zerwürfnis. Und davon sollte sich das Verhältnis in den kommenden Monaten nicht erholen. Doch man musste sich irgendwie zusammenraufen, und das gelang zunächst auch. Am 7. Februar diskutierte das Bundeskabinett die Lage in der DDR unter Teilnahme von Bundesbankpräsident Pöhl. Hier präsentierten Kohl und Waigel den anderen Ministern ihren Plan für die sofortige Aufnahme von Verhandlungen mit der

DDR über eine Wirtschafts- und Währungsunion. Pöhl hatte sich offenbar wieder gefangen und schwenkte um. Er sagte nun das Gegenteil dessen, was er noch am Vortag öffentlich geäußert hatte: Das Modell einer schrittweisen Konvertibilität der DDR-Mark brauche nicht weiter verfolgt zu werden, da es angesichts der Lage bereits überholt sei. Das zweite Modell einer Währungsunion sei dagegen technisch durchführbar. Das Protokoll vermerkt weiter:

> »Natürlich werde es als Folge einer Umstellung der Währung eine Reihe von Problemen, wie zum Beispiel das sogenannte Wohlstandsgefälle oder eine Inflationsentwicklung, geben. Nach seiner Auffassung sei nur dieses Modell realistisch.«[351]

Das Kabinett stimmte der Vorlage zu und setzte eine Arbeitsgruppe ein, die konkrete Pläne ausarbeiten sollte. Am gleichen Tag schrieb Bundesfinanzminister Theo Waigel einen Brief an die Unionsfraktion im Bundestag, der mit den Worten begann: »Die Bundesregierung erklärt sich bereit, mit der DDR unverzüglich in Verhandlungen über eine Währungsunion mit Wirtschaftsreform einzutreten.«[352] Auch regierungsintern wurden entsprechende Dokumente verfasst,[353] und von einer dieser Quellen müssen die Pläne an die Medien gelangt sein, wo das Thema nun intensiv diskutiert wurde.

Einen offiziellen Vorschlag an die DDR-Regierung gab es aber offenbar nie. Denn DDR-Ministerpräsident Hans Modrow erklärte am 13. Februar bei seinem Gespräch mit Bundeskanzler Helmut Kohl, er habe von den Plänen einer Währungsunion und einer Wirtschaftsgemeinschaft aus den Medien erfahren.[354] Er gab sich dabei skeptisch, beide Seiten stimmten jedoch darin überein, dass Entscheidungen ohnehin erst nach den anstehenden Volkskammerwahlen in der DDR am 18. März getroffen werden könnten.

Diese Wahl gewann mit großem Vorsprung das von Helmut Kohl unterstützte Wahlbündnis »Allianz für Deutschland«, das aus der ehemaligen Blockpartei CDU, der neu gegründeten Deutschen Sozialen Union (DSU) und dem Demokratischen Aufbruch (DA) bestand. Das Angebot einer raschen Währungsunion durch die Bundesregierung war für den Erfolg des Bündnisses ein entscheidender Grund, wie der spätere Bundesbankpräsident Hans Tietmeyer auf eine entsprechende Frage entgegnete: »Sicher. Eindeutig. Das war ein politischer Schachzug.«[355]

Damals, im März 1990, war Tietmeyer seit zwei Monaten Mitglied des Direktoriums der Bundesbank. Davor jedoch hatte er fast 30 Jahre als Regierungsbeamter gearbeitet, seit 1962 im Wirtschaftsministerium, seit 1982 als Staatssekretär im Bundesfinanzministerium. Nun, unmittelbar nach der Volkskammerwahl, rief ihn sein ehemaliger Chef, Bundesfinanzminister Theo Waigel, an.

> »Herr Tietmeyer, wir brauchen Sie noch einmal in Bonn. Es geht um eine historische Aufgabe. Namens der Bundesregierung möchte ich Sie bitten, die Leitung der für unser Land so wichtigen Verhandlungen zur Währungs-, Wirtschafts- und Sozialunion zu übernehmen.«[356]

Tietmeyer erbat sich einen Tag Bedenkzeit und sagte dann zu.

In der DDR waren inzwischen alle Gedanken an eine eigenständige Zukunft verflogen. Der politische und wirtschaftliche Zustand war so dramatisch, dass als Ausweg nur noch ein Anschluss an die Bundesrepublik realistisch war. Von sowjetischer Seite wurden dem auch keine Steine in den Weg gelegt. Schon bei Helmut Kohls Besuch in Moskau am 10./11. Februar 1990 hatte der sowjetische Staats- und Parteichef Michail Gorbatschow erklärt, dass die Deutschen selbst zu entscheiden hätten, »in welcher Staatsform, in welchen Etappen, in welchem Tempo und unter welchen Bedingungen sie ihre Einheit verwirklichen werden«.[357] Die Wiedervereinigung war nun nicht mehr eine Frage des Ob, sondern nur noch des Wann. Und es war klar, dass eine Wirtschafts- und Währungsunion der erste und wichtigste Schritt auf dem Weg zur Einheit war.

Noch ehe die neue DDR-Regierung gebildet war, preschte die bundesdeutsche Seite voran. Bundeskanzler Kohl machte regierungsintern die Vorgabe, dass noch vor den Kommunalwahlen in der DDR, die für den 6. Mai angesetzt waren, ein Verhandlungsergebnis vorliegen sollte, und noch vor Beginn der Sommerreisezeit sollten die DDR-Bürger D-Mark in Händen halten, um dann ebenfalls ins Ausland reisen zu können. Damit war als Termin für die Währungsumstellung der 1. Juli gesetzt.[358]

Am 4. April um 19 Uhr lag tatsächlich schon eine erste Skizze für einen Vertragsvorschlag an die DDR zu einer Währungs-, Wirtschafts- und Sozialunion vor. Beide Staaten sollten ein einheitliches Wirtschaftsgebiet auf Basis der sozialen Marktwirtschaft bilden. Die DDR sollte sich zur Änderung oder Übernahme umfangreicher Gesetze verpflichten, ihre Souveränität in Währungsfragen aufgeben und diese an die Bundesbank übertragen.[359]

Ein wesentlicher Punkt wurde allerdings ausgeklammert, weil keine Einigung zwischen den Beteiligten erzielt werden konnte: die Frage des Kurses, zu dem Guthaben, Schulden, Löhne und Mieten umgestellt werden sollten. Und dies sollte in den folgenden Wochen zum schwierigsten Teil der Verhandlungen werden.[360] Denn hier stellten sich einige grundsätzliche Probleme. Das Finanzsystem der DDR war ein völlig anderes als das der Bundesrepublik. Es gab zwar eine Notenbank, Geschäftsbanken und Unternehmen, deren Beziehungen untereinander waren jedoch völlig anders geregelt als in Westdeutschland. Notenbank, Banken und Betriebe waren alle Teil eines staatlichen Komplexes, in dem Kredite nicht nach marktwirtschaftlichen Kriterien vergeben wurden und das Betriebsvermögen eine unwichtige Größe war. Das Geld hatte in der DDR-Wirtschaft keine lenkende Funktion, Kredite und Schulden hatten keine Bedeutung, Guthaben und Vermögen ebenso wenig. Wichtig war auf Unternehmensseite einzig und allein die Erfüllung der Produktionsziele, die Kosten der Produktion und der Verkaufspreis der Produkte waren dagegen unwichtig. Aber auch im Privatleben war nicht entscheidend, wie viel Geld jemand hatte, sondern was es zu kaufen gab. Die DDR-Mark war insofern nur eine Recheneinheit, aber kein Wertmesser und letztlich auch kein Wertaufbewahrungsmittel.

Wegen der völlig anderen Bedeutung und Funktion von Geld im DDR-System war es ungemein schwer, den richtigen, »fairen« Umtauschkurs zu finden. Normalerweise geschieht dies am Devisenmarkt, auf der Basis von Angebot und Nachfrage. Tatsächlich gab es zwischen der D-Mark und der DDR-Mark neben dem offiziellen Wechselkurs, der natürlich politisch gesetzt war, einen Marktkurs. Vor dem Fall der Mauer hatte dieser in den Wechselstuben meist bei etwa 15 DM je 100 DDR-Mark gelegen, allerdings bei geringem Handel. Dieser wurde Ende 1989 deutlich umfangreicher, dafür sank der Kurs nun zunächst noch weiter auf 7 DM je 100 DDR-Mark. Davon erholte er sich dann wieder deutlich und pendelte sich schließlich bei etwa 1 zu 3 ein.[361] Doch obwohl dieser Markt frei zugänglich war und sich die Kurse nach Angebot und Nachfrage richteten, konnten diese nach Ansicht der Bundesbank nicht als Basis für das Umstellungsverhältnis der DDR-Mark dienen. Dafür sei der Markt nicht repräsentativ genug.[362]

Doch wie ließ sich dann der richtige Umtauschkurs finden? Ökonomen berechnen den »fairen« Wechselkurs meist nach Kaufkraftparitäten. Sie vergleichen dazu den Preis identischer Waren in den jeweiligen Währungsgebieten. Ein populäres, relativ bekanntes Beispiel ist der Big-Mac-Index, den die Wirtschaftszeitung *Economist* seit Jahren erstellt. Dabei werden die Preise für einen Big Mac verglichen, denn da dessen Beschaffenheit und Herstellung überall auf der Welt exakt gleich ist, müsste er überall gleich viel kosten. Über die Preise des Big Mac in der jeweiligen Währung wird dann der Wechselkurs errechnet, zu dem das einheitliche Preisniveau hergestellt würde.

Das Problem im Falle der DDR war jedoch, dass es dort viele Waren nicht gab, die im Westen zu kaufen waren. Zudem waren die Preise in der DDR meist politisch festgelegt und daher keine Marktpreise. Auch darüber ließ sich kein angemessener Wechselkurs ermitteln.

Die klassischen Wege, um einen angemessenen Umtauschkurs festzusetzen, fielen also aus. Hinzu kam, dass die Umstellung kein rein ökonomischer Vorgang war. Es galt auch soziale Kriterien abzuwägen. Für die Bundesbank wiederum war vor allem wichtig, dass ihr Geldmengenziel nicht so weit übertroffen wurde, dass inflationäre Tendenzen entstanden. Sie beschrieb diese Aufgabe in ihrem Monatsbericht vom Juli 1990 selbst so:

> »In den Vertragsvorbereitungen kam es letztlich darauf an, den schmalen Grat zwischen wichtigen ökonomischen, sozialen und politischen Entscheidungskriterien auszutarieren. Dabei handelte es sich gleichermaßen darum, die Inflationsrisiken der Währungsumstellung möglichst gering zu halten, die Wettbewerbsfähigkeit der DDR-Unternehmen weitgehend zu sichern, die Haushaltsbelastungen zu begrenzen und die soziale Akzeptanz in der Bevölkerung der DDR wie der Bundesrepublik zu ermöglichen.«[363]

Es galt also vier Punkte zu erfüllen: (1) die Inflationsrisiken zu begrenzen, (2) die Wettbewerbsfähigkeit der Unternehmen zu erhalten, (3) den Staatshaushalt nicht übermäßig zu belasten und (4) die soziale Akzeptanz herzustellen.

Um den ersten Punkt zu gewährleisten, durfte die Geldmenge nicht zu sehr aufgebläht werden. Der Vergleich der Wirtschaftsleistung der DDR mit der bestehenden Geldmenge ergab in den Analysen der Bundesbank, dass wahrscheinlich kein großer Geldüberhang bestand. Zudem war diese Frage ihrer Ansicht nach nicht allzu relevant, da Westdeutschland in jedem Fall weiterhin das ökonomische Geschehen dominieren würde. Der Anteil des Beitrittsgebiets war so gering, dass selbst ein gewisser Geldüberhang keine starken inflationären Tendenzen bewirkt hätte. Daher hätte also problemlos eine Umstellung aller Guthaben zum Kurs von 1 zu 1 erfolgen können.[364]

Ganz anders war die Lage bei der Wettbewerbsfähigkeit der Unternehmen. Die Bundesbank schätzte die Produktivität in den ostdeutschen Betrieben auf nur 35 bis 40 Prozent der Unternehmen in der Bundesrepublik. Hier verbot sich daher eine Umstellung von Krediten und Löhnen mit dem Schlüssel 1 zu 1, da die Betriebe sonst nicht überlebensfähig gewesen wären.

Wären jedoch einerseits Guthaben 1 zu 1 umgestellt worden, Schulden dagegen 2 zu 1, so hätte sich eine gewaltige Lücke in den Bankbilanzen ergeben, die durch den Bund auszugleichen gewesen wäre – enorme neue Schulden wären auf den Staat zugekommen. Eine solche Splittung widersprach also dem Gebot, den Bundeshaushalt nicht übermäßig zu belasten.

Die Schlussfolgerung aus dieser Analyse übermittelte Bundesbankpräsident Pöhl am 30. Marz in einem Schreiben an Bundeskanzler Kohl:

> »Sehr geehrter Herr Bundeskanzler,
>
> wie ich Ihnen gestern schon am Telefon sagte, hat der Zentralbankrat in Anwesenheit des Bundesfinanzministers und nach langer, sorgfältiger Vorbereitung gestern einige für die geplante Währungsunion wichtige Beschlüsse gefaßt, die ich Ihnen als Anlage übersende.

1. Eine Umstellung 2:1 ist vor allem im Interesse der Wettbewerbsfähigkeit der DDR notwendig. Ein Umstellungssatz 1:1 würde die Wirtschaft der DDR dem internationalen Wettbewerb mit einem Kostenniveau und einer Verschuldung aussetzen, dem die meisten Betriebe nach unserer Auffassung nicht gewachsen wären. Die Folge wäre möglicherweise ein dramatischer Anstieg der Arbeitslosigkeit in der DDR mit allen Konsequenzen. Ein Umstellungssatz von 2:1 bedeutet für Löhne und Renten nur auf den ersten Blick eine auch nach unserer Auffassung unzumutbare Halbierung gegenüber den jetzigen nominalen Werten. Die Renten sollen ja ohnehin nach einer neuen Formel berechnet werden, nach der sie auch bei einem Umstellungssatz 2:1 nominal in D-Mark höher sein werden als heute in Ost-Mark. Bei den Löhnen ist es Sache der Betriebe und Gebietskörperschaften der DDR, mit den Arbeitnehmern und ihren Vertretungen neue Lohnverträge auszuhandeln. Ein Umstellungssatz von 2:1 ermöglicht dafür die notwendige Differenzierung, während ein Umstellungssatz von 1:1 die Gefahr beinhaltet, daß man von einem viel zu hohen Niveau aus beginnt.

[...]

Ein Umstellungssatz von 2:1 für Bargeld und Bankguthaben ist nach unserer Auffassung ohne weiteres zumutbar, weil natürlich auch heute eine Mark der DDR keineswegs eine D-Mark wert ist. Auch ein Umtausch der Bestände 2:1 bedeutet daher für die Sparer in der DDR eine erhebliche reale Aufwertung ihrer Ersparnisse.

Um den Umstellungssatz politisch-psychologisch akzeptabel zu machen, schlagen wir vor, jedem Bürger der DDR die Möglichkeit zu geben, 2000 DDR-Mark 1:1 gegen D-Mark umtauschen zu können. Außerdem ist in unserem Vorschlag kein rückwirkender Stichtag vorgesehen, weil wir dies für technisch

> nicht praktikabel halten, und auch keine Sperrfrist für die freie Verfügung über Spareinlagen. Wir glauben, dies geldpolitisch bei einem Satz von 2:1 verantworten zu können. […]«[365]

Pöhl und die Bundesbank sprachen sich also für einen Umrechnungskurs von 2 zu 1 aus, ergänzt um eine soziale Komponente, die den Umtausch von 2000 DDR-Mark zum Kurs von 1 zu 1 erlauben sollte. Sie begründeten diesen Vorschlag umfassend und aus ihrer Sicht logisch und überzeugend. Das sah die Öffentlichkeit jedoch völlig anders. Hier war das Echo verheerend, sowohl in der DDR als auch in der Bundesrepublik. Von »Wahlbetrug« war die Rede, der Deutsche Gewerkschaftsbund (DGB) nannte den Vorschlag »sozial unverantwortlich«, der Vorsitzende der CDU-Sozialausschüsse, Ulf Fink, warnte vor einem neuen Massenexodus der Menschen aus der DDR, wenn ein anderer Umrechnungskurs als 1 zu 1 angewendet werde.[366] Am 1. April erschien in der *Welt am Sonntag* ein Interview mit dem Vorsitzenden des Koalitionspartners FDP, Otto Graf Lambsdorff, in dem er sagte:

> »Nach dem, was ich am heutigen Samstag in den Zeitungen lese, wird über einen Grundbetrag von 2000 Mark pro Person gesprochen und der Rest 2:1. Das halte ich für unakzeptabel. Das wäre in der Tat ein Wortbruch gegenüber den Sparern in der DDR. Wir müssen immer daran denken, daß Sparguthaben in der DDR fast die einzige Vermögensanlage waren, und daß viele Menschen wegen der miesen Renten für ihr Alter gespart haben.«[367]

Als sich die Parteien in der DDR wenige Tage später schließlich auf einen Koalitionsvertrag geeinigt hatten, enthielt dieser das Bekenntnis, dass man die Währungsunion bis zum 1. Juli 1990 anstrebe. Gleichzeitig stellten die Parteien aber auch klar: Der Umtauschkurs muss 1 zu 1 betragen.[368]

Der westdeutsche Verhandlungsführer Hans Tietmeyer hielt diesen Umrechnungskurs jedoch für falsch und versuchte, die Gegenseite mit Argumenten davon abzubringen. Es gelang jedoch nur begrenzt. Schließlich schlug die Bundesregierung entgegen dem Vorschlag der Bundesbank am 23. April vor, Löhne und Gehälter 1 zu 1 umzustellen, Sparguthaben und Bargeld sollten außerdem bis zu einem Betrag von 4000 DDR-Mark ebenfalls zu diesem Kurs umgetauscht werden, nur darüber hinaus gehende Beträge 1 zu 2.[369]

Die Bundesregierung hatte damit alle Bedenken Pöhls und der Bundesbank über den Haufen geworfen, aber auch die Mahnungen vieler Ökonomen, die ähnlich wie die Währungshüter eine breite Pleitewelle in Ostdeutschland befürchteten. Das Verhältnis zwischen Bundesbank und Regierung, insbesondere zwischen Bundesbankpräsident Pöhl und Bundeskanzler Kohl, wurde nun zunehmend eisig. Die ostdeutsche Seite allerdings war auch mit diesem Vorschlag der Bundesregierung noch nicht zufrieden. Daher griff der neue DDR-Ministerpräsident Lothar de Maizière zu einem Trick, wie er später berichtete:

> »Ich habe mich daran erinnert, wie mir Hannelore Kohl anbot, wenn ich mal Probleme hätte, die ich nicht lösen kann, soll ich sie anrufen und sie redet mit ihrem Mann. Ich hab sie angerufen und gesagt: ›Frau Kohl, ich bin der Meinung, Kinder bis 14 Jahre können 2000 Mark 1:1 umtauschen, der Normalbürger 4000 und die alten Leute 6000. Damit die das Gefühl haben, sie kommen nicht unter die Räder. Aber das ist mit Ihrem Mann schwer zu besprechen.‹ Da sagte sie: ›Ich rede mit ihm.‹ Aber ich müsste ihn in dem Glauben lassen, er habe sich das ausgedacht. Am Montag rief mich Kohl an, er hätte sich das überlegt, die alten Leute sind ja die zuverlässigsten CDU-Wähler, die könne man nicht im Regen stehen lassen. Ich sagte: ›Herr Bundeskanzler, genial, wunderbar.‹ So ist es gekommen.«[370]

Am 30. April einigten sich die beiden Seiten offiziell auf diesen Vorschlag, und nachdem auch die anderen Details des Vertrags geklärt waren, unterschrieben am 18. Mai 1990 Bundesfinanzminister Theo Waigel und sein DDR-Kollege Walter Romberg den Vertrag über die Schaffung einer Währungs-, Wirtschafts- und Sozialunion. Nun waren noch knapp sechs Wochen Zeit, um dieses Mammutprojekt vorzubereiten.

Die Durchführung der Währungsumstellung oblag vor allem der Bundesbank. Ihr war die Aufgabe der Einführung der D-Mark in der DDR übertragen worden. Sie musste zunächst in Windeseile 15 funktionsfähige Filialen errichten. Dazu übernahm jeweils eine Landeszentralbank in Westdeutschland die Verantwortung für eine Filiale in Ostdeutschland. Diese organisierten den Aufbau, überwachten die Logistik, lieferten die Büroausstattung, Vordrucke, Geldbearbeitungsmaschinen und Datenverarbeitungsanlagen. Die Gebäude, in die die Bundesbank-Filialen einzogen, waren jedoch oft so marode, dass mitunter erst einmal umgebaut werden musste, auch ein funktionierendes Telefon- und Telefaxnetz musste installiert werden.[371] All dies musste innerhalb weniger Wochen geschehen.

Denn erst, wenn diese Filialen funktionsfähig waren, konnten sie ihrer Aufgabe nachkommen: der Bereitstellung von Bargeld. Die Bundesbank schätzte den Bedarf recht großzügig auf 27,5 Milliarden DM. Die Banknoten bekamen die Filialen ebenfalls von den betreuenden Landeszentralbanken. Insgesamt wurden Ende Juni 22.000 Packbeutel mit jeweils 20 Paketen zu 1000 Banknoten durch die Republik gekarrt, also 440 Millionen Banknoten. Die Banknoten wogen insgesamt 460 Tonnen und waren mitunter zu schwer für die kaputten Straßen in der DDR. In manchen Fällen musste das Geld daher sogar per Flugzeug angeliefert werden. Direkt danach wurden die Scheine in die Tresorräume der Filialen eingelagert.[372] Diese waren allerdings oft zu klein, um auch die 102 Millionen Münzen aufzunehmen, die geliefert wurden. Diese wurden daher teilweise in Zwischenlager gebracht, bewacht von Militär und Polizei. Ohnehin sollten die DDR-Münzen bis zu einem Wert von 50 Pfennigen noch ein Jahr lang ihre Gültigkeit behalten, da bis zum 1. Juli nicht genügend D-Mark-Münzen geprägt werden konnten.

Bevor die Menschen jedoch am 1. Juli endgültig ihre ersten D-Mark in Händen halten konnten, mussten sie zunächst ihr DDR-Geld auf einem Konto einzahlen. Denn der Umtausch von Bargeld war nicht vorgesehen, die Umstellung erfolgte ausschließlich unbar. Viele westdeutsche Banken hatten daher in den Wochen vor dem Tag X eilig Filialen errichtet, die Deutsche Bank beispielsweise direkt am Berliner Alexanderplatz. Meist zahlten die Menschen ihr Geld aber bei den etablierten Sparkassen ein.[373] Oft mussten dafür erst noch Konten eingerichtet werden, beispielsweise für Kinder, die ja auch bis zu 2000 Ost-Mark zum Kurs von 1 zu 1 umtauschen durften. Die Familien verteilten daher ihre Sparguthaben natürlich so, dass sie möglichst viel zu dem günstigen Kurs eintauschen konnten, notfalls eben auch auf Kleinkinder. Wer sein Geld eingezahlt hatte, konnte ab Mitte Juni bereits eine Auszahlung beantragen. Dafür erhielt man eine sogenannte Auszahlungsquittung, und diese mussten die DDR-Bürger am 1. und 2. Juli vorlegen, wenn sie den entsprechenden Betrag entgegennehmen wollten.

Und dann war es so weit. Es hatte gerade Mitternacht geschlagen. Feuerwerk erhellte den Berliner Nachthimmel, Autokorsos fuhren hupend durch die Stadt, mancherorts knallten Sektkorken. Die Menschen begrüßten den 1. Juli, sie begrüßten die D-Mark, die ab diesem Tag, einem Sonntag, ausbezahlt werden sollte.

Am Alexanderplatz hatte sich die neu errichtete Filiale der Deutschen Bank einen besonderen Service ausgedacht. Sie begann mit den Auszahlungen direkt nach Mitternacht – und ihre neuen Kunden kamen in Massen. 10.000 DDR-Bürger drängten sich vor der Tür in Viererreihen. Der Erste, der es bis an den Schalter schaffte, war der 41-jährige Joachim Corsalli, ein Kohlenfahrer aus Ost-Berlin. Seit 17 Uhr hatte er vor der Filiale gewartet, mit Thermoskanne und belegten Broten als Proviant. Nun wurden ihm endlich 3000 DM ausbezahlt. »Ich habe als Erster die D-Mark bekommen«, jubelte er. 1000 Mark wolle er seinem Sohn geben: »Damit er sich was Schönes kaufen kann.« Aber er selbst erhielt von der Bank auch noch ein Geschenk, einen Präsentkorb und ein Sparbuch über 100 DM.

Doch dann geriet die ganze Lage außer Kontrolle. Die Tausenden vor der Tür drängten nach vorne, Glasscheiben splitterten, Frauen und Kinder schrien, 13 Menschen wurden ohnmächtig und mussten von Sanitätern im Foyer der Bank versorgt werden. Der Filialleiter stellte sich mit einem Lautsprecher vor die Bank und versuchte, die Menschen zu beruhigen: »Niemand muß ohne D-Mark nach Hause gehen, wir haben genügend Geld für alle da.« 120 Polizisten versuchten zwei Stunden lang, den Ansturm in einigermaßen geordnete Bahnen zu lenken. Kurz vor 3:00 Uhr beruhigte sich die Lage endlich.[374]

Ab neun Uhr öffneten die anderen Geldinstitute, aber auch Ämter, Polizeidienststellen, Schulen und andere Einrichtungen gaben das Geld aus, insgesamt 10.000 Stellen auf dem gesamten Gebiet der DDR. So chaotisch wie auf dem Berliner Alexanderplatz verlief es nirgends, meist klappte es reibungslos – sofern man seine Auszahlungsquittung dabei hatte. Gegen 11 Uhr morgens fuhr auch DDR-Ministerpräsident Lothar de Maizière in seinem grauen Citroen bei der Sparkasse in der Baumschulenstraße in Ost-Berlin vor, um Geld abzuheben. Doch er hatte seine Auszahlungsquittung vergessen. Zum Glück sprang ein Leibwächter für ihn ein, holte sich mit seiner Quittung sein Geld und lieh dem Ministerpräsidenten seine 2000 D-Mark für ein Foto.[375]

Bis zum 6. Juli hatten die DDR-Bürger Zeit, ihre DDR-Mark auf ihre Konten einzuzahlen, bis zum 13. Juli mussten sie die Umstellung dieser Guthaben auf D-Mark beantragen. Wer diese Fristen versäumte, musste nachweisen, dass dies unverschuldet geschehen war, und konnte bis zum 30. November eine Ausnahmegenehmigung beantragen. Danach verfiel das Guthaben. Die Währungsunion war umgesetzt.

Doch war sie auch gelungen? War das gigantische Projekt, das in derart kurzer Zeit umgesetzt worden war, im Rückblick ein Erfolg? Die Urteile der Ökonomen sind eindeutig. So heißt es in einer Analyse des Deutschen Instituts für Wirtschaftsforschung zusammenfassend:

> »Die Währungsunion erwies sich mit Blick auf die Wirtschaftsentwicklung als ein Desaster. Kurzfristig wurden die wenig produktiven Betriebe der DDR dem freien Handel ausgesetzt; die Industrieproduktion brach in einem Maße zusammen, das historisch ohne Beispiel ist. Aus politischen Gründen war es indes wohl unvermeidlich, die Währungsunion an den Beginn der Systemtransformation zu setzen. Denn es galt, angesichts einer unsicheren außenpolitischen Lage, die Chance der Wiedervereinigung zu nutzen und mit einer gemeinsamen Währung irreversible Fakten zu schaffen. Überdies sollte der massiven Abwanderung aus der DDR entgegnet werden. Allerdings wurde die in der DDR-Bevölkerung verbreitete Illusion gestützt, dass mit einer starken Währung eine rasche Angleichung der Einkommen an das Niveau in der Bundesrepublik möglich wäre. Das hat zu übermäßigen Lohnanhebungen ermuntert, die den Anpassungsschock im Sommer 1990 noch vergrößert und die die wirtschaftliche Erneuerung im Osten erschwert und verteuert haben.«[376]

Die Währungsunion habe wie eine Schocktherapie gewirkt, die die DDR-Unternehmen über Nacht dem Wettbewerb aussetzte, in dem sie zu großen Teilen nicht bestehen konnten. Der Umrechnungskurs von DDR-Mark zu D-Mark sei falsch gewählt worden und habe nicht zur Leistungsfähigkeit der Betriebe gepasst. Und auch die Löhne seien durch die Umstellung von 1 zu 1 von Anfang an viel zu hoch gewesen. Bundesbankchef Pöhl äußerte sich erst Jahre später öffentlich zu dem Umrechnungskurs, mit dem sich die Bundesregierung über die Empfehlung der Bundesbank hinweggesetzt hatte. Aber sein Urteil war ebenfalls eindeutig:

> »Es kann heute keinen Zweifel mehr geben, dass dies eine ökonomisch verhängnisvolle Entscheidung war. Alle Betriebe der DDR mussten von einem Tag auf den anderen ihre Löhne und Verpflichtungen in D-Mark bezahlen, die sie nicht hatten und auch nicht verdienten. So wurden damals alle Betriebe schlagartig zahlungsunfähig. Dies wurde dann durch Kredite der Treuhand aufgefangen. Als Ergebnis beendete die Treuhand ihre Tätigkeit mit einer gigantischen Verschuldung in Höhe von mehreren hundert Milliarden D-Mark, obwohl sie einen großen Teil der DDR-Wirtschaft privatisiert hatte. Eine noch schlimmere Konsequenz ist die Tatsache, dass weite Teile Ostdeutschlands deindustrialisiert wurden und nur dank riesiger Subventionen und Transferleistungen überleben können. Der Umtausch der Ersparnisse war ein anderer, weitaus weniger wichtiger Vorgang als die Einführung der D-Mark. Hier hat man sich am Ende ja auf den Kompromiss geeinigt. Auch das war aber noch ein sehr großzügiger Umtauschkurs, denn in Wirklichkeit war die DDR-Mark ja praktisch wertlos.«[377]

Pöhl hatte dies auch wenige Monate nach der Währungsunion so gesehen, jedoch nur Andeutungen gemacht. Im März 1991 benutzte er allerdings öffentlich das Wort »Desaster« – und brachte damit Bundeskanzler Kohl in Rage. Doch Pöhl blieb standhaft, erläuterte Kohl in einem Brief, dass der Umtauschkurs von 1 zu 1 falsch gewesen sei. Dies habe zu ebenjenem Desaster geführt. »Aber ich hätte es vielleicht nicht so nennen sollen«, fügte er hinzu.[378]

Kohls Stimmung verbesserte dies jedoch nicht. Ganz im Gegenteil. Und das Verhältnis der beiden ließ sich auch nicht mehr kitten. Zwei Monate später erklärte Pöhl seinen Rücktritt. Das habe nichts mit dem Streit zu tun, betonte er, er habe aber ein attraktives Angebot aus der Industrie. Auch Kohl betonte, es gebe nicht den geringsten Dissens zwischen ihm und Pöhl. Das kann man glauben oder auch nicht.

Pöhls Nachfolger wurde Helmut Schlesinger, bis dahin Vizepräsident. Er war wieder ein Eigengewächs der Bundesbank, war schon 1952 als Referent in die volkswirtschaftliche Abteilung der Bank deutscher Länder eingetreten, seit 1972 war er Mitglied des Bundesbank-Direktoriums und seit 1980 Vizepräsident. Eigentlich war nicht vorgesehen, dass er den Präsidentenposten übernehmen sollte, beim offiziellen Ende von Pöhls Amtszeit im Jahr 1995 hätte der 1924 geborene Schlesinger die Altersgrenze von 68 Jahren schon überschritten gehabt. Nun, 1991, wurde seine Amtszeit daher auf 26 Monate begrenzt. Er galt von Anfang an als Übergangspräsident, der nur auf den Posten gelangt war, weil Pöhl hingeschmissen hatte.

Auch wenn Pöhl und die führenden Ökonomen recht behalten sollten, wie sich an der weiteren wirtschaftlichen Entwicklung in Ostdeutschland zeigte, so bleibt die Frage, ob es eine Alternative gegeben hätte. Und diese ist schwer zu erkennen. Ein anderer Umrechnungskurs wäre von den Deutschen in der DDR nicht akzeptiert worden, hätte zu schweren gesellschaftlichen Verwerfungen geführt. Die Löhne und der allgemeine Lebensstandard in Ostdeutschland wären noch weit niedriger gewesen, und das hätte eine Abstimmung mit den Füßen zur Folge gehabt – die Menschen wären in noch viel größerer Zahl in den Westen abgewandert. Aber auch ein langsameres Vorgehen war nicht möglich. Denn das Zeitfenster für eine Wiedervereinigung der beiden deutschen Staaten war klein, die Entwicklungen in der Sowjetunion, wo ein Putsch gegen den Reformator Gorbatschow drohte, zwangen dazu, die Chance unmittelbar zu nutzen. Es war daher wichtig, dass die Einheit schnell zustande kam, und die Voraussetzung dafür war die Währungs-, Wirtschafts- und Sozialunion mit der Einführung der D-Mark und dem Ende der DDR-Mark.

EXKURS

Die letzte Banknotenserie der D-Mark

Die neuen D-Mark-Scheine, die die DDR-Bürger seit Juli 1990 in Händen hielten, wurden schon bald wieder entsorgt. Denn bereits am 1. Oktober 1990 führte die Bundesbank eine neue Banknotenserie ein. Dass dies so unmittelbar nach der Währungsunion geschah, war reiner Zufall. Denn die Vorbereitungen für die neue Serie hatten bereits zehn Jahre zuvor begonnen, am 19. März 1981 hatte der Zentralbankrat deren Ausgabe beschlossen. Anlass dafür war das Aufkommen neuer hochwertiger Kopiermöglichkeiten, beispielsweise mithilfe von Scannern oder Farbkopierern. Daher mussten die Sicherheitsmerkmale der D-Mark-Scheine verbessert werden. Dies wollte die Bundesbank mit einer optischen Überholung verbinden.[379]

Fast zehn Jahre dauerte es, bis aus Plänen Wirklichkeit wurde, und ganz am Anfang des Prozesses beschloss die Bundesbank eine kleine Revolution: die Einführung eines neuen 200-DM-Scheins sowie die Abschaffung des 5-DM-Scheins. Die Gründe dafür lagen im Nutzungsverhalten der Bürger: Rund 47 Prozent des gesamten Banknotenumlaufs bestand aus 100-DM-Scheinen. Daraus schloss man, dass es Bedarf für höhere Werte gebe, insbesondere einen Schein, der die Lücke zwischen 100 und 500 DM schloss. Andererseits gab es neben der 5-DM-Note auch eine 5-DM-Münze, und diese war fast zwanzigmal häufiger in Gebrauch als die Banknote. Das war ihr Todesurteil – das dann allerdings im Juni 1987 wieder aufgehoben wurde. Die Währungshüter wagten nicht, einen Wert auszusortieren, der seit Beginn der D-Mark existierte, mehr noch, sogar seit der deutschlandweiten Einführung der Mark 1874.[380]

Bei der optischen Gestaltung sollten berühmte Persönlichkeiten dominieren. Ein Gremium namhafter deutscher Historiker wurde daher 1984 beauftragt, eine Liste von Namen zu erstellen. Anfänglich standen darauf 70 bis 80 Persönlichkeiten, doch diese wurde nach und nach ausgedünnt. Im Dezember 1985 reichten die Historiker zwei Listen mit jeweils sieben Persönlichkeiten ein, und im Juni 1986 entschied sich das Direktorium der Bundesbank für die Dichterin Annette von Droste-Hülshoff, die Malerin, Kupferstecherin und Naturforscherin Maria Sibylla Merian, die Pianistin und Komponistin Clara Schumann, den Mediziner und Serologen Paul Ehrlich, den Mathematiker, Astronomen, Geodäten und Physiker Carl Friedrich Gauß, die Sprachwissenschaftler und Sammler deutschen Sprach- und Kulturguts Wilhelm und Jacob Grimm sowie für den Barockbaumeister Balthasar Neumann. Als 1987 entschieden worden war, die 5-DM-Note beizubehalten, wurde zusätzlich die Schriftstellerin Bettina von Arnim ausgewählt, wodurch auch das Verhältnis von Männern und Frauen ausgeglichen wurde.

Schließlich wurden vier Graphiker beauftragt, auf dieser Basis Entwürfe für die Banknoten zu erstellen. Begutachtet wurden diese von einem Sachverständigengremium, dem auch ein Soziologe angehörte – er sollte die voraussichtliche Akzeptanz der Banknoten in der Bevölkerung bewerten. Am Ende fielen allerdings alle vier Entwürfe durch. Nur einer hatte den Ansprüchen einigermaßen genügt, dieser zeigte aber »sowohl in der Gesamtanlage als auch in den Details eine zu nahe Verwandtschaft zu den Schweizer Banknoten, als daß eine Nutzung in Betracht gezogen werden konnte«.[381] Die Rettung war, dass die Bundesdruckerei zwei Entwürfe erstellt hatte, aufgrund der Vorgaben des Wettbewerbs konnte sie aber nur einen einreichen. Nun wurde der zweite hervorgeholt – und er wurde ausgewählt.

Für die Feinarbeiten wurde eine ganze Armada an Experten herbeigezogen, Botaniker, Musikwissenschaftler, Physiker, Chemiker, Architekten sowie Leiter von Stadtplanungsämtern und Museen. Denn kein Detail sollte falsch sein. Am Ende standen acht Banknoten, auf deren Vorderseite jeweils eine der Persönlichkeiten zu sehen war, und neben ihr die Ansicht einer Stadt, die in ihrem Leben eine wichtige Rolle gespielt hatte. Die Rückseite wurde mit Gegenständen oder Orten bebildert, die man mit den Persönlichkeiten verbindet.

Ein glücklicher Zufall war, dass für den 100-DM-Schein Clara Schumann gewählt wurde und daneben historische Gebäude ihres Geburtsorts Leipzigs gestellt wurden – diese Entscheidung war 1988 getroffen worden, zu einer Zeit, als noch niemand an Montagsdemonstrationen in Leipzig oder gar die Wiedervereinigung gedacht hatte. So war am Ende aber auch eine Stadt aus Ostdeutschland auf der neuen Banknotenserie vertreten.

Am 17. April 1989 stellte die Bundesbank die neuen Banknoten der Öffentlichkeit vor, im Februar 1990 startete eine Informationskampagne dazu – mitten in den Verhandlungen um eine deutsch-deutsche Währungsunion. Am 1. Oktober 1990 wurden die neuen Geldscheine schließlich überall in Deutschland eingeführt. Die ehemaligen DDR-Bürger hielten somit zum zweiten Mal innerhalb weniger Monate neues Geld in Händen.

Doch auch dieses sollte nur wenige Jahre in Umlauf bleiben. Denn längst hatte schon ein viel größeres Projekt erste Hürden genommen: die Einführung des Euro und damit das Ende der D-Mark.

KAPITEL 16

Der turbulente Weg nach Maastricht 1985 bis 1992

Hans-Dietrich Genscher war zum Mittagessen eingeladen. Das geschah häufiger, doch dieses war ein besonderes. Denn in Bonn war es Tradition, dass einmal im Monat der Botschafter jenes Landes, das gerade die EG-Präsidentschaft innehatte, die Botschafter-Kollegen aller anderen EG-Mitglieder einlud, und dazu einen prominenten Redner. So bat am 24. März 1987 der belgische Botschafter in Bonn zu sich, und die Rolle des Redners wurde dabei dem Bundesaußenminister zugedacht.

Genscher sagte zu und forderte in seinem Ministerium einen Redeentwurf an. Weil andere Referate überlastet waren, vielleicht auch keine Lust hatten, schon wieder eine Rede zu schreiben, landete der Auftrag bei Wilhelm Schönfelder, wie dieser später schrieb.[382] Schönfelder war Referatsleiter für deutsche, europäische und internationale Währungs- und Finanzfragen und bekam nur mit auf den Weg, der Minister wolle »mal etwas Neues« zum Thema »Die historische Dimension der Europäischen Gemeinschaft« sagen. »Also wurde ›etwas Neues geschrieben‹«, erinnert sich Schönfelder:

> »Der Entwurf wies darauf hin, dass sich innerhalb des EWS in den 1980er Jahren die wirtschaftlichen Ergebnisse erkennbar angeglichen hätten. Angesichts dieser ermutigenden Erfolge dürfe sich die währungspolitische Diskussion in Europa nicht nur im technischen Bereich bewegen. Die seit Jahren ruhende Frage der institutionellen Weiterentwicklung des EWS müsse enttabuisiert und wiederaufgenommen werden. Die Zeit für institutionelle Fortschritte sei wegen der schon erreichten wirtschaftlichen Konvergenz der Mitgliedsstaaten, die im EWS feste Wechselkurse aufrechterhielten, gerade jetzt besonders günstig.«[383]

Genscher hielt die Rede so nicht, sondern sprach frei, wie er das meist tat. Ein Mitarbeiter Helmut Kohls hielt den Redeentwurf jedoch für so interessant, dass er ihn im Bulletin der Bundesregierung veröffentlichte, wo ihn wiederum Beamte des Finanzministeriums lasen. Und diese protestierten nun beim Auswärtigen Amt. Dieses habe sich in die Angelegenheiten des Finanzministeriums eingemischt. Man könnte das als Kabbelei zwischen Beamten abtun, doch diese Posse brachte letztlich eine umwälzende Entwicklung in Gang. Es war wie mit dem Schneeball, der eine Lawine auslöst. Am Ende dieser Entwicklung sollte die europäische Währungsunion stehen. »Im Grunde hat Genscher das Ganze in Gang gesetzt«, sagte Hans Tietmeyer später.[384] Und Genscher selbst schrieb in seinen *Erinnerungen* zufrieden: »Der Zug setzte sich in Bewegung.«[385]

Denn Genscher ließ sich von der Intervention des Finanzministeriums nicht beirren, im Gegenteil. Er begriff, dass er offenbar auf ein interessantes Thema gestoßen war, zumal er Zustimmung für seine Ideen aus der Wirtschaft erhielt. Nach der Übernahme der EG-Präsidentschaft durch die Bundesrepublik hielt er daher am 20. Januar 1988 eine Rede vor dem Europäischen Parlament, in der er zunächst wieder das EWS als großen Erfolg pries, wie schon bei seiner Rede vor den Botschaftern. Dessen Weiterentwicklung sei jedoch kaum möglich. Es müssten daher neue Schritte gegangen werden. Eine europäische Wirtschafts- und Währungsunion solle folgen.

Damit war das Thema nun aus den diplomatischen Zirkeln in die Öffentlichkeit getragen worden – und das ausgerechnet von deutscher Seite, die für eine Wirtschafts- und Währungsunion bisher keinen Anlass gesehen hatte. Denn das EWS funktionierte seit seiner Gründung tatsächlich recht gut, besser zumindest als von den Kritikern erwartet und befürchtet. Und für die Bundesrepublik gab es eigentlich keinen Grund, daran etwas zu ändern. Im Kosmos des EWS war die D-Mark inzwischen zum einzigen Fixstern geworden. Sie war de facto die Ankerwährung, so wie der Dollar einst die Ankerwährung des Systems von Bretton Woods gewesen war. Die D-Mark beziehungsweise die Bundesbank bestimmten, wohin die geldpolitische Reise im EWS ging. Erhöhte die Bundesbank die Zinsen, mussten die anderen es ihr gleichtun, senkte sie sie, mussten sie ebenfalls folgen. Wollte ein Land ausscheren, so musste es dies umgehend teuer bezahlen, indem der Kurs der Währung kostspielig durch Interventionen der eigenen Notenbank verteidigt werden oder aber die Währung gleich abgewertet werden musste. Die anderen Länder hatten praktisch die Hoheit über ihre Währung verloren.

Die D-Mark war auf dem Höhepunkt ihrer Macht und ihrer Bedeutung angelangt. Sie war die zweitwichtigste Reservewährung nach dem Dollar. 1985 bestanden 64,2 Prozent der weltweiten Devisenreserven aus der US-Währung und 15,2 Prozent aus D-Mark. Auf das britische Pfund und den französischen Franc, einst die stolzen Aushängeschilder ihrer Nationen, entfielen gerade noch 2,8 beziehungsweise 1,2 Prozent.[386] Diese Reserven wurden natürlich nicht bar gehalten, sondern zumeist in Form deutscher Staatsanleihen. Diese galten inzwischen neben den US-Anleihen als die sicherste Geldanlage überhaupt und wurden damit zum Bezugspunkt für alle anderen staatlichen Schuldpapiere. Deren Renditen wurden nun danach bemessen, wie hoch die Aufschläge gegenüber den »Bunds« waren, wie die Staatsanleihen der Bundesrepublik im Finanzjargon heißen. Deutschland setzte auch hier die Maßstäbe.

Den meisten anderen EWS-Mitgliedern war diese Vormachtstellung natürlich ein Dorn im Auge. Sie wollten die Alleinherrschaft der Bundesbank brechen, ihren eigenen Einfluss auf die Geldpolitik zurückgewinnen. Und wenn dies nicht direkt gelingen konnte, so eben indirekt. Daher drängten sie bereits seit Mitte der 1980er-Jahre auf eine Weiterentwicklung des EWS, hin zu einer gemeinsamen Währungspolitik. Die deutsche Seite, stets offen für eine Vertiefung der Europäischen Gemeinschaft, war einem solchen Projekt nicht abgeneigt. Allerdings war für alle deutschen Politiker eine unbedingte Voraussetzung, dass es zunächst zu einer politischen Union kommen müsse. Eine gemeinsame Währungspolitik war für sie nur vorstellbar, wenn es gleichzeitig eine gemeinsame Wirtschafts- und Finanzpolitik gebe.

Just zu jener Zeit hatte die Europapolitik eine neue Dynamik erfasst. Im Januar 1985 war der ehemalige französische Finanzminister Jacques Delors zum Chef der Europäischen Kommission gewählt worden. Er war ein überzeugter Europäer und hatte sich vorgenommen, die EG und damit das Projekt der europäischen Einigung einen deutlichen Schritt voranzubringen. Und er ging sofort ans Werk. Im Juni 1985 legte er ein Weißbuch mit 282 Vorschlägen für Einzelmaßnahmen vor, mit denen bis 1992 ein einheitlicher europäischer Binnenmarkt geschaffen werden sollte, ein gemeinsamer Markt ohne Schranken für Waren, Personen, Dienstleistungen und Kapital.[387] Diese Idee fand die Zustimmung der Staats- und Regierungschefs, und sie machten diese Vorschläge zur Basis der sogenannten »Einheitlichen Europäischen Akte«, die sie Anfang 1986 beschlossen. Sie nannte ausdrücklich die Vollendung des Binnenmarkts als Ziel, bekannte sich zur Schaffung einer Europäischen Union und begründete eine engere politische Zusammenarbeit. Der Aufgabenbereich der EG wurde erweitert und das Europäische Parlament erhielt mehr Rechte. Es waren erste Schritte zu einer politischen Union, so wie sie die deutsche Seite gefordert hatte.

Eine Wirtschafts- und Währungsunion sah diese Reform jedoch ausdrücklich nicht vor. Daher wurde die Kritik aus Frankreich und Italien am EWS nun lauter. Der Pariser Finanzminister Édouard Balladur und sein italienischer Kollege Giuliano Amato legten Mitte 1987 Memoranden vor, in denen sie vor allem die Rolle Deutschlands und der Bundesbank kritisierten. Balladur forderte explizit die Errichtung einer Europäischen Zentralbank, die die Geldpolitik für alle EG-Mitglieder übernehmen und sie damit der Bundesbank entreißen sollte.

Genschers Rede vor dem Europäischen Parlament im Januar 1988 war gewissermaßen eine Reaktion darauf, ein Entgegenkommen auf halbem Wege, ohne allerdings schon klare Ziele zu benennen. Am 26. Februar 1988 ging er jedoch darüber hinaus. In einem eigenen Memorandum schrieb er gleich im ersten Satz:

> »Die Schaffung eines einheitlichen europäischen Währungsraums mit einer Europäischen Zentralbank ist eine ökonomisch notwendige Ergänzung des europäischen Binnenmarktes.«[388]

Er machte sich damit die Forderung des französischen Finanzministers Balladur zu eigen. Zumindest auf den ersten Blick. Denn die Details konnten Balladur kaum gefallen. So schrieb Genscher weiter, unbedingte Voraussetzung für einen solchen Schritt sei ein Grundkonsens in der Ordnungspolitik. Zudem müsse die Europäische Zentralbank unabhängig und einzig dem Ziel der

Preisstabilität verpflichtet sein, ganz so wie die Bundesbank. »Hier können tragende Elemente aus der deutschen Politik übernommen werden«, schrieb Genscher. Und er hielt klar fest: »Eine Europäische Zentralbank darf nicht zur Finanzierung nationaler oder gemeinschaftlicher Haushaltsdefizite verpflichtet sein.«[389]

Damit hatte Genscher schon erstaunlich vieles von dem vorweggenommen, was später beschlossen werden sollte. Insbesondere hatte er die Bundesbank als klares Vorbild für Aufbau und Ausrichtung einer Europäischen Zentralbank benannt.

In der Bundesbank und im Finanzministerium war man allerdings alles andere als glücklich darüber. Hans Tietmeyer, damals noch Staatssekretär des Finanzministers Gerhard Stoltenberg, notierte handschriftlich am Rande von Genschers Memorandum, damit sei die »Aushebung der DM sicher«.[390] Allerdings waren auch Tietmeyer, Stoltenberg und die Bundesbanker nicht prinzipiell gegen eine Währungsunion. Nur müsse zunächst über eine einheitliche Finanz- und Wirtschaftspolitik die vollständige Konvergenz unter den Mitgliedern des EWS hergestellt werden, so die Forderung. Als Krönung dieses Prozesses könne dann ganz am Ende irgendwann eine gemeinsame Währung stehen. Jedoch keinesfalls früher. Genau dies brachte Stoltenberg am 15. März 1988 in einem Gegenmemorandum zum Ausdruck.

So war Anfang 1988 in Deutschland ein öffentlicher Streit darüber entbrannt, wann und wie eine europäische Währungsunion geschaffen werden sollte. Allerdings: Die Frage des Ob wurde nun gar nicht mehr gestellt. Das fand natürlich die Unterstützung in Frankreich und Italien. Schließlich barg die Aussicht auf die Einrichtung einer Europäischen Zentralbank die Chance, neuen Einfluss auf die Währungspolitik zu erlangen.

Es war nun nur ein logischer Schritt, dass die EG-Staats- und Regierungschefs auf ihrem Gipfel am 27./28. Juni 1988 in Hannover beschlossen, das Ziel einer Wirtschafts- und Währungsunion zu verfolgen. Sie richteten dazu einen Ausschuss unter Kommissionspräsident Jacques Delors ein, der konkrete Vorschläge zu ihrer Umsetzung erarbeiten sollte.

Helmut Kohl selbst war nach den Worten von Theo Waigel, der im April 1989 neuer Bundesfinanzminister geworden war, einer der Treiber dieser Entwicklung. Er habe der Europapolitik »einen neuen Drive geben« wollen.[391] Auch Wolfgang Schäuble, damals Chef des Bundeskanzleramts, bestätigte später, dass Kohl damals schon für eine Währungsunion gewesen sei. Allerdings sei dies eben auch für Kohl der Abschluss eines langen Weges gewesen, der in weiter Ferne lag. Der Kanzler sah die Währungsunion damals noch als »Krönung« einer politischen Union mit einer gemeinsamen Finanz-, Außen-, Innen- und Rechtspolitik an.[392] Das wird auch daraus ersichtlich, dass der Beschluss in Hannover keinerlei Zeitplan enthielt. Dies galt ebenso für den Bericht, den Delors am 12. April 1989 vorlegte.[393] Darin wurde zwar der 1. Juli 1990 als Startpunkt des Prozesses genannt, dieser sollte jedoch über drei Stufen ablaufen. Wann der Übergang von einer Stufe zur nächsten erfolgten sollte, blieb offen.

Delors Bericht war zudem eindeutig von deutschen geldpolitischen Vorstellungen geprägt – dafür hatte nicht zuletzt Bundesbankpräsident Karl Otto Pöhl gesorgt, der Mitglied des Ausschusses gewesen war. Die künftige Europäische Zentralbank sollte unabhängig und nur der Preisstabilität verpflichtet sein. Die Wirtschafts- und Finanzpolitik der Mitglieder sollte weitgehend koordiniert und vereinheitlicht werden. Wie genau dies geschehen sollte, ließ der Bericht jedoch offen. Zudem verzichtete er auf jegliche Vorschläge zum Ausbau der politischen Union. Für die Bundesrepublik und ihre Repräsentanten, insbesondere Bundeskanzler Helmut Kohl, war dies jedoch zu diesem Zeitpunkt immer noch eine entscheidende Voraussetzung für weitere Schritte Richtung Währungsunion. Frankreich und Italien dagegen drängten auf eine möglichst schnelle Umsetzung des Plans, auch ohne weitere Fortschritte bei einer politischen Union.

Paris wollte während seiner EG-Präsidentschaft in der zweiten Hälfte des Jahres 1989 Nägel mit Köpfen machen. Auf dem Straßburger Gipfel der Staats- und Regierungschefs am 8. und 9. Dezember 1989 sollte die Wirtschafts- und Währungsunion beschlossen und ein unumkehrbarer Prozess eingeleitet werden. Doch der deutsche Bundeskanzler sträubte sich. Noch am 5. Dezember, drei Tage vor dem Gipfel in Straßburg, schrieb Kohl einen Brief an den französischen Staatspräsidenten, an den »lieben François«, in dem er die Bedeutung einer politischen Union hervorhob:

> »Ich halte es für unbedingt notwendig, daß wir durch den Europäischen Rat in Straßburg insofern ein klares politisches Signal setzen und unser Engagement bekräftigen, in den kommenden Jahren entschieden auf dem Weg zur Politischen Union voranzuschreiten.«[394]

Kohl nannte dazu sogar einen konkreten Zeitplan. So sollte die Regierungskonferenz 1991 ein Einvernehmen herstellen, 1992 und 1993 sollte das neue Vertragswerk ratifiziert werden, sodass die Wahlen zum Europäischen Parlament 1994 dann schon »unter dem Eindruck dieses neuen, entscheidenden Integrationsschubes erfolgen können«.[395] Dieses Europäische Parlament sah er in einer Schlüsselrolle:

> »Ich halte es für unbedingt notwendig, in die anstehenden Reformen die Erweiterung der Rechte des Europäischen Parlaments [...] einzubeziehen. Die Durchsetzung der Übertragung neuer Befugnisse auf die EG-Kommission, und damit der Verzicht auf nationale parlamentarische Befugnisse, erscheint mir nur möglich, wenn wir gegenüber unseren Parlamenten klar

> festhalten können, daß in gleichem Maße das Europäische Parlament mehr Kontrollrechte erhält. Ich bin sicher, dass Sie in Straßburg einen geeigneten Weg finden werden, um diese Gesichtspunkte und Ziele in den Schlußfolgerungen niederzulegen.«[396]

Doch genau das hatte Mitterrand nicht vor, und er brauchte das auch nicht mehr zu tun. Denn auf dem Gipfel in Straßburg hatte er alle Trümpfe in der Hand, um die Diskussion in seinem Sinne zu lenken. Dafür sorgte eine entscheidende Veränderung, die sich inzwischen ergeben hatte, und das bekam Kohl direkt zu spüren. Denn beim Gipfel in Straßburg am 8./9. Dezember 1989 war die Atmosphäre eisig, Wolfgang Schäuble beschrieb sie sogar als »katastrophal«.[397] Kohl schrieb später in seinen Memoiren:

> »In den vielen Jahren meiner Mitarbeit in europäischen und internationalen Gremien, insbesondere in der Europäischen Gemeinschaft und der Nato, gab es keine Sitzung, die in einer so angespannten und unfreundlichen Atmosphäre stattfand.«[398]

Misstrauen sei ihm entgegengeflammt, eine »fast tribunalartige Befragung« habe er über sich ergehen lassen müssen.[399]

Denn in Straßburg hatte ein ganz anderes Thema die Tagesordnung gekapert: die deutsche Wiedervereinigung. Einen Monat zuvor, am 9. November 1989, war die Mauer gefallen, und am 28. November hatte Kohl sein Zehn-Punkte-Programm vorgelegt, das einen Stufenplan zur Vereinigung der beiden deutschen Staaten vorsah. Damit hatte er nicht nur die Öffentlichkeit in der Bundesrepublik und der DDR überrascht, sondern auch die Verbündeten, die er zuvor nicht eingeweiht hatte. Entsprechend aufgeladen war nun die Stimmung bei den anderen Regierungschefs.

Vor allem die britische Premierministerin Margaret Thatcher hielt ihren Ärger nicht zurück. »Zweimal haben wir die Deutschen geschlagen, jetzt sind sie wieder da!«, rief sie in die Runde. Bei einem Vier-Augen-Gespräch mit Mitterrand soll sie sogar eine Landkarte aus ihrer berühmt-berüchtigten Handtasche gezogen haben, auf der die ehemaligen deutschen Ostgebiete wie Schlesien, Pommern oder Ostpreußen abgebildet waren. All das würden sich die Deutschen wieder holen, erklärte sie gegenüber dem französischen Präsidenten. Und die Tschechoslowakei dazu.[400]

Aber auch die Kollegen aus den meisten anderen Partnerländern waren nicht viel besser auf Kohl zu sprechen. Der italienische Ministerpräsident Giulio Andreotti warnte vor einem neuen »Pangermanismus«, der niederländische Ministerpräsident Ruud Lubbers, eigentlich ein enger Freund Kohls, zeigte seine Ablehnung mehr oder weniger offen, und auch in Frankreich löste eine mögliche Wiedervereinigung der beiden Staaten in erster Linie Ängste aus. Entsprechend reserviert war Mitterrand.

Doch der französische Präsident verstand es, die Situation geschickt auszunutzen. Er machte diesen Gipfel zu einem seiner größten Erfolge. Denn am Ende des Treffens unterstützten die europäischen Partner in einem offiziellen Statement zwar den deutschen Wunsch einer Wiedervereinigung. Doch um das eine zu bekommen, musste Helmut Kohl etwas anderes hergeben: die D-Mark.

In dem Schlussdokument des Gipfels wurde der 1. Juli 1990 als Startpunkt der ersten Phase der Wirtschafts- und Währungsunion festgelegt. Die Einzelheiten für den Übergang in die weiteren Phasen solle eine Regierungskonferenz unter italienischer Präsidentschaft Ende 1990 beschließen. Von einer politischen Union war gleichzeitig nirgends mehr die Rede.

Helmut Kohl hatte dem zugestimmt, und er erhielt im Gegenzug die Unterstützung für die deutsche Einheit. So hieß es denn im Straßburger Dokument auch: »Wir streben die Stärkung des Zustands des Friedens in Europa an, in dem das deutsche Volk in freier Selbstbestimmung seine Einheit wiedererlangt.«[401] Doch der Preis, den Kohl, den Deutschland dafür bezahlte, war hoch. Das Land sollte seine Währung, die inzwischen die zweitwichtigste Währung der Welt war und als Hort von Stabilität und Sicherheit galt, aufgeben. Die Bundesbank, die de facto die Geldpolitik für ganz Westeuropa machte, sollte sich einer gemeinsamen Europäischen Zentralbank unterordnen.

Doch der Tauschhandel erschien Anfang der 1990er-Jahre gar nicht so übel. Denn tatsächlich hatte das Europäische Währungssystem inzwischen einiges verändert. So stellte eine umfassende Analyse durch zwei Ökonomen aus den USA und Großbritannien im Jahr 1991 fest, dass es innerhalb des EWS zu einer Angleichung der Geldpolitik gekommen sei. Diese sei zudem nicht dadurch erfolgt, dass sich die Länder aufeinander zubewegt hätten, es handele sich vielmehr um »eine Konvergenz auf den deutschen Standard«.[402] Die Notenbanken und Regierungen der anderen EWS-Mitglieder hatten ihre Politik dem deutschen Vorbild angeglichen – genau das hatte die deutsche Seite ja immer als Voraussetzung für eine engere währungspolitische Zusammenarbeit gefordert.

In der Tat waren die Unterschiede bei den Inflationsraten deutlich zurückgegangen. Noch 1980 lag die Spannbreite zwischen 5,4 Prozent in der Bundesrepublik und 21,1 Prozent in Italien. 1990 lag die Teuerung in Deutschland bei 2,7 und in Italien bei 6,5 Prozent – und die Differenzen sollten in den folgenden Jahren weiter schrumpfen. Eine europäische Währungsunion schien daher nicht mehr so absurd und so gefährlich, wie sie es vielleicht noch zehn Jahre zuvor in den Augen der meisten gewesen wäre. »Ohne die positiven Erfahrungen mit der relativen Preisstabilität im EWS in der zweiten Hälfte der 80er Jahre wäre der [...] Vertrag zur Schaffung einer Währungsunion wohl nicht entstanden«, stellte daher Hans Tietmeyer später fest.[403]

Abb. 4: Entwicklung der Inflationsraten 1970 bis 1990 in Prozent

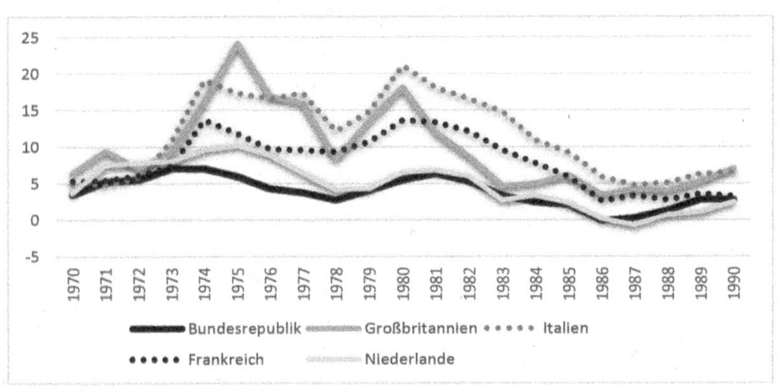

Quelle: Weltbank[404]

In der deutschen Öffentlichkeit spielten die Beschlüsse von Straßburg ohnehin keine Rolle. Diese war mit den Entwicklungen in der DDR beschäftigt, und das galt auch für das ganze Jahr 1990, das von der deutsch-deutschen Währungsunion und der Wiedervereinigung geprägt war, von den Diskussionen, den Feiern, aber auch schon von den aus Währungsunion und Wiedervereinigung folgenden wirtschaftlichen Problemen.

So zog auch der Gipfel der EG-Staats- und Regierungschefs in Rom vom 27./28. Oktober 1990, gerade einmal etwas mehr als drei Wochen nach der Wiedervereinigung, weitgehend an der Wahrnehmung der Deutschen vorbei. Dabei wurden dort weitere Pflöcke eingeschlagen. Denn nun wurde festgelegt, dass die zweite Stufe der Währungsunion am 1. Januar 1994 beginnen sollte.

In der ersten Stufe, die bereits am 1. Juli 1990 gestartet war, sollten die letzten Beschränkungen für den freien Kapitalverkehr beseitigt werden, und die einzelnen Staaten sollten auf eine finanzpolitische Konvergenz hinarbeiten, ihre Haushalte also in Ordnung bringen und bei der Inflation ein annähernd gleiches Niveau erreichen. Genaue Vorgaben dazu gab es allerdings noch nicht.

In der zweiten Stufe, die also ab Januar 1994 beginnen würde, sollten wichtige Rechtsvorschriften auf europäischer und nationaler Ebene verabschiedet und ein Europäisches Währungsinstitut (EWI) geschaffen werden, der Vorläufer der Europäischen Zentralbank (EZB). Das EWI sollte den regulatorischen, organisatorischen und logistischen Rahmen für die dritte Stufe schaffen, in der schließlich die gemeinsame, einheitliche neue Währung eingeführt werden sollte. Ein Datum für den Beginn der dritten Stufe wurde in Rom zwar noch nicht festgelegt, es hieß aber im Schlussdokument:

> »Die Kommission und der Rat der Währungsinstitution werden dem Rat der Wirtschafts- und Finanzminister und dem Rat ›Allgemeine Angelegenheiten‹ spätestens drei Jahre nach dem Beginn der zweiten Stufe über das Funktionieren des Systems in der zweiten Stufe und insbesondere über die Fortschritte in der realen Konvergenz Bericht erstatten, um die Entscheidung über den Übergang zur dritten Stufe vorzubereiten, der innerhalb einer angemessenen Frist erfolgen wird.«[405]

Damit war nun endgültig klar: Der Zug rollte, und er war nicht mehr aufzuhalten. Die Frage war jetzt nur noch, ob parallel zur Wirtschafts- und Währungsunion auch die Politische Union erreicht werden konnte, die Kohl und andere deutsche Politiker stets angemahnt hatten. Tatsächlich beschloss der Gipfel der EG-Staats- und Regierungschefs am 13./14. Dezember 1990 in Rom die Einberufung zweier Regierungskonferenzen, eine über die Politische Union und eine über die Wirtschafts- und Währungsunion. Die jeweiligen Ministerien der Mitgliedsländer sollten über die folgenden Monate gemeinsam Details ausarbeiten. Dazu benannten die jeweiligen Minister persönliche Beauftragte. Für das Thema der Währungsunion schickte Bundesfinanzminister Theo Waigel seinen Staatssekretär Horst Köhler vor, der später Bundespräsident werden sollte. Dessen Gegenpart auf französischer Seite wurde Jean-Claude Trichet, später zweiter Präsident der Europäischen Zentralbank. Sie waren über die folgenden Monate die wesentlichen Treiber der Verhandlungen über die Wirtschafts- und Währungsunion.

Die deutsche Seite hatte stets im Sinn gehabt, dass die Verhandlungen über die Politische Union weitgehend synchron dazu verlaufen sollten. Doch das stellte sich schnell als Illusion heraus, allein schon, weil die Wirtschafts- und Währungsunion bereits zuvor umfassend vorbereitet worden war. So hatten die Chefs der Notenbanken beispielsweise schon im Herbst 1990 ein Statut für die Europäische Zentralbank entwickelt. Zum Thema der Politischen Union gab es dagegen anfänglich noch nicht einmal Einigkeit darüber, was genau darunter eigentlich zu verstehen war und welche Themenbereiche hier verhandelt werden sollten.[406] Doch Bundeskanzler Kohl blieb optimistisch. Noch am 13. März 1991 erklärte er auf der Tagung »Forum für Deutschland« in Berlin:

> »Man kann die Wirtschafts- und Währungsunion nicht ohne die Politische Union, und man kann die Politische Union nicht ohne die Wirtschafts- und Währungsunion bekommen. Die Wirtschafts- und Währungsunion wollen viele – aus naheliegenden Gründen. Ich finde, alle müssen wissen: Wir wollen die Wirtschafts- und Währungsunion und die Politische Union.«[407]

Und noch am 6. November 1991 sagte er in einer Rede vor dem Bundestag:

> »Die jüngere Geschichte, und zwar nicht nur die Deutschlands, lehrt uns, dass die Vorstellung, man könne eine Wirtschafts- und Währungsunion ohne Politische Union auf Dauer erhalten, abwegig ist.«[408]

Doch dann kam der Maastrichter Gipfel am 9. und 10. Dezember 1991. Dort wurden die Staatsgäste zunächst mit einem üppigen Essen hofiert. Dieser Auftakt soll einer Anekdote zufolge darauf zurückgehen, dass der französische Präsident einst bei einem Staatsbesuch beim niederländischen Premier Ruud Lubbers nur Käsebrote aufgetischt bekommen habe. Daher warnte er ihn nun: »Wenn du beim Gipfel Käsebrötchen servierst, dann wird es nichts.«[409] Lubbers reagierte und organisierte ein ausgiebiges Mittagessen mit der niederländischen Königin als Gast. »Möge Ihre Konferenz die großen Erwartungen vieler Menschen erfüllen«, sagte diese. »Für meinen Teil kann ich Ihnen versichern, daß ich bereit bin, meinen Kopf für die ECU-Münze zu opfern.«[410]

Doch das Mahl verhinderte nicht, dass »dramatische Stunden« folgten, wie Helmut Kohl in seinen Memoiren schrieb.[411] Und sie waren nicht nur dramatisch, es waren auch viele, insgesamt 30. So lange verhandelten die Staats- und Regierungschefs. Dabei war das meiste eigentlich schon fixiert, denn die Ministerien hatten in den Monaten zuvor ganze Arbeit geleistet. In Maastricht lag nun ein fertiger Vertragsentwurf für die Europäische Wirtschafts- und Währungsunion vor.

Strittig war aber noch die Rolle Großbritanniens. Nach intensiven Diskussionen wurde den Briten über einen Vertragszusatz schließlich die Möglichkeit eines »Opting out« gewährt, sie konnten also dafür optieren, nicht an der Währungsunion teilzunehmen, was sie dann auch taten.

Ein anderer offener Punkt war die Terminierung für den Eintritt der dritten Stufe der Währungsunion, also der finale Startpunkt. Den hatten die Verhandler aus den Finanzministerien bewusst offengelassen. Sie hatten vielmehr vorgesehen, dass alle zwei Jahre geprüft werden sollte, ob die Voraussetzungen erfüllt seien, und erst wenn dies der Fall wäre, sollte die gemeinsame Währung eingeführt werden.

Doch den Regierungschefs war das zu vage, sowohl dem französischen Präsidenten und dem italienischen Ministerpräsidenten als auch dem deutschen Kanzler. Sie legten sich daher in Maastricht auf ein konkretes Datum fest: Spätestens am 1. Januar 1999 sollte die Währungsunion verbindlich starten, unabhängig davon, welche und wie viele Länder dann die Bedingungen erfüllen und teilnehmen könnten. Spätestens ein halbes Jahr zuvor sollte die Europäische Zentralbank ihre Arbeit aufnehmen, allerdings erst, wenn feststünde, wer an der Währungsunion teilnimmt.

Wie alle Beobachter war auch Hans Tietmeyer – nach dem Rücktritt Pöhls zum Bundesbank-Vizepräsidenten aufgestiegen – überrascht von dieser Entscheidung, und er war besorgt. Denn er fürchtete, dass nun der Zeitplan wichtiger werden würde als die Einhaltung der Kriterien für die Umsetzung.[412] Doch über solche Bedenken setzten sich die Staats- und Regierungschefs hinweg. Sie billigten schließlich den Vertrag von Maastricht, der in die Geschichte eingehen sollte. Denn er war die bis dato umfangreichste Weiterentwicklung der EG.

Die augenfälligste Veränderung war, dass die EG einen neuen Namen bekommen sollte: Europäische Union. Darin sollte zum Ausdruck kommen, dass der Zusammenschluss nun eben mehr als eine Wirtschaftsgemeinschaft war. Auch in der Außen- und Sicherheitspolitik sowie der Innen- und Rechtspolitik wollten die inzwischen zwölf Mitgliedstaaten künftig eng zusammenarbeiten. Und die europäischen Institutionen erhielten zusätzliche Rechte. Doch eine Politische Union, so wie sie sich Helmut Kohl und viele andere deutsche Vertreter gewünscht hatten, war das – trotz des neuen Namens – nicht. Das gab Kohl in seinen Memoiren auch unumwunden zu.[413] Aber auch der damalige belgische Ministerpräsident Wilfried Martens sagte, die EG habe zwar ein »konkretes Ergebnis« erzielt, aber er persönlich habe sich »eine andere Politische Union erhofft«.[414] Und ein Europaabgeordneter der FDP kommentierte die wenigen zusätzlichen Rechte, die das Europaparlament bekommen sollte, sogar mit den Worten, hier solle offenbar »eine Micky Maus als Elefant« verkauft werden.

Doch trotz dieser unbefriedigenden Ergebnisse beim Thema der Politischen Union stimmte die Bundesregierung der Währungsunion zu, die nun als »irreversibel« galt. Helmut Kohl begründete seine Zustimmung so:

> »Die Mitgliedsstaaten der Europäischen Gemeinschaft waren jetzt in einer Weise miteinander verbunden, die ein Ausbrechen und einen Rückfall in nationalstaatliches Denken mit all seinen Konsequenzen unmöglich machte. Wir hatten damit ein Kernziel deutscher Europapolitik in die Tat umgesetzt. Maastricht war der Beweis dafür, dass das vereinte Deutschland seine Verantwortung in und für Europa aktiv wahrnahm und klar zu dem stand, was wir immer gesagt hatten: dass die deutsche Einheit und die europäische Einigung zwei Seiten ein und derselben Medaille waren.«[415]

Zudem zeigte er sich zufrieden mit der konkreten Ausgestaltung der Währungsunion:

> »Es war vor allem gelungen, den Vorrang der Geldwertstabilität so eindeutig festzuschreiben, dass diese Regelung den Vergleich mit dem deutschen Bundesbankgesetz nicht zu scheuen brauchte. Wir konnten also diesem Vertrag zustimmen, weil er in vollem Umfang den deutschen Erfahrungen entsprach, die wir in den letzten vierzig Jahren mit der Gewährleistung der Stabilität der D-Mark gemacht hatten. Der nach langen und intensiven Verhandlungen vereinbarte Vertrag über die Wirtschafts- und Währungsunion trug in allen entscheidenden Punkten die deutsche Handschrift. Unsere bewährte Stabilitätspolitik war zum Leitmotiv für die zukünftige europäische Währungsordnung geworden.«[416]

Der Vertrag stellte harte Bedingungen für die Mitgliedschaft in der Währungsunion, die sogenannten Maastrichter Kriterien. Nur Länder, die diese erfüllten, sollten beim Start der gemeinsamen Währung dabei sein, und auch für einen späteren Beitritt weiterer Mitglieder galten diese Regeln, und sie gelten übrigens bis heute:

- Die Notenbank des potenziellen Mitglieds muss unabhängig sein.
- Das Haushaltsdefizit des Landes darf 3 Prozent des Bruttoinlandsprodukts (BIP) nicht übersteigen, die Staatsverschuldung nicht mehr als 60 Prozent des BIP betragen.
- Seit mindestens zwei Jahren muss das Land Mitglied im EWS sein und darf dabei die Bandbreiten des Wechselkurses nicht verlassen und nicht abgewertet haben.
- Die im letzten Jahr vor der Prüfung gemessene durchschnittliche Inflationsrate darf nicht mehr als 1,5 Prozentpunkte über der Inflationsrate jener drei Mitgliedstaaten liegen, die die niedrigste Inflation aufweisen.
- Die Zinsen langfristiger Staatsanleihen dürfen nicht mehr als 2 Prozentpunkte über dem entsprechenden Satz in den drei Mitgliedstaaten liegen, die bei der Preisstabilität das beste Ergebnis erzielt haben.

Damit war ein klarer Weg vorgegeben, wie bestimmt werden sollte, wer am Ende Teil der Währungsunion würde. Noch nicht geklärt war jedoch, wie die Währung heißen, wo der Sitz der Europäischen Zentralbank sein und wer ihr erster Präsident werden sollte. All das sollte in den kommenden Jahren beschlossen werden.

Dass es überhaupt so weit kommen würde, stand in den folgenden Wochen und Monaten jedoch zunächst wieder infrage. Denn in vielen Ländern wurde der Maastrichter Vertrag alles andere als freudig begrüßt. Dies galt auch für Deutschland, trotz der klaren deutschen Handschrift in dem Abkommen. Die *Bild*-Zeitung gab am 11. Dezember 1991 den Tenor vor:

> »Im holländischen Maastricht läutete gestern, ganz leise, ein Totenglöckchen. Es galt dem Symbol des deutschen Wohlstands, des deutschen Wirtschaftswunders. 1997, spätestens aber 1999 wird die Deutsche Mark abgeschafft. Es geht auch ohne – glauben der Kanzler, sein Finanzminister, die Spitzen der Opposition. Was der große Ludwig Erhard wohl dazu sagen würde? Die Deutschen haben eine ganz klare Meinung. 79 Prozent, meldeten gestern die Wickert-Institute, fordern dazu einen Volksentscheid (3000 Befragte). Lediglich 17 Prozent billigen den Politikern den Alleingang zu, den sie jetzt gemacht haben. Aber die Deutschen wurden nicht gefragt, die Politik hat entschieden. Der ECU kommt. Was immer das bedeuten mag.«[417]

Doch nicht nur die Boulevard-Presse war kritisch, auch andere Medien. *Spiegel*-Herausgeber Rudolf Augstein führte einen wahren Feldzug gegen den Maastrichter Vertrag und kommentierte direkt nach dessen Abschluss:

> »Kohl hätte im nachhinein gewonnen, wenn es im Jahre 2001 eine stabile europäische Bundesregierung, von einem Parlament kontrolliert, samt einer stabilen europäischen Währung gäbe. Das allerdings ist nicht nur unwahrscheinlich, es ist ausgeschlossen.
>
> Den Pyrrhussieg hat Frankreich errungen, nicht weil es Europa wollte, sondern weil es ihm gelungen ist, die Mark anzuzapfen und dadurch zu schwächen.«[418]

In der *Frankfurter Allgemeinen Zeitung* war von der »Entthronung der D-Mark« und der »Vergemeinschaftung der D-Mark« die Rede, die deutsche Währung sei »über den Tisch gezogen« worden.[419]

Hans D. Barbier, Herausgeber der Zeitung, nannte Helmut Kohl den »Kanzler, der die Deutsche Mark hergab«, und schrieb:

> »In Europa soll nun – erstmals in der Geschichte – eine Währungsordnung ohne ein staatliches Dach errichtet werden: Eine politische Union wird es auf absehbare Zeit nicht geben, aber der Fahrplan für die Währungsunion wird jetzt schon festgelegt.«[420]

Im Juni 1992 veröffentlichten 60 deutsche Ökonomen ein Manifest unter dem Titel »Die währungspolitischen Beschlüsse von Maastricht: Eine Gefahr für Europa«. Sie kritisierten darin die Konvergenzkriterien als zu weich und bezweifelten, dass diese in der Praxis angewendet würden. Sie glaubten, dass im Zweifel politische Erwägungen Vorrang hätten. Denn in Europa fehle das, was für die deutsche Geldpolitik entscheidend sei: eine Stabilitätskultur, also eine vom breiten Willen des Volkes getragene stillschweigende Übereinkunft, die der Preisstabilität unbedingten Vorrang einräumt und die tief in der gesamten Gesellschaft verankert ist.[421] Dem stellten sich die Chefvolkswirte von Deutscher Bank, Dresdner Bank und Commerzbank sowie eine Gruppe europäischer Ökonomen entgegen, die den Professoren Kurzsichtigkeit vorwarfen. Es gehe nicht an, für die EU mehr zu fordern, als für die Bundesbank jahrzehntelang gegolten habe. Der Verdacht, die Konvergenzkriterien würden verwässert werden, bezeichneten sie als unbegründete Unterstellung.

Die Befürworter betonten zudem stets die Vorteile der Währungsunion. Durch die Beseitigung der Umtauschkosten und der Wechselkursschwankungen würden die Transaktionskosten sinken. Der Handel werde zunehmen und dies den Wohlstand mehren. Demgegenüber rechneten die Kritiker eher mit einer Zunahme der ökonomischen Spannungen innerhalb der EU, die eine politische Zerreißprobe zur Folge haben würden.

Neben dieser volkswirtschaftlichen Auseinandersetzung gab es jedoch auch noch die politische Sicht auf die Dinge, die darauf abhob, dass die fachliche Kritik hinter größeren, weltpolitischen Erwägungen zurückzutreten habe, so wie Helmut Schmidt das formulierte:

> »Die Schaffung der Währungsunion ist in erster Hinsicht eine eminent außenpolitische Aufgabe. [...] Der Fortschritt der europäischen Integration ist nicht eine Sache des deutschen Idealismus, sondern er entspricht dem vitalen, langfristigen strategischen Interesse Deutschlands am Frieden – wenn es denn vermeiden will, daß es zum dritten Mal zu einer antideutschen Koalition kommt. Von dieser Einsicht sind alle Kanzler von Adenauer bis Kohl ausgegangen. [...] Gegenüber diesem lebenswichtigen Ziel bleiben alle fachlichen Mäkeleien an der Währungsunion, bleibt alle gerechtfertigte Kritik am Brüsseler Bürokratismus bestenfalls von zweitrangiger Bedeutung.«[422]

Mit der Idee, dass die wirtschaftlichen Risiken einer einheitlichen europäischen Währung angesichts der politischen Bedeutung des Projekts ausgeblendet werden sollten, konnten sich die Gegner der Währungsunion aber natürlich nicht abfinden. Doch bevor sie mit weiteren Argumenten die Diskussionen fortsetzen konnten, kam es genau in jenen Monaten, im Sommer 1992, zu einem Ereignis, das die Pläne ohnehin ganz grundsätzlich infrage stellte und deren Umsetzung zumindest gefährdete. Das Europäische Währungssystem, auf dem die neue europäische Währung ja aufbauen sollte, wurde in seinen Grundfesten erschüttert.

KAPITEL 17

Die Krise des EWS und der Schwarze Mittwoch

Juni bis September 1992

Von einer wahren Schlacht war die Rede am 16. September 1992, von einer Kavallerie, die nicht kam, und schließlich von Kapitulation, nach einem langen kräftezehrenden und teuren Kampf. Dieser hatte schon am frühen Morgen jenes Tages begonnen, noch vor Öffnung der Börsen in London. Spekulanten und Investoren aus der ganzen Welt wollten die britische Währung abstoßen, und um einen Absturz des Kurses zu verhindern, kaufte die Bank of England sie auf – 600 Millionen Pfund waren es bereits vor Öffnung des Devisenmarktes. Die britische Notenbank musste dies tun, denn seit 1990 war Großbritannien Mitglied im EWS. Darin galt, dass eine Währung nur in engen Bandbreiten schwanken durfte.

Doch die Spekulanten glaubten nicht mehr daran, dass dieses enge Band für das Pfund zu halten war, sie wetteten darauf, dass die britische Währung abwerten musste. Daher verstärkten sie das Feuer nach Öffnung des Devisenmarktes in London. Ein wahrer Sturm brach los. 1 Milliarde Pfund kaufte die Notenbank nun auf – pro Stunde. Doch es gelang ihr nicht, den Markt zu beruhigen. Premierminister John Major beriet sich daher mit seinem

Finanzminister Norman Lamont am Telefon, und beide beschlossen um 11 Uhr, die Zinsen von 10 auf 12 Prozent zu erhöhen. Das sollte die Investoren davon überzeugen, dass es sich lohnte, Sterling zu halten. Doch der Beschluss verfehlte seine Wirkung, das Trommelfeuer ließ nicht nach.

Jim Trott, Chefhändler der Bank of England, geriet zunehmend in Verzweiflung, auch wegen der fehlenden Unterstützung aus Deutschland. »Die Kavallerie war die Bundesbank«, sagte er später zu den Ereignissen. »Doch wir schauten über den Hügel, aber da war kein Staub, und da waren keine Hüte und keine Säbel.«[423]

Tatsächlich hätte die Bundesbank einschreiten können, wahrscheinlich mit Erfolg. Doch dass sie es nicht tat, hatte Gründe, und diese lagen in der Vorgeschichte, in den Ereignissen, die zu diesem Erdbeben am britischen Devisenmarkt geführt hatten. Es war der Kulminationspunkt einer Entwicklung, die bereits mit der Wiedervereinigung begonnen hatte. Denn diese hatte in Deutschland zu einem wirtschaftlichen Boom geführt. Die neuen Bundesbürger erhöhten die Nachfrage im Inland drastisch, die Unternehmen mussten ihre Produktion erheblich ausweiten und große Investitionen tätigen. 1990 wuchs die Wirtschaft um 5,5 Prozent, 1991 erneut um 5,2 Prozent.[424]

Gleichzeitig zogen die Preise deutlich an, da eine überschäumende Nachfrage auf ein begrenztes Angebot traf. Ende 1991 kletterte die Inflationsrate über 5 Prozent – und die Bundesbank trat energisch auf die Bremse. »In anderen Ländern wäre das vielleicht als normal betrachtet worden. Für uns in der Bundesbank war das jedoch nicht akzeptabel«, begründete Otmar Issing, seit September 1990 im Direktorium der Bundesbank, den Schritt. »Wir mussten die Zinsen deutlich erhöhen, auf den höchsten Stand der Nachkriegszeit.«[425] Hatte der Leitzins Mitte 1989 noch bei 5 Prozent gelegen, schraubte die Bundesbank ihn bis Juli 1992 auf 8,75 Prozent, so hoch wie nie zuvor.

Das Problem war aber, dass der Rest Europas und auch der Rest der Welt keineswegs einen wirtschaftlichen Boom erlebten, ganz im Gegenteil, es kriselte überall. In den USA senkte die Notenbank daher seit 1990 die Zinsen. Die europäischen Partner im EWS konnten dies jedoch nicht tun. Hätten sie die Zinsen gesenkt, während die Bundesbank sie erhöhte, wäre Kapital im großen Stil in die Bundesrepublik abgeflossen und ihre Währungen wären sofort unter Abwertungsdruck geraten. Ihre Notenbanken hätten dann mit großen Summen am Devisenmarkt intervenieren müssen, um die festen Wechselkurse des EWS zu verteidigen – und diesen Kampf konnten sie unmöglich gewinnen, da ihre Währungsreserven in kurzer Zeit aufgebraucht gewesen wären. Sie mussten der Bundesbank daher zinspolitisch folgen, egal, ob sie ihre eigene Wirtschaft dadurch strangulierten.

Die Bundesbank wiederum nahm keinerlei Rücksicht auf die europäischen Partner. Sie war sich zwar bewusst, dass ihre Entscheidungen schwere Folgen für diese hatten, achtete jedoch ausschließlich auf die Lage im Inland. Der dänische Wirtschaftsminister Anders Fogh Rasmussen fasste die ganze Hilflosigkeit der EWS-Partner zu jener Zeit in einem Satz zusammen:

> »Wenn die Direktoren der Bundesbank auch nur mit der Wimper zucken, dann erzeugt das Erschütterungen auf den Kapitalmärkten über ganz Europa hinweg, ohne dass wir auch nur die geringste Möglichkeit zur Einflussnahme hätten.«[426]

Die Zinspolitik der Bundesbank brachte die anderen EWS-Mitglieder zunehmend unter Druck, da die Hochzinspolitik dort die wirtschaftliche Krise verstärkte.

Parallel dazu hatte sich eine Spekulationswelle gegen das britische Pfund aufgebaut. Großbritannien war seit 8. Oktober 1990 Mitglied des EWS. Der Beitritt war allerdings zu einem außergewöhnlich hohen Kurs von 2,95 DM je Pfund erfolgt. Der damalige Bundesbankpräsident Karl Otto Pöhl hatte London zwar noch gewarnt, diesen Kurs als künftigen Fixkurs zu setzen. Er plädierte dafür, den Eintrittskurs in das EWS gemeinsam festzulegen, deutlich niedriger. Doch London lehnte ab und setzte den Kurs von 2,95 DM je Pfund fest. Das hatte Prestigegründe, aber vor allem wollte Premierminister John Major erreichen, dass sich Importe verbilligten und auf diesem Weg die relativ hohen Teuerungsraten in Großbritannien zurückgingen. Doch das gelang nicht, Mitte 1991 kletterte die Inflationsrate auf der Insel sogar über 8 Prozent. Die Überbewertung des Pfund gegenüber der D-Mark verstärkte sich damit weiter.

Ähnlich war die Lage in Italien. Dort lag die Inflationsrate mit über 6 Prozent immer noch deutlich über der deutschen. Auch die Lira galt damit als überbewertet. Allerdings sorgte die Aussicht, dass die Währungen bald in einer gemeinsamen Währung aufgehen würden, für Ruhe an den Devisenmärkten, erst recht, nachdem der Maastrichter Vertrag geschlossen worden war.

Dann kam der 2. Juni 1992. An diesem Tag lehnten die dänischen Wähler in einer Volksabstimmung den Maastrichter Vertrag ab, mit einer knappen Mehrheit von 50,7 gegen 49,3 Prozent – völlig unerwartet. Nun drehte die Stimmung urplötzlich, zumal auch in Frankreich noch ein Referendum anstand. Am 20. September 1992 sollten die Wähler dort über das Vertragswerk abstimmen. Lange schien ein positiver Ausgang unzweifelhaft, doch nach dem Debakel in Dänemark war nicht mehr sicher, ob die französischen Wähler dem Willen der Politiker folgen würden. Und in Deutschland, wo die Verfassung keine Volksabstimmung vorsah, waren einige Kläger inzwischen vor das Bundesverfassungsgericht gezogen, da sie den Maastrichter Vertrag für verfassungswidrig hielten. Auch hier war der Ausgang ungewiss.

Damit wuchs die Wahrscheinlichkeit, dass der Maastrichter Vertrag und damit die Währungsunion nicht in Kraft treten könnten.

Das jedoch hätte wahrscheinlich auch ein Auseinanderfallen des EWS bedeutet, wodurch die Wechselkurse freigegeben worden wären und die überbewerteten Währungen deutlich an Wert verloren hätten. Und diese nervöse Lage wurde noch dadurch verstärkt, dass die Bundesbank im Juli 1992 reichlich autistisch und völlig ohne Rücksicht auf die generelle Lage in Europa die Zinsen erneut erhöhte, auf ebenjenen Rekordwert von 8,75 Prozent.

Überall wuchs die Angst vor einem Scheitern der Währungsunion, einem Ende des EWS und einem darauf folgenden Absturz von Lira und Pfund. Viele Unternehmen begannen daher nun, Absicherungsgeschäfte zu tätigen. Sie wetteten am Finanzmarkt gegen die abwertungsverdächtigen Währungen, um im Falle einer Abwertung aus diesen Wetten einen Gewinn zu ziehen und so die Verluste bei ihren Finanzanlagen oder ihren Forderungen in diesen Währungen auszugleichen. Nach und nach erhöhte sich so der Druck bei Lira und Pfund, immer mehr Geld wurde auf deren Abwertung gewettet, und irgendwann sprangen auch Spekulanten auf, die sich nicht absichern, sondern einfach nur Geld verdienen wollten.

Am 24. August 1992 kamen die Finanzminister Frankreichs, Deutschlands, Italiens und Großbritanniens sowie die jeweiligen Notenbankpräsidenten zu einem Geheimtreffen im französischen Finanzministerium zusammen.[427] Dort machten die Vertreter der drei Länder Druck auf die deutsche Seite, die Zinsen zu senken. Dann könnten auch die anderen die Zinsen senken und die Spannungen an den Devisenmärkten würden abgebaut, so die Argumentation. Doch Bundesfinanzminister Waigel verwies darauf, dass die Bundesbank vorrangig für die Stabilität im Inland verantwortlich sei. Die Bundesbank lehnte entsprechend dieser Argumentation Zinssenkungen ab und verlangte stattdessen, dass die anderen Länder ihre Währungen abwerten sollten, um so die Spannungen zu beseitigen. Doch das lehnten diese ab, vor allem aus Prestigegründen. Daher gingen die Beteiligten ohne Beschluss auseinander.

Am 10. September dann, einem Donnerstag, stürzte die Lira plötzlich ab, und die deutsche und die italienische Notenbank mussten massiv intervenieren, um den Kurs zu halten. Am Freitag setzte sich dies fort. Mehr als 24 Milliarden DM hatte die Bundesbank bei Beginn des Wochenendes aufgewendet,[428] Geld, das sie neu schaffen musste und das damit potenziell inflationär wirken konnte.

Am Samstag kamen daher Bundeskanzler Kohl, Finanzminister Waigel und dessen Staatssekretär Köhler nach Frankfurt und trafen sich mit Bundesbankpräsident Schlesinger im Gästehaus der Bundesbank. Sie verabredeten, den Italienern einen Deal anzubieten: Sie sollten die Lira abwerten, und die Bundesbank würde im Gegenzug die Zinsen leicht senken.[429]

Noch am gleichen Tag flogen Köhler und Schlesingers Stellvertreter Tietmeyer nach Rom, um diesen Vorschlag zu unterbreiten. Doch die italienische Regierung wollte davon nichts wissen. Daraufhin drohten die Deutschen, die Lira fallen zu lassen, worauf die Italiener einwendeten, dass dies im Rahmen des EWS nicht zulässig sei. Doch da zogen die Deutschen jenen Brief hervor, den der damalige Bundesbankchef Otmar Emminger 1978 an Bundeskanzler Schmidt geschrieben hatte und der festhielt, dass die Regierung der Bundesbank zugesagt habe, dass sie im Rahmen des EWS nicht unbegrenzt Stützungskäufe tätigen müsse.[430] Nun stimmten die Italiener notgedrungen zu.

Am Wochenende traten die Gremien des EWS zusammen und beschlossen eine Abwertung der Lira um 7 Prozent. Das jedoch wurde von Ökonomen, Händlern und Spekulanten als zu gering erachtet, vor allem aber war nun klar, dass der Druck der Spekulanten Erfolg haben konnte. Die Märkte hatten »Blut gerochen«, wie es Bundesbank-Vize Tietmeyer ausdrückte.[431] Ausgerechnet in dieser Lage gab nun aber dessen Chef, Bundesbankpräsident Schlesinger, dem *Handelsblatt* ein Interview, in dem er betonte, dass durch die Abwertung der Lira die Probleme natürlich noch nicht gelöst seien.[432] Auch die sofort nachgeschobene Erklärung der Bundesbank, das Interview sei nicht autorisiert gewesen, machte es nicht besser. Denn die Aussage Schlesingers an sich dementierte die Bundesbank nicht, konnte sie offensichtlich nicht, weil die Worte wohl tatsächlich gefallen waren. Und jedem war klar, welches Problem nach Ansicht Schlesingers noch nicht gelöst war: die Überbewertung des Pfunds.

Nun kannte die Spekulation gegen die britische Währung kein Halten mehr. An den Devisenmärkten begann eine wahre Schlacht, wie Teilnehmer später berichteten. Und sie wurde ohne Rücksicht auf Verluste gefochten. Auf der einen Seite standen Heerscharen von Spekulanten, die flink und wendig über den Devisenmarkt huschten. Auf der anderen Seite stand die britische Notenbank, die ihre Stellungen zu verteidigen versuchte und vergeblich auf die Hilfe der Bundesbank wartete.

Die Bundesbank hätte D-Mark verkaufen und Pfund kaufen können, um die Angriffe abzuwehren. Doch sie hielt still. Mehr noch, am Nachmittag des 16. September machten Nachrichten die Runde, dass die Bundesbank bewusst nicht einschreite, weil sie für eine Abwertung des britischen Pfunds sei. Das erschien nur logisch, hatte die Bundesbank den Pfundkurs doch ohnehin die ganze Zeit als zu hoch angesehen. Jim Trott, der Chefhändler der Bank of England, nahm dennoch Kontakt mit Frankfurt auf – doch am anderen Ende der Leitung verstand man plötzlich kein Englisch mehr. »Das war ziemlich ungewöhnlich«, berichtete er mit höflichem Understatement.

Die Bank of England war also offenbar auf sich allein gestellt, und die Lage wurde immer verzweifelter. Denn um Pfund auf dem Markt aufzukaufen, musste die Notenbank andere Währungen verkaufen. Sie hatte jedoch nur begrenzte Devisenreserven. Das wussten die Spekulanten. Diese kannten ihrerseits dagegen keine Grenzen. Denn sie besaßen die Pfund, die sie verkauften, gar nicht. Sie liehen sich diese nur von anderen Investoren und verkauften sie dann. Der Plan: Später, wenn die Währung abgewertet hat, könnten sie die Pfund billiger wieder zurückkaufen und an den Verleiher zurückgeben. Die Differenz wäre ihr Gewinn. Und an Verleihern herrschte kein Mangel, schließlich erhielten diese dafür eine kleine Gebühr. Die Feuerkraft der Spekulanten überstieg jene der Notenbank dadurch deutlich.

Der Schatzkanzler erkannte schließlich die Aussichtslosigkeit des Unterfangens und riet dem Premierminister aufzugeben. Doch dieser bestand darauf, noch einen weiteren Versuch zu wagen. So erhöhte die Bank of England zum zweiten Mal innerhalb eines Tages die Zinsen, auf nunmehr 15 Prozent. Es nützte nichts. Nach Schließung der Devisenmärkte stand die Bank of England vor einem Desaster. Sie hatte binnen eines Tages Milliarden verpulvert, ohne dass sie die Währung damit stabilisiert hatte. Um 19 Uhr ging der Schatzkanzler daher vor die Presse und streckte die Waffen: Er erklärte den Austritt des Pfunds aus dem EWS. Der Kurs war damit wieder freigegeben, alle Bandbreiten hinfällig. Das Pfund verlor in den folgenden Wochen drastisch an Wert.

Die Spekulanten hatten ihr Ziel erreicht und machten gigantische Gewinne. Allein der US-Investor George Soros verdiente nach eigener Aussage mit seiner Pfund-Spekulation innerhalb kürzester Zeit 1 Milliarde Dollar. Er ging damit als der Mann in die Geschichte ein, der die Bank of England knackte. Der 16. September 1992 gilt seither als der »Schwarze Mittwoch«.

Am nächsten Morgen machten die britischen Zeitungen mit Katastrophen-Schlagzeilen auf. »Das Pfund im freien Fall«, titelte der *Independent*, »Außer Kontrolle« der *Daily Mirror*. Aber auch die Suche nach den Schuldigen begann schon. »Der abgewertete Schatzkanzler« überschrieb die *Daily Mail* ihren Artikel, bei der *Sun* prangte in Großbuchstaben auf der ersten Seite: »Das Kabinett hat uns alle verarscht!« Und der *Daily Express* schlagzeilte: »Wie die Deutschen Europa versenkten«. [433]

Die Kritik an den Deutschen war nicht komplett falsch. Denn die Bundesbank hatte ihren Anteil an der Katastrophe, weil sie der Bank of England nicht zu Hilfe geeilt war. Allerdings hatte sich die britische Regierung durch ihre Handlungen selbst in diese Situation gebracht, und angesichts der Tatsache, dass sich Großbritannien bei den Verhandlungen über die Währungsunion bislang stets ablehnend verhalten und auf eine Sonderrolle gepocht hatte, war es nur logisch, dass die Hilfsbereitschaft der anderen Länder begrenzt war.

Noch in der Nacht auf Donnerstag beschlossen die EWS-Mitglieder das Ausscheiden Großbritanniens und Italiens aus dem Währungssystem. Die spanische Peseta, der portugiesische Escudo und das irische Pfund wurden in den folgenden Monaten zudem deutlich abgewertet. Allerdings: Schon bald danach beruhigte sich die Lage wieder. Der Sturm, der über das EWS hinweggefegt war, hatte es zwar reichlich zerzaust, aber nicht zerstört. Im Gegenteil, mancher hielt es nun, nach den diversen Abwertungen, sogar für fester und stabiler als zuvor. Und auch politisch hellte sich die Lage auf. Die Franzosen gaben am 20. September 1992 in ihrem Referendum dem Maastrichter Vertrag mit einer knappen Mehrheit von 51,04 Prozent ihr Plazet, und auch das Karlsruher Bundesverfassungsgericht billigte den Vertrag am 12. Oktober 1993, wenngleich es dabei für künftige, weitergehende Schritte im Integrationsprozess gewisse Hürden aufbaute. Dennoch war damit der Weg endgültig frei für die Europäische Währungsunion.

KAPITEL 18

Die letzten Hürden auf dem Weg zum Euro 1993 bis 1998

Im Herbst 1993 stand das Gerüst der Europäischen Währungsunion, und bis hierher hatte Deutschland in weiten Teilen seine Vorstellungen durchsetzen können. Die Stabilitätskriterien für den Beitritt zur Währungsunion entsprachen den deutschen Forderungen. Auch Zuschnitt, Zuständigkeiten und Ziele der Europäischen Zentralbank bauten komplett auf dem Modell der Bundesbank auf. Doch es galt noch weitere Details zu klären, und ein ganz wesentliches war der Sitz der Europäischen Zentralbank.

Diese Frage war im Maastrichter Vertrag bewusst ausgespart worden, weil man sich nicht einigen konnte. Diverse Länder und Städte erhoben Anspruch: Frankreich natürlich, aber auch Belgien, Luxemburg und vor allem Deutschland, das die Institution nach Frankfurt holen wollte. Doch Frankreichs Staatspräsident Mitterrand war strikt dagegen.

Nachdem sich Deutschland schon bei den Grundstrukturen der Währungsunion auf ganzer Linie durchgesetzt hatte, sollte nicht auch noch Frankfurt der Sitz der Europäischen Zentralbank sein – dann hätte gleich die Bundesbank die europäische Geldpolitik übernehmen können.

Das ganze Jahr 1993 hindurch kam es zu keiner Annäherung. Doch als das Bundesverfassungsgericht am 12. Oktober 1993 sein Urteil gefällt und den Weg für die Währungsunion freigemacht hatte, wollte Bundeskanzler Helmut Kohl keine Zeit mehr verlieren und endlich eine Lösung finden. Dazu reiste er gleich am folgenden Tag nach Paris – und es gelang ihm, Frankreich auf seine Seite zu ziehen. Wie, das erzählte später Johannes Ludewig, der damals engste wirtschaftspolitische Berater Kohls:

> »Vor der endgültigen Entscheidung über die Einführung der europäischen Einheitswährung musste auch der Sitz der künftigen unabhängigen Europäischen Zentralbank geklärt werden. Deutschland beharrte auf Frankfurt, Frankreich leistete erbitterten Widerstand. Daraufhin reiste Kohl nach Paris zu einem völlig unergiebigen Gespräch mit Ministerpräsident Edouard Balladur, dann einem Abendessen im Elysee-Palast mit Staatspräsident François Mitterrand. Dieser eröffnete mit den Worten ›Ich weiß, warum Sie gekommen sind – Frankreich wird Frankfurt nicht zustimmen, dies wäre gegen unsere eigenen Interessen!‹
>
> Helmut Kohl blieb gelassen. Man speiste, und im Laufe des Essens erläuterte der deutsche Kanzler ruhig und eindringlich, warum Deutschland so sehr auf dem Sitz der Europäischen Zentralbank beharrte. Nach dem Zweiten Weltkrieg habe es wenig Anlass zu patriotischem Stolz gegeben, nur wenige positiv besetzte Symbole, ausgenommen die D-Mark. Sie aufzugeben und in eine neue gemeinsame Währung Europas einzubringen sei daher etwas völlig Außergewöhnliches, nichts mit den Entscheidungen anderer Teilnehmerstaaten Vergleichbares. Diese Entscheidung sei eben nur mit dem Symbol des Sitzes der EZB einigermaßen aufzuwiegen.
>
> Mitterrand hörte aufmerksam zu, um nach eineinhalb Stunden schlicht festzustellen: ›Ich habe nun die Bedeutung dieser

> Entscheidung für Deutschland verstanden. Ab sofort wird Frankreich Sie in dieser Frage unterstützen.«[434]

Da Deutschland und Frankreich, die beiden Eckpfeiler der EU, nun eine einheitliche Position hatten, waren die anderen Bewerbungen um den Sitz der Notenbank aussichtlos. Zwei Wochen nach Kohls Besuch bei Mitterrand beschlossen die Staats- und Regierungschefs daher auf einem Sondergipfel in Brüssel, dass der Sitz des Europäischen Währungsinstituts (EWI) und der späteren Europäischen Zentralbank in Frankfurt sein sollte.

Jetzt war noch die Frage des Namens der neuen Währung zu klären. Und auch hier standen sich Frankreich und Deutschland mit unterschiedlichen Interessen gegenüber. Allerdings verstrichen erneut zwei Jahre, bevor auch diese Frage geklärt wurde. Denn im Frühjahr 1995 war in Frankreich Jacques Chirac in den Elyséepalast eingezogen, und der neue Präsident hatte keine Eile, zu einer Entscheidung über den Namen der Währung zu kommen, mehr noch: Seiner Ansicht nach gab es diesen ja schon. Schließlich nutzte das EWS seit anderthalb Jahrzehnten den Ecu als Verrechnungseinheit. Deren Namen hatte einst der französische Präsident Valéry Giscard d'Estaing listig durchgesetzt. Man konnte darin einerseits die Abkürzung von European Currency Unit sehen, also Europäische Währungseinheit, aber man konnte darin auch den Namen einer alten französischen Münze erkennen. Und der neue französische Präsident wollte, dass auch Banknoten und Münzen der gemeinsamen Währung künftig so hießen.

Die deutsche Seite war komplett dagegen. Hier waren ohnehin die Verlustängste groß, die meisten Deutschen waren gegen die Aufgabe der D-Mark, wie Kohl auch schon Mitterrand gegenüber angemerkt hatte. Den Deutschen nun auch noch französisches Geld als neue Währung anzudienen, wäre zu viel, fürchtete die Regierung. Zudem klang der Name einfach zu fremd. Die

Bild-Zeitung hatte schon nach dem Maastrichter Gipfel gefragt: »ECU – wie spricht man das Ding eigentlich aus?«[435] Bundesfinanzminister Waigel machte sich daher intensiv Gedanken über einen Namen, der allen vermittelbar war und dem die Bürger gleichzeitig mit Sympathie begegnen würden. Er schreibt in seinen Erinnerungen:

> »Mark war nicht durchsetzbar, die europäischen Partner wären sicher nicht erfreut, wenn man ihnen die wirtschaftliche Stärke der D-Mark noch einmal unter die Nase rieb. Allenfalls die Finnen mit ihrer Finnmark wären vielleicht auf unserer Seite. Auch Franken war keine Option, da die Währung bei den Spaniern Franco geheißen hätte – angesichts der Ereignisse in der jüngeren Geschichte wahrlich kein guter Leumund. Warum nicht einfach Euro?«[436]

Er besprach die Idee mit Hans Tietmeyer, der seit Oktober 1993 Bundesbankpräsident war, und dieser fand sie gut. Bundeskanzler Kohl stimmte ebenfalls zu. Doch die Frage war, wie die europäischen Partner auf den Vorschlag reagieren würden. Auf einem EU-Gipfel in Madrid am 15. Dezember 1995 stellte Waigel die Idee vor, und er bekam sofort Lob von Chirac. Das sei eine brillante Idee, sagte dieser, so brillant, dass man darüber eine europaweite Volksabstimmung abhalten sollte. Großbritanniens Premierminister John Major pflichtete ihm bei.[437] Beiden ging es jedoch vor allem darum, die Entscheidung hinauszuzögern. Denn eine Volksabstimmung hätte Monate der Vorbereitung bedurft. Chirac hätte dann argumentieren können, so lange sollte man bei Ecu bleiben, und vielleicht hätte sich der Name dann einfach eingebürgert. Major wiederum spekulierte darauf, die ganze Währungsunion könnte so noch zu Fall kommen. Doch Bundeskanzler Kohl durchschaute das Spiel. »Was würden Sie denn machen, wenn 80 Millionen

Deutsche für den Namen D-Mark stimmen?«, fragte er Chirac. Erschrocken zuckte der französische Präsident zurück – angesichts von damals nur knapp 60 Millionen Franzosen – und lenkte ein.[438] Der luxemburgische Premierminister Jean-Claude Juncker wandte noch im Scherz ein, »Euro« klinge nicht sonderlich erotisch. »Aber doch immerhin eurotisch«, erwiderte Waigel.[439] Damit war der Name »Euro« beschlossene Sache.

Gleichzeitig beschlossen die Staats- und Regierungschefs in Madrid, dass am 1. Januar 1999 die Umrechnungskurse der Teilnehmerländer zum Euro unwiderruflich festgelegt und der Euro formal eingeführt werden sollte. Konkret sollte die EZB dann die Geldpolitik übernehmen, und die Staaten sollten ihre Finanzierung auf Euro umstellen. Die Bürger würden im Alltag aber zunächst weiterhin die nationalen Währungen nutzen, und erst drei Jahre später, am 1. Januar 2002, sollten diese durch Euro-Banknoten und -Münzen ersetzt werden.

Damit waren die Vorbereitungen für das gemeinsame Geld weitgehend getroffen: Der Name der Währung stand fest, der Sitz der Hüterin des Euro, der Europäischen Zentralbank, ebenso. Nun war »nur« noch offen, wer denn nun dabei sein durfte. Das sollte auf Basis der Maastrichter Kriterien entschieden werden. Doch es gab noch eine offene Flanke: Schließlich war es denkbar, dass einzelne Staaten die Kriterien nur unmittelbar vor der Entscheidung einhalten, danach jedoch alle fiskalischen Zügel wieder lockern würden. Das wollte die deutsche Seite unbedingt vermeiden, die Eurozone sollte keinesfalls zu einer Weichwährungszone werden. Berlin wollte daher erreichen, dass die strengen Kriterien des Maastrichter Vertrags auch nach Aufnahme weitergelten sollten. Das war jedoch nicht so einfach durchzusetzen, insbesondere Frankreich wehrte sich dagegen. Präsident Chirac nannte die Pläne sogar die »Erfindung eines deutschen Technokraten« – damit konnte nur Bundesfinanzminister Waigel gemeint sein, der empört reagierte.[440]

Nach langem Gezerre gelang aber eine Einigung, und die Staats- und Regierungschefs beschlossen am 17. Juni 1997 den sogenannten Stabilitäts- und Wachstumspakt. Er sah vor, dass die Euro-Mitglieder dauerhaft jene Schuldenkriterien einhalten sollten, die auch für den Beitritt zum Euro entscheidend waren, also ein Haushaltsdefizit von nicht mehr als 3 Prozent und eine Schuldenquote von weniger als 60 Prozent der Wirtschaftsleistung. Wer dagegen verstieß, sollte Strafen bezahlen, in Höhe von bis zu 0,5 Prozent der Wirtschaftsleistung.

Die deutsche Seite erzielte also wieder mal einen Triumph, hatte sich durchgesetzt und konnte eigentlich zufrieden sein. Es gab dabei nur ein Problem: Deutschland selbst wies inzwischen eine Verschuldung von mehr als 60 Prozent der Wirtschaftsleistung auf. Das war natürlich vor allem auf die Kosten der Wiedervereinigung zurückzuführen, dennoch erfüllte ausgerechnet jenes Land, das gegen diverse Widerstände und unter größten diplomatischen Anstrengungen soeben erst die strengen Kriterien durchgesetzt hatte, diese nun selbst nicht. Und was das Ganze noch prekärer machte: Frankreich erfüllte alle Bedingungen.

In dieser Lage entstand eine folgenschwere Idee: Die Bundesbank sollte einfach die Goldbestände in ihrer Bilanz höher bewerten. Die daraus entstehenden Gewinne müssten an den Bund ausgeschüttet werden, und dieser könnte damit seine Schuldenquote senken. Von wem diese Idee genau stammte, ist umstritten. Der damalige Bundesfinanzminister Theo Waigel behauptete später, diese Idee sei ursprünglich von der Bundesbank selbst gekommen, deren Vizepräsident Johann Wilhelm Gaddum habe ihm erklärt, dass die Bundesbank die Goldreserven anders bewerte als andere Institutionen und dass man dies ändern wolle.[441] Bundesbankvertreter wiesen diese Sicht stets weit von sich.

Tatsache ist, dass die Goldreserven in den Büchern der Bundesbank zu 42,22 Dollar je Feinunze standen, am Markt wurde die

Unze jedoch weit über 300 Dollar gehandelt. Tatsache ist auch, dass international darüber nachgedacht wurde, sich auf eine einheitliche Bewertung zu einigen. Im Finanzministerium wurde daraufhin ein Plan ausgearbeitet, die Bewertung zu ändern, und dabei entdeckte man, dass dies auch einen positiven Effekt auf die Schuldenquote haben konnte. Als dies in einem Gespräch mit Bundesbankpräsident Tietmeyer erwähnt wurde, soll dieser jedoch urplötzlich auf Blockade umgestellt haben. Auf keinen Fall wollte die Bundesbank in Verdacht geraten, der Regierung bei einer Manipulation ihrer Wirtschaftsdaten zu helfen, um die Maastricht-Kriterien zu erfüllen.

Es entspann sich ein öffentlicher Streit, in dem Waigel die Rolle des bösen Finanzministers zufiel, der das Gold der Bundesbank benutzen wollte, um seinen Haushalt zu sanieren. »Operation Goldfinger« hieß der Plan fortan in der Presse. Waigel erschien als eine Art Goldräuber, obwohl es nie um einen Verkauf des Goldes ging, nur um eine bilanzielle Neubewertung. Doch die Bundesbank wehrte sich auch dagegen vehement. Waigel flog schließlich sogar per Hubschrauber bei der Bundesbank ein, und es kam zu einer Unterredung, »mit der eisigsten Stimmung, die ich je erlebt habe«, wie sich das damalige Bundesbank-Direktoriumsmitglied Otmar Issing erinnerte.[442] Am Ende einigten sich Finanzminister und Bundesbank zwar auf einen Kompromiss: Die Goldreserven wurden neu bewertet, aber erst 1998, sodass ausgeschlossen war, dass dies einen Effekt für die Maastricht-Kriterien hätte. Doch Waigel war der große Verlierer. Er fühlt sich bis heute bei diesem Thema unfair behandelt, als Prügelknabe, und er kommentierte die Episode wie schon andere ähnlich vor ihm: »Sie können gegen die Bundesbank keinen Krieg gewinnen.«[443]

Dies war jedoch das letzte Mal, dass die Bundesbank ihre ganze Macht ausspielen konnte. Denn der Tag der Währungsunion, der Tag der Übergabe der Kompetenzen an die Europäische

Zentralbank, rückte näher. Nun musste nur noch entschieden werden, welche Länder dem Euro angehören sollten.

Im März 1998 war es so weit. Die Europäische Kommission sollte auf Basis der Analyse der Wirtschaftsdaten ihren Vorschlag vorlegen, wer ihrer Ansicht nach Mitglied der Eurozone werden sollte.

Übersicht zur Konvergenzlage der EU-Staaten im April 1998[444]

	Inflationsrate in Prozent, Feb. 1997 – Jan. 1998	Langfristiger Zinssatz in Prozent, Feb. 1997 – Jan. 1998	Haushalts-defizit 1997 in Prozent des BIP	Staatsver-schuldung 1997 in Prozent des BIP
Referenzwert	2,7	7,8	-3,0	60,0
Belgien	1,4	5,7	-2,1	122,2
Dänemark	1,9	6,2	0,7	65,1
Deutschland	1,4	5,6	-2,7	61,3
Finnland	1,3	5,9	-0,9	55,8
Frankreich	1,2	5,5	-3,0	58
Griechenland	5,2	9,8	-4,0	108,7
Irland	1,2	6,2	0,9	66,3
Italien	1,8	6,7	-2,7	121,6
Luxemburg	1,4	5,6	1,7	6,7
Niederlande	1,8	5,5	-1,4	72,1
Österreich	1,1	5,6	-2,5	66,1
Portugal	1,8	6,2	-2,5	62,0
Schweden	1,9	6,5	-0,8	76,6
Spanien	1,8	6,3	-2,6	68,8
Großbritannien	1,8	7,0	-1,9	53,4

Das Problem: Bei einer wortwörtlichen Auslegung der festgeschriebenen Kriterien hätten nur zwei beitrittswillige Länder an der Währungsunion teilnehmen dürfen: Frankreich und Luxemburg. Selbst Deutschland patzte, wie gesagt, bei einem der Kriterien. Doch auf dieser Basis konnte der Euro natürlich nicht eingeführt werden.

Daher entschied sich die EU-Kommission zu einer etwas großzügigeren Interpretation der Kriterien und schlug am 25. März 1998 vor, dass der Währungsunion elf der fünfzehn EU-Länder angehören sollten: Belgien, Deutschland, Spanien, Frankreich, Irland, Italien, Luxemburg, Niederlande, Portugal, Österreich und Finnland.

Großbritannien und Dänemark hatten von der Möglichkeit des »Opting-out« Gebrauch gemacht, sie wollten nicht teilnehmen. Griechenland war erst neun Tage zuvor überhaupt dem EWS beigetreten, und da eine zweijährige Mitgliedschaft Voraussetzung für die Teilnahme an der Währungsunion war, blieb es vorerst außen vor. Zudem waren die griechischen Wirtschaftsdaten weit von allen Maastrichter Kriterien entfernt. Schweden wiederum wollte nicht teilnehmen, erfüllte aber auch die Voraussetzung einer unabhängigen Zentralbank nicht.

Dieses Kriterium erfüllten indes alle elf auserwählten Länder. Auch die Vorgabe, wonach die Teuerungsrate maximal 1,5 Prozentpunkte über dem Durchschnitt der drei Länder mit den niedrigsten Raten liegen durfte, meisterten sie alle. Bei diesem Punkt zeigte sich auch besonders deutlich, wie sich die Lage in den Ländern in den Jahren zuvor angeglichen hatte. 1993 hatte die Inflationsrate der elf Länder im Schnitt noch 4 Prozent betragen, und die Differenz zwischen der höchsten und der niedrigsten lag bei 5 Prozentpunkten. 1997 war die durchschnittliche Teuerung auf 1,6 Prozent zurückgegangen, und der Unterschied zwischen dem höchsten und dem niedrigsten Wert lag nur noch bei 1,7 Prozentpunkten.[445]

Ähnlich beeindruckend war die Konvergenz bei den Defiziten der öffentlichen Haushalte. 1993 lag das Haushaltsminus im

Durchschnitt der elf Euro-Kandidaten noch bei 5,5 Prozent des Bruttoinlandsprodukts (BIP), 1997 betrug es nur noch durchschnittlich 2,5 Prozent und lag damit unter der im Maastrichter Vertrag genannten Grenze von 3 Prozent. Auch die einzelnen potenziellen elf Euro-Länder erfüllten allesamt dieses Kriterium.[446] Gleiches galt für die Höhe der Zinsen auf die langlaufenden Staatsanleihen

Probleme gab es jedoch bei zwei Punkten: So forderten die Kriterien eine zweijährige Mitgliedschaft im EWS und eine Einhaltung der Schwankungsbreite von plus/minus 2,25 Prozent beim Wechselkurs. Die Währungen Italiens und Finnlands waren zwar stabil, die beiden Länder waren jedoch erst im Oktober beziehungsweise im November 1996 wieder dem EWS beigetreten, es waren seither also noch nicht ganz zwei Jahre vergangen. Hierüber sah die Kommission jedoch hinweg und betrachtete die Stabilität der Währungen innerhalb der vergangenen zwei Jahre als entscheidend.

Wesentlich schwieriger war die Lage beim letzten Kriterium, der Gesamtverschuldung der Staaten, die nicht mehr als 60 Prozent des jeweiligen Bruttoinlandsprodukts betragen durfte. Diese Vorgabe erfüllten nur Finnland, Frankreich und Luxemburg. Allerdings sahen die Maastrichter Regeln auch eine Ausnahme für den Fall vor, dass ein Land diese Grenze überschritt. Dann sei entscheidend, ob der Schuldenstand »hinreichend rückläufig« war und »sich rasch genug dem Referenzwert« näherte. Ausgerechnet Deutschland erfüllte jedoch keines dieser beiden Kriterien: Der Schuldenstand lag bei 61,3 Prozent, und er war zuletzt auch noch um 1,3 Prozentpunkte gestiegen. Dennoch drückte die Kommission ein Auge zu, betrachtete den letzten Anstieg als Ausrutscher auf einem insgesamt stabilen Fundament.

Deutlich problematischer waren zwei andere Fälle: Belgien und Italien. Deren Schulden waren mehr als doppelt so hoch wie erlaubt, lagen also bei rund 120 Prozent. Allerdings hatten beide Länder zuletzt einen Primärüberschuss von mehr als 5 Prozent verzeichnet. Ohne die Zinszahlungen wiesen ihre Haushalte also einen Überschuss von 5 Prozent der Wirtschaftsleistung aus, oder anders ausgedrückt: Es waren vor allem die Altschulden, die sie belasteten, während die aktuelle Haushaltsführung sogar außerordentlich sparsam war. Belgien verpflichtete sich zudem, den Primärüberschuss mittelfristig auf 6 Prozent zu erhöhen, wodurch der Schuldenstand allmählich sinken sollte. Italien wiederum sollte das jährliche Haushaltsdefizit auf 1 Prozent des BIP senken und so den Schuldenstand pro Jahr um 2 Prozentpunkte und bis 2003 auf 100 Prozent abbauen. Auf dieser Basis gab die Kommission auch für diese beiden Länder grünes Licht.[447]

Genau diese Entscheidung, Italien das Gütesiegel zu verleihen, wurde jedoch vielerorts mit Besorgnis aufgenommen, auch in der Bundesbank. Zehn Stunden saß deren Direktorium zusammen, um eine Stellungnahme zu formulieren,[448] und das Problem für die Bundesbank waren ebendiese beiden Länder, wie Otmar Issing rückblickend erzählt:

> »Mit Italien und Belgien haben wir uns in der Stellungnahme der Bundesbank für die Bundesregierung sehr schwergetan. Schließlich wiesen beide Länder einen Schuldenstand von rund 120 Prozent auf. Wir forderten, dass zumindest harte Auflagen gemacht würden, damit die Länder ihre Finanzen in den folgenden Jahren in Ordnung bringen. Belgien hat das auch zu großen Teilen erfüllt.«[449]

Dennoch machte die Bundesbank in ihrer Stellungnahme keine konkreten Vorschläge, wer in den Kreis der Euro-Länder aufgenommen werden sollte. Sie schloss vielmehr mit den Worten: »Die Auswahl der Teilnehmer bleibt jedoch eine politische Entscheidung.«[450]

Das blieb sie in der Tat, und die Bundesregierung entschied schon einen Tag später bei einer Sondersitzung, die Bedenken der

Bundesbank beiseitezuwischen und dem Vorschlag der EU-Kommission zuzustimmen. Am 2. Mai 1998 beschlossen die Staats- und Regierungschefs daher auf einem Gipfel in Brüssel einstimmig, dem Vorschlag der Kommission zu folgen. Damit stand fest: Auch Italien und Belgien würden von Anfang an beim Euro dabei sein.

Wie die Bundesbank richtig festgestellt hatte, war dies vor allem eine politische Entscheidung. Belgien, in dessen Hauptstadt Kommission, Rat und (neben Straßburg) das Parlament der EU ihren Sitz hatten, die Teilnahme an der Währungsunion zu verwehren, war schlicht nicht vorstellbar. Wenn jedoch Belgien grünes Licht bekam, war es schwer, dies Italien zu verweigern, dessen Schuldenstand praktisch gleich hoch war. Zudem gehörte Italien zu den Gründungsmitgliedern der EWG – ein finanzpolitisch unerhebliches, gesamtpolitisch jedoch gewichtiges Argument. So sahen selbst die sonst stets auf strenge Kriterien achtenden deutschen Entscheider nun über alle Bedenken hinweg.

Schließlich hatte der Gipfel noch zu klären, wer Chef der Europäischen Zentralbank werden sollte. Das schien ein kurzer Tagesordnungspunkt zu werden, denn dazu gab es bereits Übereinstimmung unter den Notenbankgouverneuren: Der Präsident der niederländischen Zentralbank Wim Duisenberg sollte es werden. Er war bereits ein Jahr zuvor von den Zentralbankchefs zum Vorsitzenden des Europäischen Währungsinstituts (EWI), dem Vorläufer der EZB, gewählt worden. Da schien es nur logisch, dass er auch erster Präsident der EZB würde.

Doch über den Spitzenposten bei der EZB bestimmten die Staats- und Regierungschefs – und Jacques Chirac wollte den Chef der französischen Zentralbank, Jean-Claude Trichet, durchsetzen. Schließlich war die EZB bereits nach Bundesbank-Vorbild gestaltet worden und hatte ihren Sitz in Frankfurt. Duisenberg wiederum war zwar kein Deutscher, aber ein Geldpolitiker ganz in der Tradition der Bundesbank.

Stundenlang wurde gefeilscht. Zeitweise überlegten die Staats- und Regierungschefs, die Amtszeit zu teilen, doch das sah das Statut der EZB nicht vor. Erst als Duisenberg schließlich erklärte, er beabsichtige aufgrund seines Alters nicht, die volle Amtszeit auszufüllen, behalte sich aber den Zeitpunkt seines Rücktritts vor, tat sich ein Fenster für eine Einigung auf. Diese erfolgte schließlich deutlich nach Mitternacht, als die Stimmung bei der Presse, die vor den Türen des Sitzungssaals wartete, schon tief im Keller war. »Alkohol und sogar Wasser waren längst ausgegangen«, berichtete Theo Waigel über die Lage bei den Journalisten. »Entsprechend negativ fielen am nächsten Tag die Kommentare zu diesem epochalen Ereignis aus.«[451]

Allerdings war nicht nur bei den angeblich ausgetrockneten Pressevertretern von einem »faulen Kompromiss« die Rede. Die Spaltung der Amtszeit »widerspricht dem Geist des Maastricht-Vertrages, der eindeutig eine achtjährige Amtsdauer vorsieht«, sagte der EU-Experte des Kieler Instituts für Weltwirtschaft (IfW), Jürgen Stehn.[452] Der Wirtschaftsweise Rolf Peffekoven fand, die Entscheidung habe »dem gesamten Euro-Projekt schweren Schaden« zugefügt, und er fügte hinzu: »Wer will jetzt noch glaubhaft machen, daß zum Beispiel der Stabilitätspakt tatsächlich angewandt wird?« Doch es war eben ein typisch europäischer Kompromiss. Alle konnten damit leben.

Und damit war der letzte Stein auf dem Weg zur Einführung des Euro aus dem Weg geräumt.

EXKURS

Die Euro-Banknoten und -Münzen

Die Entwicklung der Banknoten und Münzen des Euro hatte schon begonnen, als noch nicht einmal feststand, wie die Währung heißen, wann sie eingeführt und wer dabei sein würde. Im September 1991 waren erstmals jeweils zwei Banknotenexperten aus allen zwölf Notenbanken der EG-Staaten in Basel bei der Bank für Internationalen Zahlungsausgleich (BIZ) zusammengekommen, um über die neue Währung zu diskutieren. Das Ergebnis war, dass zunächst einmal Daten zu den Charakteristika der bestehenden Währungen in der EG gesammelt werden sollten, von Größe und Wert über Sicherheitsmerkmale bis zu den Produktionskapazitäten.[453]

Im Mai 1992, nach der Unterschrift unter den Maastrichter Vertrag, setzten die Notenbanken eine offizielle Arbeitsgruppe ein, die den Banknotendruck organisieren sollte. Diese diskutierte in den folgenden Jahren all die relevanten Fragen: Wie sollte die Stückelung der Banknoten aussehen? Sollten die verschiedenen Werte unterschiedliche Größen haben, und wenn ja, wie groß sollten die Scheine sein? Als Mitglied des Bundesbankdirektoriums war Otmar Issing damals an den Diskussionen beteiligt und erinnert sich:

> »Deutschland bestand auf der Einführung eines 500-Euro-Scheins, als Äquivalent zum 1000-D-Mark-Schein. Andere, wie etwa die Nie-

> derlande, plädierten für einen wesentlich niedrigeren Höchstwert. Später forderte Italien die Einführung eines 1-Euro-Scheins. Mein italienischer Kollege Tommaso Padoa-Schioppa nannte mir gegenüber folgendes Argument: Auf Auslandsreisen stünden nur kleine Dollarnoten als Trinkgeld zur Verfügung. Mit entsprechenden Eurobanknoten könne man zur Popularität des Euro in der ganzen Welt beitragen.«[454]

Der 1-Euro-Schein kam bekanntlich nicht, dafür aber der 500-Euro-Schein, dessen Druck inzwischen aber wieder eingestellt wurde und der derzeit nach und nach aus dem Verkehr gezogen wird.

Die schwierigste Frage war jedoch, was die Banknoten zeigen sollten. Anfänglich gab es sogar Überlegungen, zumindest Teile der Banknoten unterschiedlich zu gestalten, je nachdem, in welchem Land sie gedruckt wurden. Diese Idee wurde jedoch schnell wieder verworfen, da die vielen divergierenden Gestaltungen bei den Nutzern zu Verwirrung führen könnten.

Üblicherweise zeigen Nationen auf ihren Banknoten wichtige Persönlichkeiten, große Künstler, bedeutende Städte oder technische Errungenschaften. Das war zunächst auch für die europäischen Banknoten angedacht. Doch dadurch wäre ein Streit vorgezeichnet gewesen, welche Nation wie prominent vertreten ist.

Als in Madrid im Dezember 1995 endlich der Name der neuen Währung festgelegt worden war, konnte die Expertengruppe einen Designwettbewerb zur Gestaltung der neuen Banknoten ausschreiben. Dafür gab sie zwei mögliche Themen vor: Entweder sollten die Banknoten die europäischen Epochen vom Altertum bis zur Neuzeit darstellen oder aber themenunabhängig mit geometrischen Formen und abstrakten Elementen arbeiten. Bis September 1996 wurden 27 Vorschläge für das Epochenthema und 17 für die abstrakte Darstellungsweise eingereicht. Am 26. und 27. September 1996 erstellte die Arbeitsgruppe daraus eine Short-List aus zehn Vorschlägen, fünf für jedes der beiden Themen. Diese wiederum wurden knapp 2000 Bürgern in den potenziellen Mitgliedsländern der Währungsunion gezeigt, und sie sollten die Entwürfe bewerten. Dabei empfand die große Mehrheit von 76 Prozent, dass der Entwurf des Österreichers Robert Kalina europäische Charakteristika am besten transportiere. Zudem weckte dieser Entwurf bei 60 Prozent das größte Vertrauen. Auf dieser Informationsbasis diskutierte schließlich der Rat des Europäischen Währungsinstituts, des Vorläufers der EZB, über die Vorschläge und veröffentlichte seine Entscheidung am 13. Dezember 1996: Realisiert werden sollte jener Vorschlag von Robert Kalina.

Dieser zeigte, wie heute auf den Euro-Banknoten zu sehen ist, auf der Vorderseite Gebäude und auf der Rückseite Brücken aus den verschiedenen architektonischen Epochen Europas, von der Romanik über die Gotik und die Renaissance bis zur modernen Stahl- und Glasarchitektur. Dabei handelt es sich jedoch um ausgedachte, exemplarische Darstellungen, sie existieren in dieser Form real nicht. Typisch sind zudem die dominante Landkarte Europas sowie die Sterne, die auf der Vorderseite das Bild einrahmen.

Parallel dazu entschieden die Finanzminister der EU bei ihrem Treffen in Dublin im Dezember 1996 über das Aussehen der Euro-Münzen – dies lag im Gegensatz zu den Banknoten in ihrem Zuständigkeitsbereich. Sie legten fest, dass die Vorderseite der Münzen einheitlich sein sollte, die Rückseiten sollten die ausgebenden Staaten jedoch jeweils individuell gestalten.

KAPITEL 19

Der Euro kommt, die D-Mark geht 1999 bis 2002

Am 31. Dezember 1998 standen im Hof des Ministerrats-Gebäudes in Brüssel Dutzende Kinder in der Kälte und warteten. Die blauen Plastikumhänge mit goldenen EU-Sternen, die sie sich über die Schultern gelegt hatten, wärmten kaum. Ein Mitarbeiter der EU lief immer wieder zwischen ihnen hin und her, bis er über ein Funkgerät das Zeichen bekam: Sie kommen.

Dann traten die europäischen Finanzminister aus dem Gebäude und stellten sich in die Mitte des Kreises, den die Kinder gebildet hatten. Diese fingen an zu zählen: Eins, zwei, drei ... bis elf – so viele Mitglieder, wie die Währungsunion hatte. Genau in diesem Moment öffneten die Finanzminister vier riesige Netze mit Luftballons. Tausende Ballons stiegen auf, jeder von ihnen mit dem stilisierten »E« des Euro geschmückt.[455]

Das war der Startschuss für den Euro. Minuten zuvor hatten die Finanzminister Verordnung Nummer 2866/98 unterzeichnet, die die endgültigen Wechselkurse zwischen dem Euro und den nationalen Währungen festsetzte. Diese entsprachen den Wechselkursen zum Ecu, die ja bereits berechnet wurden, seit das EWS gegründet worden war.

Wechselkurse der nationalen Währungen zum Euro	
Belgischer Franc	40,3399
Deutsche Mark	1,95583
Finnische Mark	5,94573
Französischer Franc	6,55957
Irisches Pfund	0,787564
Italienische Lira	1936,27
Luxemburgischer Franc	40,3399
Niederländischer Gulden	2,20371
Österreichischer Schilling	13,7603
Portugiesischer Escudo	200,482
Spanische Peseta	166,386

Ab dem nächsten Tag, dem 1. Januar, war der Euro die gemeinsame Währung der elf Teilnehmerländer. An diesem Tag verlor die Bundesbank die Hoheit über die Geldpolitik und die Zinsen, und die Europäische Zentralbank übernahm. Alle öffentlichen Stellen rechneten fortan in Euro, auch Aktien notierten beispielsweise nur noch in Euro. Doch darüber hinaus änderte sich für die Menschen im Alltag zunächst wenig. Das Bargeld bestand weiterhin aus den jeweiligen nationalen Banknoten und Münzen.

Da der 1. Januar 1999 auf einen Freitag fiel, konnte der Euro erst am 4. Januar erstmals an den Börsen gehandelt werden. In Sydney, wo der Devisenmarkt zuerst öffnete, wurde der erste Kurs mit 1,1747 Dollar je Euro festgestellt. Doch von da an ging es lange Zeit stetig abwärts. Im Januar 2000 durchbrach der Kurs die Schwelle von 1 Dollar, alle Befürchtungen der Kritiker schienen sich zu bewahrheiten, von Devisenhändlern schien der Euro als Weichwährung wahrgenommen zu werden.

Diese Einschätzung war allerdings nicht ganz korrekt. Die Schwäche des Euro lag zu einem guten Teil an der damaligen Stärke des Dollar. 1999 explodierten in den USA die Börsenkurse, und wer dort Aktien kaufen wollte, musste zunächst einmal Dollar erwerben, was den Kurs der US-Währung nach oben trieb. Der Aufwärtstrend gegenüber dem Euro hielt jedoch auch an, als die Börsenblase im März 2000 zu platzen begann.

Am 3. Mai durchbrach der Kurs des Euro sogar die Schwelle von 0,90 Dollar. Und der Grund dafür lag nun ganz klar auf europäischer Seite. Denn genau an diesem Tag hatte die EU-Kommission eine folgenschwere Entscheidung bekannt gegeben: Griechenland sei fit für den Euro. Ihrer Einschätzung nach könne das Land schon am 1. Januar 2001 in die Eurozone aufgenommen werden. Auch das EU-Parlament und die EZB sprachen sich dafür aus, wobei die EZB sich jedoch wegen der hohen Schulden des Landes besorgt zeigte.

Überraschend kam der Kommissionsvorschlag allerdings nicht. Zwar war Griechenlands Wirtschaft noch zu Beginn der 1990er-Jahre in einem beklagenswerten Zustand gewesen. In den folgenden Jahren erholte sich das Land allerdings rasch, nicht zuletzt aufgrund der Transferzahlungen der EU, die rund 3 bis 4 Prozent der Wirtschaftsleistung ausmachten. Bis 1998, als die ersten Teilnehmerländer des Euro festgelegt worden waren, war die Inflationsrate immerhin auf 5 Prozent gesunken und das Haushaltsdefizit auf 2,5 Prozent der Wirtschaftsleistung gedrückt worden, also unter die Grenze, die in Maastricht festgelegt worden war. Doch das reichte nicht, Griechenland verfehlte bei der Höhe der Zinsen auf seine Staatsanleihen, bei der Inflationsrate und der Staatsverschuldung ganz klar die Kriterien. Erst im Frühjahr 2000 sollte erneut überprüft werden, ob Griechenland die Kriterien erfüllte.

Tatsächlich hatte sich die Lage in diesen zwei Jahren weiter verbessert. Die Regierung in Athen hatte ihre Ausgaben gesenkt und einige öffentliche Unternehmen privatisiert. Außerdem waren die Zinsen gesunken, die der Staat zu zahlen hatte, weil der Finanzmarkt schon mit einer Aufnahme des Landes in die Eurozone rechnete. Das führte zu einem kräftigen Wirtschaftswachstum von 4,1 Prozent und verbesserte die Haushaltslage weiter, sodass die Regierung sogar die Mehrwertsteuer senken konnte. Dies wiederum drückte die Inflationsrate unter die kritische Grenze.

So stand Griechenland im Frühjahr 2000 scheinbar glänzend da und erfüllte alle Kriterien. Nur die Staatsschulden betrugen rund 100 Prozent der Wirtschaftsleistung und lagen damit deutlich über jenen 60 Prozent, die die Maastricht-Kriterien forderten. Allerdings waren Belgien und Italien mit noch weit höheren Quoten in die Eurozone aufgenommen worden, und auch jetzt lag deren Schuldenstand noch über dem griechischen. Zudem war dieser bereits seit vier Jahren rückläufig. Daher beschlossen die Staats- und Regierungschefs am 19. Juni 2000 die Aufnahme des Landes in die Eurozone zum 1. Januar 2001. Es sollten also nicht elf, sondern fortan zwölf Länder eine gemeinsame Währung erhalten.

Die Kritik daran folgte sofort. Der bayerische Ministerpräsident Stoiber, der schon die Aufnahme Italiens hinterfragt hatte, forderte, die Aufnahme Griechenlands um mindestens ein halbes Jahr zu verschieben. Er hatte Zweifel, dass die Kriterien dauerhaft eingehalten würden. Der Chef des Bundesverbands der Deutschen Industrie, Hans-Olaf Henkel, sprach von einem »verheerenden Signal« für die Stabilität der Eurozone.[456] Auch das Deutsche Institut für Wirtschaftsforschung (DIW) warnte, dass der wirtschaftliche Erfolg Griechenlands in den Jahren zuvor vor allem durch die hohen Transfers erreicht worden sei. Athen müsse Reformen durchführen, insbesondere im öffentlichen Sektor und bei den Sozialversicherungssystemen, Unternehmen müssten privatisiert und modernisiert, das Land insgesamt wettbewerbsfähiger werden.[457]

Das sprach im Wesentlichen schon alles an, was rund zehn Jahre später zum Problem Griechenlands und der Eurozone werden sollte: der überdimensionierte öffentliche Sektor des Landes, die betrugsanfälligen Sozialsysteme, die mangelnde Wettbewerbsfähigkeit, das Außenhandelsdefizit, ganz zu schweigen von möglichen Manipulationen bei der Ermittlung der ausschlaggebenden Wirtschaftsdaten. Doch im Jahr 2000 überwog der Optimismus. Wim Duisenberg, der Präsident der EZB, erklärte sogar, es sei »lächerlich« anzunehmen, der Euro-Beitritt Griechenlands könne den Euro in Gefahr bringen. Griechenlands Volkswirtschaft sei dafür viel zu klein.[458]

Tatsächlich verstummte die Kritik schnell wieder. Doch der Euro fiel weiter, erreichte Ende Oktober 2000 sein absolutes Tief bei 0,825 Dollar. Auch in der EZB wuchs nun die Nervosität, wie Otmar Issing berichtet, der inzwischen Chefökonom der Notenbank war:

> »Wenn in dieser Zeit um 10 Uhr das Telefon klingelte, dann wusste ich schon: Das ist der Präsident, Wim Duisenberg. ›Hast du gesehen, der Euro fällt weiter wie ein Stein‹, sagte er dann. Ich habe stets geantwortet: ›Der Euro wird sich auch wieder erholen.‹
>
> Das erklärte ich auch vielfach gegenüber der Öffentlichkeit. Als ich einmal gefragt wurde, wann das sei, sagte ich: ›Meine Mutter wird das noch erleben.‹ Sie war damals schon hoch in den Neunzigern. Aber sie erlebte es tatsächlich noch.«[459]

Denn im Herbst 2001 drehte der Trend. Am 17. Dezember lag der Kurs wieder über 0,90 Dollar. Und wie es der Zufall so wollte: Genau an diesem Tag konnten die Deutschen erstmals das neue Geld in Händen halten. Bei allen Banken konnten sie sogenannte Starter-Kits erwerben, einen kleinen Beutel mit 20 Münzen im Wert von 10,23 Euro. Dafür mussten sie 20 DM bezahlen – obwohl das Beutelchen eigentlich 20,01 DM wert war. Die Differenz von einem Cent übernahm der deutsche Staat.

In anderen Ländern enthielten die Kits eine andere Münzkollektion, sie wurde stets so zusammengestellt, dass sich in der nationalen Währung ein runder Betrag ergab. So waren es in Österreich 33 Münzen im Wert von 14,54 Euro oder 200,07 Schilling, die für 200 Schilling abgegeben wurden. Und in Italien erhielten die Bürger sogar 53 Münzen im Wert von 12,91 Euro beziehungsweise 25.000 Lire.

Knapp zwei Wochen hatten die Bürger Zeit, sich mit den neuen Münzen vertraut zu machen – und sich allmählich vom alten Geld zu verabschieden. Am 1. Januar 2002 war es dann so weit. Die Szenen glichen ein wenig jenen vom 1. Juli 1990, als die D-Mark in die DDR kam. In Berlin drängten sich Menschen wieder in den Banken. Am Brandenburger Tor, vor einem Pavillon der Dresdner Bank, hatten die Sicherheitskräfte Mühe, dem Ansturm Herr zu werden. Kurz vor Mitternacht kam hier auch Bundesfinanzminister Hans Eichel dazu. Es gab ein Glas Champagner, dann tauschte er kurz nach null Uhr seine ersten 200 DM und erhielt dafür 102,25 Euro. »Dem Euro gehört die Zukunft«, sagte er. »Alle werden sich fragen, wieso wir das nicht schon früher gemacht haben.«[460]

Ihm folgten Dutzende andere Kunden, die sich um den Pavillon drängelten und wenig später freudig die neuen Banknoten in Händen hielten. Andernorts zogen die Menschen das neue Geld oft einfach aus den Geldautomaten – pünktlich um Mitternacht spuckten die meisten von ihnen Euros aus. In den ersten 30 Minuten verzeichnete beispielsweise die Bankgesellschaft Berlin 1000 Abhebungen im Wert von 200.000 Euro.[461]

Gefeiert wurde auch in Frankfurt, dem Sitz der Hüter des Euro. Auf dem Platz vor dem Hochhaus der Europäischen Zentralbank dröhnte aus Lautsprechern folkloristische Musik aus den zwölf Euro-ländern, heißer Apfelwein und warme Würstchen sollten die Minusgrade erträglich machen. Pünktlich um Mitternacht erstrahlte ein 15 Meter hohes Eurozeichen, umrandet von zwölf Sternen, das auf dem Platz direkt vor der EZB angebracht worden war. Die Musik wechselte nun zu »Freude schöner Götterfunken«. Die Menschen sangen mit, klatschten, jubelten. EZB-Chef Duisenberg fehlte jedoch bei der Feier. Er habe Einladungen aus allen zwölf Ländern bekommen, sagte er, und um keinem den Vorzug zu geben, habe er im Kreise seiner Familie gefeiert, mit einer Flasche Champagner.[462]

Bundesbankpräsident Ernst Welteke, der seit 1. September 1999 auf dem Chefsessel saß, war ebenfalls nicht zugegen. Doch er äußerte sich in einem Interview: »Der Euro wird den europäischen Binnenmarkt vollenden, dem innereuropäischen Wettbewerb eine neue Dynamik verleihen und die Preistransparenz erhöhen.« Mit dem Euro sei ein Raum hoher Preisstabilität geschaffen worden. »Wir haben Preisstabilität für über 300 Millionen Menschen erreicht.« Das habe es in Europa noch nie gegeben. »Der Euro knüpft nahtlos an das hohe stabilitätspolitische Erbe der D-Mark an.«[463]

Er konnte dabei auch auf die Tatsache verweisen, dass Otmar Issing, der bis 1998 Chefökonom der Bundesbank gewesen war, seit 1998 die gleiche Position in der EZB bekleidete. An dieser Stelle sorgte Issing dafür, dass wesentliche Grundsätze der Bundesbank für die Geldpolitik der EZB übernommen wurden. Dazu gehörte auch das Prinzip der Geldmengensteuerung, das seit dem Ende des Bretton-Woods-Systems ein zentrales Element in der Geldpolitik der Bundesbank gewesen war.

Ob der Euro so stabil werden würde, wie die D-Mark es gewesen war, musste sich Anfang 2001 erst noch zeigen. Doch er hatte nun die D-Mark als offizielles Zahlungsmittel ersetzt. Die Banknoten und Münzen der D-Mark konnten zwar noch bis Ende Februar verwendet werden, sie verschwanden jedoch schneller aus dem Alltag als vermutet. Schon Anfang Februar liefen nur noch 14,5 Prozent der D-Mark-Scheine um.[464] Wenig später waren sie gar nicht mehr zu sehen.

Für Otmar Issing lag ein Grund für diesen schnellen Übergang in der erfolgreichen Logistik:

> »Die Einführung des Euro-Bargeldes war logistisch noch weit herausfordernder als die deutsch-deutsche Währungsunion 1990. Viele sagten ein verheerendes Chaos voraus, die [britische] *Financial Times* führte sogar eine regelrechte Kampagne und prophezeite, dass alles in einem Desaster enden werde. Doch nichts davon geschah. Es lief alles reibungslos, und das war wohl auch ein Grund, warum das neue Geld so schnell von der Bevölkerung angenommen wurde. Hätte es bei der Einführung Probleme gegeben, hätte dies das Vertrauen schwer erschüttert.«[465]

Ein anderer Grund könnte darin liegen, dass viele Menschen weit weniger Probleme mit der neuen Währung hatten als die Zunft der Ökonomen und dass sie sogar oft vor allem die Vorteile sahen, so wie Margot K.:

> »Ich habe die Einführung des Euro sehr begrüßt. Das hatte auch ganz praktische Gründe, wir mussten jetzt für den Urlaub in Holland kein Geld mehr wechseln. Irgendwelchen Abschiedsschmerz in Bezug auf die D-Mark habe ich nicht verspürt, habe auch keine D-Mark als Erinnerungsstücke aufbewahrt. Irgendwann fand ich mal irgendwo noch einige Scheine, die habe ich dann gleich umgetauscht. Das Starter-Kit mit den ersten Euro habe ich allerdings aufbewahrt.«[466]

So war der Euro im Frühjahr 2002 in allen zwölf Euro-Ländern erfolgreich und problemlos eingeführt. Er war die einzige Währung, die die Menschen nun in der Euro-Zone nutzten, er hatte

Belgischen Franc, Französischen Franc, Luxemburgischen Franc, Gulden, Lira, Drachme, Peseta, Escudo, Irisches Pfund, Schilling, Finnmark und die D-Mark ersetzt.

Die Geschichte der D-Mark war damit nach etwas mehr als 53 Jahren zu Ende.

KAPITEL 20

Die D-Mark – eine Bilanz

Die D-Mark ist Geschichte. Aber es gibt sie immer noch millionenfach in deutschen Haushalten. Banknoten und Münzen im Wert von rund 12,3 Milliarden waren Ende 2022 nach Angaben der Bundesbank noch in Umlauf.[467] Pro Bundesbürger sind das rund 150 DM – eine erstaunlich hohe Summe. Vieles davon dürfte verloren, vergraben oder mittlerweile verrottet sein. Doch in etlichen Haushalten schlummern D-Mark-Münzen und -Scheine noch in Schränken und Schatullen, aufbewahrt als Andenken.

Ein Andenken an die »gute alte Zeit«, an die Epoche des Wirtschaftswunders, des Aufschwungs, schließlich auch der Wiedervereinigung. Die D-Mark steht als Symbol für die glückliche Ära in der deutschen Geschichte des 20. Jahrhunderts, eine Ära, die auf zwei Weltkriege und die zweimalige völlige Zerrüttung der deutschen Währung folgte. Dieser Gegensatz der Extreme ist wohl ein Grund für die nostalgische Überhöhung der D-Mark oder, wie der Historiker Bernhard Löffler schreibt:

> »Die ursprüngliche Krisen- und die folgende Kontrasterfahrung zusammengenommen, das Amalgam aus leidvollen Inflationserinnerungen vor 1948 und überhöhten Stabilitätserfahrungen nach 1948, bewirkten also eine Bewusstseinskonstellation von langer Dauer, die dann in den 1990er Jahren als eigene nationale ›Währungs- und Stabilitätskultur‹ apostrophiert wurde.«[468]

Diese nationale Währungs- und Stabilitätskultur gründete natürlich auf der Stärke der D-Mark. Doch wie wurde diese erreicht? Ist dies dem Geschick der Politiker und der Bundesbank zu verdanken? Oder hatte die Bundesrepublik vielleicht einfach nur Glück? Und war die D-Mark wirklich eine unumstrittene Erfolgsgeschichte? Oder verklärt sich manches im Rückblick?

Eine wesentliche Ursache für den Mythos, der um die D-Mark entstanden ist, liegt in den Bildern und Erinnerungen, die ihre Einführung hervorgebracht hat. Die über Nacht gefüllten Geschäfte, die radikale Wende des Wirtschaftslebens innerhalb weniger Tage und der folgende jahrelange Aufschwung schufen eine wirkkräftige Erzählung, die über die Jahre und Jahrzehnte weitergegeben wurde.

Wesentlichen Anteil an diesem Erfolg hatten die Maßnahmen Ludwig Erhards, also die Freigabe der Preise und das Ende der staatlichen Zwangsbewirtschaftung. Ohne diese Entscheidungen wäre die D-Mark nicht so spektakulär gestartet. Aber eben auch nicht ohne den Währungsschnitt, der gleichzeitig stattfand und an dem Erhard wenig bis gar keinen Anteil hatte. Diese Währungsreform beseitigte den riesigen Geldüberhang, indem 93,5 Prozent des Geldvermögens vernichtet wurden, und dies war vor allem ein Verdienst der Amerikaner, namentlich von General Lucius D. Clay und seinem Mitarbeiter Edward Tenenbaum.

Ludwig Erhard gelang es jedoch, diese Leistung in der öffentlichen Wahrnehmung auf sich umzulenken, sodass er als der Vater der D-Mark und des Wirtschaftswunders erschien. Das war zwar zumindest teilweise falsch, letztlich aber von Vorteil, denn so war die D-Mark in den Augen der Bürger stets ein deutsches Projekt – das erste erfolgreiche deutsche Nachkriegsprojekt. Dadurch konnten sie sich damit identifizieren und darauf stolz sein.

Der überragende Beitrag der Amerikaner zu diesem Erfolg sollte darüber aber nicht in Vergessenheit geraten. Denn deren Entscheidungen legten die Basis für die Stabilität der D-Mark. Ohne die Vernichtung des Geldüberhangs hätten Erhards Preisreformen zu rasanten Preissteigerungen geführt. So jedoch blieb dies aus, und dadurch hatte die westdeutsche Währung auch einen wichtigen Vorteil gegenüber anderen europäischen Währungen, seien es Franc, Pfund oder Lira, bei denen ein solcher Schnitt nicht durchgeführt wurde. Diese Länder verzeichneten in den ersten Nachkriegsjahren allein dadurch schon eine höhere Inflationsrate als die Bundesrepublik.

Über die Jahre führten die Unterschiede zwischen den Ländern bei der Inflation zu einer Unterbewertung der D-Mark, die im starren Wechselkurssystem von Bretton Woods nur schwer ausgeglichen werden konnte. Diese Unterbewertung verschaffte den deutschen Exporteuren wiederum einen Vorteil, der letztlich die Basis für die Stärke der deutschen Ausfuhrwirtschaft legte. Insofern hatte der junge Staat also Glück.

Ein großes Glück war es auch, dass die europäischen Partner im Winter 1950/1951 der Bundesrepublik großzügig Kredit gewährten, jenem Land, das sie wenige Jahre zuvor erst überfallen hatte. Ohne diese Hilfsbereitschaft wären die neue deutsche Währung und die Bundesrepublik kurz nach ihrem Start 1948/1949 schon wieder finanziell am Ende gewesen. Ob das Wirtschaftswunder und damit der Aufstieg der D-Mark dann noch stattgefunden hätten, ist äußerst fraglich.

Doch Glück war es eben nicht allein. Die neue Notenbank war von Anfang an wild entschlossen, die Stabilität zu sichern. Das hatte historische Gründe, aber auch persönliche. Zum einen gab es nach der zweimaligen völligen Entwertung des Geldes innerhalb von gerade einmal 25 Jahren in der Bevölkerung ein extrem ausgeprägtes Bedürfnis nach Geldwertstabilität, das in anderen Nationen so nicht vorhanden war. Einige Umfrageergebnisse belegen das beispielhaft: So hatten 1966 nur 5 Prozent der Briten eine annähernd richtige Vorstellung davon, was Inflation überhaupt ist. In Deutschland dagegen konnten 1956 rund 62 Prozent der Erwachsenen sogar korrekt erklären, was eine »schleichende Inflation« ist.[469] Zum anderen waren die ersten Männer an der Spitze der Bank deutscher Länder und später der Bundesbank schon vor dem Krieg an entscheidender Position in der Reichsbank gewesen. Sie hatten dort sogar schon die Zeit der Hyperinflation von 1923 erlebt. Einige, wie Wilhelm Vocke und Karl Blessing, waren zudem 1939 Mitglieder des Reichsbankdirektoriums gewesen, das damals von Hitler eine Rückkehr zu einer nachhaltigen Finanzpolitik und zur Unabhängigkeit der Notenbank gefordert hatte – und waren für diese Forderung von ihm gefeuert worden. Gerade in dieser Erfahrung dürfte ein Grund dafür gelegen haben, dass sie sich an der Spitze der neuen Notenbank nach dem Krieg immer wieder jede Einmischung der Politik verbaten und so vehement für ihre Unabhängigkeit kämpften. Sie hatten ja selbst erlebt, wozu es führt, wenn die Politik die Notenbank unter ihre Kontrolle bringt.

Dennoch musste sich die Notenbank ihre Unabhängigkeit nach dem Krieg hart erkämpfen, gegen erbitterte Widerstände, insbesondere des ersten Bundeskanzlers Konrad Adenauer. Die Notenbanker, allen voran deren erster Chef Wilhelm Vocke, verstanden es jedoch von Anfang an bravourös, die Öffentlichkeit für sich einzuspannen. Dagegen hatte Adenauer letzten Endes keine Chance. Seine Erfahrungen waren allen folgenden Politikern bis in die Gegenwart eine Lehre. Sie wussten: Es zahlt sich politisch aus, wenn sie sich als Verbündete der Bundesbank darstellen. Sich gegen sie zu stellen, schadet dagegen.

Durch den Sieg über Adenauer bei der Frage der Unabhängigkeit wurde die Rolle der Bundesbank noch weiter gestärkt. Es entstand der Mythos einer unantastbaren Institution, geleitet von weisen, alten Männern, die über den Niederungen der Politik schweben, sich schützend vor das Geld der Sparer stellen und es verteidigen. Der Mythos von der Wacht am Main entstand, die fast schon religiöse Verehrung genoss. »Nicht alle Deutschen glauben an Gott, aber alle glauben an die Bundesbank«, sagte Jacques Delors einst und traf damit wohl ins Schwarze, zumindest was die große Mehrheit der Deutschen angeht.

Diese Überhöhung verkennt jedoch, dass auch die Bundesbank diverse schwere Fehler machte. So als sie 1966 eine Rezession herbeiführte und damit letztlich sogar Ludwig Erhard stürzte. So als ihr Präsident Helmut Schlesinger 1992 ein völlig unnötiges Interview gab, das die Turbulenzen am Devisenmarkt erst richtig anheizte und den Crash des Pfunds bewirkte, bei dem die Bundesbank dann wiederum teilnahmslos zusah. Und so, als sie Anfang der 1990er-Jahre in der historischen Ausnahmesituation des Wiedervereinigungsbooms, als sich die europäischen Partner bereits in einer Rezession befanden, die Zinsen auf Rekordhöhen schraubte, ohne auch nur einen Gedanken darauf zu verschwenden, was das für die europäischen Partner bedeutete.

Gerade das letzte Beispiel zeigt das Dilemma, in dem sich die Bundesbank in den 1980er- und 1990er-Jahren befand. Sie war zwar die Notenbank der Bundesrepublik und formal ausschließlich für die Geldstabilität hierzulande zuständig. Ihre Entscheidungen hatten jedoch aufgrund der Stellung und der Bedeutung, die die D-Mark inzwischen erlangt hatte, europaweite, wenn nicht globale Auswirkungen. Diesen Status erreicht zu haben, war ein großes Geschenk für die Währung der Deutschen, und es war auch ein Verdienst der Bundesbank. Ein solcher Status bringt jedoch auch Verantwortung mit sich. Genau dies ignorierte die Bundesbank aber bis zuletzt. Sie war in den 1980er- und 1990er-Jahren keine rücksichtsvolle und auf europäischen Ausgleich bedachte Leitinstanz, sondern eine fast schon autistisch und rücksichtslos agierende Vormacht.

Der Antrieb der Bundesbank war dabei das Besserwissen. Die führenden Männer der Bundesbank (eine Frau an der Spitze gab es bis heute nie) waren stets von dem Gedanken beseelt, dass sie es besser wüssten als die Politiker, aber auch als die Notenbanker in anderen Ländern. Gestützt wurde dieser elitäre Dünkel vom Erfolg der eigenen Politik, von dem wachsenden Goldschatz, von der vergleichsweise stabilen D-Mark. Über die Jahrzehnte hatte sie gegenüber fast allen anderen europäischen Währungen drastisch an Wert zugelegt, nur der Schweizer Franken wertete noch stärker auf.

Abb. 5: Entwicklung einiger Währungen gegenüber dem Dollar[470]

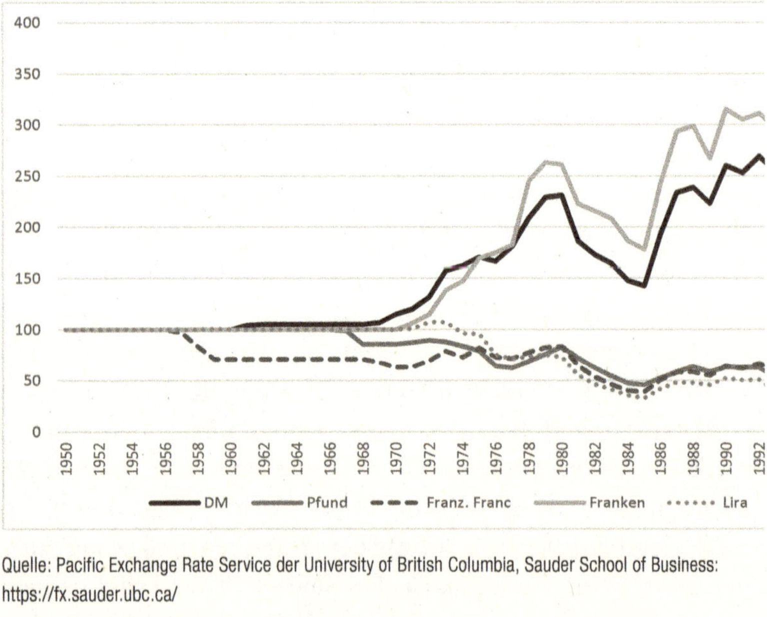

Quelle: Pacific Exchange Rate Service der University of British Columbia, Sauder School of Business: https://fx.sauder.ubc.ca/

Oft genug hatten die Bundesbanker mit ihren Argumenten auch recht, beispielsweise wenn sie darauf drängten, dass andere ihre Währung abwerten sollten, oder wenn sie die lockere Schuldenpolitik in anderen Ländern anprangerten. Und tatsächlich veränderten daraufhin die Notenbanken in vielen europäischen Ländern im Laufe der Jahrzehnte ihre Politik, in den 1980er- und 1990er-Jahren wurden die meisten sogar nach dem Vorbild der Bundesbank in die Unabhängigkeit entlassen.

Doch so wie niemand den Streber in der Schule mag, so mögen die anderen Länder auch keinen Primus, der ihnen ständig Lehren und Ratschläge erteilen will, der keine anderen Meinungen gelten lässt und der sich selbst für unfehlbar hält. Es mangelte den deutschen Währungshütern an diplomatischem Auftreten und Empathie für die europäischen Partner. Daran fehlt es zwar allzu oft auch der amerikanischen Notenbank. Doch die USA und die Fed definieren sich selbst ganz ungeniert als Führungsmacht. Das war für Deutschland und seine Notenbank nach dem Zweiten Weltkrieg keine Option.

Es war also das Manko der Bundesbank, dass sich mit ihrer Bedeutung nicht auch ihr Blick ausweitete, über den deutschen Tellerrand hinaus. Dadurch verstärkte sie die Abwehrreaktionen im Ausland und die Bestrebungen, diese Vormachtstellung durch eine europäische Gemeinschaftswährung zu überwinden. Sie beförderte das Ende der D-Mark damit zu einem gewissen Teil selbst.

Ein anderer wesentlicher Treiber der Entwicklung hin zu einer Gemeinschaftswährung war die Wiedervereinigung. Denn damit war abzusehen, dass langfristig die geldpolitische Vormachtstellung Deutschlands, die Dominanz seiner Wirtschaft, seiner Währung und seiner Notenbank noch weiter wachsen würden. Doch nach den Erfahrungen mit der Bundesbank in den Jahren zuvor war dies für die anderen Europäer keine angenehme Aussicht. Deren Furcht vor der wirtschaftlichen Macht eines vereinigten Deutschland verstärkte den Druck auf die Bundesregierung, die D-Mark für eine gemeinsame europäische Währung aufzugeben.

Natürlich gab es nie ein direktes Junktim zwischen der deutschen Einheit und dem Ende der D-Mark. Niemand hatte dies so gefordert, und natürlich wiesen alle verantwortlichen deutschen Politiker es stets weit von sich, dass es irgendeinen Zusammenhang zwischen den beiden Beschlüssen gegeben habe. Stattdessen wurde die Formel ins Feld geführt, wonach es immer klar gewesen sei, dass die deutsche Einheit und die europäische Einigung zwei Seiten einer Medaille seien.

Allerdings ist diese Formel eine Erfindung erst ebenjener Zeit, als die deutsche Einigung erstmals tatsächlich möglich erschien. Davor hatte nie jemand diese Redewendung gebraucht und nie einen solchen Zusammenhang hergestellt. Und es gibt auch keine objektive Begründung für ein solches Junktim. Natürlich wäre die deutsche Einheit – ganz neutral betrachtet – auch ohne eine europäische Einigung und ohne eine europäische Währung das gute Recht der Deutschen gewesen. Es gibt aus deutscher Sicht daher keinen Grund, warum dies miteinander verbunden sein müsste. Wenn also solch ein Zusammenhang hergestellt wurde, so kann dies nur einen Grund haben: Er wurde von außen an Deutschland herangetragen.

Das muss nicht direkt ausgesprochen worden sein. Das kann auch indirekt klar gemacht worden sein, beispielsweise bei dem turbulenten EG-Gipfel im Dezember 1989 in Straßburg. Es reichte wahrscheinlich die eisige Kälte, die die anderen Regierungschefs dem deutschen Bundeskanzler Helmut Kohl bei seinem Wunsch nach einer Unterstützung für die deutsche Einheit damals entgegenbrachten. Denn Kohl wusste natürlich, welche Ziele die Staatschefs der anderen Länder verfolgten und wie er deren Ablehnung überwinden konnte. Sie mussten das nicht aussprechen, er konnte es ahnen und zeigte sich daher beim Thema der Währungsunion nun weit kompromissbereiter, als er es zuvor gewesen war. Und dann machte er, was ein Politiker in einer solchen Situation immer macht: Er stellte sich an die Spitze der Bewegung und behauptete fortan, dass die Währungsunion natürlich schon immer sein Ziel gewesen sei und dass Währungsunion und deutsche Einheit zwei Seiten einer Medaille seien.

Als Folge davon ist die Bundesbank seit 1999 nunmehr eine untergeordnete Behörde der EZB, seit 2002 ist die D-Mark aus unserem Alltag verschwunden.

Und so mancher wünscht sie sich zurück.

Dem halten Euro-Befürworter meist die wirtschaftlichen Nachteile einer Rückkehr zur D-Mark entgegen. Das Problem dabei ist, dass sich diese seriös nicht wirklich berechnen lassen, denn keiner weiß, wie genau Europa nach einem Auseinanderbrechen des Euro aussähe. Gäbe es die EU noch? Könnte der Binnenmarkt fortbestehen? Würden Zollschranken errichtet? Und selbst wenn die Kosten immens wären, wäre das kein Hinderungsgrund für ein Land, wenn es eine nationale Agenda verfolgt. Die Briten haben es mit dem Brexit vorgemacht.

Ein Argument für den Euro hingegen ist, dass er sogar stabiler sei, als die D-Mark es war. Das soll eine Gegenüberstellung der durchschnittlichen Inflationsraten zur Zeit der D-Mark und der Euro-Zeit belegen. Tatsächlich lag die durchschnittliche Teuerungsrate in Deutschland zwischen 1950 und 1998 bei 2,94 Prozent, von 1999 bis 2021 bei 1,45 Prozent.[471] Sie hat sich also ziemlich genau halbiert. Allerdings ist das eine Milchmädchenrechnung, schließlich waren die ersten 20 Jahre der Existenz des Euro von einem weltweit niedrigeren Inflationsniveau geprägt. Es ist daher sehr wahrscheinlich, dass die Teuerung ohne den Euro mindestens auf einem ähnlich niedrigen Niveau gewesen wäre. Das lässt sich natürlich nicht beweisen. Man kann jedoch analysieren, wie sich die Inflationsrate in anderen Teilen der Welt entwickelt hat, vor 1998 und seit 1998, insbesondere in den USA. Dabei zeigt sich, dass dort die Teuerung zwischen 1950 und 1998 im Schnitt bei 4,06 Prozent lag. Danach ist sie aber eben auch jenseits des Atlantiks deutlich zurückgegangen, auf 2,23 Prozent zwischen 1999 und 2021. Der

Rückgang betrug hier also rund 45 Prozent und damit fast genauso viel wie in Deutschland nach Einführung des Euro.

Der Euro ist folglich mit hoher Wahrscheinlichkeit nicht die Ursache für die geringere Inflation in Deutschland seit 1998. Gleichzeitig wird aber deutlich, dass er auch kein Inflationstreiber war. Der Euro ist kein Teuro, und daran ändern auch die jüngsten Rekordstände bei den Inflationsraten seit 2022 nichts. Denn so wie die niedrigeren Inflationsraten der vorangegangenen 20 Jahre eine globale Entwicklung waren, so sind es nun auch die höheren.

Die Kritik am Euro und der Wunsch nach einer Rückkehr zur D-Mark orientieren sich aber ohnehin weniger an den Inflationsraten, sondern vielmehr an der Politik der EZB. Anfänglich stand diese ganz in der Tradition der Bundesbank, sowohl personell – Otmar Issing wechselte vom Amt des Chefvolkswirts der Bundesbank direkt in das gleiche Amt bei der EZB – als auch inhaltlich: Grundprinzipien der Geldpolitik der Bundesbank wie die Geldmengensteuerung waren auch für die EZB wesentlich.

Doch gerade das Beispiel der Geldmengensteuerung zeigt, wie die Traditionen der Bundesbank bald in Vergessenheit gerieten. Denn in den ersten Jahren des Euro wuchs die Geldmenge weit schneller, als es das offiziell vorhandene Geldmengenziel der EZB vorsah, in einigen Jahren sogar mit zweistelligen Prozentraten. Doch dies führte eben nicht zu einer Korrektur der Geldpolitik. Das lag zum einen daran, dass die EZB Rücksicht auf Deutschland nahm, dessen Wirtschaft zu jener Zeit schwächelte und das unter Massenarbeitslosigkeit litt. Zum anderen aber war an die Stelle der Geldmenge ein anderes Ziel getreten, das für die EZB wesentlich wichtiger werden sollte: Sie strebte eine Inflationsrate von unter, aber nahe 2 Prozent an. Da dies in all den Jahren erreicht wurde, trotz der rasant wachsenden Geldmenge, gab es für die EZB keinen Grund zu handeln.

Die Aufblähung der Geldmenge befeuerte jedoch einen Kreditboom in Spanien, Portugal, Griechenland und Irland, der dann ab 2010 zur Euro-Schuldenkrise führte. Darauf reagierte die EZB wiederum mit Anleihekäufen, um das Zinsniveau zu senken und so die schwächeren Euro-Staaten zu stützen. Zwar hatte auch die Bundesbank 1975 dieses Instrument eingesetzt, was heute weitgehend vergessen ist, allerdings beendete sie ihre Anleihenkäufe damals schon nach wenigen Monaten wieder. Die EZB dagegen führte diese Politik über Jahre fort, auch nach dem Ende der Eurokrise, als Anleihenkäufe zu einem allgemeinen Instrument zur Stützung der Konjunktur wurden.

Diese Entwicklung in der Geldpolitik der EZB führte immer wieder zu Streit mit Anhängern der traditionellen Politik der Bundesbank und 2011 zu den spektakulären Rücktritten von Bundesbankpräsident Axel Weber sowie von Jürgen Stark, dem Nachfolger Otmar Issings auf dem Posten des EZB-Chefvolkswirts. Dies verstärkte das Gefühl bei vielen Deutschen, die EZB wende sich bewusst und gezielt von den Traditionen der Bundesbank ab.

Allerdings verkennt diese Sicht, dass sich nicht nur die EZB weiterentwickelt hat, sondern die Welt. Der Monetarismus, die theoretische Grundlage für die Politik der Geldmengensteuerung und für die grundsätzliche Ausrichtung der Bundesbank seit dem Ende von Bretton Woods, hat in den vergangenen zwei Jahrzehnten weltweit an Bedeutung eingebüßt. Andere Konzepte herrschen heute vor, insbesondere steht heute die Fiskalpolitik stärker im Zentrum. Weltweit nahmen die Regierungen in den vergangenen zehn Jahren riesige Summen an Schulden auf, um das Geld in die Wirtschaft zu stecken, und die Notenbanken – von den USA über Japan, China und Großbritannien bis zur EZB – unterstützten dies durch ihre Politik der Nullzinsen und der Anleihenkäufe.

Dem hätte sich auch die Bundesbank nicht entziehen können, wenn es die D-Mark noch gäbe. In diesem Fall hätte auch sie sich in den vergangenen Jahren sehr wahrscheinlich an Anleihekäufen beteiligen müssen. Schließlich war dies ein weltweiter Trend, und auch mit der D-Mark wäre Deutschland im internationalen Finanzsystem so vernetzt, dass es hier keine Sonderrolle spielen könnte.

Vor allem aber wäre die Stellung der Bundesbank in Europa heute so dominant, dass sie entweder ganz offen die Rolle eines Hegemons einnehmen müsste, dem sich alle anderen unterordnen müssen. Das würde jedoch unweigerlich Abwehrreaktionen hervorrufen, vielleicht sogar eine Frontenbildung gegen Deutschland und letztlich dessen Isolation bedeuten. Das ist Deutschland jedoch noch nie gut bekommen. Oder aber die Bundesbank müsste bei jeder ihrer Entscheidungen die Lage in den anderen europäischen Ländern mitbedenken und darauf Rücksicht nehmen – so wie es nun die EZB tut. Damit könnte eine eigenständige deutsche Geldpolitik heute aber eben nicht mehr so aussehen wie vor 30 Jahren, sie könnte also nicht mehr einzig und allein der deutschen Geldwertstabilität verpflichtet sein.

Der Wunsch nach einer Rückkehr der D-Mark ist daher in erster Linie der Wunsch nach einer Rückkehr der Vergangenheit, die aber nicht wiederkommen wird und nicht wiederkommen kann, da die europäischen Kräfteverhältnisse heute ganz andere sind als in den ersten 30 Jahren der D-Mark. Sie wäre heute eine europäische Leitwährung, die der Bundesbank eine völlig andere Rolle verleihen würde.

Vielleicht ist die Verklärung der D-Mark, der Wunsch nach ihrer Rückkehr, aber auch weniger eine Nostalgie, die sich auf die Währung bezieht, sondern vielmehr auf eine rückblickend als glücklich empfundene Zeit. Denn die Nachkriegszeit und die Jahrzehnte bis in die 1980er-Jahre waren in der Bundesrepublik von einem starken Konsens geprägt. Es war die Zeit, als es praktisch allen immer besser ging, als die Unterschiede zwischen Arm und Reich moderat waren, als es nur zwei landesweite Fernsehsender gab, wenige Leitmedien den Diskurs beherrschten und die Politik klare Überzeugungen und Alternativen zur Wahl stellte. Seit den 1990er-Jahren hat sich all das radikal gewandelt. Seither gibt es starke Tendenzen der Divergenz, Individualisierung und Abschottung in unserer Gesellschaft. Die integrierende Kraft von Medien und Parteien zerfällt, neue Milieus entstehen, die sich oft feindlich gegenüberstehen. Das Aufkommen des Internets und der sozialen Medien verstärkte das erheblich.

Gleichzeitig haben sich seit den 1990er-Jahren in Deutschland die Einkommensunterschiede verstärkt. So sind die Vergütungen für die DAX-Vorstände seit den 1980er-Jahren doppelt so stark gestiegen wie die Löhne der Arbeitnehmer.[472] Die Ungleichheit ist deutlich größer geworden, wie der sogenannte Gini-Koeffizient zeigt, mit dem Ökonomen die Ungleichheit in einem Land messen – je niedriger dessen Wert, desto gleicher ist eine Gesellschaft. In der Bundesrepublik lag er in den 1970er- und 1980er-Jahren stets bei ungefähr 0,25 Punkten,[473] stieg jedoch in den 1990er-Jahren allmählich auf rund 0,3 Punkte an, wo er seither verharrt.[474] Nicht mehr alle wurden immer wohlhabender, viele konnten ihren Wohlstand nur schwer verteidigen, einige wurden sogar ärmer.

All das geschah parallel zur Einführung des Euro, hatte damit aber ursächlich nichts zu tun. Das zeigt sich allein schon daran, dass diese Entwicklung überall in der westlichen Welt stattfand, auch in den USA oder Großbritannien, dort sogar in noch stärkerem Maße. Doch unbewusst entstand bei vielen eine gedankliche Verbindung: Die Zeit der D-Mark, das war die Zeit, als vieles noch übersichtlicher war, die Gesellschaft gerechter, das Leben harmonischer. Seit der Einführung des Euro wurde alles komplizierter, ruppiger, ungerechter. Doch auch das würde durch eine Rückkehr der D-Mark eben nicht geändert.

Durch eine Abschaffung des Euro und eine Rückkehr zur D-Mark würde die Bundesrepublik nicht harmonischer oder gerechter, sie würde aber zu einem geldpolitischen Hegemon in Europa, mit vielerlei Konsequenzen, meist nicht angenehmen. Und die wirtschaftlichen Folgen einer neuerlichen Aufspaltung des europäischen Währungsraumes sind dabei noch gar nicht berücksichtigt.

All das sollte bedenken, wer sich die D-Mark zurückwünscht. Vor allem aber sollte man nicht damit rechnen, dass dies geschehen wird. Otmar Issing, der selbst nie ein großer Freund des Euro war, sieht dafür einen einfachen Grund – und er sagt, worauf es in den kommenden Jahren ankommt:

> »Die Politik hat so viel politisches Kapital in den Euro investiert, dass dieser auch in 20 Jahren noch existieren wird. Für mich ist daher nicht die Frage, ob er dann noch besteht, sondern was für ein Euro das sein wird. Es geht darum, ob er weiter auf einer stabilen Geldpolitik gründen wird. Die Frage ist, ob der Euro-Raum in seiner jetzigen Zusammensetzung auf Dauer eine Geldpolitik ertragen wird, die eine niedrige Inflation zum Ziel hat, und wie die EZB dann reagieren wird.«[475]

Das Trachten der Deutschen sollte also vielmehr dahin gehen, die europäische Geldpolitik im Sinne der Stabilitätsorientierung mitzugestalten, den Euro stark und stabil zu halten. Sie sollten dabei aber von Besserwisserei und Oberlehrergehabe Abstand nehmen. Denn auch die Geldpolitik in der Bundesrepublik war nicht frei von Fehlern, wie dieses Buch gezeigt hat. Wir sollten daher stets mit dem Wissen streiten, dass auch wir irren können, und auf dieser Basis gemeinsam mit unseren europäischen Partnern das Vermächtnis der D-Mark im Euro weitertragen und weiterentwickeln.

Die Präsidenten der Bank deutscher Länder und der Bundesbank

Bank deutscher Länder:

5. Mai 1948 – 31. Juli 1957

Karl Bernard (Präsident des Zentralbankrats),
* 8. April 1890, † 15. Januar 1972

Wilhelm Vocke (Präsident des Direktoriums),
* 9. Februar 1886, † 19. September 1973

Deutsche Bundesbank:

1. August – 31. Dezember 1957
Wilhelm Vocke/Karl Bernard

1. Januar 1958 – 31. Dezember 1969
Karl Blessing, * 5. Februar 1900, † 25. April 1971

1. Januar 1970 – 31. Mai 1977
Karl Klasen, * 23. April 1909, † 22. April 1991

1. Juni 1977 – 31. Dezember 1979
Otmar Emminger, * 2. März 1911, † 3. August 1986

1. Januar 1980 – 31. Juli 1991
Karl Otto Pöhl, * 1. Dezember 1929, † 9. Dezember 2014

1. August 1991 – 30. September 1993
Helmut Schlesinger, * 4. September 1924

1. Oktober 1993 – 31. August 1999
Hans Tietmeyer, * 18. August 1931, † 27. Dezember 2016

1. September 1999 – 16. April 2004
Ernst Welteke, * 21. August 1942

17. April 2004 – 29. April 2004
Jürgen Stark (Interimspräsident), * 31. Mai 1948

30. April 2004 – 30. April 2011
Axel A. Weber, * 8. März 1957

1. Mai 2011 – 31. Dezember 2021
Jens Weidmann, * 20. April 1968

seit 1. Januar 2022
Joachim Nagel, * 31. Mai 1966

Literaturverzeichnis

Primärquellen

Akten zur Auswärtigen Politik der Bundesrepublik Deutschland (AAPD) 1968, Bd. 2, hrsg. im Auftrag des Auswärtigen Amts vom Institut für Zeitgeschichte, München 1999

Akten zur Auswärtigen Politik der Bundesrepublik Deutschland (AAPD) 1978, hrsg.im Auftrag des Auswärtigen Amts vom Institut für Zeitgeschichte, München 2009

Algermissen, Joachim: *Hans Tietmeyer. Ein Leben für ein stabiles Deutschland und ein dynamisches Europa*. Digitale Zusatzmaterialien

Bulletin des Presse- und Informationsamts der Bundesregierung

Bundesbank: Daten und Dokumente, bundesbank.de

Bundesgesetzblatt, bgbl.de

Deutsche Einheit. Sonderedition aus den Akten des Bundeskanzleramtes 1989/90, bearb. von Hanns Jürgen Küsters und Daniel Hofmann, München 1998

Die Kabinette Stresemann I/II, bearb. von Karl Dietrich Erdmann/Martin Vogt, Boppard am Rhein 1978

Dokumente der EU, consilium.europa.eu, eur-lex.europa.eu, cvce.eu

Gesetzblatt der Verwaltung des vereinigten Wirtschaftsgebietes, starweb.hessen.de/cache/GVBL/Gesetz-und_Verordnungsblatt_des_Wirtschaftsrates_des_vereinigten_Wirtschaftgebietes1947-1948.pdf; starweb.hessen.de/cache/GVBL/Gesetz-und_Verordnungsblatt_des_Wirtschaftsrates_des_vereinigten_Wirtschaftgebietes1949_1.pdf

Schriftsachen und Dokumente aus dem Bundesarchiv, invenio.bundesarchiv.de

Reichsgesetzblatt, alex.onb.ac.at

US Department of State: Documents on Germany 1944–1985, Washington D.C. 1985

United States Department of State: Foreign Relations of the United States, 1958–1960, Volume IX: Berlin Crisis, 1959–1960; Germany; Austria, history.state.gov

Verhandlungen des Bundestags, dip.bundestag.de

Zeitzeugenportal der Stiftung Haus der Geschichte der Bundesrepublik Deutschland, zeitzeugen-portal.de

Einzelne Dokumente

Ahlener Programm der CDU, kas.de/c/document_library/get_file?uuid=76a77614-6803-0750-c7a7-5d3ff7c46206

Morgenthau-Plan, docs.fdrlibrary.marist.edu/psf/box31/a297a01.html

Rede Konrad Adenauer vor dem Bundesverband der Deutschen Industrie in Köln (»Gürzenich-Rede«), konrad-adenauer.de/seite/23-mai-1956

Abkommen über Deutsche Auslandsschulden vom 27. Februar 1953, https://www.bundesbank.de/resource/blob/671026/16436f317e803480831eaadfc9c9ab11/mL/1953-03-10-6013-data.pdf

Rede Harry S. Trumans vom 12.3.1947 (Truman-Doktrin), en.wikisource.org/wiki/Truman_Doctrine;

Rede Richard Nixons vom 15.8.1971, www.cvce.eu/content/publication/1999/1/1/168eed17-f28b-487b-9cd2-6d668e42e63a/publishable_en.pdf

Persönliche Interviews des Autors

mit Margot K. am 3.9.2022

mit Otmar Issing am 12.9.2022

Datenquellen

Bundesagentur für Arbeit

Deutsche Bundesbank

Destatis

Fxtop.com

fx.sauder.ubc.ca

Sensch, Jürgen (1961–2003 [2009]), histat-Datenkompilation online: Entwicklung und Struktur der öffentlichen Ausgaben in der Bundesrepublik Deutschland nach der Finanzstatistik, 1950 bis 2000, search.gesis.org/research_data/ZA8300.

Weltbank

Medien

- *Badener Tagblatt*
- *Berliner Morgenpost*
- *Berliner Zeitung*
- *Bild*
- *Bundeszentrale für politische Bildung*
- *Daily Mirror*
- *Der Spiegel*
- *Deutschlandfunk*
- *Die Welt*
- *Die Zeit*
- *Financial Times*
- *Frankfurter Allgemeine Sonntagszeitung*
- *Frankfurter Allgemeine Zeitung*
- *Hamburger Abendblatt*
- *Handelsblatt*
- *Handelsblatt online*
- *Münchener Merkur*
- *New York Times*
- *Süddeutsche Zeitung*
- *The Guardian online*
- *Vorwärts*
- *Welt am Sonntag*
- *Wall Street Journal online*
- *Westfälische Nachrichten*

Sekundärliteratur

Abelshauser, Werner: »Wunder gibt es immer wieder. Mythos Wirtschaftswunder«, in: *Aus Politik und Zeitgeschichte* (APuZ), Nr. 27/2018: *D-Mark*, S. 4–10

Abelshauser, Werner: »Kriegswirtschaft und Wirtschaftswunder. Deutschlands wirtschaftliche Mobilisierung für den Zweiten Weltkrieg und die Folgen für die Nachkriegszeit«, in: *Vierteljahrshefte für Zeitgeschichte*, Nr. 4/1999, S. 503–538

Algermissen, Joachim: *Hans Tietmeyer. Ein Leben für ein stabiles Deutschland und ein dynamisches Europa*, Tübingen 2019

Bank deutscher Länder: *Geschäftsbericht der Bank deutscher Länder für das Jahr 1954*, Frankfurt 1955

Bank deutscher Länder: *Monatsbericht Dezember 1950*, Frankfurt 1950

Bank deutscher Länder: *Monatsbericht April 1951*, Frankfurt 1951

Bank deutscher Länder: *Monatsbericht Juli 1951*, Frankfurt 1951

Bank deutscher Länder: *Monatsbericht November 1952*, Frankfurt 1952

Bank deutscher Länder: *Monatsbericht Dezember 1952*, Frankfurt 1952

Bank für Internationalen Zahlungsausgleich: Neunundvierzigster Jahresbericht, Basel 1979

Becker, Irene und Hauser, Richard: *Die Entwicklung der Einkommensverteilung in der Bundesrepublik Deutschland in den siebziger und achtziger Jahren*, Frankfurt 1994

Beier, Gerhard: *Der Demonstrations- und Generalstreik vom 12. November 1948. Im Zusammenhang mit der parlamentarischen Entwicklung Westdeutschlands*, Frankfurt 1975

Benz, Wolfgang: »Zwangswirtschaft und Industrie. Das Problem der Kompensationsgeschäfte am Beispiel des Kasseler Spinnfaser-Prozesses von 1947«, in: *Vierteljahrshefte für Zeitgeschichte*, Nr. 32/1984, S. 422–440

Berger, Frank: »Theodor Heuss: Prüder Protestant«, in: *Geldgeschichtliche Nachrichten*, Nr. 299, September 2018

Berlin. Quellen und Dokumente 1945–1951, 2. Halbband, hrsg. im Auftrage des Senats von Berlin, Berlin (West) 1964

Bernholz, Peter: » Die Bundesbank und die Währungsintegration in Europa«, in: *Fünfzig Jahre Deutsche Mark*, hrsg. von der Deutschen Bundesbank, München 1998, S. 773–833

Boarman, Patrick M.: *Germany's Economic Dilemma*, New Haven/London 1964

Bode, Volker: »Kriegszerstörung und Wiederaufbau deutscher Städte nach 1945«, in: *Nationalatlas Bundesrepublik Deutschland*, Band 5: Dörfer und Städte, Leipzig 2002, S. 88–91

Böll, Heinrich: »Hierzulande«, in: *Gewerkschaftliche Monatshefte*, Nr. 12/1961, S. 129–134

Bolt, Jutta und van Zanden, Jan Luiten: Maddison Project Database, Version 2020, online: https://www.rug.nl/ggdc/historicaldevelopment/maddison/releases/maddison-project-database-2020

Brawand, Leo: *Wohin steuert die deutsche Wirtschaft?*, München 1971

Brenke, Karl: »Die deutsch-deutsche Währungsunion. Ein kritischer Rückblick«, in: *DIW Wochenbericht*, Nr. 27/2015, S. 629–638

Buchheim, Christoph: »Der Mythos vom ›Wohlleben‹. Der Lebensstandard der deutschen Zivilbevölkerung im Zweiten Weltkrieg«, in: *Vierteljahrshefte für Zeitgeschichte*, Nr. 3/2010, S. 299–328

Buchheim, Christoph: Die Währungsreform 1948 in Westdeutschland, in: *Vierteljahrshefte für Zeitgeschichte*, Nr. 2/1988, S. 189–231

Buchheim, Christoph: »Die Unabhängigkeit der Bundesbank. Folge eines amerikanischen Oktrois?«, in: *Vierteljahrshefte für Zeitgeschichte*, Nr. 1/2001, S. 1–30

Buchstab, Günter (bearb.): *Die Protokolle des CDU-Bundesvorstandes*. Bd. 2: 1953–1957, Düsseldorf 1990

Bührer, Werner: *Westdeutschland in der OEEC. Eingliederung, Krise, Bewährung 1947–1961*, München 1997

Clausen, Thies: *Ludwig Erhard. Wegbereiter unseres Wohlstands gestern und heute*, München 2020

Clay, Lucius D.: *Entscheidung in Deutschland*, Frankfurt am Main 1950

Crafts, Nicholas Francis Robert: »Productivity Growth in West Germany and the UK, 1950–1990. A British Perspective«, in: Karl Rohe, Gustav Schmidt und Hartmut Pogge von Strandmann (Hrsg.): *Deutschland – Großbritannien – Europa*, Bochum 1992, S. 27–53

Deppler, Marcel C.: »Some Evidence on the Effects of Exchange Rate Changes on Trade«, in: *International Monetary Fund*, Staff Papers, Bd. 21, Nr. 3/1974, S. 605–636

Deutsche Bundesbank: *Devisenkursstatistik Dezember 2000*, Frankfurt 2000

Deutsche Bundesbank: *Geschäftsbericht der Deutschen Bundesbank für das Jahr 1975*, Frankfurt 1976

Deutsche Bundesbank: *Lange Zeitreihen. Zur Wirtschaftsentwicklung in Deutschland*, Stand 25.2.2020, Frankfurt 2020

Deutsche Bundesbank: *Monatsbericht November 1961*, Frankfurt 1961

Deutsche Bundesbank: *Monatsbericht Juli 1990*, Frankfurt 1990

Deutsche Bundesbank: *Monatsbericht Juni 1990*, Frankfurt 1990

Deutsche Bundesbank: *Monatsbericht April 1998*, Frankfurt 1998

Deutsche Bundesbank: *Monatsbericht März 2002*, Frankfurt 2002

Deutsche Bundesbank: *30 Jahre Deutsche Bundesbank. Die Entstehung des Bundesbankgesetzes vom 26. Juli 1957. Dokumentation einer Ausstellung*, Frankfurt 1988

Deutsche Bundesbank: *40 Jahre Deutsche Mark. Monetäre Statistiken 1948–1987*, Frankfurt 1988

Deutsche Bundesbank: *Von der Baumwolle zum Geldschein. Eine neue Banknotenserie entsteht*, Frankfurt 1995

Deutsche Bundesbank (Hrsg.): *Währung und Wirtschaft in Deutschland 1876–1975*, Frankfurt am Main 1976

Deutscher Gewerkschaftsbund, Bezirk Niedersachsen/Bremen /Sachsen-Anhalt: *Der »Demonstrationsstreik« vom 12. November 1948 und die gewerkschaftliche Vorgeschichte 1947/1948*, eine Materialsammlung, online: niedersachsen-bremen-sachsenanhalt.dgb.de/dgb-bezirk/rckblick/arbeitergeschichte/materialien-downloads

DGB-Verteilungsbericht 2021, Berlin 1921

Dooley, Michael P., Lizondo, J. Saul und Mathieson, Donald J.: »The Currency Composition of Foreign Exchange Reserves«, in: *Staff Papers (International Monetary Fund)*, Band 36, Nr. 2, Juni 1989, S. 385–434

Duwendag, Dieter (Hrsg.): *Europa-Banking: Bankpolitik im Europäischen Finanzraum und währungspolitische Integration*, Baden-Baden 1988

Eichengreen, Barry: *Globalizing Capital. A History of the International Monetary System*, Third Edition, Princeton University Press, 2019

Emminger, Otmar: »Deutsche Geld- und Währungspolitik im Spannungsfeld zwischen innerem und äußerem Gleichgewicht«, in: *Deutsche Bundesbank: Währung und Wirtschaft in Deutschland 1876–1975*, Frankfurt am Main 1976, S. 485–554

Emminger, Otmar: *D-Mark, Dollar, Währungskrisen. Erinnerungen eines ehemaligen Bundesbankpräsidenten*, Stuttgart 1987

Erhard, Ludwig: *Kriegsfinanzierung und Schuldenkonsolidierung, Faksimiledruck der Denkschrift 1943/44, mit Vorbemerkungen von Ludwig Erhard, Theodor Eschenburg und Günter Schmölders*, Frankfurt 1972

Erhard, Ludwig: *Wohlstand für alle*, 8. Auflage, Bonn 1962

Fels, Joachim: *1966/67 – Anatomie einer Rezession*, Kieler Arbeitspapiere, Arbeitspapier Nr. 320, Kiel 1988

Fischer, Curt: *Entwurf eines Gesetzes zur Neuordnung des Geldwesens*, Berlin/ Heidelberg 1948

Forschungsinstitut der Deutschen Gesellschaft für Auswärtige Politik e.V. (Hrsg.): *Dokumente zur Berlin-Frage*, 3. Auflage, München 1967

Führer, Karl Christian: *Gewerkschaftsmacht und ihre Grenzen. Die ÖTV und ihr Vorsitzender Heinz Kluncker 1964–1982*, Bielefeld 2017

Fuhrmann, Uwe: *Die Entstehung der »Sozialen Marktwirtschaft« 1948/49. Eine historische Dispositivanalyse*, Konstanz/München 2017

Genscher, Hans-Dietrich: *Erinnerungen*, Berlin 1995

Giscard d'Estaing, Valéry: *Macht und Leben. Erinnerungen*, Frankfurt am Main; Berlin 1988

Gottlieb, Manuel: »Failure of Quadripartite Monetary Reform 1945–1947«, in: *FinanzArchiv/Public Finance Analysis, New Series*, Bd. 17, Nr. 3 1956/57, S. 398–417

Grebing, Helga: *Die Nachkriegsentwicklung in Westdeutschland 1945–1949.* Hrsg. von Hermann Giesecke, 1. Band: Die wirtschaftlichen Grundlagen, Stuttgart 1990

Gries, Rainer: *Die Rationen-Gesellschaft. Versorgungskampf und Vergleichsmentalität: Leipzig, München und Köln nach dem Kriege*, Münster 1991

Große Hüttmann, Martin: *Reformen durch Regierungskonferenzen. Struktur und Wandel von Vertragsänderungen in der Europäischen Union. Dissertation zur Erlangung des Doktorgrades der Wirtschafts- und Sozialwissenschaftlichen Fakultät der Eberhard-Karls-Universität Tübingen*, Tübingen 2003

Gusinski, Gerd von: »Die Arbeitszeitentwicklung in der Bundesrepublik Deutschland«, in: *Wirtschaftsdienst* Nr. 2/1979, S. 74–77

Hagen, Jürgen von: »Geldpolitik auf neuen Wegen 1971–1978«, in: *Fünfzig Jahre Deutsche Mark*, hrsg. von der Deutschen Bundesbank, München 1998, S. 439–473

Hansmeyer, Karl-Heinrich und Caesar, Rolf: »Kriegswirtschaft und Inflation (1936–1948)«, in: Deutsche Bundesbank (Hrsg.): *Währung und Wirtschaft in Deutschland 1876–1975*, Frankfurt am Main 1976, S. 367–429

Heinonen, Antti: *The first Euros. The creation and issue of the first euro banknotes and the route to the Europa series*, Frankfurt 2015

Hellmann, Rainer: »Das europäische Währungssystem. Vorgeschichte und Motive,« in: *Integration*, Band 1, Nr. 4/1978, S. 140–147

Hentschel, Volker: »Die Europäische Zahlungsunion und die deutschen Devisenkrisen 1950/51«, in: *Vierteljahrshefte für Zeitgeschichte*, Nr. 4/1989, S. 715–758

Hentschel, Volker: *Ludwig Erhard. Ein Politikerleben*, München u. Landsberg am Lech 1996

Herbst, Ludolf: »Krisenüberwindung und Wirtschaftsneuordnung. Ludwig Erhards Beteiligung an den Nachkriegsplanungen am Ende des Zweiten Weltkrieges«, in: *Vierteljahrshefte für Zeitgeschichte*, Nr. 3/1977, S. 306–340

Herrmann, Ulrike: »Hüterin der D-Mark. Über die Bundesbank und ihre Unabhängigkeit«, in: *Aus Politik und Zeitgeschichte* (APuZ), Nr. 27/2018: *D-Mark*, S. 17–22

Hohmann, Karl: *Ludwig Erhard (1897–1977). Eine Biographie*, Düsseldorf 1997

Holtfrerich, Carl-Ludwig: »Geldpolitik bei festen Wechselkursen«, in: *Fünfzig Jahre Deutsche Mark*, hrsg. von der Deutschen Bundesbank, München 1998, S. 347–438

Hrbek, Rudolf: »Kontroversen und Manifeste zum Vertrag von Maastricht. Zur Einführung«, in: *Integration*, Band 15, Nr. 4/1992, S. 225–228

Hughes, Michael L.: »Lastenausgleich unter Sozialismusverdacht«, in: *Vierteljahrshefte für Zeitgeschichte*, Nr. 1/1991, S. 37–53

Jerchow, Friedrich: »Der Außenkurs der Mark 1944–1949«, in: *Vierteljahrshefte für Zeitgeschichte*, Nr. 2/1982, S. 256–298

Kleinheyer, Norbert: *Die Weiterentwicklung des Europäischen Währungssystems*, Berlin 1987

Klemm, Bernd und Trittel, Günter J.: »Vor dem Wirtschaftswunder. Durchbruch zum Wachstum oder Lähmungskrise?«, in: *Vierteljahrshefte für Zeitgeschichte*, Nr. 4/1987, S. 571–624

Kloten, Norbert: »Erfolg und Mißerfolg der Stabilisierungspolitik (1969–1974)«, in: Deutsche Bundesbank: *Währung und Wirtschaft in Deutschland 1876–1975*, Frankfurt am Main 1976, S. 643–690

Knoche, Meinhard: »Ludwig Erhard, Adolf Weber und die schwierige Geburt des ifo Instituts«, in: *ifo Schnelldienst*, Nr. 13/2018, S. 14–60

Koerfer, Daniel: *Kampf ums Kanzleramt. Erhard und Adenauer*, Stuttgart 1987

Kohl, Helmut: *Erinnerungen 1990–1994*, München 2007

Kohl, Helmut: *Vom Mauerfall zur Wiedervereinigung. Meine Erinnerungen*, München 2009

Krauss, Clemens: *Geldpolitik im Umbruch. Die Zentralbanken Frankreichs und der Bundesrepublik Deutschland in den 1970er Jahren*, Berlin/Boston 2021

Krieger, Wolfgang: *General Lucius D. Clay und die amerikanische Deutschlandpolitik 1945–1949*, Stuttgart 1987

Lehment, Harmen: »Der Bremer Plan für ein Europäisches Währungssystem – zurück nach Bretton Woods?«, in: *Kieler Diskussionsbeiträge*, Nr. 59, Kiel 1978

Löffler, Bernhard: »›Eine Art Religionskrieg‹. Argumentationsmuster, Diskursstrategien und politische Symbolik in den deutsch-französischen Debatten um die Einführung des Euro«, in: Bernhard Löffler (Hrsg.): *Die kulturelle Seite der Währung. Europäische Währungskulturen, Geldwerterfahrungen und Notenbanksysteme im 20. Jahrhundert*, München 2010, S. 123–168

MacDonald, Ronald und Taylor, Mark P.: »Exchange Rates, Policy Convergence, and the European Monetary System«, in: *The Review of Economics and Statistics*, Band 73, Nr. 3, August 1991, S. 553–558

Mierzejewski, Alfred: *Ludwig Erhard. Der Wegbereiter der sozialen Marktwirtschaft*, Hamburg, 2005

Möller, Hans: »Die westdeutsche Währungsreform von 1948«, in: Deutsche Bundesbank (Hrsg.): *Währung und Wirtschaft in Deutschland 1876–1975*, Frankfurt am Main, S. 433–483

Möller, Hans (Hrsg.): *Zur Vorgeschichte der deutschen Mark. Die Währungsreformpläne 1945–1948*, Tübingen 1961

Morsey, Rudolf: *Die Bundesrepublik Deutschland. Entstehung und Entwicklung bis 1969*, München 1987

Neumann, Erich Peter und Noelle, Elisabeth (Hg.): *Jahrbuch der öffentlichen Meinung 1947–1955*, Allensbach am Bodensee 1956

Neumann, Manfred J. M.: »Geldwertstabilität und Bewährung«, in: *Fünfzig Jahre Deutsche Mark*, hrsg. von der Deutschen Bundesbank, München 1998, S. 309–346

Noelle-Neumann, Elisabeth: »Geldwert und öffentliche Meinung. Anmerkungen zur ›Psychologie der Inflation‹«, in: Clemens-August Andreae, Karl-Heinrich Hansmeyer, Gerhard Scherhorn (Hrsg): *Geldtheorie und Geldpolitik. Günter Schmölders zum 65. Geburtstag*, Berlin 1968, S. 35–46

Pehl, Günter: »Deutsche Wirtschaft. Die Wirtschaft der Bundesrepublik an der Jahreswende 1965/66«, in: *Gewerkschaftliche Monatshefte*, Nr. 1/1966, S. 50–53

Phillips, Alban William: »The Relationship between Unemployment and the Rate of Change of Money Wages in the United Kingdom 1861–1957«, in: *Economica* 25, Nr. 100 (1958), S. 283–299

Piodi, Franco: *Der lange Weg zum Euro*, Schriftenreihe Cardoc des Europäischen Parlaments, Nr. 8, Februar 2012

Pöhl, Karl Otto: »Konjunktur, Arbeitsmarkt, Löhne 1965/66«, in: *Mensch und Arbeit*, Nr. 1/1966, S. 257–60

Pope, Daniel und Rukstad, Michael G.: *The Decline of the Dollar: 1978*, Harvard 1984

Rohrbach, Justus (Bearb.): *Im Schatten des Hungers. Dokumentarisches zur Ernährungspolitik und Ernährungswirtschaft in den Jahren 1945–1949*. Hrsg. von Hans Schlange-Schöningen, Hamburg/Berlin 1955

Rüden, Bodo von: *Die Rolle der D-Mark in der DDR*, Baden-Baden 1991

Sachverständigenrat zur Begutachtung der gesamtwirtschaftlichen Entwicklung: *Im Sog des Booms*, Jahresgutachten 1969/70, Stuttgart/Mainz 1969

Sachverständigenrat zur Begutachtung der gesamtwirtschaftlichen Entwicklung: *Datierung der deutschen Konjunkturzyklen – die Methode des Sachverständigenrates*, Arbeitspapier 13/2018, Wiesbaden 2018

Schäfer, Wolf: *Währungen und Wechselkurse (Hintergründe*, Band 6), Heidelberg 1981

Scheide, Joachim: »Lehren aus dem Scheitern des Bretton-Woods-Systems«, in: *Die Weltwirtschaft: Vierteljahresschrift des Instituts für Weltwirtschaft an der Universität Kiel*, 1/1988, S. 53–71

Schell, Manfred: »Zusammenbruch mit Perspektive«, in: Theo Waigel und Manfred Schell (Hrsg.): *Tage, die Deutschland und die Welt veränderten*, München 1994, S. 12–25

Schlesinger, Helmut: »Geldpolitik in der Phase des Wiederaufbaus (1950 – 1958)«, in: Deutsche Bundesbank (Hrsg.): *Währung und Wirtschaft in Deutschland 1876–1975*, Frankfurt am Main 1976, S. 555–607

Schmidt, Helmut: *Menschen und Mächte*, München 2011

Schneider, Wolfgang (Hrsg.): *Leipziger Demontagebuch*, Leipzig 1994

Schönfelder, Wilhelm: »Der Euro«, in: Pim den Boer, Heinz Duchhardt, Georg Kreis, Wolfgang Schmale (Hrsg.): *Europäische Erinnerungsorte, Bd. 2: Das Haus Europa*, München 2012, S. 551–561

Schumpeter, Joseph A.: *Das Wesen des Geldes. Aus dem Nachlaß herausgegeben und mit einer Einführung versehen von Fritz Karl Mann*, Göttingen, 2008

Silber, William L.: *Volcker. The Triumph of Persistence*, New York 2012

Spittäler, Ernst: »The 1961 Revaluations and Exports of Manufacturers«, in: *International Monetary Fund*, Staff Papers, Band 18, Nr. 1/1970, S. 110–126

Spohr, Kristina: *Helmut Schmidt. Der Weltkanzler*, Darmstadt 2016

Sprenger, Bernd: »50 Jahre Währungsreform. 1948 und die wirtschaftspolitischen Folgen«, in: Bernd Sprenger und Bodo Herzog: *Währungsreform und Soziale Marktwirtschaft*, Berlin 2008, S. 201–218

Statistisches Bundesamt Wiesbaden (Hrsg.): *Volkswirtschaftliche Gesamtrechnungen*. Fachserie 18. Reihe S. 16. Der Staat in den Volkswirtschaftlichen Gesamtrechnungen 1950 bis 1990, Stuttgart 1991

Statistisches Bundesamt Wiesbaden (Hrsg.): *Volkswirtschaftliche Gesamtrechnungen, Inlandsproduktberechnungen*, Lange Reihen ab 1970, Wiesbaden 2022

Statistisches Bundesamt Wiesbaden (Hrsg.): *Finanzen und Steuern. Schulden des Öffentlichen Gesamthaushalts*, Fachserie 14. Reihe 5, Wiesbaden 2022

Statistisches Bundesamt: *Wirtschaft und Statistik*, Nr. 5/1989, Wiesbaden 1989

Statistisches Bundesamt: *Wirtschaft und Statistik*, Nr. 9/1969, Wiesbaden 1969

Statistisches Reichsamt: *Wirtschaft und Statistik*, Nr. 21/1940

Steinbacher, Sybille: *Wie der Sex nach Deutschland kam*, München 2011

Steiner, André: »Werden und Vergehen der DDR-Mark«, in: *Aus Politik und Zeitgeschichte* (APuZ), Nr. 27/2018: *D-Mark*, S. 28–34

Stocker, Frank: *Die Inflation von 1923*, München 2022

Streit, Manfred E.: »Die deutsche Währungsunion«, in: *Fünfzig Jahre Deutsche Mark*, hrsg. von der Deutschen Bundesbank, München 1998, S. 675–719

The United States Strategic Bombing Survey, Overall Effects Division: *The Effects of Strategic Bombing on the German War Economy*, Washington D. C., 31.10.1945

Tietmeyer, Hans: »Erinnerungen an die Vertragsverhandlungen«, in: Theo Waigel und Manfred Schell (Hrsg.): *Tage, die Deutschland und die Welt veränderten*, München 1994, S. 57–117

Tietmeyer, Hans: *Herausforderung Euro. Wie es zum Euro kam und was er für Deutschlands Zukunft bedeutet*, München/Wien 2005

Thurnwald, Hilde: *Gegenwartsprobleme Berliner Familien. Eine soziologische Untersuchung an 498 Berliner Familien*, Berlin 1948

Union in Deutschland: *Informationsdienst der Christlich-Demokratischen und Christlich-Sozialen Union*, Nr. 13, 29.3.1962

Vocke, Wilhelm: *Memoiren. Die Erinnerungen des früheren Bundesbankpräsidenten*, Stuttgart 1973

Waigel, Theo: *Ehrlichkeit ist eine Währung*, Berlin 2020

Walburg, Reinhold: »›... für alle Fälle ...‹ – Die geheimnisvollen Banknoten aus der Zeit der Deutschen Mark«, in: *Deutsche Bundesbank* (Hrsg.): Geldgeschichte im Geldmuseum 2010, Frankfurt 2011, S. 61–106

Wiegrefe, Klaus: *Das Zerwürfnis. Helmut Schmidt, Jimmy Carter und die Krise der deutsch-amerikanischen Beziehungen*, Berlin 2005

Wildt, Michael: *Am Beginn der Konsumgesellschaft. Mangelerfahrungen, Lebenshaltung, Wohlstandshoffnung in Westdeutschland in den fünfziger Jahren*, Hamburg 1995

Winkler, Heinrich August: *Der lange Weg nach Westen. Deutsche Geschichte, Bd. II: Vom »Dritten Reich« bis zur Wiedervereinigung*, 2., durchgesehene Auflage, München 2020

Zimmermann, Hubert: »Der unschlüssige Hegemon. Deutschland und die Anfänge der europäischen Währungsunion«, in: Franz Knipping/Matthias Schönwald (Hrsg.): *Aufbruch zum Europa der zweiten Generation. Die europäische Einigung*, Trier 2004, S. 203–216

Zschaler, Frank: »Die vergessene Währungsreform. Vorgeschichte, Durchführung und Ergebnisse der Geldumstellung in der SBZ 1948«, in: *Vierteljahrshefte für Zeitgeschichte*, Nr. 2/1997, S. 191–224

Anmerkungen

Vorwort

1 Joseph A. Schumpeter: *Das Wesen des Geldes*. Aus dem Nachlaß herausgegeben und mit einer Einführung versehen von Fritz Karl Mann. Göttingen 2008, S. 1 f.; geschrieben hatte Schumpeter den Text wahrscheinlich 1929.

Kapitel 1: Die Stunde Null, die keine war

2 »Germans played for time in Reims«, in: *New York Times*, Nr. 31.882 vom 9. Mai 1945, S. 4.

3 Heinrich August Winkler: *Der lange Weg nach Westen. Deutsche Geschichte, II: Vom »Dritten Reich« bis zur Wiedervereinigung*, 2., durchgesehene Auflage, München 2020, S. 121.

4 Volker Bode: »Kriegszerstörung und Wiederaufbau deutscher Städte nach 1945«, in: *Nationalatlas Bundesrepublik Deutschland*, Band 5: Dörfer und Städte, Leipzig 2002, S. 88–91, hier S. 88.

5 Als Dörfer werden hier Orte mit weniger als 2000 Einwohner definiert. Vgl.: Stadt und Land im Deutschen Reich, in: Statistisches Reichsamt: Wirtschaft und Statistik, Nr. 21/1940, S. 481–484, hier: S. 481.

6 The United States Strategic Bombing Survey, Overall Effects Division: The Effects of Strategic Bombing on the German War Economy, Washington D. C., 31.10.1945.

7 Werner Abelshauser: »Wunder gibt es immer wieder. Mythos Wirtschaftswunder«, in: *Aus Politik und Zeitgeschichte (APuZ)*, Nr. 27/2018: D-Mark, S. 4–10, hier S. 8.

8 Zweite Verordnung über das Inkrafttreten der Gesetze zur Durchführung des Sachverständigen-Gutachtens, in: Reichsgesetzblatt 1924, Nr. 38, 10. Oktober 1924, S. 383.

9 Vgl. hierzu: Frank Stocker: *Die Inflation von 1923*, München 2022.

10 Gesetz zur Änderung des Bankgesetzes vom 27. Oktober 1933, RGBl. II 1933, Nr. 44, S. 827 f.

11 Gesetz zur Neuregelung der Verhältnisse der Reichsbank und der Deutschen Reichsbahn vom 10. Februar 1937, RGBl. II 1937, Nr. 8, S. 47 f.

12 Brief des Präsidenten des Reichsbank-Direktoriums an den Führer und Reichskanzler vom 7. Januar 1939, Bundesarchiv R 43 II/234, Blatt 40–48, hier Blatt 41 und Blatt 44.

13 Gesetz über die Deutsche Reichsbank vom 16. Juni 1939, RGBl. I, Nr. 107, S. 1015–1020.

14 Karl-Heinrich Hansmeyer und Rolf Caesar: »Kriegswirtschaft und Inflation (1936–1948)«, in: Deutsche Bundesbank (Hrsg.): *Währung und Wirtschaft in Deutschland 1876–1975*, Frankfurt am Main 1976, S. 367–429, hier S. 417.

15 Verordnung über das Verbot von Preiserhöhungen vom 26. November 1936, RGBl. I 1936, Nr. 110, S. 955 f.
16 Verordnung über die Lohngestaltung vom 25. Juni 1938, RGBl. I 1938, Nr. 99, S. 691.
17 Verordnung über die Wirtschaftsverwaltung vom 27. August 1939, RGBl. I 1939, Nr. 149, S. 1495–1498.
18 Verordnung über die öffentliche Bewirtschaftung von landwirtschaftlichen Erzeugnissen vom 27. August 1939, RGBl. I 1939, Nr. 150, S. 1521–1526.
19 Verordnung zur vorläufigen Sicherstellung des lebenswichtigen Bedarfs des deutschen Volkes vom 27. August 1939, RGBl. I 1939, Nr. 149, S. 1498–1501.
20 Ebenda, S. 302.
21 Bernd Sprenger: »50 Jahre Währungsreform. 1948 und die wirtschaftspolitischen Folgen«, in: Bernd Sprenger und Bodo Herzog (Hrsg.): *Währungsreform und Soziale Marktwirtschaft*, Berlin 2008, S. 201–218, hier S. 203.

Kapitel 2: Hunger, Schwarzmarkt und Zigarettenwährung

22 Zitiert nach: Helga Grebing: *Die Nachkriegsentwicklung in Westdeutschland 1945–1949.* Hrsg. von Hermann Giesecke, 1. Band: Die wirtschaftlichen Grundlagen, Stuttgart 1990, S. 24.
23 Ebenda.
24 »Der Neid der Götter«, in: *Der Spiegel*, Nr. 11 vom 14. März 1947, S. 14.
25 Grebing: Die Nachkriegsentwicklung in Westdeutschland 1945–1949, 1. Band, S. 28.
26 Monatsbericht der Reichsbankleitstelle Hamburg für Dezember 1947 (Bericht Nr. 19), S. 2, in: Archiv der Deutschen Bundesbank, Az. HA 4583, zitiert nach: Hansmeyer und Caesar: »Kriegswirtschaft und Inflation«, S. 422.
27 Justus Rohrbach (Bearb.): *Im Schatten des Hungers. Dokumentarisches zur Ernährungspolitik und Ernährungswirtschaft in den Jahren 1945–1949.* Hrsg. von Hans Schlange-Schöningen, Hamburg/Berlin 1955, S. 19.
28 »Geheiligter Kohlenklau«, in: *Der Spiegel*, Nr. 3 vom 18.1.1947, S. 6.
29 Ebenda.
30 Zitiert nach: Rainer Gries: *Die Rationen-Gesellschaft. Versorgungskampf und Vergleichsmentalität. Leipzig, München und Köln nach dem Kriege*, Münster 1991, S. 153.
31 Leipziger Volkszeitung Nr. 183 vom 9. August 1947, S. 1, zitiert nach Gries: *Die Rationen-Gesellschaft*, S. 109.
32 Aufzeichnung eines persönlichen Gesprächs mit dem Autor am 3.9.2022.
33 Hansmeyer und Caesar: »Kriegswirtschaft und Inflation«, S. 423.
34 »Die graue Eminenz«, in: *Der Spiegel*, Nr. 1 vom 4. Januar 1947, S. 15.
35 Hilde Thurnwald: *Gegenwartsprobleme Berliner Familien. Eine soziologische Untersuchung an 498 Berliner Familien*, Berlin 1948, S. 68 f.
36 »Beruf: Spritzer«, *Der Spiegel*, Nr. 4 vom 24. Januar 1947, S. 19.
37 Christoph Buchheim: »Die Währungsreform 1948 in Westdeutschland«, in: *Vierteljahrshefte für Zeitgeschichte*, Nr. 2/1988, S. 189–231, hier S. 195.
38 Wolfgang Benz: »Zwangswirtschaft und Industrie. Das Problem der Kompensationsgeschäfte am Beispiel des Kasseler Spinnfaser-Prozesses von 1947«, in: *Vierteljahrshefte für Zeitgeschichte*, Nr. 32/1984, S. 422–440.

39 Bericht von Horst Mendershausen, Assistant Chief Price Control Section, OMGUS Economics Division, Trade and Commerce Branch: Compensation Trade in Court, 23.9.1947, OMGUS 3/267-2, S. 1, zitiert nach Benz: »Zwangswirtschaft und Industrie«, S. 428.
40 Benz: »Zwangswirtschaft und Industrie«, S. 432 f.
41 Benz: »Zwangswirtschaft und Industrie«, S. 436.
42 »›Stoßgeschäfte‹ mit Ministerien«, in: *Der Spiegel*, Nr. 3 vom 17. Januar 1947, S. 15.
43 Buchheim: »Währungsreform«, S. 193.
44 Buchheim: »Währungsreform«, S. 192.
45 Buchheim: »Währungsreform«, S. 191 f.
46 Jutta Bolt und Jan Luiten van Zanden: Maddison Project Database, Version 2020, online: https://www.rug.nl/ggdc/historicaldevelopment/maddison/releases/maddison-project-database-2020.
47 Buchheim: »Währungsreform«, S. 196.

Kapitel 3: Auf dem Weg in den Kalten Krieg

48 Wolfgang Krieger: *General Lucius D. Clay und die amerikanische Deutschlandpolitik 1945–1949*, Stuttgart 1987, S. 27.
49 »The Man Who Gave Us West Germany«, in: *New York Times*, Nr. 48311 vom 29.7.1990, S. 70.
50 Krieger: *General Lucius D. Clay*, S. 21 f.
51 »Suggested Post-Surrender Program for Germany«, online: http://docs.fdrlibrary.marist.edu/psf/box31/a297a01.html.
52 US Department of State: Documents on Germany 1944–1985, Washington D.C. 1985, S. 29; eigene Übersetzung.
53 Manuel Gottlieb: Failure of Quadripartite Monetary Reform 1945–1947, in: FinanzArchiv/Public Finance Analysis, New Series, Bd. 17, Nr. 3 1956/57, S. 398–417, hier S. 402 f.
54 Hans Möller (Hrsg.): *Zur Vorgeschichte der deutschen Mark. Die Währungsreformpläne 1945–1948*, Tübingen 1961, S. 214–254.
55 Möller: *Vorgeschichte*, S. 225.
56 Möller: *Vorgeschichte*, S. 235–241.
57 Möller: *Vorgeschichte*, S. 229.
58 Michael L. Hughes: »Lastenausgleich unter Sozialismusverdacht«, in: *Vierteljahrshefte für Zeitgeschichte*, Nr. 1/1991, S. 37–53.
59 Zitiert nach: Hughes: »Lastenausgleich unter Sozialismusverdacht«, S. 43.
60 Buchheim: »Währungsreform«, S. 204 f.
61 Lucius D. Clay: *Entscheidung in Deutschland*, Frankfurt am Main 1950, S. 237.
62 Die gesamte Rede im englischen Original online unter: en.wikisource.org/wiki/Truman_Doctrine; eigene Übersetzung.
63 Buchheim: »Währungsreform«, S. 207 f.

Kapitel 4: Die Wegbereiter der D-Mark

64 Zitiert nach: Karl Hohmann: *Ludwig Erhard (1897–1977). Eine Biographie*, Düsseldorf 1997, S. 3.
65 Daniel Koerfer: *Kampf ums Kanzleramt. Erhard und Adenauer*, Stuttgart 1987, S. 31.

66 Meinhard Knoche: »Ludwig Erhard, Adolf Weber und die schwierige Geburt des ifo Instituts«, in: *ifo Schnelldienst*, Nr. 13/2018, S. 14–60, hier S. 15.

67 Volker Hentschel: *Ludwig Erhard. Ein Politikerleben*, München u. Landsberg am Lech 1996, S. 322.

68 Alfred Mierzejewski: *Ludwig Erhard. Der Wegbereiter der sozialen Marktwirtschaft*, Hamburg, 2005, S. 32.

69 Ebenda.

70 Ludwig Erhard: *Kriegsfinanzierung und Schuldenkonsolidierung, Faksimiledruck der Denkschrift 1943/44, mit Vorbemerkungen von Ludwig Erhard, Theodor Eschenburg und Günter Schmölders*, Frankfurt 1972.

71 Ebenda, S. 104b.

72 Ebenda, S. 260.

73 Vgl. hierzu: Ludolf Herbst: »Krisenüberwindung und Wirtschaftsneuordnung. Ludwig Erhards Beteiligung an den Nachkriegsplanungen am Ende des Zweiten Weltkrieges«, in: *Vierteljahrshefte für Zeitgeschichte*, Nr. 3/1977, S. 306–340.

74 Mierzejewski: *Ludwig Erhard*, S. 86.

75 Hentschel: *Ludwig Erhard*, S. 39.

76 Knoche: »Ludwig Erhard, Adolf Weber und die schwierige Geburt des ifo Instituts«, S. 22.

77 Mierzejewski: *Ludwig Erhard*, S. 94.

78 Möller, der selbst am Währungskonklave beteiligt war, spricht von 218 Währungsreformvorschlägen, die ausfindig gemacht wurden und deren Wortlaut festgestellt werden konnte, sowie von 24 weiteren Plänen, deren Existenz nachgewiesen, deren Text aber nicht aufgefunden werden konnte, Möller: *Vorgeschichte*, S. 6.

79 Curt Fischer: *Entwurf eines Gesetzes zur Neuordnung des Geldwesens*, Berlin/Heidelberg 1948.

80 Stenografisches Protokoll der 82. Sitzung des Kontrollrats, in: Berlin. Quellen und Dokumente 1945–1951, 2. Halbband, hrsg. im Auftrage des Senats von Berlin, Berlin (West) 1964, S. 1431 ff.

81 Ebenda, S. 1438.

82 Ebenda.

83 Clay: *Entscheidung in Deutschland*, S. 396.

84 Zitiert nach: »Der Wortlaut des Kommuniqués«, in: *Die Welt*, Nr. 29 vom 9.3.1948, S. 1.

85 »Ziehvater der D-Mark«, in: *Die Zeit*, Nr. 26 vom 22. Juni 1990, S. 34.

86 Helmut Schmidt: *Menschen und Mächte*, München 2011, S. 188.

87 So zum Beispiel Carl-Ludwig Holtfrerich, der derzeit ein Forschungsprojekt verfolgt, das die »Rolle des wahren Vaters der Deutschen Mark und der Währungsreform 1948« herausarbeiten soll: www.jfki.fu-berlin.de/faculty/economics/research/holtfrerich/Tenenbaum/index.html

88 »Operation Spürhund zum Wohle des Westens«, in: *taz*, Nr. 5561 vom 20.6.1998, S. 7.

89 Zitiert nach: »Auftakt zum Wirtschaftswunder«, in: *Die Welt*, Nr. 143 vom 20.6.2008, S. 12.

90 »Das viele, viele Geld«, in: *Der Spiegel*, Nr. 26 vom 26. Juni 1948, S. 18.

91 Hans Möller: »Die westdeutsche Währungsreform von 1948«, in: Deutsche Bundesbank (Hrsg.): *Währung und Wirtschaft in Deutschland 1876–1975*, S. 433–483, hier S. 446.

Kapitel 5: Mit 40 DM in eine neue Ära

92 »Verschwundene Waren tauchen auf«, in: *Die Welt*, Nr. 72 vom 22. Juni 1948, S. 5.

93 »Schlagartige Folgen der Währungsreform«, in: *Badener Tagblatt*, Nr. 48 vom 22. Juni 1948, S. 1.

94 »Erstes Gesetz zur Neuordnung des Geldwesens (Währungsgesetz)« vom 20. Juni 1948, Gesetzblatt der Verwaltung des vereinigten Wirtschaftsgebietes, Beilage Nr. 5, S. 1–6.

95 »Rund um den ›Tag X‹«, in: *Badener Tagblatt*, Nr. 48 vom 22. Juni 1948, S. 3.

96 Ebenda.

97 »10 Mark-Scheine als Fidibus«, in: *Westfälische Nachrichten*, Nr. 58 vom 22. Juni 1948, S. 1.

98 Buchheim: »Währungsreform«, S. 208.

99 »Zweites Gesetz zur Neuordnung des Geldwesens (Emissionsgesetz)« vom 20. Juni 1948, Gesetzblatt der Verwaltung des vereinigten Wirtschaftsgebietes 1948, Beilage Nr. 5, S. 11 f.

100 Sprenger: »50 Jahre Währungsreform«, S. 206.

101 Video auf dem Zeitzeugenportal der Stiftung Haus der Geschichte der Bundesrepublik Deutschland, online: https://www.zeitzeugen-portal.de/personen/zeitzeuge/hildegard_hamm-br%C3%BCcher/videos/dO5DXb-UFiA.

102 »Verschwundene Waren tauchen auf«, in: *Die Welt*, Nr. 72 vom 22. Juni 1948, S. 5.

103 Ebenda.

104 Aufzeichnung eines persönlichen Gesprächs mit dem Autor am 3.9.2022.

105 Ahlener Programm vom 3. Februar 1947, online auf den Internet-Seiten der Konrad-Adenauer-Stiftung: https://www.kas.de/c/document_library/get_file?uuid=76a77614-6803-0750-c7a7-5d3ff7c46206.

106 Wissenschaftlicher Beirat bei der Verwaltung für Wirtschaft des VWG, Gutachten 1948 bis Mai 1950, hrsg. v. Bundeswirtschaftsministerium, Göttingen 1950, S. 25 ff., zitiert nach: Buchheim: »Währungsreform«, S. 220/221.

107 Thies Clausen: *Ludwig Erhard. Wegbereiter unseres Wohlstands gestern und heute*, München 2020, S. 77.

108 »Gesetz über Leitsätze für die Bewirtschaftung und Preispolitik nach der Geldreform« vom 24. Juni 1948, Gesetzblatt der Verwaltung des vereinigten Wirtschaftsgebietes Nr. 12/1948, S. 59 f.

109 Ludwig Erhard: *Wohlstand für alle*, 8. Auflage, Bonn 1962, S. 23.

110 Zitate aus einem persönlichen Gespräch des Autors mit Otmar Issing am 12.9.2022.

Kapitel 6: Licht und Schatten der Wirtschafts- und Währungsreform

111 Heinrich Böll: »Hierzulande«, in: *Gewerkschaftliche Monatshefte*, Nr. 3/1961, S. 129–134, hier S. 129.

112 Zitiert nach Hohmann: *Ludwig Erhard*, S. 9.

113 Bernd Klemm und Günter J. Trittel: »Vor dem ›Wirtschaftswunder‹. Durchbruch zum Wachstum oder Lähmungskrise?«, in: *Vierteljahrshefte für Zeitgeschichte*, Nr.4 /1987, S. 571–624, hier S. 594.

114 »Drittes Gesetz zur Neuordnung des Geldwesens (Umstellungsgesetz)« vom 20. Juni 1948, Gesetzblatt der Verwaltung des vereinigten Wirtschaftsgebietes 1948, Beilage Nr. 5, S. 13–20.

115 »Viertes Gesetz zur Neuordnung des Geldwesens (Ergänzung zum Umstellungsgesetz)« vom 4. Oktober 1948, Gesetzblatt der Verwaltung des vereinigten Wirtschaftsgebietes 1949, Beilage Nr. 1, S. 15.

116 Video auf dem Zeitzeugenportal der Stiftung Haus der Geschichte der Bundesrepublik Deutschland, online: https://www.zeitzeugen-portal.de/personen/zeitzeuge/dieter_hildebrandt/videos/ng4I6fK2S44.

117 Deutscher Gewerkschaftsbund, Bezirk Niedersachsen/Bremen/Sachsen-Anhalt: Der »Demonstrationsstreik« vom 12. November 1948 und die gewerkschaftliche Vorgeschichte 1947/1948, eine Materialsammlung, online: https://niedersachsen-bremen-sachsenanhalt.dgb.de/dgb-bezirk/rckblick/arbeitergeschichte/materialien-downloads.

118 Gerhard Beier: *Der Demonstrations- und Generalstreik vom 12. November 1948. Im Zusammenhang mit der parlamentarischen Entwicklung Westdeutschlands*, Frankfurt 1975, S. 43 f.

119 Uwe Fuhrmann: *Die Entstehung der »Sozialen Marktwirtschaft« 1948/49. Eine historische Dispositivanalyse*, Konstanz/München 2017, S. 168.

120 »Dann streikten sie gegen den Streik«, in: *Der Spiegel*, Nr. 46 vom 13. November 1948, S. 3.

121 Erich Peter Neumann und Elisabeth Noelle (Hg.): *Jahrbuch der öffentlichen Meinung 1947–1955*, Allensbach am Bodensee 1956, S. 151.

122 Buchheim: »Währungsreform«, S. 222 f.

123 »Dann streikten sie gegen den Streik«, in: *Der Spiegel*, Nr. 46 vom 13. November 1948, S. 3.

124 Deutscher Gewerkschaftsbund: Materialsammlung.

125 »Erstes Gesetz zur Neuordnung des Geldwesens (Währungsgesetz)«, S. 1.

126 Buchheim: »Währungsreform«, S. 220.

127 Rudolf Morsey: *Die Bundesrepublik Deutschland. Entstehung und Entwicklung bis 1969*, München 1987, S. 50.

128 Zitiert nach: »Marschall Sokolowskij an die deutsche Bevölkerung«, in: *Neues Deutschland*, Nr. 140 vom 19. Juni 1948, S. 1.

129 André Steiner: »Werden und Vergehen der DDR-Mark«, in: *Aus Politik und Zeitgeschichte* (APuZ), Nr. 27/2018: D-Mark, S. 28–34, hier S. 28.

130 Frank Zschaler: »Die vergessene Währungsreform. Vorgeschichte, Durchführung und Ergebnisse der Geldumstellung in der SBZ 1948«, in: *Vierteljahrshefte für Zeitgeschichte*, Nr. 2/1997, S. 191–224, hier S. 198.

131 Ebenda, S. 208.

132 Ebenda, S. 223.

Kapitel 7: Die neue deutsche Notenbank und der Beinahe-Tod der jungen Währung

133 Wilhelm Vocke: *Memoiren. Die Erinnerungen des früheren Bundesbankpräsidenten*, Stuttgart 1973, S. 192 f.

134 Ebenda.

135 Ebenda, S. 206.

136 »Verordnung zur Errichtung der Bank deutscher Länder«, Verordnungsblatt für die Britische Zone Nr. 14/1948 vom 1. April 1948, S. 77–85.

137 Carl-Ludwig Holtfrerich: »Geldpolitik bei festen Wechselkursen«, in: *Fünfzig Jahre Deutsche Mark*, hrsg. von der Deutschen Bundesbank, München 1998, S. 347–438, hier S. 366.

138 Friedrich Jerchow: »Der Außenkurs der Mark 1944–1949«, in: *Vierteljahrshefte für Zeitgeschichte*, Nr. 2/1982, S. 256–298, hier S. 279 f.

139 Ebenda, S. 288.

140 Wortprotokoll der 7. Kabinettssitzung am 26. September 1949, in: »Die Kabinettsprotokolle der Bundesregierung« online, über bundesarchiv.de.

141 *Akten der Reichskanzlei, Teil: Weimarer Republik, Die Kabinette Stresemann I/II*, bearb. von Karl Dietrich Erdmann/Martin Vogt, Boppard am Rhein 1978, online unter: https://www.bundesarchiv.de/aktenreichskanzlei/1919-1933/0000/str/index.html, Bd. 2, Dok. Nr. 249 vom 13. November 1923.

142 BA, B 136 (Bundeskanzleramt)/1199, Adenauer an Schäffer, 26.7.1950 nach: Christoph Buchheim: »Die Unabhängigkeit der Bundesbank. Folge eines amerikanischen Oktrois?«, in: *Vierteljahrshefte für Zeitgeschichte*, Nr. 1/2001, S. 1–30, hier S. 18.

143 Zitiert nach: Erhard: *Wohlstand für alle*, S. 59.

144 Volker Hentschel: »Die Europäische Zahlungsunion und die deutschen Devisenkrisen 1950/51«, in: *Vierteljahrshefte für Zeitgeschichte*, Nr. 4/1989, S. 715–758, hier S. 734.

145 Ebenda, S. 735.

146 »Germans Exhaust Their Trade Credit«, in: *New York Times*, Nr. 33876 vom 24.10.1950, S. 15.

147 Holtfrerich: »Geldpolitik bei festen Wechselkursen«, S. 376.

148 Werner Bührer: *Westdeutschland in der OEEC. Eingliederung, Krise, Bewährung 1947–1961*, München 1997, S. 215.

149 Zitiert nach: Holtfrerich: »Geldpolitik bei festen Wechselkursen«, S. 385.

150 *Monatsbericht der Bank deutscher Länder, Dezember 1950*, Frankfurt 1950, S. 40, beziehungsweise *Monatsbericht der Bank deutscher Länder, April 1951*, Frankfurt 1951, S. 21, beziehungsweise *Monatsbericht der Bank deutscher Länder, Juli 1951*, Frankfurt 1951, S. 40.

151 Bührer: *Westdeutschland in der OEEC*, S. 217.

152 Ebenda.

153 Holtfrerich: »Geldpolitik bei festen Wechselkursen«, S. 378.

154 Hentschel: »Europäische Zahlungsunion«, S. 746.

Kapitel 8: Die Entstehung des deutschen Erfolgsmodells

155 Brief abgedruckt in: Deutsche Bundesbank: *30 Jahre Deutsche Bundesbank. Die Entstehung des Bundesbankgesetzes vom 26. Juli 1957. Dokumentation einer Ausstellung*, Frankfurt am Main 1988, S. 101.

156 Wortprotokoll der 139. Kabinettssitzung am 3. April 1951, in: »Die Kabinettsprotokolle der Bundesregierung« online, über bundesarchiv.de.

157 Buchheim: »Bundesbank«, S. 23/24.

158 Ebenda.

159 »Übergangsgesetz zur Änderung des Gesetzes zur Errichtung der Bank deutscher Länder« vom 10. August 1951, BGBl. Nr. 40 vom 13.8.1951, S. 509.

160 Brief abgedruckt in: Frank Berger: »Theodor Heuss. Prüder Protestant«, in: *Geldgeschichtliche Nachrichten*, Nr. 299, September 2018, S. 302.

161 »Fünf Mark-Schein erregt Unwillen in Bonn«, in: *Münchener Merkur* vom 1.6.1950, zitiert nach: Sybille Steinbacher: *Wie der Sex nach Deutschland kam*, München 2011, S. 103–105.

162 »Gesetz über den Niederlassungsbereich von Kreditinstituten« vom 29. März 1952, BGBl. Nr. 15 vom 31.3.1952, S. 217–220.

163 *Monatsbericht der Bank deutscher Länder, November 1952*, Frankfurt 1952, S. 28, beziehungsweise *Monatsbericht der Bank deutscher Länder, Dezember 1952*, Frankfurt 1952, S. 7.

164 Abkommen über Deutsche Auslandsschulden vom 27. Februar 1953, online über: https://www.bundesbank.de/resource/blob/671026/16436f317e803480831eaadfc9c9ab11/mL/1953-03-10-6013-data.pdf.

165 Ebenda.

166 Michael Wildt: *Am Beginn der Konsumgesellschaft. Mangelerfahrungen, Lebenshaltung, Wohlstandshoffnung in Westdeutschland in den fünfziger Jahren*, Hamburg 1995, S. 146.

167 Bolt/van Zanden: Maddison Project Database.

168 Helmut Schlesinger: »Geldpolitik in der Phase des Wiederaufbaus (1950–1958)«, in: Deutsche Bundesbank (Hrsg.): *Währung und Wirtschaft in Deutschland 1876–1975*, S. 555–607, hier S. 557.

169 Deutsche Bundesbank: *40 Jahre Deutsche Mark. Monetäre Statistiken 1948–1987*, Frankfurt am Main 1988, S. 254 f., zitiert nach Holtfrerich: »Geldpolitik bei festen Wechselkursen«, S. 351.

170 Manfred J. M. Neumann: »Geldwertstabilität und Bewährung«, in: *Fünfzig Jahre Deutsche Mark*, hrsg. von der Deutschen Bundesbank, München 1998, S. 309–346, hier S. 311.

171 Bührer: *Westdeutschland in der OEEC*, S. 311.

172 Deutsche Bundesbank, online: https://www.bundesbank.de/de/startseite/entwicklung-der-goldbestaende-seit-1951-663346.

173 Sprenger: »50 Jahre Währungsreform«, S. 213 f.

174 Ulrike Herrmann: »Hüterin der D-Mark. Über die Bundesbank und ihre Unabhängigkeit«, in: *Aus Politik und Zeitgeschichte* (APuZ), Nr. 27/2018: D-Mark, S. 17–22, hier S. 18.

Kapitel 9: Der Kampf um die Unabhängigkeit der Deutschen Bundesbank

175 Rede vor dem Bundesverband der Deutschen Industrie in Köln (»Gürzenich-Rede«), online: https://www.konrad-adenauer.de/seite/23-mai-1956/.

176 Holtfrerich: »Geldpolitik bei festen Wechselkursen«, S. 395.

177 Wortprotokoll der 110. Kabinettssitzung am 21. Dezember 1955, in: »Die Kabinettsprotokolle der Bundesregierung« online, über bundesarchiv.de.

178 Wortprotokoll der 125. Kabinettssitzung am 14. März 1956, Tagesordnungspunkt 1, in: »Die Kabinettsprotokolle der Bundesregierung« online, über bundesarchiv.de.

179 Herrmann: »Hüterin der D-Mark. Über die Bundesbank und ihre Unabhängigkeit«, S. 18.

180 Vocke: *Memoiren*, S. 155.

181 Günter Buchstab (Bearb.): *Die Protokolle des CDU-Bundesvorstandes*. Bd. 2: 1953–1957, Düsseldorf 1990, S. 903.
182 Rede vor dem Bundesverband der Deutschen Industrie in Köln (»Gürzenich-Rede«).
183 »Konflikt«, in: *Hamburger Abendblatt*, Nr. 119 vom 24.5.1956, S. 2.
184 »Das Fallbeil«, in: *Der Spiegel*, Nr. 22 vom 30.5.1956, S. 11 f.
185 Wortprotokoll der Sondersitzung der Bundesregierung am 24. Mai 1956, in: »Die Kabinettsprotokolle der Bundesregierung« online, über bundesarchiv.de.
186 Buchstab: *Die Protokolle des CDU-Bundesvorstandes*. Bd. 2, S. 1024.
187 Zitiert nach: Buchheim: »Bundesbank«, S. 28.
188 »Wie eine Bombe«, in: *Hamburger Abendblatt*, Nr. 201 vom 28.8.1956, S. 11.
189 »Die Notenbank nach Köln?«, in: *Frankfurter Allgemeine Zeitung*, Nr. 215 vom 14.9.1956, S. 9.
190 »Gesetz über die Deutsche Bundesbank«, Bundesgesetzblatt Nr. 33 vom 30. Juli 1974, S. 745–755.
191 Ebenda
192 »Die Gürzenich-Rechnung«, in: *Der Spiegel*, Nr. 29 vom 17.7.1957, S. 18 f.

Kapitel 10: Der Streit über die Aufwertung der D-Mark

193 »Germany awake«, in: *Daily Mirror*, Nr. 16.687 vom 7.8.1957, S. 4, eigene Übersetzung.
194 Geschäftsbericht der Bank deutscher Länder für das Jahr 1954, Frankfurt 1955, S. 7.
195 Nicholas Francis Robert Crafts: »Productivity Growth in West Germany and the UK, 1950–1990. A British Perspective«, in: Karl Rohe, Gustav Schmidt und Hartmut Pogge von Strandmann (Hrsg.): *Deutschland – Großbritannien – Europa*, Bochum 1992, S. 27–53, hier S. 30.
196 Zitiert nach: Bührer: *Westdeutschland in der OEEC*, S. 388.
197 Bührer: *Westdeutschland in der OEEC*, S. 388.
198 »Die D-Mark ist gesund – man braucht sie nicht zu kurieren«, in: *Bild*, Nr. 184 vom 10.8.1957, S. 2.
199 Kabinettsprotokoll vom 20.8.1957, in: »Die Kabinettsprotokolle der Bundesregierung« online, über bundesarchiv.de.
200 »Notenbanker der Nazis«, in: *Frankfurter Allgemeine Sonntagszeitung*, Nr. 3 vom 21.1.2018, S. 32.
201 »When Schmidt is out of step«, in: *Financial Times*, Nr. 22123 vom 30.6.1960, S. 3; eigene Übersetzung.
202 William L. Silber: *Paul Volcker. The Triumph of Persistence*, New York 2012, S. 26.
203 Ebenda, S. 40.
204 Patrick M. Boarman: *Germany's Economic Dilemma*, New Haven/London 1964, S. 297, eigene Übersetzung.
205 »West-Germany Is Urged to Give Aid to Under-Developed Nations«, in: *New York Times*, Nr 37.502 vom 27.9.1960, S. 5.
206 Letter From President Eisenhower to Chancellor Adenauer, vom 7.10.1960, in: United States Department of State: Foreign Relations of the United States, 1958–1960, Volume IX: Berlin Crisis, 1959–1960; Germany; Austria; eigene Übersetzung.
207 Otmar Emminger: *D-Mark, Dollar, Währungskrisen. Erinnerungen eines ehemaligen Bundesbankpräsidenten*, Stuttgart 1987, S. 117 f.

208 Ebenda, S. 118.
209 Anmerkung 1 zu Protokoll der 125. Kabinettssitzung vom 19. Oktober 1960, in: »Die Kabinettsprotokolle der Bundesregierung« online, über bundesarchiv.de.
210 Memorandum of Conference With President Eisenhower vom 28. November 1960, in: Foreign Relations of the United States, 1958–1960, Volume IX: Berlin Crisis, 1959–1960; Germany; Austria. Washington 1993, S. 2188–2203.
211 »British Criticize Bonn«, in: *New York Times*, Nr. 37561 vom 25.11.1960, S. 15.
212 »President Irked by Bonn Aid Plan«, in: *New York Times*, Nr. 37637 vom 7.2.1961, S. 7.
213 Zitiert nach Emminger: *D-Mark, Dollar, Währungskrisen*, S. 113.
214 Emminger: *D-Mark, Dollar, Währungskrisen*, S. 123.
215 Emminger: *D-Mark, Dollar, Währungskrisen*, S. 125.
216 Ernst Spittäler: »The 1961 Revaluations and Exports of Manufacturers«, in: *International Monetary Fund, Staff Papers*, Band 18, Nr. 1/1970, S. 110–126.
217 Marcel C. Deppler: »Some Evidence on the Effects of Exchange Rate Changes on Trade«, in: *International Monetary Fund, Staff Papers*, Band 21, Nr. 3/1974, S. 605–636.
218 »Die neuen Bundesbanknoten«, in: Deutsche Bundesbank: *Monatsbericht November 1962*, Frankfurt 1962, S. 4.
219 Zitiert nach: Reinhold Walburg: »›... für alle Fälle...‹ – Die geheimnisvollen Banknoten aus der Zeit der Deutschen Mark«, in: Deutsche Bundesbank (Hrsg.): *Geldgeschichte im Geldmuseum 2010*, Frankfurt 2011, S. 61–106, hier S. 64.
220 »Ersatzgeld liegt bereit«, in: *Rheinische Post*, Nr. 172 vom 28. Juli 1966; zitiert nach Walburg: »Die geheimnisvollen Banknoten«, S. 62.
221 Walburg: »Die geheimnisvollen Banknoten«, S. 70.
222 Ebenda.

Kapitel 11: Die erste Wirtschaftskrise der Bundesrepublik

223 Rede abgedruckt in: *Union in Deutschland. Informationsdienst der Christlich-Demokratischen und Christlich-Sozialen Union*, Nr. 13, 29.3.1962, S. 1 und 5.
224 Bolt/van Zanden: Maddison Project Database.
225 Statistisches Bundesamt: *Wirtschaft und Statistik*, Nr. 9/1969, Wiesbaden 1969, S. 536.
226 Aufzeichnung eines persönlichen Gesprächs mit dem Autor am 3.9.2022.
227 Statistisches Bundesamt: *Statistisches Jahrbuch für die Bundesrepublik Deutschland*, Wiesbaden 1966, S. 544.
228 »Vor dem Brenner«, in: *Der Spiegel*, Nr. 49 vom 1.12.1965, S. 45.
229 »Mehr arbeiten! Mehr sparen! Sonst kommt die große Krise«, in: *Bild*, Nr. 256 vom 3.11.1965, S. 1.
230 »Vom Wirtschaftswunder zur Wirtschaftsmisere?«, in: *Frankfurter Allgemeine Zeitung*, Nr. 255 vom 2.11.1965, S. 1.
231 Günter Pehl: »Deutsche Wirtschaft. Die Wirtschaft der Bundesrepublik an der Jahreswende 1965/66«, in: *Gewerkschaftliche Monatshefte*, Nr. 1/1966, S. 50–53, hier S. 53.
232 Statistisches Bundesamt Wiesbaden (Hrsg.): *Volkswirtschaftliche Gesamtrechnungen*. Fachserie 18. Reihe. Der Staat in den Volkswirtschaftlichen Gesamtrechnungen 1950 bis 1990, Stuttgart 1991, S. 23.
233 Joachim Fels: *1966/67 – Anatomie einer Rezession*, Kieler Arbeitspapiere, Arbeitspapier Nr. 320, Kiel 1988, S. 10.

234 Sachverständigenrat zur Begutachtung der gesamtwirtschaftlichen Entwicklung: *Datierung der deutschen Konjunkturzyklen – die Methode des Sachverständigenrates,* Arbeitspapier 13/2018, Wiesbaden 2018, S. 13 ff.

235 »Brenner greift die Bundesbank scharf an«, in: *Frankfurter Allgemeine Zeitung,* Nr. 179 vom 5.8.1966, S. 3.

236 Karl Otto Pöhl: »Konjunktur, Arbeitsmarkt, Löhne 1965/66«, in: Mensch und Arbeit, Nr. 1/1966, S. 257–260, hier S. 260.

237 »Stahl Flaute – Kurzarbeit in einem Krupp-Werk«, in: *Bild,* Nr. 269 vom 19.11.1965, S. 1.

238 Zitiert nach: »Ein bißchen Konsum, kein bißchen Besitz«, in: *Die Zeit,* Nr. 37 vom 12.9.1969, S. 62.

239 Sachverständigenrat zur Begutachtung der gesamtwirtschaftlichen Entwicklung: *Im Sog des Booms, Jahresgutachten 1969/1970,* Stuttgart/Mainz 1969, S. 76–79.

240 Leo Brawand: *Wohin steuert die deutsche Wirtschaft?,* München 1971, S. 56.

241 »Entlassungswelle im Ruhrgebiet«, in: *Bild,* Nr. 239 vom 13.10.1966, S. 2.

242 »Zechenschließung, Feierschichten und schwarze Fahnen«, in: *Hamburger Abendblatt,* Nr. 227 vom 29.9.1966, S. 21

243 »Warnstreik gegen Entlassungen«, in: *Bild,* Nr.144 vom 24.6.1966, S. 1.

244 »Baumaschinenindustrie kündigt drastische Produktionseinschränkungen an«, in: *Die Welt,* Nr. 237 vom 11.10.1966, S. 17.

245 Emminger: *D-Mark, Dollar, Währungskrisen,* S. 23.

246 »Gesetz zur Förderung der Stabilität und des Wachstums in der Wirtschaft« vom 8.6.1967, BGBl. Nr. 32/1967, S. 582–589.

247 Statistik der Bundesagentur für Arbeit: Arbeitslosigkeit im Zeitverlauf, Stand August 2022.

248 Deutsche Bundesbank: *Lange Zeitreihen. Zur Wirtschaftsentwicklung in Deutschland,* Frankfurt 2020, S. 4.

Kapitel 12: Der erneute Streit über die Aufwertung der D-Mark und das Ende von Bretton Woods

249 Botschafter Blankenhorn an Außenminister Brandt, 20.11.1968, in: *Akten zur Auswärtigen Politik der Bundesrepublik Deutschland (AAPD) 1968,* Bd. 2, hrsg. im Auftrag des Auswärtigen Amts vom Institut für Zeitgeschichte, München 1999, S. 1498–1500.

250 Roy Jenkins: *A Life at the Centre,* London 1991, S. 265, zitiert nach *AAPD 1968,* S. 1498–1500.

251 »Letzte Hilfe«, in: *Der Spiegel,* Nr. 29 vom 14.7.1968, S. 50.

252 »Gold zurück«, in: *Der Spiegel,* Nr. 48 vom 25.11.1968, S. 140.

253 »Deutsche Frage«, in: *Der Spiegel,* Nr. 48 vom 25.11.1968, S. 27.

254 Zitiert nach: »Deutsche Frage«, in: *Der Spiegel,* Nr. 48 vom 25.11.1968, S. 27.

255 Hubert Zimmermann: »Der unschlüssige Hegemon. Deutschland und die Anfänge der europäischen Währungsunion«, in: Franz Knipping/Matthias Schönwald (Hrsg.): *Aufbruch zum Europa der zweiten Generation. Die europäische Einigung,* Trier 2004, S. 203–216, hier S. 208 f.

256 Emminger: *D-Mark, Dollar, Währungskrisen,* S. 168 ff.

257 Zimmermann: »Der unschlüssige Hegemon«, S. 209.

258 »Speech by Richard Nixon«, online: www.cvce.eu/content/publication/1999/1/1/168eed17-f28b-487b-9cd2-6d668e42e63a/publishable_en.pdf; eigene Übersetzung.

259 Otmar Emminger: »Deutsche Geld- und Währungspolitik im Spannungsfeld zwischen innerem und äußerem Gleichgewicht«, in: Deutsche Bundesbank (Hrsg.): *Währung und Wirtschaft in Deutschland 1876–1975*, S. 485–554, hier S. 523.

260 Ebenda.

261 Emminger: »Deutsche Geld- und Währungspolitik«, S. 531.

262 Barry Eichengreen: *Globalizing Capital. A History of the International Monetary System.* Third Edition, Princeton University Press, 2019, S. 91.

263 Joachim Scheide: »Lehren aus dem Scheitern des Bretton-Woods-Systems«, in: *Die Weltwirtschaft: Vierteljahresschrift des Instituts für Weltwirtschaft an der Universität Kiel*, 1/1988, S. 53–71, hier S. 69.

264 Norbert Kloten: »Erfolg und Mißerfolg der Stabilisierungspolitik (1969–1974)«, in: Deutsche Bundesbank (Hrsg.): *Währung und Wirtschaft in Deutschland 1876–1975*, S. 643–690, hier S. 668.

265 »Aus unserem Archiv: Der ›Blessing Brief‹«, Bundesbank online: http://www.bundesbank.de/Redaktion/DE/Standardartikel/Bundesbank/Wissenswert/historisches_gold_blessing_brief.html, Artikel nicht mehr online, archivierte Version über: https://web.archive.org/web/20130709123342/http://www.bundesbank.de/Redaktion/DE/Standardartikel/Bundesbank/Wissenswert/historisches_gold_blessing_brief.html.

266 Emminger: »Deutsche Geld- und Währungspolitik«, S. 532.

Kapitel 13: Die Inflation der 1970er-Jahre und die Stabilisierung der D-Mark

267 »Flugblatt von der DKP, Kaffee von den ›Falken‹«, in: *Bild*, Nr. 197 vom 24.8.1973, S. 3.

268 Jürgen Sensch (1961–2003 [2009]), histat-Datenkompilation online: Entwicklung und Struktur der öffentlichen Ausgaben in der Bundesrepublik Deutschland nach der Finanzstatistik, 1950 bis 2000, search.gesis.org/research_data/ZA8300.

269 Statistisches Bundesamt Wiesbaden (Hrsg.): *Finanzen und Steuern. Schulden des Öffentlichen Gesamthaushalts*, Fachserie 14. Reihe 5, Wiesbaden 2022.

270 Aufzeichnung eines persönlichen Gesprächs mit dem Autor am 3.9.2022.

271 Emminger: *D-Mark, Dollar, Währungskrisen*, S. 252.

272 »Wilder Streik in Mannheim«, in: *Bild*, Nr. 124 vom 29.5.1973, S. 2.

273 »Immer mehr wollen Nachschlag«, in: *Die Welt*, Nr. 141 vom 20.6.1973, S. 13.

274 »Neue wilde Streiks drohen«, in: *Bild am Sonntag*, Nr. 33 vom 19.8.1973, S. 3.

275 »Freund Karl«, in: *Der Spiegel*, Nr. 3 vom 11.1.1970, S. 28.

276 Emminger: *D-Mark, Dollar, Währungskrisen*, S. 253.

277 Jürgen von Hagen: »Geldpolitik auf neuen Wegen 1971–1978«, in: *Fünfzig Jahre Deutsche Mark*, hrsg. von der Deutschen Bundesbank, München 1998, S. 439–473, hier S. 451.

278 Emminger: *D-Mark, Dollar, Währungskrisen*, S. 262.

279 Emminger: *D-Mark, Dollar, Währungskrisen*, S. 256.

280 Zitiert nach Emminger: *D-Mark, Dollar, Währungskrisen*, S. 261.

281 Alban William Phillips: »The Relationship between Unemployment and the Rate of Change of Money Wages in the United Kingdom 1861–1957«, in: *Economica* 25 (1958) Nr. 100, S. 283–299.

282 »An höheren Steuern kommen wir nicht vorbei«, in: *Süddeutsche Zeitung*, Nr. 171 vom 28. Juli 1972, S. 8.

283 »Strauß: Inflation das größte Unrecht am kleinen Mann«, in: *Bild*, Nr. 81 vom 3.4.1973, S. 2.

284 Zitiert nach dem Hörfunkbeitrag »Als das Öl knapp wurde«, in: *Deutschlandfunk* vom 7.4.2022, online über: https://www.deutschlandfunk.de/energiekrise-70er-jahre-oelkrise-opec-100.html.

285 Die Bundesrepublik zog bei der Sommerzeit erst 1978 nach, weil sie sich auf ein gemeinsames Vorgehen mit der DDR einigen wollte.

286 Hans-Dietrich Genscher: *Erinnerungen*, Berlin 1995, S. 119 f.

287 Deutscher Bundestag, 7. Wahlperiode, Protokoll der 67. Sitzung am 29. November 1973, S. 3913.

288 Karl Christian Führer: *Gewerkschaftsmacht und ihre Grenzen. Die ÖTV und ihr Vorsitzender Heinz Kluncker 1964–1982*, Bielefeld 2017, S. 339.

289 »Mehr Macht als Verantwortung«, in: *Frankfurter Allgemeine Zeitung*, Nr. 43 vom 20.2.1974, S. 1.

290 Führer: *Gewerkschaftsmacht und ihre Grenzen*, S. 383 f.

291 Kloten: »Erfolg und Mißerfolg der Stabilisierungspolitik (1969–1974)«, S. 670.

292 Zitiert nach Emminger: *D-Mark, Dollar, Währungskrisen*, S. 269.

293 Ebenda

294 Peter Bernholz: »Die Bundesbank und die Währungsintegration in Europa«, in: *Fünfzig Jahre Deutsche Mark*, hrsg. von der Deutschen Bundesbank, München 1998, S. 773–833, hier S. 804.

295 Hans Bentzien: »Der Sündenfall der Bundesbank«, in: *Wall Street Journal* vom 16. August 2012, online: https://www.wsj.com/articles/SB10000872396390444375104577591660466521338.

296 *Geschäftsbericht der Deutschen Bundesbank für das Jahr 1975*, Frankfurt 1976, S. 26.

297 Ebenda.

298 Ebenda, S. 10.

Kapitel 14: Der Weg zur Gründung des Europäischen Währungssystems

299 »Schmidt überraschend bei Giscard«, in: *Hamburger Abendblatt*, Nr. 77 vom 3.4.1978, S. 1.

300 Einen klaren Hinweis darauf, dass es bei dem Treffen um das EWS ging, liefert beispielsweise eine Aufzeichnung aus dem Auswärtigen Amt, in der ein inhaltlicher Zusammenhang beschrieben wird, siehe: Aufzeichnung des Referats 412 vom 21. April 1978, in: *Akten zur Auswärtigen Politik der Bundesrepublik Deutschland (AAPD) 1978*, hrsg. im Auftrag des Auswärtigen Amts vom Institut für Zeitgeschichte, München 2009, S. 566.

301 Bundesarchiv B 136/3332, Gruppe III/I (Meyer) an Bundeskanzler Kiesinger, 8.1.1969, zitiert nach: Zimmermann: »Der unschlüssige Hegemon«, S. 211.

302 Zitiert nach: »Chaotisch und dumm«, in: *Spiegel Geschichte*, Nr. 7 vom 19.11.2015, S. 88 f.

303 Ebenda.

304 Kristina Spohr: *Helmut Schmidt. Der Weltkanzler*, Darmstadt 2016, S. 261.

305 Zitat aus dem Artikel Egon Bahrs: »Ist die Menschheit dabei, verrückt zu werden?«, in: *Vorwärts*, Nr. 29 vom 21.7.1977, S. 4.

306 Spohr: *Helmut Schmidt*, S. 183 ff.
307 Bolt/van Zanden: Maddison Project Database.
308 Gerd von Gusinski: Die Arbeitszeitentwicklung in der Bundesrepublik Deutschland, *Wirtschaftsdienst* Nr. 2/1979, S. 74–77, hier S. 77.
309 Daniel Pope und Michael G. Rukstad: *The Decline of the Dollar: 1978*, Harvard 1984, S. 5.
310 Bank für Internationalen Zahlungsausgleich: *Neunundvierzigster Jahresbericht*, Basel 1979, S. 87.
311 Zitiert nach: Klaus Wiegrefe: *Das Zerwürfnis. Helmut Schmidt, Jimmy Carter und die Krise der deutsch-amerikanischen Beziehungen*, Berlin 2005, S. 209.
312 Michael Moffitt: *The World's Money. International Banking from Bretton Woods to the Brink of Insolvency*, New York 1983, S. 114 f., zitiert nach: Pope und Rukstad: *The Decline of the Dollar: 1978*, S. 7 f.
313 Deutscher Bundestag: Stenographischer Bericht, 65. Sitzung, 19. Januar 1978, S. 4969 ff.
314 Wiegrefe: *Das Zerwürfnis*, S. 219.
315 Zitiert nach: Clemens Krauss: *Geldpolitik im Umbruch. Die Zentralbanken Frankreichs und der Bundesrepublik Deutschland in den 1970er Jahren*, Berlin/Boston 2021, S. 301.
316 Emminger: *D-Mark, Dollar, Währungskrisen*, S. 364.
317 Rainer Hellmann: »Das europäische Währungssystem. Vorgeschichte und Motive«, in: Integration, Band 1, Nr. 4/1978, S. 140–147, hier S. 141.
318 Norbert Kleinheyer: *Die Weiterentwicklung des Europäischen Währungssystems*, Berlin 1987, S. 34.
319 Valéry Giscard d'Estaing: *Macht und Leben, Erinnerungen*. Frankfurt am Main, Berlin 1988, S. 130.
320 Gemeint sind die Sonderziehungsrechte des Internationalen Währungsfonds.
321 Giscard d'Estaing: *Macht und Leben*, S. 131 f.
322 Schlussfolgerungen der Präsidentschaft des Europäischen Rates am 6./7. Juli 1978, online über: https://www.consilium.europa.eu/media/20764/bremen_juli_1978__de_.pdf.
323 Harmen Lehment: »Der Bremer Plan für ein Europäisches Währungssystem – zurück nach Bretton Woods?«, in: *Kieler Diskussionsbeiträge*, Nr. 59, Kiel 1978, S. 1 f.
324 Zitiert nach »Vielleicht eine Chance«, in: *Der Spiegel*, Nr. 45/1978 vom 6.11.1978, S. 23.
325 »Bremer Währungsmodell stößt auf große Bedenken der Bundesbank«, in: *Die Welt*, Nr. 162 vom 15./16. Juli 1978, S. 13.
326 Schlussfolgerungen des Europäischen Rats vom 5. Dezember 1978, online über: https://www.consilium.europa.eu/media/20758/bruxelles_dezember_1978__de_.pdf.
327 Zitiert nach: Emminger: *D-Mark, Dollar, Währungskrisen*, S. 361.
328 Wolf Schäfer: *Währungen und Wechselkurse (Hintergründe*, Band 6), Heidelberg 1981, S. 126.
329 Berechnet über Daten von www.fxtop.com.
330 Schäfer: *Währungen und Wechselkurse*, S. 135.
331 Joachim Algermissen: *Hans Tietmeyer. Ein Leben für ein stabiles Deutschland und ein dynamisches Europa*, Tübingen 2019, S. 280.
332 Emminger: *D-Mark, Dollar, Währungskrisen*, S. 366 f.
333 Statistisches Bundesamt: *Wirtschaft und Statistik*, Nr. 5/1989, Wiesbaden 1989, S. 309.
334 Aufzeichnung eines persönlichen Gesprächs mit dem Autor am 3.9.2022.

335 Destatis, online: https://www.destatis.de/DE/Themen/Wirtschaft/Konjunkturindikatoren/Lange-Reihen/Aussenhandel/lrahl01a.html.

336 Deutsche Bundesbank: *Devisenkursstatistik Dezember 2000*, Frankfurt 2000, S. 6.

Kapitel 15: Die deutsch-deutsche Währungsunion

337 Wolfgang Schneider (Hrsg.): *Leipziger Demontagebuch*, Leipzig 1994, S. 42.

338 Ebenda, S. 50.

339 Ebenda, S. 60.

340 Ebenda, S. 74.

341 Thilo Schmidt: »Kommt die D-Mark, bleiben wir«, in: *Deutschlandfunk Kultur* vom 18.8.2014, Online-Script unter: https://www.deutschlandfunkkultur.de/deutsche-rufe-7-8-kommt-die-d-mark-bleiben-wir-100.html.

342 Bodo von Rüden: *Die Rolle der D-Mark in der DDR*, Baden-Baden 1991, S. 82 f.

343 Deutsche Bundesbank: *Monatsbericht März 2002*, Frankfurt 2002, S. 28.

344 Hans Tietmeyer: *Chronik zur Deutsch-Deutschen Währungsunion*, o.D., Privatarchiv Tietmeyer, Ordner 5, S. 1; zitiert nach: Algermissen: *Hans Tietmeyer*, S. 294.

345 Algermissen: *Hans Tietmeyer*, S. 294.

346 »Dreistufenplan für Währungsunion«, in: *Die Welt*, Nr. 32 vom 7.2.1990, S. 1.

347 »Währungsunion mit DDR zu früh, sagt Pöhl«, in: *Die Welt*, Nr. 32 vom 7.2.1990, S. 1.

348 »Ich wurde politisch überrollt«, in: *Die Welt*, Nr. 31 vom 6.2.2010, S. 32.

349 Manfred Schell: »Zusammenbruch mit Perspektive«, in: Theo Waigel und Manfred Schell (Hrsg.): *Tage, die Deutschland und die Welt veränderten*, München 1994, S. 12–25, hier S. 17.

350 »Ich wurde politisch überrollt«, in: *Die Welt*, Nr. 31 vom 6.2.2010, S. 32.

351 Kabinettsprotokoll vom 7.2.1990, in: »Die Kabinettsprotokolle der Bundesregierung« online, über bundesarchiv.de.

352 Dokument Nr. 165 B: »Währungsunion und Wirtschaftsreform«, in: *Deutsche Einheit. Sonderedition aus den Akten des Bundeskanzleramtes 1989/90*, bearb. von Hanns Jürgen Küsters und Daniel Hofmann, München 1998, S. 768–770.

353 Dokument Nr. 169A: Angebot zur Schaffung eines gemeinsamen Wirtschafts- und Währungsgebiets, als Anlage zu Dokument Nr. 169: Schreiben des Staatssekretärs Köhler an Ministerialdirigent Duisberg, in: *Deutsche Einheit*, S. 782 f.

354 Dokument Nr. 177: Gespräch des Bundeskanzlers Kohl mit Ministerpräsident Modrow, in: *Deutsche Einheit*, S. 814–819, hier S. 816.

355 Algermissen: *Hans Tietmeyer*, S. 300.

356 Hans Tietmeyer: »Erinnerungen an die Vertragsverhandlungen«, in: Waigel/Schell (Hrsg.): *Tage*, S. 57–117, hier S. 57.

357 »Kohl erzielt Durchbruch in Moskau: Der Weg zur Einheit ist jetzt frei«, in: *Die Welt*, Nr. 36 vom 12. Februar 1990, S. 1.

358 *Deutsche Einheit*, S. 141.

359 *Deutsche Einheit*, S. 141.

360 Algermissen: *Hans Tietmeyer*, S. 310.

361 »Die Währungsunion mit der Deutschen Demokratischen Republik«, in: Deutsche Bundesbank: *Monatsbericht Juli 1990*, Frankfurt 1990, S. 14–29, hier S. 24.

362 Ebenda.

363 Deutsche Bundesbank: *Monatsbericht Juli 1990*, Frankfurt 1990, S. 15.

364 Manfred E. Streit: »Die deutsche Währungsunion«, in: *Fünfzig Jahre Deutsche Mark*, hrsg. von der Deutschen Bundesbank, München 1998, S. 675–719, hier S. 694.

365 Dokument Nr. 239: »Schreiben des Bundesbankpräsidenten Pöhl an Bundeskanzler Kohl, Frankfurt (Main), 30. März 1990«, in: *Deutsche Einheit*, S. 1002 f.

366 »DDR-Bürger fürchten Wahlbetrug«, in: *Welt am Sonntag*, Nr. 13 vom 1.4.1990, S. 2.

367 »Umtauschkurs 2:1 wäre Wortbruch«, in: *Welt am Sonntag*, Nr. 13 vom 1.4.1990, S. 4.

368 *Deutsche Einheit*, S. 144.

369 *Deutsche Einheit*, S. 146.

370 »Meine Damen und Herren, wir schaffen uns ab«, Interview mit Lothar de Maizière vom 5. 1.2021, online über: https://www.bpb.de/themen/deutschlandarchiv/325011/meine-damen-und-herren-wir-schaffen-uns-ab/.

371 Ebenda, S. 27.

372 Ebenda, S. 28.

373 Deutsche Bundesbank: »Modalitäten zur Währungsumstellung in der Deutschen Demokratischen Republik zum 1. Juli 1990«, in: Deutsche Bundesbank: *Monatsbericht Juni 1990*, Frankfurt 1990, S. 42–47.

374 »Freie Fahrt, Deutschland«, in: *Bild*, Nr. 151 vom 2. Juli 1990, S. 1; »Zum letzten Mal Schlange stehen«, in: *Hamburger Abendblatt*, Nr. 151 vom 2. Juli 1990, S. 2.

375 »Freie Fahrt, Deutschland«, in: *Bild*, Nr. 151 vom 2. Juli 1990, S. 1.

376 Karl Brenke: »Die deutsch-deutsche Währungsunion. Ein kritischer Rückblick«, in: *DIW Wochenbericht*, Nr. 27/2015, S. 629–638, hier S. 629.

377 »Karl Otto Pöhl ist überzeugt: ›Der Kurs beim Umtausch war verhängnisvoll‹«, in: *Welt am Sonntag*, Nr. 35 vom 29.8.2004, S. 5.

378 »Von Kohl hintergangen«, in: *Der Spiegel*, Nr. 13 vom 25.3.1990, S. 18–20, hier S. 18.

379 Deutsche Bundesbank: *Von der Baumwolle zum Geldschein. Eine neue Banknotenserie entsteht*, Frankfurt 1995, S. 8.

380 Ebenda, S. 9.

381 Ebenda, S. 12.

Kapitel 16: Der turbulente Weg nach Maastricht

382 Wilhelm Schönfelder: »Der Euro«, in: Pim den Boer, Heinz Duchhardt, Georg Kreis, Wolfgang Schmale (Hrsg.): *Europäische Erinnerungsorte, Bd. 2: Das Haus Europa*, München 2012, S. 551–561, hier S. 552.

383 Ebenda, S. 553.

384 »Weg ohne Wiederkehr«, in: *Der Spiegel*, Nr. 10 vom 2.3.1998, S. 26–28, hier S. 27.

385 Genscher: *Erinnerungen*, S. 388.

386 Michael P. Dooley, J. Saul Lizondo, Donald J. Mathieson: »The Currency Composition of Foreign Exchange Reserves«, in: *Staff Papers* (International Monetary Fund), Band 36, Nr. 2, Juni 1989, S. 385–434, hier S. 386.

387 Weißbuch der Kommission an den Europäischen Rat: Vollendung des Binnenmarktes, online über: https://eur-lex.europa.eu/legal-content/DE/TXT/PDF/?uri=CELEX:51985DC0310&from=EN.

388 Abgedruckt in: Dieter Duwendag (Hrsg.): *Europa-Banking: Bankpolitik im Europäischen Finanzraum und währungspolitische Integration*, Baden-Baden 1988, S. 390 f.

389 Ebenda.

390 »Weg ohne Wiederkehr«, in: *Der Spiegel*, Nr. 10 vom 2.3.1998, S. 26–28, hier S. 26.

391 Interview mit Theo Waigel, in: *Algermissen: Hans Tietmeyer*, S. 284.

392 »Weg ohne Wiederkehr«, in: *Der Spiegel*, Nr. 10 vom 2.3.1998, S. 26–28, hier S. 26.

393 Report on economic and monetary union in the European Community (12 April 1989), online über: https://www.cvce.eu/de/obj/bericht_uber_die_wirtschafts_und_wahrungsunion_in_der_europaischen_gemeinschaft_12_april_1989-de-725f74fb-841b-4452-a428-39e7a703f35f.html.

394 Dokument Nr. 111: Schreiben des Bundeskanzlers Kohl an Staatspräsident Mitterrand vom 5. Dezember 1989, in: *Deutsche Einheit*, S. 614 f.

395 Ebenda.

396 Ebenda.

397 Algermissen: *Hans Tietmeyer*, S. 285.

398 Helmut Kohl: *Vom Mauerfall zur Wiedervereinigung. Meine Erinnerungen*, München 2009, S. 135.

399 Ebenda, S. 136.

400 Ebenda, S. 137.

401 Schlussfolgerungen des Vorsitzes, Europäischer Rat, Straßburg 8./.9. Dezember 1989, online über: https://www.consilium.europa.eu/media/20574/1989_dezember_-_strassburg__de_.pdf.

402 Ronald MacDonald und Mark P. Taylor: »Exchange Rates, Policy Convergence, and the European Monetary System«, in: *The Review of Economics and Statistics*, Band 73, Nr. 3, August 1991, S. 553–558, hier S. 558.

403 Algermissen: *Hans Tietmeyer*, S. 283.

404 Deutsche Bundesbank: *Lange Zeitreihen. Zur Wirtschaftsentwicklung in Deutschland*, Stand 25.2.2020, Frankfurt 2020, S. 7.

405 Schlussfolgerungen des Vorsitzes, Europäischer Rat, Rom, 27. und 28. Oktober 1990, online über: https://www.consilium.europa.eu/media/20548/1990_oktober_-_rom__de_.pdf.

406 Martin Große Hüttmann: *Reformen durch Regierungskonferenzen: Struktur und Wandel von Vertragsänderungen in der Europäischen Union*. Dissertation zur Erlangung des Doktorgrades der Wirtschafts- und Sozialwissenschaftlichen Fakultät der Eberhard-Karls-Universität Tübingen, Tübingen 2003, S. 169.

407 Rede des Bundeskanzlers auf der Tagung »Forum für Deutschland« in Berlin, in: *Bulletin des Presse- und Informationsamts der Bundesregierung* 1991, Nr. 33, S. 245.

408 Deutscher Bundestag: Stenographischer Bericht, 53. Sitzung, Bonn, den 6. November 1991, S. 4367.

409 »25 Jahre Maastricht-Vertrag. Jetzt erst recht«, in: *Handelsblatt online* vom 9.12.2016: https://www.handelsblatt.com/politik/international/25-jahre-maastricht-vertrag-jetzt-erst-recht/14952500.html.

410 »Der Kopf der Queen ist gerettet«, in: *Hamburger Abendblatt*, Nr. 287 vom 10.12.1991, S. 3.

411 Helmut Kohl: *Erinnerungen 1990–1994*, München 2007, S. 385.

412 Hans Tietmeyer: *Herausforderung Euro. Wie es zum Euro kam und was er für Deutschlands Zukunft bedeutet*, München/Wien 2005, S. 171.

413 Kohl: *Erinnerungen 1990–1994*, S. 387.

414 »Neues Europa: Parlament fordert Mitbestimmung«, in: *Hamburger Abendblatt*, Nr. 289 vom 12.12.1991, S. 6.
415 Kohl: *Erinnerungen 1990–1994*, S. 387.
416 Ebenda.
417 »Das Ende der Mark«, in: *Bild*, Nr. 288 vom 11.12.1991, S. 1.
418 »Der gefesselte Gulliver«, in: *Der Spiegel*, Nr. 51 vom 16.12.1991, S. 23.
419 »Die D-Mark über den Tisch gezogen«, in: *Frankfurter Allgemeine Zeitung*, Nr. 288 vom 12.12.1991, S. 15.
420 »Ein Weg ohne Umkehr«, in: *Frankfurter Allgemeine Zeitung*, Nr. 285 vom 9.12.1991, S. 1.
421 Rudolf Hrbek: »Kontroversen und Manifeste zum Vertrag von Maastricht. Zur Einführung«, in: *Integration*, Band 15, Nr. 4/1992, S. 225–228.
422 Helmut Schmidt: »Deutsches Störfeuer gegen Europa«, in: *Die Zeit*, Nr. 40 vom 29. September 1995, S. 1.

Kapitel 17: Die Krise des EWS und der Schwarze Mittwoch

423 »Black Wednesday 20 years on. How the day unfolded«, in: *The Guardian online* vom 13.9.2012: https://www.theguardian.com/business/2012/sep/13/black-wednesday-20-years-pound-erm.
424 Statistisches Bundesamt (Hrsg.): *Volkswirtschaftliche Gesamtrechnungen, Inlandsproduktberechnungen*, Lange Reihen ab 1970, Wiesbaden 2022, S. 14.
425 Zitate aus einem persönlichen Gespräch des Autors mit Otmar Issing am 12.9.2022.
426 Anders Fogh Rasmussen, dänischer Wirtschaftsminister, Fernseh-/Hörfunkspiegel Ausland, 25.1.1991, zitiert nach Bundesbank online: https://www.bundesbank.de/de/presse/pressematerial/60-jahre/zitate-ueber-die-bundesbank/stimmen-aus-wissenschaft-und-politik-607848.
427 Tietmeyer: *Herausforderung Euro*, S. 179 f.
428 »Wir waren nie so unter Druck«, in: *Der Spiegel*, Nr. 39 vom 21.9.1992, S. 144–153, hier S. 150.
429 Tietmeyer: *Herausforderung Euro*, S. 185 f.
430 »Wir waren nie so unter Druck«, in: *Der Spiegel*, Nr. 39 vom 21.9.1992, S. 144–153, hier S. 151.
431 Tietmeyer: *Herausforderung Euro*, S. 186.
432 »Wir waren nie so unter Druck«, in: *Der Spiegel*, Nr. 39 vom 21.9.1992, S. 144–153, hier S. 151.
433 Alle Titelseiten zu sehen bei: »Die Schlacht um das Pfund Sterling«, in: *Hamburger Abendblatt*, Nr. 219 vom 18.9.1992, S. 3.

Kapitel 18: Die letzten Hürden auf dem Weg zum Euro

434 Zitiert nach: Wolfgang Schüssel: »Wegweiser und Weggefährte – Helmut Kohl«, in: *Europäische Rundschau*, Nr. 1/2010, S. 65–70, hier S. 68.
435 »ECU – wie spricht man das Ding eigentlich aus«, in: *Bild*, Nr. 288 vom 11.12.1991, S. 2.
436 Theo Waigel: *Ehrlichkeit ist eine Währung*, Berlin 2020, S. 242.
437 »Das Diktat der Deutschen«, in: *Handelsblatt*, Nr. 169 vom 1.9.2006, S. 12.
438 Ebenda.
439 Waigel: *Ehrlichkeit ist eine Währung*, S. 242.

440 Waigel: *Ehrlichkeit ist eine Währung*, S. 245.

441 Joachim Algermissen: *Hans Tietmeyer: Ein Leben für ein stabiles Deutschland und ein dynamisches Europa*. Digitale Zusatzmaterialien, S. 346, online unter: https://www.mohrsiebeck.com/uploads/tx_sgpublisher/produkte/zusatzmaterial/9783161568916.pdf.

442 Algermissen: *Hans Tietmeyer*, digitale Zusatzmaterialien, S. 66.

443 Ebenda, S. 347.

444 Deutsche Bundesbank: »Stellungnahme des Zentralbankrates zur Konvergenzlage in der Europäischen Union im Hinblick auf die dritte Stufe der Wirtschafts- und Währungsunion«, in: *Monatsbericht der Deutschen Bundesbank*, April 1998, S.17–40, hier S. 23.

445 Franco Piodi: *Der lange Weg zum Euro*, Schriftenreihe Cardoc des Europäischen Parlaments, Nr. 8, Februar 2012, S. 82.

446 Ebenda.

447 Ebenda, S. 83.

448 Deutsche Bundesbank: »Stellungnahme des Zentralbankrates zur Konvergenzlage in der Europäischen Union im Hinblick auf die dritte Stufe der Wirtschafts- und Währungsunion«, in: *Monatsbericht der Deutschen Bundesbank*, April 1998, S.17–40.

449 Zitat aus einem persönlichem Gespräch des Autors mit Otmar Issing am 12.9.2022.

450 Tietmeyer: *Herausforderung Euro*, S. 252 f.

451 Waigel: *Ehrlichkeit ist eine Währung*, S. 251.

452 »Währungsexperten verurteilen ›faulen Kompromiß‹ zur Eurobank«, in: *Berliner Zeitung*, Nr. 103 vom 5.5.1998, S. 1.

453 Antti Heinonen: *The first Euros. The creation and issue of the first euro banknotes and the route to the Europa series*, Frankfurt 2015, S. 30 ff.

454 Zitat aus einem persönlichen Gespräch des Autors mit Otmar Issing am 12.9.2022.

Kapitel 19: Der Euro kommt, die D-Mark geht

455 »Gruppenbild ohne Lafontaine. In Brüssel wurde der Start der Währungsunion als ›historischer Tag‹ gefeiert – der deutsche Finanzminister war nicht dabei«, in: *Berliner Zeitung*, Nr. 1 vom 2.1.1999, S. 3.

456 »Sorge um den Euro wächst«, in: *Süddeutsche Zeitung*, Nr. 103 vom 5.5.2000, S. 26.

457 »Griechenland auf Eurokurs: Maastrichtkriterien erfüllt?«, in: *Wochenbericht des DIW Berlin 10/00*, S. 123–126, hier S. 126.

458 »Griechenland tritt der Euro-Zone bei«, in: *Berliner Zeitung*, Nr. 303 vom 29.12.2000, S. 31.

459 Zitate aus einem persönlichen Gespräch des Autors mit Otmar Issing am 12.9.2022.

460 »Hurra – jetzt haben wir die Euro-Scheine!«, in: *Berliner Morgenpost*, Nr. 1 vom 2.1.2002, S. 34.

461 Ebenda.

462 »Wim Duisenberg versteckt sich irgendwo in Europa«, in: *Süddeutsche Zeitung*, Nr. 1 vom 2.1.2002, S. 20.

463 »›Was uns am meisten fehlt, sind Vertrauen und Zuversicht‹. Bundesbankpräsident Ernst Welteke über stabile Preise, Vertrauen in die neue Währung und die Probleme mit der Konjunktur«, in: *Tagesspiegel*, Nr. 17634 vom 2.1.2002, S. 17.

464 »Finanzminister kann auf keinen nennenswerten Geldsegen von der Bundesbank hoffen. Guter DM-Rückfluss schmälert für Eichel den Gewinn«, in: *Handelsblatt*, Nr. 29 vom 11.2.2002, S. 21.

465 Zitate aus einem persönlichen Gespräch des Autors mit Otmar Issing am 12.9.2022.

466 Zitate aus einem persönlichen Gespräch mit dem Autor am 3.9.2022.

Kapitel 20: Die D-Mark – eine Bilanz

467 »Deutsche hängen an der Mark«, in: *Süddeutsche Zeitung*, Nr. 291 vom 16.12.2021, S. 17.

468 Bernhard Löffler: »›Eine Art Religionskrieg‹. Argumentationsmuster, Diskursstrategien und politische Symbolik in den deutsch-französischen Debatten um die Einführung des Euro«, in: Bernhard Löffler (Hrsg.): *Die kulturelle Seite der Währung. Europäische Währungskulturen, Geldwerterfahrungen und Notenbanksysteme im 20. Jahrhundert*, München 2010, S. 123–168, hier S. 139.

469 Elisabeth Noelle-Neumann: »Geldwert und öffentliche Meinung. Anmerkungen zur ›Psychologie der Inflation‹«, in: Clemens-August Andreae, Karl-Heinrich Hansmeyer, Gerhard Scherhorn (Hrsg): *Geldtheorie und Geldpolitik*. Günter Schmölders zum 65. Geburtstag, Berlin 1968, S. 35–46, hier S. 37 f.

470 Daten online unter: fx.sauder.ubc.ca/etc/USDpages.pdf.

471 Eigene Berechnungen auf Basis von: Deutsche Bundesbank: Lange Zeitreihen. Zur Wirtschaftsentwicklung in Deutschland, Stand 25.2.2020, S. 7.

472 *DGB-Verteilungsbericht 2021*, Berlin 1921, S. 57.

473 Irene Becher und Richard Hauser: *Die Entwicklung der Einkommenslage in der Bundesrepublik Deutschland in den siebziger und achtziger Jahren*, Frankfurt am Main 1994.

474 Weltbank, online: data.worldbank.org/indicator/SI.POV.GINI?locations=DE.

475 Zitate aus einem persönlichen Gespräch des Autors mit Otmar Issing am 12.9.2022.

Die Inflation von 1923

Frank Stocker

Das Inflationsgespenst ist zurück – und gerade in Deutschland trifft die Angst vor der Geldentwertung auf einen besonders fruchtbaren Boden. Der Grund dafür liegt in der deutschen Geschichte. Kein anderes westliches Land hat in seiner jüngeren Geschichte eine Hyperinflation solchen Ausmaßes erlebt wie Deutschland vor 100 Jahren. Obwohl die Zeitzeugen längst tot sind, werden in fast jeder Familie die Geschichten aus der Zeit, als das Kilo Rindfleisch 2,6 Billionen Mark kostete und die Großmutter den Ofen mit Millionenscheinen beheizte, bis heute weitererzählt. Die Ängste und Nöte haben sich tief ins kollektive Gedächtnis der Deutschen eingebrannt.

Doch wie konnte es überhaupt zu jener gigantischen Geldentwertung vor 100 Jahren kommen? Welche Entscheidungen der Finanzpolitiker und Notenbanker haben dazu geführt? Warum konnte die Regierung die Inflationsspirale nicht stoppen? Und wie erlebten die Menschen diese Zeit im Alltag? Frank Stocker liefert Antworten auf diese Fragen. Er erzählt, wie das Land zunächst allmählich und dann immer schneller in den Strudel des Geldverfalls geriet, was ihn verursachte und was ihn beschleunigte, wie die Verantwortlichen um einen Ausweg rangen und ihn erst sehr spät fanden. Und er wirft einen Blick in die Zukunft: Kann so etwas tatsächlich noch einmal passieren? Und sind wir vielleicht schon auf dem Weg dorthin?

368 Seiten | Hardcover mit Schutzumschlag | 27,00 € (D) | 27,80 € (A) | ISBN 978-3-95972-564-4